高等院校翻译专业必读系列

翻译学研究方法导论

刁克利　主编

南开大学出版社
天　津

图书在版编目(CIP)数据

翻译学研究方法导论 / 刁克利主编. —天津：南开大学
出版社，2012.10
（高等院校翻译专业必读系列）
ISBN 978-7-310-04050-6

Ⅰ.①翻… Ⅱ.①刁… Ⅲ.①翻译学—研究方法—
高等学校—教学参考资料 Ⅳ.①H059-3

中国版本图书馆 CIP 数据核字(2012)第 226745 号

南开大学出版社出版发行
出版人:孙克强
地址:天津市南开区卫津路 94 号 邮政编码:300071
营销部电话:(022)23508339 23500755
营销部传真:(022)23508542 邮购部电话:(022)23502200

*

唐山天意印刷有限责任公司印刷
全国各地新华书店经销

*

2012 年 10 月第 1 版 2012 年 10 月第 1 次印刷
210×148 毫米 32 开本 14.75 印张 2 插页 367 千字

定价:30.00 元

如遇图书印装质量问题,请与本社营销部联系调换,电话:(022)23507125

本成果受到中国人民大学"985"工程

"翻译与翻译研究"项目的支持

序　言

近年来，我国外语界的一个热门话题是"翻译"。翻译和翻译教学越来越受到教育部领导和社会的关注。2011 年 11 月初，教育部印发的《高等学校哲学社会科学"走出去"计划》指出，作为贯彻落实党的十七届六中全会精神和中华文化"走出去"战略的一大举措，我国高校要"重点培育一批高水平、专业化的翻译团队，培养造就一批造诣高深的翻译名家。"这大概是在教育部正式下发的文件中，第一次把翻译提到了这样一个高度来认识。对于长期从事翻译教学、从事翻译实务的教师和翻译工作者来说，这是一件振奋人心的大好事。

然而，社会公众，特别是媒体对于我国翻译作品的评价就不那么乐观了，压倒多数的意见是，近年来国内出版社推出的翻译作品质量不佳：一方面是出版社急于求成，没有为译者留出足够的时间；更有部分译者急功近利，翻译过程中一味地赶进度，粗制滥造，漏译误译的例子比比皆是；甚至还有人把原作的不同译本用"剪刀加糨糊"的办法简单处理一下，这种剽窃来的译文不仅风格不一，质量也无法保证，完全丧失了翻译的原创性。

正是在这样一个背景之下,进入 21 世纪后上海外国语大学、广东外语外贸大学、北京外国语大学和北京大学先后把"翻译学"作为一个独立的学科,并开始招收翻译学的硕士生和博士生。从 2006 年起,一些院校的外国语学院陆续建立了独立的翻译系,到 2011 年底,全国有翻译学士学位授予权的院校已达到 42 所。但是,由于翻译学培养出来的研究生仍是学术型的,而翻译专业的本科毕业生又难以达到高水平、专业化翻译的职业要求,因此,2006 年下半年,国务院学位委员会委托我作为专家组的组长,带领一批外语界的专家对设立翻译硕士专业学位进行可行性研究。正是在专家组论证的基础上,国务院学位委员会于 2007 年初正式批准在我国设立翻译硕士专业学位(MTI)。当年国务院学位委员会批准了 15 家试点单位;2009 年初,学位办组织专家组进校考察,对照"MTI 新增试点培养单位申报条件"进行审核,又新增了 25 家试点单位;2010 年经过各省市教育主管部门审理,再次批准了 118 家;到 2011 年底,试点单位的总数已增至 159。在不到 5 年的时间里,翻译硕士专业学位已成为我国 39 个专业学位中发展最快的一个。

翻译硕士专业学位的设立,为我国职业翻译人才的培养提供了一个极其难得的发展机遇。但是,超常的发展速度确实也引起了不少专家学者的担忧,因为从新中国六十多年的历史来看,"大跃进"或一哄而起的许多事情往往没有一个很好的结局。

就在翻译越来越受到广泛重视的过程中,外语界还出现了另外一种声音,那就是不恰当地强调翻译教学的特殊性、独立性,极力淡化外语教学与翻译的关系,有人甚至想把翻译与外语教学彻底割裂开来,希望在教育部颁布的学科目录中把翻译作为一个独立的一级学科,与外国语言文学一级学科"平起平坐"。

其实,对于我国外语教育史稍有常识的人都会得出一个相反的结论。中国正规的外语教学始于 19 世纪中叶的鸦片战争之后,其标志是 1862 年创立的京师同文馆。洋务派大臣恭亲王奕䜣在 1861 年的一个奏折上写道:"欲悉各国情形,必先谙其言语文字,方不受人欺蒙。各国均以重资聘请中国人讲解文义,而中国迄无熟悉外国语言文字之人,恐无以悉其底蕴。"由此可见,创建京师同文馆的初衷就是培养外语翻译人才。

　　创建之初,京师同文馆隶属于总理各国事务衙门。1901 年京师同文馆并入成立于 1898 年的京师大学堂,改名为京师大学堂的译学馆。不久,译学馆又脱离了京师大学堂,改由学部大臣管辖。

　　京师同文馆在创建初期仅开设了外文和中文两门课。1867 年扩大规模后的京师同文馆把学制定为 8 年,并从第二年起,将翻译作为主要课程之一。新中国成立后,教育部在 1950 年颁布的高等学校文学院外国语文系课程草案中,把外语人才的培养目标确定为"培养学生熟练运用和翻译外国语的能力,使其成为翻译干部、外语师资及研究外国文学的人才"。"文革"之后,教育部在 1978 年下发的外国语学院英语专业、综合大学英国语言文学专业、高等师范院校英语专业的 4 年制教学计划中,首次把"译"列入学生必须熟练准确掌握的语言技能之一。而教育部于 2000 年颁布的《高等学校英语专业英语教学大纲》中,更是对英语的听、说、读、写、译每项技能在本科 4 年教学的每个阶段提出了具体的要求。

　　虽然,翻译学在今后国家颁布的学科目录中究竟会是一个什么样的位置不是我们今天能够预料得到的,但是,从对我国外语教学历史的这段简短回顾中不难看出:(1)培养翻译一直是我国外语教学的主要目标之一;(2)学生翻译能力的培养一直是我国外语人才培养过程中一个不可或缺的环节。这两个结论也就把我们带回到编写《翻译学研究方法导论》这本书的初衷上。

　　《翻译学研究方法导论》是一本针对翻译学研究方法的教材,偏重学术研究,主要使用对象是外国语学院或翻译学院(系)的高

年级学生或翻译方向的研究生。国内出版的同类图书常常走两个
极端：要么偏重外来翻译理论的引进，缺乏翻译实践的分析和研
究；要么以翻译技巧和具体翻译方法的讲解为主，理论深度不够。
《翻译学研究方法导论》的特点是打通翻译理论和翻译实践，力争
做到理论的讲解由浅入深，自成体系，有理论深度，又兼顾翻译的
实践，从分析翻译实践引出对基础理论的讲解，并提出需要进一步
探讨的问题。因此，这本书既可以做翻译学科的入门教材，又可以
指导学生深入研究，开阔学术视野。

　　本书各章节的作者由两部分人员组成：中国人民大学外国语
学院长期从事翻译教学和翻译实践的一线教师；全国各地高校的
翻译学研究名家和翻译界的知名人士。正是这两支写作队伍的有
机结合，才使这本书成为国内同类教材中不可多得的一件精品。

2011 年 12 月 28 日于北京

本书作者名单：

第一讲　单德兴
（台湾"中央研究院"欧美研究所特聘研究员、所长,《欧美研究》主编）

第二讲　郭　军
（中国人民大学外国语学院教授、博士生导师）

第三讲　刘军平
（武汉大学外国语学院英文系教授、博士生导师）

第四讲　蔡新乐
（河南省特聘教授,河南大学教授、博士生导师）

第五讲　姜秋霞（兰州城市大学副校长,西北师范大学外国语学院教授、博士生导师）;杨　平（《中国翻译》执行主编）

第六讲　廖七一
（四川外语学院翻译研究所所长、教授、博士生导师）

第七讲　刁克利
（中国人民大学外国语学院教授、博士生导师）

第八讲　郭庆民
（中国人民大学外国语学院副教授、博士）

第九讲　庞建荣
（中国人民大学外国语学院副教授、博士）

第十讲　杨　敏
（中国人民大学外语学院副教授、博士）

第十一讲　江晓丽

（中国人民大学外国语学院副教授、博士）

第十二讲　田育英
　　　　　（中国人民大学外国语学院教授）

第十三讲　王建华
　　　　　（中国人民大学外国语学院副教授、博士）

第十四讲　龙　艳
　　　　　（中国人民大学外国语学院讲师、博士）

第十五讲　朱　源
　　　　　（中国人民大学外国语学院教授、博士生导师）

第十六讲　李　今
　　　　　（中国人民大学文学院教授、博士生导师）

第十七讲　李铭敬
　　　　　（中国人民大学外国语学院日语系教授、博士生导师）

第十八讲　郭　昱
　　　　　（中国人民大学外国语学院讲师、博士）

第十九讲　曾轶峰
　　　　　（中国人民大学文学院博士生）

第二十讲　杨彩霞
　　　　　（中国人民大学外国语学院副教授、博士）

第二十一讲　王维东
　　　　　（中国人民大学外国语学院副教授）

目 录

上编　翻译与理论研究

第一讲　翻译与译者的角色①

导读

在跨语言、跨文化的沟通和移转中,译者一向扮演着不可或缺的角色。昔日对译者的观感及论证偏向消极、被动、负面,以致出入于原文与译文之间的译者,经常不是被斥为行事"太过"或"不及"(有时"两罪并发")的违逆者,就是无人闻问、视而不见的隐形人。然而,译者的地位果真如此不堪? 本文旨在以理论与实务来印证,译者其实扮演着相当积极、主动、正面的角色,而译者在代表/再现原作(者)的同时,也代表/再现了自己。

全讲共分四节:第一节指出有必要针对意大利名谚"Traduttore, traditore"("翻译者,反逆者也")加以"翻译"、"反逆";第二节从欧美翻译理论的角度切入,并进一步指出翻译涉及违逆、追溯、预测等三个面向;第三节分述译者的不同角色:中介者、沟通者、传达者、介入者、操控者、转换者、背叛者、颠覆者、揭露者/掩盖者、能动者/反间者、重置者/取代者、脉络化者、甚至双重脉络化者;第四节以一则异事/译事为例,说明译者/舌人的重要地位,以及译作既是译者存在的最佳证明,也印证了他的诸种角色。

---

① 本讲主要内容曾以"译者的角色"为题,收录于笔者《翻译与脉络》(北京:清华大学出版社,2007 年,第1—24 页)。

一、翻译与反逆

英文的"translate"来自拉丁文的"*translatus*",意指"转移"、"迁移"、"搬动"、"传递",强调的是空间的面向和越界的行动,仿佛具体的对象被带着跨越语言、文化、国族的疆界,而在另一个语言、文化、国族的脉络中落地生根,成长繁衍。梵文的"*anuvad*"意指:"在……之后说或再说,藉由解释而重复,以确证或实例来做解释性的重复或反复,以解释的方式来指涉已经说过的任何事"("saying after or again, repeating by way of explanation, explanatory repetition or reiteration with corroboration or illustration, explanatory reference to anything already said.")。①此处着重的是时间的面向(尤其是"延迟"、"后到"〔belatedness〕)和解释、重复之意。②中国自周朝起便有关于翻译的文献记载,如《礼记·王制》提及:"中国、夷、蛮、戎、狄……五方之民,言语不通,嗜欲不同,达其志,通其欲,东方曰寄,南方曰象,西方曰狄鞮,北方曰译"。③因此,"译"原指专事北方之通译。许慎《说文解字》把"译"扩大解释为"传译四夷之言者"。④类似的说法除了明指"语言的传达"之外,更暗示了我们/他们,中心/边缘(中土/四方),文明/野蛮(华夏/蛮夷)之辨。由"*translatus*"、"*anuvad*"与"译"的涵义,可以看出其

---

① Susan Bassnett, Harish Trivedi, "Introduction: Of Colonies, Cannibals and Vernaculars." *Post-colonial Translation: Theory and Practice*, London and New York: Routledge, 1999, p. 9.

② 巧合的是,此处的说法正符合英文中"after"的二意:"在……之后"和"依照……方式"。因此,"to say after"便意味着此行动在时间上是"后来的"、"延迟的",在方式上则是"学舌"、"依样画葫芦"。

③ 郑玄注:《礼记》,台北:台湾中华书局,1965年,第11页。

④ 许慎:《说文解字》,台北:台湾商务印书馆,1965年,第22页。

中涉及空间性、时间性、分野、阶序与高下。那么居中的译者之地位与角色又是如何呢?

　　以往对译者的看法偏向于消极、负面、被动。一般的说法是,出入于原文与译文之间的译者,服侍着两位个性迥异、要求不同的主人(serving two masters),因此往往陷入左支右绌、动辄得咎的窘境。而译者所从事的是"吃力不讨好的工作"("a thankless job"):优点与荣耀尽归于作者,缺失与遗憾则全归咎于译者;译文的措词与句法若太像原文,虽有可能被赞为忠实,但更可能被说成生硬不通、食"外"不化的直译、硬译甚至死译;反之,译文若太像标的语言(target language)般流畅通顺,则会遭到质疑过度迁就本国语文,而牺牲了原文的特色以及可能丰富标的语言的机会。这也就是翻译中亘古存在的异化(foreignization)与归化(naturalization)之争。总之,翻译若"过",则犯了"添加之罪"(sin of commission);若"不及",则犯了"省略之罪"(sin of omission)。更糟的是,"过"与"不及"的定义和标准不但人言言殊,而且可由原文(译出语)与译文(译入语)的双重角度来检视。因此,译者就成了语文夹缝间动辄得咎的中间人,沦为"欲加之罪,何患无辞"的对象,而意大利谚语"Traduttore, traditore"("翻译者,反逆者也"或"译者,逆者也")这种怀疑、敌视、贬斥的说法,也就如影随形,挥之不去了。①若是译文平顺或表现平平,乏善或乏"恶"可陈,则又如透明的载具,读者透过译文直取文意,以致"得意忘言〔译文〕"的同时,也忘了译者的存在。换言之,译者的宿命似乎不是遭斥为"过"或"不及"(有时"两罪并发")的违逆者,就是沦为无人闻问、视而不见的透明人——而后者正是韦纽提(Lawrence Venuti)所痛斥的。②

然而,译者的地位果真如此不堪吗? 在巴别塔之后,语言遭到

---

① 米勒(J. Hillis Miller)曾这么谈论"Traduttore, traditore"此一意大利谚语是无法翻译的:"无法翻译的是很偶然而且本质上没有意义的事实:在意大利文中,把'traduttore'一字中的'u'变成'i'、两个't'译成一个't',便使得'翻译'〔'translate'〕变成了'中伤'、'叛逆'〔'traduce'〕"(〈跨越边界:理论之翻译〉,单德兴译。《跨越边界:翻译·文学·批评》,单德兴编译,台北:书林,1995年,第27页)。这种论调与雅克慎在《翻译的语言面面观》(Roman Jakobson, "On Linguistic Aspects of Translation")一文中,以此谚语之无法如实英译来说明诗的不可译性(untranslatability)如出一辙(见于 *Roman Jakobson: Selected Writings*, Vol. II: *Word and Language*, Paris: Mouton, 1971, pp. 260-266)。米勒的原文中虽然没有试图翻译这句谚语,但一般的英译"Translators, traitors"可谓已经力求形、音、义兼顾了。此名谚甚多中译,不胜枚举,钱锺书曾将此句译为"翻译者即反逆者"(钱锺书:《林纾的翻译》,《七缀集》,台北:书林,1990年,第84页),是颇为贴近原文之意义、对仗及双声迭韵的佳译。笔者将之中译为"翻译者,反逆者也",试图进一步维持原文之句法。若译为"译者,逆者也",则更为简化,而且保持了意义、押韵及对仗,但未能顾及双声或头韵(alliteration)。

② 韦纽提于1998年出版《翻译的丑闻》(*The Scandals of Translation*),副标题为"朝向一种差异的伦理"(*Towards an Ethics of Difference*),承续前书《译者的隐而不现》(*The Translator's Invisibility*)之旨义,强调翻译中的异质性及异域性。因此,如果后书提及的现象即所谓的"丑闻"的话,那么先前以专书处理的"译者的隐而不现"显然更是丑闻。出身职业译者的他对于当代英美文化中强调译文的流畅颇不以为然,而主张"这种虚幻的效应〔译文的流畅、透明〕掩盖了翻译中的许多条件,始于译者关键性地介入外来的文本。翻译愈流畅,译者愈隐而不见,而作者或外来文本的意义也被认定愈显而易见"(Lawrence Venuti, *The Translator's Invisibility: A History of Translation*, London and New York: Routledge, 1995, pp. 1-2)。有关前书的评论,可参阅 Douglas Robinson, *What Is Translation? Centrifugal Theories, Critical Interventions*, Kent, OH and London: Kent State UP, 1997, pp. 97-112.

错乱、无法直接沟通的世人，势必要仰赖译者。而"拈花微笑"、"不立文字"、"言语道断"、"相视而笑，莫逆于心"的说法，就是因为稀罕，才会广为传诵，引为美谈。如果说巴别塔之后，翻译是"必要之恶"，那么即使是恶，仍属必要。[①]因此，斯皮瓦克（Gayatri Chakravorty Spivak）根据自身翻译的实务经验指出，若只是一味质疑、批判翻译，要等待完美的译者出现才从事翻译，那是不切实际的想法。[②]更何况对巴别塔之后的世人而言，除非不与异语者来往，否则便早已置身于翻译中了，而后来者更"总是已经被翻译了"（always already translated）。[③]因此，与其依循旧绪，以消极、负面、被动的方式来贬抑这件必要之事，不如改弦易辙，以积极、正面、主动

---

① 参阅 Jacques Derrida, "Des Tours de Babel." *Difference in Translation*, ed. Joseph F. Graham, Ithaca: Cornell UP, 1985, p. 171.

② 斯皮瓦克说："只是批判，延缓行动直到产生乌托邦式的译者之后，是不切实际的"（"To be only critical, to defer action until the production of the utopian translator, is impractical," Gayatri Chakravorty Spivak, "The Politics of Translation." *Outside in the Teaching Machine*. New York and London: Routledge, 1993. p. 182）。史泰纳（George Steiner）直截了当地指出："因为翻译并不总是可能，而且从未完美，就否认翻译的效力，是荒谬的"（"To dismiss the validity of translation because it is not always possible and never perfect is absurd," George Steiner, After Babel: *Aspects of Language and Translation*, 3rd ed., Oxford: Oxford UP, 1998, p. 264）。翻译家庞帖罗（Giovanni Pontiero）则采取更积极、正面的态度予以响应："如果完美的翻译是不可能的绝对之事，那么它就是一件值得努力的绝对之事"（"if the perfect translation is an impossible absolute, it is an absolute worth striving for," Giovanni Pontiero, "The Risks and Rewards of Literary Translation." *The Translator's Dialogue: Giovanni Pontiero*, ed. Pilar Orero and Juan C. Sager. Amsterdam and Philadelphia: John Benjamins, 1997, p. 26）。一般说来，似乎理论家倾向于强调不可译性，而译者虽然在实际的翻译过程中遭逢大大小小的困难，比一般人有着更深切的体会，但基本上采取"先译再说"、"且译且走"，甚至"知其不可为而为之"的态度。

③ 试问，现今有几人能以原文阅读佛经或圣经？美国各大学里有关中国文学的课程以及台湾各大学里的西洋文学概论或欧洲文学等课程都采用英文教科书，每日媒体上的外电新闻……这些实例俯拾皆是。

的方式来观察此一现象,并以生产的(productive)与践行的(per-formative)角度来看待译者。换言之,"翻译"与"译者"在当今的时空脉络下亟需重新诠释与翻译,以争回应有的地位;而类似"翻译者,反逆者也"的说法或"中伤",也需进一步加以"翻译"与"反逆"。

二、译者的翻转/翻身①

相关的挑战与反逆可由两个角度来探讨。从欧美的思潮来观察,其中荦荦大者如本雅明(Walter Benjamin)以著名的比喻——如碎瓶、切线、来生——来讨论翻译,既颠覆了原文作为源始的权威,也质疑了译文与原文如影随形的关系,更试图为译文缔造新生。德里达(Jacques Derrida)进一步发挥,消解了原文与译文之间的主从、甚至主奴关系,而拈出"互补"(complementarity)之说。②至于德·曼(Paul de Man)的理念与实作之间的落差也值得观察。他以本雅明的理论及英译为例,主张不可译性,但在证明其论点时,却以另一人的佳译和自己的英译来质疑先前英译之不妥,其中理论与实践之间的矛盾明显可见。③

另一方面是从后殖民论述的角度切入。在理论方面如妮兰佳

① 此标题与对译者的重视,类似罗宾逊的《译者登场》(Douglas Robinson, *The Translator's Turn*, Baltimore and London: Johns Hopkins UP, 1991),惟论证方式不同。这也与晚近翻译研究中的文化转向(cultural turn)有关。

② 详见本雅明(Walter Benjamin, "The Task of the Translator." *Illuminations*, ed., Hannah Arendt, trans. Harry Zohn, New York: Schocken, 1968, pp. 69-82)与德里达(Jacques Derrida, "Des Tours de Babel." pp. 165-248)之文。

③ 详见德·曼之文(Paul De Man. "Conclusions: Walter Benjamin's 'The Task of the Translator.'" *The Resistance to Theory*, Minneapolis: U of Minnesota P, 1986, pp. 73-105),也可参阅单德兴:《翻译·介入·颠覆:重估林纾的文学翻译》(见《翻译与脉络》,第97-98页)。

娜(Tejaswini Niranjana)特别重视翻译之情境与脉络,以历史化的思维重新省视翻译,尤其殖民主与被殖民者之间的关系,并将翻译视为反抗与转化的场域。[1]巴巴(Homi K. Bhabha)有关文化翻译的说法以及拟态(mimicry)等观念,也为被殖民者的抵抗、反扑、逆写提供了理论根据。[2]而斯皮瓦克身兼理论家与翻译者的双重角色,由早年从法文英译德里达的《书写学》(*Of Grammatology*)并撰写长序在学术界崭露头角,到后来挟多年学术声望,英译故乡孟加拉国女作家戴薇的《想象的地图》(Mahasweta Devi, *Imaginary Maps: Three Stories by Mahasweta Devi*),附上访谈、序言、译注、跋语,推上国际文坛。她的翻译实践与具体、平实、可行的翻译观,足堪借鉴。这两股思潮合流,大大挑战了旧有的翻译观,也为译者的翻转/翻身提供了契机。

如果我们从"翻译"开始反逆,那么 "Traduttore, traditore" 在"翻译成如此丰富、如此不同于英文〔就此处而言,意大利文〕、如此具有光辉的文学传统和知识传统的中文"[3]之后,衍异/演义出繁复纷歧的意义,也就不足为奇了。就"翻译者,反逆者也"或"译者,逆者也"这个中文翻译而言,至少具有三重意义:违逆、追溯、预测。其中,"违逆"、"不肖"(后者取其"不像"与"恶劣"二意),最贴近意大利文原意和当今的中文用法。"追溯"则取"以意逆志"之意,[4]虽然难免"意图谬误"(intentional fallacy)之讥,却也是人类

① Tejaswini Niranjana, *Siting Translation: History, Post－Structuralism, and the Colonial Context*, Berkeley: U of California P, 1992.

② Homi K. Bhabha, *The Location of Culture*, London and New York: Routledge, 1994.

③ 米勒:《跨越边界——〈中外文学〉米乐专号序》,单德兴译,《中外文学》20.4(1991年9月),第8页。

④ 《孟子·万章上》说:"故说诗者,不以文害辞,不以辞害志,以意逆志,是为得之"(《孟子》,台北:台湾中华书局,1965年,第8页),意指诠释者务求超越文字、辞句的限制与障碍,从自己的意念出发,去推想、揣度、追溯作者的意图。

理解以及读书—知人—论世的重要方式。"预测"则取"'逆'睹"、"'逆'料"之意,把目标投射于未来——虽然这种预测可能违逆/违反原来的意思,以致有"不肖"之讥。如此说来,译者有意无意之间汇集三重意义于一身,综合了逆与顺、反与正、不肖与肖似、前瞻与回顾、开创与溯源。这种说法似乎在米勒所强调的理论经过翻译之后于异地的"新开始"之外,[①]还同时包含了时空两个面向的越界:既溯源又创新,既回顾又前瞻,"既读取又传送"("to retrieve and relay")。[②]而造成这一切的关键人物正是译者。原先动辄得咎、两面不讨好的"译者/逆者",在"翻译"之后竟得以如此的翻转与翻身,真可谓"不可逆睹"。果真如此,又该如何看待译者的角色呢?

其实作者与译者之间的(权力)关系,绝非作者宰制译者的单向关系,反而是相当程度地翻转了。正如笔者在《理论之旅行/翻译:以中文再现 Edward W. Said》一文中所言,"原先为权力/权威来源的原作者,在另一个语言、文化脉络中,成为必须仰赖他人〔即译者〕的能力、善意、用功的被译者。"笔者同时指出,"在晚近的翻译研究中,已有不少学者为译者的身份地位呼吁,强调他们身为再现者/中介者/沟通者/传达者/评论者甚至颠覆者的角色"。[③]此处拟进一步分述译者的不同角色。

三、译者的角色

简言之,翻译就是语文的再现,而翻译者就是语文的再现者

---

① 由米勒"跨越边界"的标题可以看出,其思维方式主要是空间的,虽然他对旧约路得(Ruth)故事的诠释也引进了时间的面向。

② Basil Hatim, Ian Mason, *The Translator as Communicator*, London and New York: Routledge, 1997, p. viii.

③ 单德兴:《翻译与脉络》,第 229 页。

(representer)。萨义德(Edward W. Said)挪用了福柯(Michel Foucault)有关知识、论述、权力的观点,一再阐释再现的意义并落实于古今例证的探讨。[①]值得注意的是,在标举"代表/再现"为书名的 *Representations of the Intellectual* 中,萨义德特别指出知识分子在代表/再现他人时,其实也代表/再现了自己。[②]我们据此引申:作为再现者的译者(也是某种意义的知识分子——至少是具备两种语文知识的人),在代表/再现原作(者)时,其实也代表/再现了自己。

我们或许可以据此将译者的角色姑且区分为显性与隐性两种。这里所谓的显性是指代表/再现原作(者)的译者,在这种情况下,译者名正言顺、堂而皇之地以另一种语文来呈现原作(者)的工作者的身份出现,而译作便是兼具作者和译者名号的文本。相反地,所谓的隐性则指透过译本所代表/再现的译者,也就是以往不受重视、隐而未现的译者——有时甚至连真实姓名、身份都不为人知。在观察与省思译者的隐性角色时,读者多少得花一些阅读、考证、发掘的工夫,才较能察觉译者所采取的翻译/再现策略和手法。在这些翻译/再现策略和手法中,较突出的是原文文本之外的文字,即惹内所谓的"附文本"(Gérard Genette,"paratext"),[③]如译序、译注、前言、后语甚至访谈、参考数据等。这些既是译者对文本

---

① 萨义德念兹在兹于再现的议题,也致力以理论和实际的方式挑战西方对东方,尤其是伊斯兰世界的(错误)再现。有关他对再现的关切与重视,详见单德兴:〈代表/再现知识分子:萨依德之个案研究〉,《当代》194(2003 年 10 月),第 25－27 页。

② 此书名之难译可见一斑,因此笔者在该书简体字版〈译者序〉中特别指出,"中译难以兼顾这些涵义,只得勉强译为《知识分子论》,取其中译可能衍生的另一些意思:'知识分子本身的论述'以及'有关知识分子的论述';就本书而言,更是'知识分子讨论知识分子的论述',而在此代表/再现中,其实更代表/再现了萨义德"(萨义德:《知识分子论》,单德兴译,北京:三联书店,2002 年,第 11 页)。

③ Gérard Genette, *Paratexts: Thresholds of Interpretation*, trans. Jane E. Lewin, Cambridge: Cambridge UP, 1997, p. 1.

与读者的（额外）服务，也代表了译者对文本与作者的认真负责，以期在正文之外进一步再现，引导读者了解作者和原作。①至于隐入正文文本的部分，如措词、句法等，则需要具有双语和批判能力的读者/批评者耐心对照原文或比对其他译本，以发掘译者在实际翻译过程中的决策与抉择，其中大至通篇文体的选择，小到一字一词的译法，都是可以仔细探讨的对象。

前文提及，译者的成品既再现了原作（者），也再现了身为译者的自己，因此译者基本的角色既是原作（者）的再现者，也是译者的自我再现者（self-representer）。我们可由此出发，进一步讨论可能涉及的不同面向和角色——虽说其中难免有界线模糊、不易厘清之处。

首先当然就是中介者（mediator）的角色。译者身处不同语言与文化之间的中间位置（in-between status），凭借着语言与文化能力（linguistic and cultural competence），成为二者之间的沟通者（communicator）与传达者（expresser），将原作根据译者的能力、

①　正如斯皮瓦克所言，"我呈现自己对她〔戴薇〕作品的服务——翻译、序言、跋语〔其实尚应包括访谈和译注〕——希望你能鉴识出那个拥抱中发人深省的力量"（Gayatri Chakravorty Spivak, "Afterward." *Imaginary Maps*: *Three Stories by Mahasweta Devi*, trans. and intro. by Gayatri Chakravorty Spivak, New York and London: Routledge, 1995, p. 205）。黄国彬穷二十余年之功，于 2003 年出版的三大册《神曲》中译本（台北：九歌），除了力求掌握原著的三韵体（terza rima）之外，也包括了绪论与译注，并在其他场合发表多篇相关论文。笔者在翻译萨义德的《知识分子论》时，除了再三修订译文之外，并添加了绪论、译注、访谈、书目提要、作者年表、中英及英中索引，以便读者定位原作者及作品。至于笔者耗时六年完成的《格理弗游记》（Gulliver's Travels），除了正文中译十五万五千余字之外，另有〈绪论〉七万四千余字，译注九万四千余字，附录作者年表与大事纪、人物与地名表、参考书目等，并补充 1726 及 1735 年两版本之异/逸文。详见单德兴：《我来·我译·我追忆——〈格理弗游记〉背后的"游记"》（见《外语与翻译》，2007 年第 3 期（总第 54 期），第 24—32 页）。

意图与其他相关条件,以另一种语文呈现。①这种角色的基本认定在于沟通与传达,往往显得相对低调,仅在可能的范围内将原文以所谓的"原汁原味"呈现,以期达到异文化之间信息的传递与了解。这种译者即使有使命感或表现欲,也无意凸显自己的角色,反而务求化入译文中,以平实的再现方式,扮演异语言与异文化之间的传达者与沟通者。这大抵是对译者的基本期许。

相对于前者的低调,另一种再现者的角色较为明显,让人不但注意到译文所呈现的原作内容,也注意到译者所选择的再现方式,以致更彰显了译者的自我再现。换言之,译者为了使译文成为传达特定意图与信息的工具,而选择积极介入,即使译文依然宣称或试图忠实于原文,但附加其上的意图和方式使得译者成为相当程度的介入者(intervener),甚至操控者(manipulator)。以"信、达、雅"、"一名之立,旬日踟蹰"等说法闻名的严复,在翻译斯密的《原富》(Adam Smith, *An Inquiry into the Nature and Causes of the Wealth of Nations*, 1776)时,除了译文之外,增添了三百一十条、长达数万言的案语。②赖建诚将这些案语归为七类:"说明译书时,书中所谈之情境已有变迁者"、"补充原文之说明者"、"评论原文说法者"、"以中国式说法与原文相比较者"、"以中国经济与欧洲相比拟者"、"借洋之例以喻中国之失者"及"译自 Thorold Rogers 教授

---

① 哈廷和梅森(Basil Hatim and Ian Mason)指出,"译者主要为双方之间的中介者,若是没有他,彼此之间的沟通就会成为问题"(*Discourse and the Translator*, London and New York: Longman, 1990, p. 223)。两人在另一书中则以沟通(communication)来总括各种不同的翻译(如文学或非文学、技术或非技术、笔译或口译),并以其为"基本的核心和共同的立场"(*The Translator as Communicator*, p. vii)。而根据塔夫特(R. Taft)的看法,中介者必须在两种文化中具备下列才能:社会知识、沟通技巧、社交技巧、技术性的技巧(转引自 David Katan, *Translating Cultures: An Introduction for Translators, Interpreters and Mediators*, Manchester: St. Jerome, 1999, p. 12)。

② 亚当·斯密:《原富》,严复译(1902),台北:台湾商务印书馆,1977 年。

之注语者"。①此外,还包括了"对斯密的批评"、"谈论不相干的政权与宗教问题"及"个人的读后感",而且"他的案语中有许多是夹杂式的,是随感的、无系统的,或是个人感怀的"。②如此看来,倒像是将中国文学批评里固有的评点应用于译文上,这些反而成为研究《原富》的再现者严复的重要素材。而严复积极介入译文,不但是中国翻译史上的异数,也成为研究晚清思想史的另类素材。③

这类翻译往往发生于启蒙初期或信息相对欠缺的时代,在一般人不易取得相关信息的情况下,译者的使命感或教育的意愿驶骤然有凌驾之势,藉由夹译夹议的方式,假借译文夹带自己的见解与议论,深深介入文本之中,"借他人酒杯,浇自己块垒",以致产生一手/译手遮天的现象。傅大为便指出,"这种所谓夹译夹叙的二成空间〔其余八成为翻译〕……过去的知识分子,从严复到殷海光,都很擅于利用这个二成的策略空间:打着翻译西学的名号,其实却

———————————

① 赖建诚:《亚当·斯密与严复——〈国富论〉与中国》,台北:三民,2002年,第74—75页。

② 同上,第76页。

③ 如黄克武从中国近代思想史的角度,研究严复翻译的弥尔《群己权界论》(John Stuart Mill, *On Liberty*),并以中英对照的方式,逐句比对,认为严复不只是别有怀抱的翻译家,而且是具有创见、高瞻远瞩的思想家(黄克武:《自由的所以然:严复对约翰·弥尔自由思想的认识与批判》,台北:允晨,1998年)。李学勇也重新译注《天演论》(原名为《进化论与伦理的关系》〔*Evolution and Ethics*〕),与严复的译文比对,并指出严复"在译文中每节后面大多附有'复案',那就是严复自己的话。这些话才是符合书名《天演论》的言论。因此可以说,《天演论》一书不是赫胥黎(Thomas Huxley, 1825—1895)的著作,而是严复的论文。他用赫氏的译文来反证他自己的学说"。李学勇甚至说,"这根本就是一个'借尸还魂'的把戏。那〔《天演论》〕只是一本反对赫胥黎的书"(李学勇:《天演论新译》,中坜:宏泰,2000年,第8页)。至于与严复同时代的另一位著名翻译家林纾,虽因不晓外文,必须与人合译文学作品,但多少也有类似的情况,以达到启蒙与救国的时代使命。严、林两人分别从政治、社会思潮及文学的角度从事翻译,在晚清发挥了重大影响,成为当时具有代表性的文化人物。笔者《翻译·介入·颠覆:重估林纾的文学翻译》(见《翻译与脉络》,第59—108页)一文即以《海外轩渠录》为例,说明林纾介入翻译的复杂情形。

常按照自己的意思,在'译着'(又译又着)西学"。①因此,原文的翻译固然有其特定的意义,但译者的理念、再现策略、译文在当时社会与文化脉络中所产生的效应以及在思想史上的地位,其重要性可能不亚于译文本身。笔者以为,这种文本或可称为"'译者式的'文本"("'translatorly' text")。

再者,译者也具有背叛者(betrayer)、颠覆者(subverter)、揭露者/掩盖者(revealer/concealer)以及能动者/反间者(agent/double agent)的角色。由于翻译是在另一个语文脉络中的再现,势必产生衍义/衍异的现象,"完全忠实"只是不可企及的迷思或妄想,只要读者有心,小从一字一词,大到整个文本,都可以解读出与原文落差之处,因此扭曲或误译不但"查有实据",而且往往"事出有因",以致译者不但难逃背叛、颠覆之讥,甚至可能在背叛、颠覆原作(者)的同时,也自我背叛、颠覆。②

其次,由于原文无法充分了解、完整传达(甚至对"充分"、"完整"的评判标准也莫衷一是),译文本身的演绎又层出不穷,以致翻译中同时出现"揭露"与"掩盖"的现象。此处的"揭露"一方面指将原文之意透过另一个语文表达,另一方面则是译文在另一个语言与文化脉络中出现时,产生意想不到的涵义与效应(或可称为"原作的潜能")。至于"掩盖",依先前"Traduttore, traditore"之例,可以看出小至一字一词的形、音、义,大至整个观念和文本在另一个文化及历史脉络中的再现,都必然有不尽周全之处,译者的左支右绌源出于此,只能尽己之力,挖空心思,琢磨着表达、"揭露"原意,或改弦更张,发掘、"揭露"潜能,以求补偿。

译者表面上看来再如何消极、被动,但身为译文的生产者(producer)的关键地位毕竟不容否认,套用先前有关翻译的空间

---

① 傅大为:《翻译在东方》,《东方主义》修订版,台北:立绪,2003年,第17页。
② 可参阅单德兴:《翻译·介入·颠覆:重估林纾的文学翻译》,尤其结论部分。

与时间的比喻,他在翻译的过程中发挥着搬运者(carrier)与言说者(speaker)的作用,即使其功过难定,但费心劳力之处肯定有之。因此,身为语文的转换者(transformer),促使原文的文本以译文出现,本身就是一个能动者。而在所从事的工作中,由于无法避免前述的揭露与掩盖,所以具有相当的运作空间来逐行译文的再现,甚至有意无意间进行颠覆原意的工作,如此一来,则又扮演了"反间者"的角色,至于结果是好是坏,各人根据不同的立场、角度与标准,往往见仁见智。①

严格说来,每位译者多多少少都扮演了背叛者/颠覆者、揭露者/掩盖者、能动者/反间者的角色,然而其中也有弱势与强势之分。再者,有意的违逆者也有可能为了达到目的而特意伪装,貌似忠实,却另有图谋。以下所举两例虽为虚构之作而且事涉口译,但多少可视为将这种情况推到极致所可能产生的现象,自有值得思索之处。

越南裔美国女作家高兰在长篇小说《猴桥》(Lan Cao, *Monkey Bridge*)中描写越南难民移居美国的困境,她在第二章提到越南母亲命令女儿向美国公寓经理要求更换公寓,原因是现在的住所直冲对街屋顶上的大天线,风水不佳,会招致不测("它的长杆架直接瞄准我们的起居室,有如一柄致命的剑,威胁着要把我们的未来和健康劈成两半"。②虽然母亲振振有词,但女儿知道这个理由实在很难被异国人士所接受,又碍于母命难违,只得运用"我的新

---

① 因此雷飞维(André Lefevere)有"重写"(rewriting)与"操控"(manipulation)之说(*Translation, Rewriting, and the Manipulation of Literary Fame*, London and New York: Routledge, 1992)。黄忠廉在《翻译变体研究》(北京:中国对外翻译出版公司,2000年)中,更将翻译中的变体细分为摘译、编译、译述、缩译、综述、述评、译评、改译、阐译、译写、参译等十一类。

② Lan Cao, *Monkey Bridge*, New York: Penguin, 1997, p. 21.

世界伎俩"，①向经理谎称公寓有蛇出没，而得以换房，完成母亲嘱托的任务。换言之，居间传译的女儿编造理由，当面欺瞒言语不通的双方，在一问一答之间达到受委托的目的。另一例则是黄春明的名作《莎呦娜啦·再见》里的黄君，虽然他在故事中的处境类似买办、皮条客，却也在旅程中伺机运用身为中间人的语言优势，竭尽操弄之能事，在七个日本买春客和一个台大中文系四年级学生之间"搭了一座伪桥，也就是说撒了天大的谎"，②明为口译，让双方意见得以交流，暗地却大肆扭曲传译的内容，"藉这个机会刺刺日本人，同时也训训我们的小老弟"，由原先的"恶作剧"，进而"两边攻打"、"作弄着两边"，③直刺彼此的痛点，使得双方颇感愧疚，而多少弥补了黄君因其处境而丧失的自尊。

此外，译者也扮演了"re(一)placer"的角色，此处取"re(一)place"之"重置"与"取代"之意。就"重置"而言，译者透过翻译行为，把原文由一个语言与文化脉络，移转并重新置放于另一个语言与文化脉络。就"取代"而言，在新的语言与文化脉络中，译本作为原本的再现，成为译入语的读者据以了解原作者旨意的重要凭借——对不懂原文的人来说，更往往是唯一的凭借。只需想想，古今中外究竟有多少人能以原文阅读圣经或佛经，便知前文有关"总是已经被翻译了"的说法绝非夸大。尤有甚者，在经文佚失、渺不可得的情况下，译本还可能被当成源始文本(source text)，或译回原文，或进一步译成其他语文。如中国的佛经翻译经由译场的层层作业、严格把关，在译出汉文、多方确认无讹之后，有时竟销毁原文，以确立译文的权威。而原为梵文的许多佛经，因为在印度失传，有时反得将汉文译本翻译/回译成梵文，以兹保存与流传。至

---

① Lan Cao, *Monkey Bridge*, New York: Pengsin, 1997, p. 21.
② 黄春明:《莎呦娜啦·再见》，台北:皇冠，2000 年，第 10 页。
③ 同上，第 66, 70, 72 页。

于将已失传的梵文佛经,由汉文译成藏文、日文、英文等,或由藏文译成汉文、日文、英文等,都是进一步的重置与取代。

最后,站在文化传播与交流的角度来看,笔者认为译者更扮演着脉络化者(contextualizer),以及在理想的情况下,双重脉络化者(dual contextualizer)的角色。这里所谓的"脉络化者"最单纯的解释就是,译者透过翻译把原作引入另一个语言与文化的脉络。然而,在这么做的同时,若能积极介入,进一步引介与评述有关原作和作者的背景及意义,以便读者将此特定文本置于作者的个人及历史、社会、文化脉络中,当更可以看出原作在其脉络中的意义。再就"双重脉络化"而言,译者身为与原文文本挣扎、转换为译文文本的工作者,对两个文本的字字句句以及语文转换过程中的点点滴滴,拥有一般读者无法得知的事实与无可比拟的感受,此一"特权"(有时可能是"切肤之痛")自有其文化移转(cultural transference)上的意义。因此,若能清楚交待为何及如何在此时此地有如此的译本产生,不仅能协助当代读者看出翻译过程的甘苦,译本与自己的相关性及时代、文化的意义,也能为后代读者保留有关译本的第一手资料,彰显译者所扮演的诸种角色。①再者,对实际从事翻译的学者而言,也可看出其以学术为基础,一方面介入文本与文化的翻译,另一方面以翻译作为介入社会的工具,藉由译本达到学术作为介入(scholarship as intervention)或者介入式的学术(interventionist scholarship)之期许。

---

①　换言之,此处主张依照"文字—文本—文化"的不同层次更周延地观照译本,而对文学译者来说,当然就是"文字—文本—文学—文化"了。其中涉及的层面甚广,此处因篇幅所限,无法深入,只能略举如下:像是如何处理典故之类的"文化障碍"("culture bumps," Ritva Leppihalme, *Culture Bumps: An Empirical Approach to the Translation of Allusions*, Clevedon [UK] and Philadelphia: Multilingual Matters, 1997);翻译与跨文化文本的关系(Anuradha Dingwaney, Ian Mason, and Carol Maier, eds., *Between Languages and Cultures: Translation and Cross — Cultural Texts*, Pittsburgh and London: U of Pittsburgh P, 1995);翻译与性别的关系(Sherry Simon, *Gender in Translation: Cultural Identity and the Politics of Transmission*, New York and London: Routledge, 1996);翻译与帝国的关系(Douglas Robinson, *Translation and Empire: Postcolonial Theories Explained*, Manchester: St. Jerome, 1997);翻译与弱势的关系(Lawrence Venuti, ed, *Translation and Minority*, *The Translator* 4.2 [1998]);翻译与后殖民的关系(Susan Bassnett, Harish Trivedi, "Introduction: Of Colonies, Cannibals and Vernaculars," *Post-colonial Translation: Theory and Practice*, London and New York: Routledge, 1999, pp. 1—18);翻译与权力、颠覆的关系(Román álvarez, M. Carmen-áfrica Vidal, eds., *Translation, Power, Subversion*, Clevedon [UK] and Philadelphia: Multilingual Matters, 1996);翻译与宗教、意识形态、政治的关系(Todd Burrell, Sean K. Kelly, eds., *Translation: Religion, Ideology, Politics*, *Translation Perspectives* VIII, New York: Center for Research in Translation, SUNY at Binghamton, 1995);翻译与禁忌的关系(Douglas Robinson, *Translation and Taboo*, DeKalb: Northern Illinois UP, 1996)等等。至于文学翻译与翻译文学则是翻译研究中的重要项目,相关论述不胜枚举,此处不赘。对实例有兴趣的读者,可参阅单德兴:《翻译·经典·文学——以 *Gulliver's Travels* 为例》(见《翻译与脉络》,第25—58页)。

结　语

易言之，"译者"又成了"易者"，不但是"易'文'改装"，让原文穿上另一套语文的外衣，行走于另一个时空与文化，也促成了异语言与异文化之间的交"易"，而这些都是因为透过译者的关键性角色才能带着原文跨越语文的藩篱，变得容"易"平"易"近人。当然，在此变易中，因其可译性与不可译性、可变与不可变，原文的形影依稀可辨。而作为代表者/再现者的译者，就"言说者"的意义而言，顺理成章就成了原作者在另一个语文里的"喉舌"。

周朝对传译四方言语之人有不同的名称，而统称为"舌人"。[①]《格理弗游记》第三部第九章，主角觐见拉格那格岛(Luggnagg)的国王时说，"'我的舌头在朋友的口中'"("*My Tongue is in the Mouth of my Friend*")，意指"我请求带我的口译"("I desired leave to bring my Interpreter")。[②]而在主角"有幸'舔舐国王脚凳前的灰尘'"("I might have the Honour to lick the Dust before his Footstool")[③]之前，得先一路舔舐宫廷的地板前行。若地板上沾有灰尘甚或毒粉，以致无法对话甚至吞入腹中，则有失宠、丧命之虞。进言之，尽管主角与国王透过口译相谈甚欢，却不能排除在此高压统治之国触怒国王的可能性，而他的性命就系于他所雇用的舌人身上，或者说"舌头"上。如此说来，翻译有时竟涉及生死大事。如果译者扮演诸种不同角色，又如何确定在关键时刻不致因为无能或疏忽，而使自己或他人遭致误解、不测甚至杀身之祸呢？

---

① 马祖毅：《中国翻译史》(上卷)，武汉：湖北教育出版社，1999年，第3页。

② Jonathan Swift, *Gulliver's Travels*, ed. and with explanatory notes by Paul Turner, Oxford and New York: Oxford UP, 1986, p. 198.

③ 同上，第196页。

或者因为有意而导致他人的厄运呢？

　　本讲拟以历史上的一则异事/译事作结。中国最伟大的佛经译师鸠摩罗什其实来自外邦，但他的译本却是"公认流传最广,最受欢迎的本子,就其普及层面而言,后世的译经大师都望尘莫及"。[①]根据梁朝慧皎《高僧传》的记载,鸠摩罗什本为印度人,成长于龟兹,自幼以梵文诵读经典,后秦姚兴弘始三年(401年)到中国长安,于逍遥园翻译佛教经论凡380余卷,弘始十一年(409年)圆寂。在他因病辞世之前,

> 　　与众僧告别曰:……自以闇昧[,]谬充传译。凡所出经论三百余卷。唯十诵一部未及删烦。存其本旨[,]必无差失。愿凡所宣译[,]传流后世[,]咸共弘通。今于众前发诚实誓。若所传无谬者。当使焚身之后[,]舌不燋烂。……[卒于长安之后]即于逍遥园依外国法以火焚尸。薪灭形碎[,]唯舌不灰。[②]

　　这位通晓梵汉语言的大译师,虽然生前即以讲经、译经远近驰名,却依然是以火化后舌之存在来向世人印证其译文的忠实可靠。此神通、异事更强化了他的传奇性和译文的可信度,使他的译作更广为流传,历时近1600年。

　　吊诡的是,鸠摩罗什之所以留名至今,主要是因为他的译事。换言之,当年若舌头不存,依照他的说法则证明其"所传有谬",其译文虽然未必不保,但恐难如后世般盛行。然而自千年后的今天来看,若非其译作存在,其事功已然渺逝,其名也未必普为人知,而

---

　　① 王文颜:《佛典汉译之研究》,台北:天华,1984年,第218页。有关鸠摩罗什的译经理论,见王文颜:《佛典汉译之研究》,第218—236页;有关中国古代译场的制度与组织,见王文颜:《佛典汉译之研究》,第121—202页。

　　② 慧皎:《高僧传第二·鸠摩罗什一》,《大正新修大藏经》第五十册史传部二,台北:新文丰,1983年,第332—333页。

舌头的故事恐更早已湮没无闻了。进一步讲,译者纵然扮演"诸多"或"多种"、"多重"角色,但译文却是他存在的证明("我译故我在"、"译在人在"),也证明了他的"多重"角色。译者/舌人固不待以舌头来印证译作的忠实,但译作本身就成为他的最佳再现与"舌头"。

关键词

译者;翻译;翻译研究;代表/再现;双重脉络化

思考题

1. 文中所阐发的原作者与译者的关系是什么?

2. 如何理解译者的多重角色?

3. 译者与语境的关系有哪些进一步探讨的空间?

4. 在你所读过的译作中,试举三个双重脉络化的实例,并分述各自的特色。

建议阅读书目

[1] 罗选民:《文学翻译与文学批评》,北京:人民文学出版社,2005.

[2] 谢天振:《翻译研究新视野》,青岛:青岛出版社,2003.

[3] 单德兴:《翻译与脉络》,北京:清华大学出版社,2007.

[4] 张旭:《跨越边界:从比较文学到翻译研究》,北京:北京大学出版社,2010.

第二讲　翻译与"翻译者的任务"[①]

导 读

　　德国法兰克福学派批评家瓦尔特·本雅明（Walter Benjamin）的"翻译者的任务"自 1968 年由哈利·左恩（Harry Zohn）从德文译成英文，收录在汉娜·阿伦特（Hannah Arendt）所编的本雅明选集《启迪》（*Illuminations*）中以来，不仅被更多的文论研究者阅读与阐释，也受到翻译理论界的热切关注，进入 20 世纪 80 年代中后期，解构主义翻译论更是将之视为这一流派的经典与奠基之作，一时间里，圈内几乎人人引用、挪用，甚或误用，因为正如保罗·德曼（Paul de Man）所调侃的："如果谁在文章中不谈及这个文本，就算不上个人物"（"you are nobody unless you have written about this text"）。[②]

　　本讲无意评论这些阐释，但要提醒注意的是：本雅明的每部著述都可谓是他的救赎哲学的一部分，其救赎思想的种子原发于他的犹太族裔身份，孕育于他早年的神学——形而上学，最后成熟于他的历史哲学。代表中间这个孕育阶段的重要作品就是他写于 1916 年的"论本体语言和人的语言"和写于 1923 年的"翻译者的任务"，因此本讲认为，要理解本雅明的"翻译者的任务"，明确以下

---

　　① 本文为"中国人民大学科学研究基金（中央高校基本科研业务费专项资金资助）项目成果"。

　　② Paul de Man, *The Resistance to Theory*, Minneapolis：University of Minnesota Press, 1986, p.174.

三个层面至关重要:1.本雅明的犹太卡巴拉阐释范式和弥赛亚情结;2.这个范式中的语言论;3.上述两者与马克思主义相结合而对现代性和启蒙理性的激进批判。他正是在这三个层面上谈语言和翻译,因此他把语言分为一个连续体中的三个层次:上帝的语言,自然语言,人的语言。在这种语言秩序中,自然语言向人传达自我,人的语言则通过传达自然语言而向上帝传达自我,表明人之所以为人的本分所在。人在这个传达的总体中充当着一个传令兵或信使的角色,本雅明称之为翻译。本雅明意义上的翻译不是徒劳的横向转换而是有效的纵向传达。在"巴别塔"计划之前,即人的主体性极度膨胀以前,这种传达自然而顺畅,但在启蒙使人类成了世界主体——主人以后,而尤其是启蒙理性成了现代人的单向度思维和运作模式后,这个统一整体被打碎,这种翻译就只能成为一种乌托邦的向往了。

如果忽略了本雅明在什么意义上谈语言和翻译,那么在解读这篇论文时,就会进入本雅明在"翻译者的任务"中所描绘的尴尬境地:即"如此打开的语言大门会砰然紧闭,将翻译者(阐释者)关闭在无言之中……意义被从一个深渊抛向另一个深渊,直至面临落入语言无底洞的威胁"。[①]而如果单纯从结构或解构主义语言理论视角来读解这篇文章,则会像本雅明的思想传记作者朱里安·罗伯慈(Julian Roberts)所指出的,用这种诱饵只能钓出几条晦涩难懂的死鱼,[②]保罗·德曼对"翻译者的任务"的后结构主义读解正应了这种描绘,难怪德曼承认自己读不懂本雅明。

本讲拟通过将本雅明的"翻译者的任务"与本雅明的思想范

---

① Walter Benjamin, *Selected Writings*, Vol. 1, ed., Marcus Bullock and Michael W. Jennings, Massachusetts: The Belknap Press of Harvard University Press, 1996, p. 262.

② Julian Roberts, *Walter Benjamin*, Basingstoke, Hampshire: The Macmillan Press LTD, 1982, p. 78.

式、批判对象、他的"论本体语言和人的语言"相关联,阐释本雅明的翻译理论,并希望以此澄清对其中一些概念的误读。

一、本雅明与卡巴拉阐释范式

卡巴拉(Kabbalah),在希伯来语中原意为"传统"或"传递",最初是《塔木德经》(Talmud)的一部分,13世纪以后渐渐被用于指一种口传律法,据说是由摩西亲自口授给《戒律篇》和《塔木德经》的法学博士的,它集宇宙学、人类学、法术和诺斯替教之大全,成为对《圣经·旧约全书》(主要是《摩西五经》)的一种神秘晦涩的阐释传统。但是这种神秘晦涩的目的却不是神学——哲学性质的,而是宗教体验和实践性质的。其目的是为了昭示神启,使之更加明了,以便能传达给普通信徒,指导其在世俗的世界中按照上帝的戒律去做。为达到这一目的,拉比们(犹太法学博士)必须自己先能通灵,达到与上帝的沟通,这样才能得到秘义,而得到秘义是为了在世俗的生活中加以履行。

但是必须指出的是,本雅明的卡巴拉阐释方法与以实践性为目的的犹太宗教无关,而是一种综合了神学、德国古典哲学和浪漫主义思想的历史哲学,目的是在一个充满动荡、危机和矛盾的现代性中思考真理和救赎的问题,所以在诸多的犹太教神秘主义流派中,他所接受的是来自于和他具有同样犹太背景的朋友苏勒姆(G. G. Scholem)的非主流的阐释方法。① 这种方法反对以实践为导向的阐释学,而接近19世纪学院派犹太教研究和中世纪在新柏拉图主义影响下研究卡巴拉的基督教学者们的方法,即把它作为

---

① 详见 Gershom Scholem, *Major trends in Jewish Mysticism*, New York: Schocken Books, 1995.(汉译《犹太教神秘主义主流》涂笑非译,成都:四川人民出版社,2000年。)

一种玄妙和思辨的哲学,而不是宗教体验,目的则是在世俗的世界思考永恒或终极真理问题。也可以说,苏勒姆的卡巴拉实际上是一种关于历史总体性的宏大叙事。对于这点早有人注意到了,如犹太学者约瑟夫·丹(Joseph Dan)就认为,苏勒姆是一个竭尽全力诚挚地追求客观历史真理(救赎)的人,因此他不是什么神学家而是犹太民族主义者。①

而苏勒姆的卡巴拉方法论正是在与本雅明的讨论中明确起来的。他们的讨论从同样是犹太族裔、面对同样文化困境的作家卡夫卡(Franz Kafka)的故事入手,探讨犹太教口传律法的两部分,即《法则》(Halakah)和《注释》(Aggadah)之间的关系,再深入到对它们与卡巴拉的关系和在卡巴拉阐释学中的地位的研究上。简单地说,所谓《法则》,即上帝的神启或十诫在犹太教生活中的具体形式,亦即犹太人的律法。所谓《注释》,则是对神启加以阐释的传说、寓言、故事、民谣,对《圣经》和《塔木德经》中的人物生平事件的叙事等等。两者之间的关系如果借用本雅明的术语可以被称作原文与翻译的关系。翻译在此是认知和阐释的行为。

但是苏勒姆和本雅明都认为,在现代生活中,《法则》越来越迷失或被遮盖,而《注释》越来越庞大,借用克尔凯郭尔(Søren Kierkegaard)的术语可称之为"语言的空壳"越来越多。② 本雅明在

---

① Susan A Handelman, *Fragments of Redemption：Jewish Thought and Literary Theory in Benjamin, Scholem, and Levinas*, Bloomington：Indiana University Press, 1991, p.13. "犹太民族主义者"用在苏勒姆身上需要作些解释,即苏勒姆决不是政治或民族主义的犹太复国主义分子,他所追求的是内在于犹太教的一种对终极真理的神秘崇拜,一种在本质上与新柏拉图主义近似的哲学,他虽然在20年代移居巴勒斯坦,但正如洛桑茨维格所说："也许他是唯一一个真正到家的人,但是他是独自一人回家的"(Fragments of Redemption, p. 60)。

② Walter Benjamin, *Reflections*, trans. Edmund Jephcott, New York and London：Harcourt Jovanovich. Inc. , 1978, p. 327.

对卡夫卡的解读中则称这种状况为"传统的病变",[①]其特征是真理丧失了权威性,只剩下一个无所附着的评注,或产生了与所寻目标完全生疏了的寻找法则的学问,借用后结构主义的术语,我们也可以说,只剩下"话语"、"言说"或"语言的嬉戏"了。在本雅明看来,后者都是对教义(或法则/真理)的虚构,而不是表征,寻找变成了毁灭。

于是,他们认为真理的传统已经破碎,已经没有直接到达真理的道路,也不可能与弥赛亚直接融合,所能做的只是读解这个传统的碎片、回声、遗迹等,他们终生的著述都可谓是在传统的废墟中、在破碎中、在世俗化中解读救赎的信息。从这个意义上来说他们都是真正意义上的"翻译者"。

二、本雅明的语言论与现代性批判

本雅明的"论本体语言和人的语言"正是成形于他与苏勒姆就上述问题的探讨中。论文写于1916年,也是索绪尔(Ferdinand de Saussure)的《普通语言学教程》发表的年代,但两者的语言观却截然相反,本雅明称结构主义语言观为"资产阶级的语言概念",[②]并认为自己的语言哲学将使前者的"不合理性和空洞无物"愈发清楚暴露。[③] 在本雅明看来,这种不合理性和空洞无物正是人类堕落后的语言状态,即语言与世界分裂,语言堕落为完全外在于世界的符号工具,反映了人与世界的双重异化关系:一方面,人失去了对世界命名(name)的能力,即作为认知主体,他再也无法确定自己

---

① Susan A Handelman, *Fragments of Redemption*, p. 54. "传统"在此指犹太教阐释神启的传统。

② Walter Benjamin, *Reflections*, p. 318.

③ Ibid, p. 318.

认识和反映的客观实在性,他所能得到的关于世界的意义仅仅只是他所在的群体的约定俗成,与世界的本质毫无关系。这导致人与世界的另一种异化:两者只是一种指涉和被指涉,有生命的主体和无生命的客体之间的关系。语言并不命名世界,而是将之纳入自己的知识话语体系。这种知识"暴力"的发展、演变与实施导致了现实中对世界的占有、奴役和掠夺的真实暴力,使得科技进步与社会进步并不同步。本雅明在"马克思主义转向"后的历史哲学中对现代性的批判正是建立在这些早期的哲思上的,两者毫不矛盾,而是互为养分,有机结合。

因为在他的"论本体语言与人的语言"中,他就通过对《旧约·创世记》的独到阐释而建构了一个"马克思主义者的创世记",①在这个版本的创世记中,人类的堕落并不是由于女人或欲望所诱导的原罪而导致,而是产生于一种"篡位"、一次变乱,是由于"生命之树"的主导地位被"知识之树"取而代之,因此原初的宇宙秩序被打乱了,因为"生命之树"的统治代表着上帝的纯粹、完整的权威性,上帝的生命弥散在世界万物中,一切生灵与作为其本原的上帝息息相通。世界中没有邪恶的杂质成分,没有阻塞和窒息生命的"空壳",没有死亡、没有禁锢,而"知识之树"的统治则意味着判断与抽象的产生,导致了一个以善与恶的对立为原型的二元对立的世界,以此打破了天人合一的本原状态。②

本原世界的完整与合一就在于它是上帝完成他的创造之后"看到一切都很好(善),并给予祝福"的世界,③在他的"一切都很好(善)"的造物中不存在"恶","善恶对立"是知识之果所教导出来

---

① Irving Wohlfarth, "On Some Jewish Motifs in Benjamin", in Andrew Benjamin, ed. , *The Problems of Modernity*, London and New York: Routledge, 1989, p. 157.

② Walter Benjamin, *Reflections*, p. 328—329.

③ Ibid. , p. 323.

的虚构,是与上帝用以创造世界的"道"(Word)和真理相对立的判断和知识,它标志着人"道"(human words)的诞生。这是本雅明从犹太教的卡巴拉阐释学中继承下来的奥义,但是却把它转变成一种隐喻,用于对启蒙理性的批判。在本雅明看来,人"道",即人的语言、人的法则、主体的诞生,标志着人类与自然、与世界分裂开来,随着人类理性的进化和征服自然的文明进程的发展,人与万物血脉相连的生命纽带被斩断,人外在于自然,自然变成了他者、材料、资源被指涉、利用、操作,自然不再有自己的质量、自己的语言,而只是数量和物质。由此产生了人在对待自然时的种种"蠢行",本雅明把这些"蠢行"叫做"堕落"。[1]"堕落"在此被注入了文化哲学的含义,按照这一含义人类被逐出天堂,进入历史,因此"他命中注定要用自己的血汗从土地中获得生计",[2]自然从此后被人类主体对象化、物化,成为被征服和改造的客体。启蒙理性把这一切叫做"进步",而本雅明却"逆历史潮流而动",[3]不承认这是"进步",而称之为灾难。从这个意义上来说,所谓"原罪"就是打破了卡巴拉传统意义上的"完整器皿",[4]而开启了以波德莱尔所说的"不确定性、短暂易逝性、偶然性"为特征的现代化进程,[5]因此历史的所谓不断进步必然只是一场不断堆积"废墟"的风暴,朝着与天堂相

---

① Walter Benjamin, *Reflections*, p. 329.

② Andrew Benjamin,ed. , *The Problems of Modernity*, p. 160.

③ Walter Benjamin, *Illuminations*, ed. , Hannah Arendt, trans. , Harry Zohn, Fontana/Collins, 1977, p. 259.

④ 苏勒姆:《犹太教神秘主义主流》,第 252 页,第 266 页。

⑤ Charles Baudelaire, *The Painter of Modern Life and Other Essays*, London: Phaidon Press, 1964, p. 13.

反的方向吹去,使两者的距离越来越远。① 用卢卡奇(György Lukács)的话说,可以说,现代性在其源头上就是这样一个充满罪过的语境,一个开始了物化或对象化的世界,在这个世界里,产生于人与自然异化过程中的片面的知识遮挡了总体的真理。

本雅明在他的语言论中把这种"历史的自由落体"叫做语言的堕落。② 在此,语言是一个神学——哲学概念,代表着一种世界模式。在本雅明看来,堕落以后的语言状态表现为索绪尔所界定的那个封闭、共时、平面的符号体系,一种"资产阶级的语言观"。在这种体系制约下的语言与世界是分裂的,两者只有任意、人为的关系,语言并不能传达事物的本质,而只是任意地指涉事物,语言作为一种人类主体之间约定俗成的规则,被用来抽象、统括、归化和收编世界。起支配作用的是体系和规则本身,其他都被当作无生命的东西被演绎和操作;言说的也只有体系和规则,世界则被消声;体系和法则把一个多维度、多样化的世界变成了一个特定的认知模式派生出来的抽象对象。语言的这种操作性同时意味着它的工具性,即语言用于交流关于物的有用信息,而不是传达物的本质、在场和生命,这在本雅明看来不啻一种缩影,正反映了世界整体性的破碎,人与自然的异化,以及随之而来的"主体性的胜利和

---

① 这就是本雅明从一个无能为力、无可奈何的"历史天使"或"救赎天使"视角所看到的现代性:

"克利一幅名为《新天使》的画表现一个仿佛要从某种他正凝神审视的东西转身离去的天使,他展开翅膀,张着嘴,目光凝视。历史天使就可以描绘成这个样子。他回头看着过去,在我们看来是一连串事件的地方,他看到的只是一整场灾难。这场灾难不断把新的废墟堆到旧的废墟上,然后把这一切抛到他的脚下。天使本想留下来,唤醒死者,弥合碎片,但一阵大风从天堂吹来,大风猛烈地吹到他的翅膀上,他再也无法把它们合拢回来。大风势不可挡,推送他飞向他背朝着的未来,而他所面对着的断壁残垣则拔地而起,挺立参天。这大风是我们称之为进步的力量。"("历史哲学论纲"第9纲 / Walter Benjamin, *Illuminations*, p. 259.)

② Andrew Benjamin, ed., *The Problems of Modernity*, p. 161.

对物的独断统治"。①

　　与此相对立,原初的语言则是一个大宇宙观意义上的语言,即万物都有语言或都是语言,都自我表达。因此语言被分为三个层面。首先是上帝的语言,即单数大写的道(Word),它浓缩着世界的整体性,从这一整体中生发出世界万物,因此万物都是道的载体,都是以生命和质量的形式体现出来的道,以生生不息的活力传达着、述说着道的精神实质,因此它们都是神启(revelation)意义上的语言,本雅明称这种表现为自然万物的语言为本体语言。换言之,从上帝的道中生出的万物都在传达自己的精神意义,因为它们都来自于上帝,它们的存在本身就是对上帝精神的表达,这是它们的本质所在,而凡是表达都是语言。在此,语言不一定指文字语言,而是说万物都有一种势态,似乎在述说着什么,但所述说的并不是它的物质存在状态或功用,而是一种神韵的交流,这种交流如果得不到人的应答,便是不完整的。与移情作用正相反,这不是人把自己的心理结构投射到物的身上,而是物本身的一种精神对人的召唤。既然这是一种交流,一种自我表达,就可以说这是物的语言——本体语言。但这并不是说两者合二为一,而是强调物的精神意义"在语言中(in),而不是借(through)语言来表达自我"。②这是本雅明在"论本体语言和人的语言"中用近乎赘述的风格反复强调的:"语言传达什么? 它传达与之对应的精神本质。至关重要的是这种精神本质在语言中,而不是使用语言来传达自己。因此,如果从某人使用这些语言进行交流的意义上来说,语言没有言说者。精神本质在语言中,而不是使用语言自我传达,其含义是它并不是外表上与语言存在相等同。精神本质与语言本质的等同就在于它具有传达的能力。在一个精神存在中能够传达的也就是它的

①　Walter Benjamin, *Reflections*, p.329.
②　Ibid. , p.315.

语言存在。因此语言所传达的是事物的某种语言本质,但是,这完全在于它们的精神本质直接包含在它们的语言本质中,在于这种精神本质的可传达性"。[①]

介于上帝的语言和自然语言两者之间的是人的语言,在人类未堕落之前,人的语言也就是亚当的命名语言。根据本雅明所阐释的创世记,上帝按照自己的形象塑造了人来替他管理这个世界,他在完成了创造世界的任务以后,就把他创造世界的语言传给了人类,但是免去了这种语言的创造性,只留下了它的认知性和接受性。这种语言角色的分派内含一种伦理的戒律,它规定了人类的本分就是参悟和领会宇宙真理、万物之道,借此来调整自我在世界中的定位,而不是充当上帝,染指生命、天地、生物种类的创造与毁灭等非本分的事务。在伊甸园中,上帝示意每种动物走上前来,由亚当命名,受到了命名的动物各个表现出无比的幸福,表明名毫无遗漏地再现了物的本质,因此亚当的命名也就是纯认知、纯接受、纯称谓,他不仅能从万物中认识和接受宇宙之道并能加以表征,所以本雅明说"亚当不仅是人类之父,也是哲学之父"。[②]

在这种语言秩序中,自然语言向人传达自我(给予人的责任),人的语言则通过传达自然语言而向上帝传达自我,表明人之所以为人的本分所在。人在这个传达的总体中充当着一个传令兵或信使的角色,而自然语言就是那个"每一个哨兵用自己的语言传给下一个哨兵的口令,口令的意义就是哨兵的语言本身。"[③]也就是说,语言直接连着本质,语言一旦命名,就有意义地在场,简单地说,语言就是一种介质,显现真理,因此也就是昭示或神启。这种内在统

---

① Walter Benjamin, *Reflections*, pp. 315—316.

② Walter Benjamin, *The Origin of German Tragic Drama*, London: NLB, 1977, p. 37.

③ Walter Benjamin, *Reflections*, p. 332.

一的传达,本雅明称之为翻译。在"巴别塔"计划之前,翻译不是徒劳的横向转换而是有效的纵向传达,"每一种较高层次的语言都是对较低层次的语言的翻译,直到在最终的清晰中,上帝的道得以展示出来,这就是这个由语言所构成的运动的统一性"。①这种语言的统一性实际上也就是世界的统一性。只有在人与世界保持着一种模仿的、主体间性的关系中,这种完整性才能自然而和谐地存在,因为只有在那样的关系中,人与自然才是平等的,万物对人类才保有一种"光晕"。所谓"光晕",即他者回眸的目光,平等对视的能力,"生命权利"的表达,"那个被我们观看的人,或那个认为自己被观看的人,也同时看我们"。如果把这种"普遍存在于人类关系中"的伦理反应转换到对无生命的或自然的客体上来,就会产生对万物的光晕的体验,因此"能够看到一种现象的光晕意味着赋予它回眸看我们的能力"。②用哈贝马斯的话说即只有当人类把自然看作自己的兄弟姐妹一般,把自然视作鲜活的、言说的生命,而不是被动、沉默的物质,人类才能倾听和接受自然的语言,才能避免凝视和被凝视、主体和他者的关系,而建立平等、模仿、对话的关系。这是一种无论离得多近总是有距离的敬畏感,但是有悖论意味的却是,这种距离和敬畏却带来真正的亲近,带来人与世界和睦共处的生存状态,因为这是一种真正意义上的大伦理关系。

三、本雅明的翻译论与救赎哲学

上述语言论也是本雅明的认知哲学论,它的任务在本雅明的思想体系中最具体的体现就是翻译者的任务。翻译在本雅明的语言哲学中是一个与语言的三个秩序共生的概念,因为既然自然语

---

① Walter Benjamin, *Reflections*, p. 332.
② Walter Benjamin, *Illuminations*, p. 190.

言是无声的启示，即上帝精神的载体，那么就必然成为命名语言的源语言。命名语言对自然语言的翻译是将哑然的变成有声的，使之被倾听，被关注。这意味着领悟它所承载的精神，通过对这种精神的命名（认知/领悟）而向上帝传达自我，而使这种翻译转换得以实施的是上帝的道和人的参悟能力。命名语言的本质最终能够使上帝的纯语言显现，所以命名语言是直接与上帝沟通，因而是与真理同在的表征。本雅明认为，未来哲学的任务正是要找回命名语言，因为哲学所能期待的完善就存在于命名语言对纯语言的预示和描绘中，而这种描绘又以浓缩的形式存在于翻译中。有鉴于此，保罗·德曼直接称本雅明的翻译就是哲学。

对翻译的这层意义，本雅明早在"论本体语言和人的语言"中既已规定："有必要将翻译的概念建立在语言论的最深层次上，因为它如此深远，如此有力，以至于不能像时常所发生的那样，以任何形式仅仅视之为一种事后的思想。……每一种（从某种语言中）发展出来的语言（上帝的道除外）都可被认为是代表所有其他语言的翻译，翻译在对此的认识中获得其全部的意义"。①这正是在否认自己在谈论一种横向的语言翻译，而视所有的语言都以上帝的道为目的语，这样的翻译都是等价的，差别仅在于作为不同的历史阶段的产物，其（纯语言含量）浓度的不同，如果横向翻译具有可能的话，也正是因为这种共同的追求给予了不同语言之间的可译性。这种共同的追求，本雅明称之为"表达方式"或"意图"。虽然堕落后的语言由于从此后失去了与本质的内在统一，而成为外在于物的判断，因此产生了语言的多元化，但是所有语言"表达方式"或"意图"的互补，正如一个破碎的容器的重新整合，最终的目标将是回到纯语言。而翻译者的任务就是"照看源语言的成熟过程和自

---

① Walter Benjamin, *Reflections*, p. 325.

身语言新生的阵痛",①在翻译中寻找"可译性"。所谓"可译性"也就是自然语言的"可传达性"。

正如自然语言的"可传达性"是指其内在的精神意韵,而不是其物质属性或实用功能,语言作品的"可译性"同样是指其向着目标语的意图(意蕴/深层意义),而不是它的指涉意义。对此,本雅明开宗明义就给予了规定:"在欣赏一部艺术作品或一种艺术时,对接受者的考虑从来都证明不是有效的。不仅是对某一特殊公众或其代表的指涉是误导的,甚至理想的接受者这一概念在对艺术的理论思考中也是有害的,因为它所假定的一切就是这样一个人的生存和本性。艺术以相同的方式假定人的物质和精神存在,但在任何艺术作品中都不关心他对艺术作品的专注。任何一首诗都不是有意为读者而写的,任何一幅画都不是为观者而画的,任何一首交响乐都不是有意为听众而作的"。②一个语言作品有无可译性,是否召唤对它的翻译,这正是它有无生命力的根本原因。如果它有可译性,即使暂时无人可以翻译它,也丝毫无损它的价值,因为有上帝作证。

本雅明的翻译概念让人误解之处就在于"翻译者的任务"是作为前言附在他的对波德莱尔(Charles Baudelaire)的《巴黎场景》的译文前的。这使人产生错觉,以为他在做翻译经验谈。实际上,本雅明对波德莱尔的研究是从文学艺术切入哲学和文化批判,因为在本雅明的思想体系中,文学艺术既然是真理碎片散在的场所,那么将这些碎片加以整合,这正是他所界定的哲学的任务。在"翻译者的任务"中,本雅明为之找到了能够更加具体阐发的依托:翻译是一种形式,即一种表征或再现。借此他指的是体现真理的形式。本雅明历来反对"虚假的划分,即知识要么在一个认知主体的意识

---

① Walter Benjamin, *Selected Writings*, p. 256
② Ibid. , p. 253.

中,要么在于客体"。①他把这种划分作为知识论需要克服的两大问题之一,因为这两者都不可能达到客观真理:前者是意识的占有欲,后者是纯物性。只有表征才使真理自我显现,因为制约表征的法则在于原文,即原文的可译性,而这种可译性是客观存在的,因为无论是否有人能译都毫不影响它的必然性,它与上帝的道直接关联,所以有"上帝对它的记忆"为证。②翻译所追求的这种表征正是命名语言的功能,它们所对应的不是指涉意义,而是把原文中哑然的意韵与目的语沟通。尽管它在不同的历史阶段只能达到距离纯语言不同的高度,"但是它的目标却不可否认地是所有语言作品所朝向的那个最终的、完成的和决定性的层面",即纯语言。为了澄清这层意思,在"翻译者的任务"中,他不断否认对这一概念作横向的运用或解释,他甚至认为横向的翻译是不可能的,因为横向翻译意义上的源语言在变,目的语也在变,且由于文化背景等差异,指意的等同只是一种表面关系。所以本雅明称任何横向翻译理论为"死理论"。因此对本雅明在"翻译者的任务"中所阐述的翻译的任务、性质、标准以及"忠实"、"自由"、"外语性"、"语言的亲缘关系"等概念一概不能从横向翻译的角度来理解。否则,不仅发现不能自圆其说,而且极其晦涩难懂,而更为遗憾的是其哲学价值将大受损害。

如果给这种翻译一种形象描绘,可称之为"上帝的信使",他不追求内容与形式的对等,他的任务在于"找到朝向目的语的意图",即辨识可译性,"在自己的语言中生产原文的这一回声",③因为原文的这一"回声"正是对翻译的召唤。这种意义上的翻译与原文的关系正如一条切线与圆的关系,切线只在一点上轻轻碰撞圆圈,以

① Walter Benjamin, *Selected Writings*, p. 276.
② Ibid., p. 253.
③ Ibid., p. 258.

这一碰撞而不是以圆上的一点而建立它的直线无限延伸的法则。按照这个类比，翻译则只对原作的意义稍稍触及，然后就根据忠实的原则在语言序列的自由中追寻自己的路线。正如鲁道夫·盖什所指出的，这轻轻一碰却是解构的一击，[①]原文实指的意义解体，向着目的语的意图被解放。从这种意义上使用"忠实"概念，其效果则与传统翻译论中这一概念的意义正相反，用本雅明所引用的潘维茨的话说，按照这种忠实的原则，在翻译中应该是把目的语翻成源语，而不是正相反，比如，用德语翻译印地语、希腊语或英语时，不是将后三者翻成德语，而是将德语翻成后三种语言，只有在这种翻译中，译文才是透明的，才不会遮盖原文，不挡住原作的光，而允许纯语言，如同被作为介质的目的语所强化，更加充分地照射在原作上面。这指的正是不去触及原文的实指意义，正如不去触动或改变物的物质存在，才能更清楚地读出自然语言的意义。在这种翻译中，忠实和自由是相辅相成的，自由使原文摆脱实指意义的束缚，必然产生对最深层意义的忠实，因为语言之间真正的亲缘关系就在于其意图的同一，捕捉这一意图才是真正的忠实，这一意图就是对纯语言的向往，而从语言序列中完全重获纯语言是翻译的最大和唯一能量。

　　以此类推，语言之间的"外语性"并不是表面的差异，而是指对纯语言的距离——即实指的意义，工具作用。如果用自然语言来类比，这种距离就是精神的实质被实用物性所吞没，因此翻译在将语言从这种"沉甸甸的外语性"中解放出来的过程中无疑是扮演了救赎天使的角色。因为外语最终的意义不是语言学的概念，而是一个宗教哲学或至少是一个阐释学的概念，从本雅明的历史哲学的角度来看，则是一切亟待救赎的历史，全体沉默的自然。作为救

---

　　①　Rainer Nagele, ed. *Benjamin's Ground*, Detroit: Wayne State University Press, 1988, p.86.

赎的力量,翻译的语言相对于艺术作品的语言来说具有一种超越了系统网状束缚的他者性:"翻译并不在语言的森林中心,而是在外部……它造访(辨识)而不进入,它以一点为目标,在这一点,他从自己语言中所发出的回声能在异邦语的作品中引起震荡"。①

但是它所能达到的救赎程度并不是最终的救赎,正如革命者或真正的政治家在历史的救赎中所起的作用:点燃大火,宣布弥赛亚的到来,翻译者则在语言向着其历史的弥赛亚式终结的过程中,"照看源语言的成熟(不断在意图上与其他语言的互补)和自己语言新生的阵痛",在时机成熟时"正是翻译从作品的永恒生命和语言永远更新的生命中燃烧起来。因为正是翻译不断检验着语言的神圣成长:他们隐藏的意义离昭示还有多遥远?对这一距离的知晓又在多大程度上能使之更接近被昭示"。②燃烧的那一天也正是未来哲学所能期待的完满终结,这一天还非常遥远,然而通过这种在原文和目的语之间的不断沟通,尽管还不能达到使所有世俗语言进入那个"注定的、迄今无法企及的合一和圆满领域"——即碎片最终整合的境界,但至少已指向了通向这个最后领域的道路。如何才能真正达到这一境界?本雅明在此再次渴望哲学与神学的联手,而翻译的最高典范则是圣经——对上帝"道"的表征。

结　语

翻译论有着卡巴拉阐释学色彩,更有浓重的弥赛亚情结,完全是他对救赎的向往,本雅明认识到其艰难,所以才把这种努力看作"翻译者"的"任务"("Die Aufgabe des übersetzers")。"任务"(Aufgabe)一词在德文原文中同时含有"失败"的意思,正如保

---

①　Walter Benjamin, *Selected Writings*, p. 258.
②　Ibid. , p. 257.

罗·德曼所解释的那样,"如果你加入了环法自行车比赛,但又放弃了,那就是 Aufgabe——'er hat aufgegeben,'他没有继续比赛"。① 但是保罗·德曼因此而认为翻译者的任务就是失败、放弃,所以这个文本的名称,"Die Aufgabe des übersetzers",不过是同义反复。这则是一种美国版本的解构主义的误读,用这种误读做诱饵,他只能如本雅明思想的研究者朱里安·罗伯慈所说,从本雅明的文本中钓起几条晦涩的死鱼。本雅明用 Aufgabe 一词表明他深知完成这一任务之艰辛,它可能将是一个天路历程,一种哲学探险,一次救赎的奋战,正因为如此,执行这样的任务才是批评的意义和思想的责任所在。

关键词

本雅明;卡巴拉;语言;哲学;翻译;救赎

思考题

1. 本雅明在什么意义上谈语言和翻译?

2. 什么是本雅明意义上的"可译性"、"外语性"、"外语/异邦语"、"语言的亲缘关系"、"目的语"、"源语"、"忠实"、"自由"? 它们之间是一种什么关系?

3. 为什么对于本雅明来说"翻译"是一个"任务"或"使命"?

建议阅读书目

[1] Benjamin, Andrew. *Translation and the Nature of Philosophy: A New Theory of Words*. London: Routledge, 1989.

---

① Paul de Man, The Resistance to Theory, p. 80.

〔2〕Benjamin, Walter. "On Language as Such and on the Language of Man", *Reflections*, trans. , Edmund Jephcott. New York: Harcourt brace Jovanovich, Inc. , 1978, pp. 314—332.

〔3〕Benjamin, Walter. "The Task of the Translator" in *Selected Writings*, Vol. 1, ed. , Marcus Bullock and Michael W. Jennings. Massachusetts: The Belknap Press of Harvard University Press, 1996, pp. 253—263.

〔4〕de Man, Paul. "Conclusions": Walter Benjamin's "The Task of the Translator" in *The Resistance to Theory*. Minneapolis: University of Minnesota Press, 1986, pp. 73—105.

〔5〕Derrida, Jacques. "Des Tours de Babel", trans. , Joseph Graham in Joseph Graham, ed. , 1985, *Difference in Translation*. Ithaca and London: Conell University Press, 1985, pp. 165—208.

第三讲　翻译与翻译理论流派^①

导　读

　　《周礼义疏》给翻译的界定是：译即易，谓换易言语使相解也。用不同的语言相互解释即是翻译。因此，翻译既包括不同历史时期同一种语言内的翻译和解释，也包括跨民族、跨语言的语言文化传递活动。随着翻译活动日益频繁，翻译理论建设进入了一个新的历史发展时期。本讲主要涉及国内翻译界在 20 世纪后期对西方翻译理论的引进、消化、吸收与融合的状况，探讨了涉及翻译研究中的特色派与普世派的争辩，描述了西方翻译史上几个时间段上的分期，以及西方翻译理论流派的不同划分。新时期的翻译研究正在朝着多角度、多视野的方向发展，给当今的翻译学科建设打下了系统的理论基础。

一、引　言

　　翻译是吸收域外文化成果最直接的有效方式，通过翻译，我们可以借鉴世界上先进的成果，博采众长，为我所用。通过翻译，我们可以把中国悠久的文化和新时期的现状介绍给国外，使世界更好地了解中国。正是由于不同语言之间的翻译，文化传播已经不再受疆域的限制，地球村任何一个地方的人都能足不出户，了解其

---

　　① 本讲主要内容曾收录于笔者《西方翻译理论通史》(武汉：武汉大学出版社，2009)"绪论 西方翻译理论的引进与流派划分"。

他民族的语言文学、思想情感和人文情趣,了解别国的生活和文化。"翻译活动最本质的作用是为人类拆除语言文字障碍,促成不同社会、不同地域、不同文化背景的国家和民族之间的沟通与交流。而这种沟通与交流的结果,往往能启迪新的感悟、新的智慧、新的视角,从而产生巨大的社会推动力,这是社会变革和文化进步不可缺少的加油器。"[①]正是由于翻译的作用,整个世界在文化的相互交流中获得益处,并丰富着人类的文化多样性。

二、西方翻译理论的引进、融合与创新

对古今中外的翻译活动和翻译现象进行系统的总结,上升到理论高度,是翻译理论研究者的使命。西方翻译有几千年的历史,在漫长的历史发展阶段中涌现出大批灿若星河的翻译理论家。他们的翻译观点和翻译思想也是人文学科的智慧结晶。20世纪下半叶,随着西方翻译理论的崛起,它逐渐被国内介绍,并为中国翻译学界所借鉴吸收。近30年来,西方翻译理论在国内从一个默默无闻的旁门左道,发展为一门显学和外国语言文学领域内学科方向研究的热点。回溯它在我国引进、接受和消化的过程,值得反思。

(一)西方翻译理论的输入与吸收

20世纪80年代中后期,西方翻译理论百花齐放,各种流派竞相角逐。国内翻译界积极介绍西方各种当代翻译理论,为我所用。其中影响较大的有美国的尤金·奈达,英国的彼得·纽马克、乔治·斯坦纳等学者的翻译理论,以及前苏联巴尔胡达罗夫的语言学翻译观、加切齐拉泽的文艺学翻译理论,它们给国内翻译研究注

---

① 许嘉璐:《翻译是社会、文化进步的加油器》,载《中国翻译》,2005年第1期,第5页。

入了活力。结合国外翻译理论的介绍,《翻译通讯》编辑部于 1984 年先后出版了《翻译研究论文集(1894—1948)》和《翻译研究论文集(1949—1983)》两本论文集,搜集了近百余年来国内翻译研究吸收外来理论的成果。虽然这些引进来自不同系统或渠道,但毕竟让国内翻译理论工作者接触到了西方的各种研究成果。

20 世纪 80 至 90 年代,美国著名翻译理论家尤金·奈达的翻译理论在国内名噪一时,到了"言必称奈达"的程度。奈达的理论深深地影响着国内 20 世纪 80 年代到 90 年代的翻译研究,这一时期国内主要的翻译理论观为其所主宰。20 世纪后半期,西方语言学、语用学、社会符号学的发展,给翻译理论的建构提供了坚实的基础。奈达正是受惠于西方语言学,以其构筑翻译理论大厦,用交叉学科拓展了翻译研究的领地。谭载喜的《奈达论翻译》(1983)是推介奈达翻译理论的力作,而其著作《西方翻译简史》(1991)则较为系统地揭示了西方翻译理论的历史脉络。蔡毅对俄罗斯翻译理论的译介在中国翻译界也产生了较大的影响。刘宓庆的《当代翻译理论》(1999a)、《文化翻译论纲》(1999b)体现了作者对吸收外国翻译理论的思考,结合本土实践,纲要式地勾勒出翻译的基本理论构架,探讨了翻译的文化内涵和不同维度。

20 世纪 90 年代,国内的翻译研究呈现一派多元化的趋势,突破了传统的美学、文艺学或语言学模式而上升为一种文化反思。以苏珊·巴斯内特与安德烈·勒费弗尔为代表的翻译文化研究学派将翻译研究转向客观描写和个案研究,把翻译放置于文本之外广阔的文化环境之中。操纵、改写、折射等成为文化学派的基本术语,意识形态、诗学、赞助人成为改写的基本条件。以色列学者伊万·佐哈和图里提出了"多元综合系统"理论,以探讨译作与文学大致的关系,强调译作受目的语社会、文学、历史背景的制约,提出了"翻译的文学"概念。翻译的解构学派如法国的福柯、德里达等将解构主义哲学观引进翻译研究,摆脱了翻译理论概念化和形而上学化的羁绊。翻译是文本再生的生命,语言的不完全对应性和翻译的不确定性给翻译研究以张力。以德国目的论派的赖斯为代表的学者强调接受者的风格感受,认为翻译的目的决定翻译的质量,翻译的目的要考虑到人与人之间的沟通。上述这些全新的翻译理论极大地拓展了中国翻译研究的视野和领域。

20世纪90年代中后期,国外各种新翻译理论接连出现。国内如赵家琎(1996)、韩加明(1996)、刘军平(1997)、罗选民(1997)、林克难(1998)、张美芳(1998)等人开始提及西方当代翻译理论体系中有关"多元系统说"、"解构主义"与"女性主义"等理论学说,算是对于西方当代翻译理论自觉研究的肇始。在世纪之交,张美芳(2000)、蔡新乐(2001)、张南峰(2001)、王东风(2003a,b;2004)、穆雷(2003)、孙艺风(2003a,b)、蒋骁华(2003,2004)、刘军平(2004a,b)等人的研究论文无疑是这方面较有代表性的研究成果。可以说,80年代以前的中国翻译理论乃是中国本土的传统翻译理论,而90年代之后的翻译理论研究就其整体而言,是对国外形式多样理论的边引进边消化阶段,也是翻译研究的中西结合期和沉潜期。面对流派纷呈的国外翻译理论,许钧主编的《外国翻译理论研究丛书》可以说在介绍国外翻译理论方面影响最大,这套丛书以不同的框架、不同的主题、编年和地域呈现了国别翻译理论的不同范式、功能及其独特特点。

新世纪来临之际,在充分消化吸收西方翻译理论之后,我国学者开始了翻译文学的建设阶段。早在1992年谢天振发表了《翻译文学——争取承认的文学》,试图运用多元综合体系的理论,为中国的翻译文学正名。谢天振的《译介学》做了开创性工作,它从媒介学的角度研究翻译,从翻译文学的角度描写异质文学和文化交流史,特别重视译作的接受与影响的变迁,突出翻译中"叛逆"现象的必然性,强调翻译文学是目的语文学史的有机组成部分。许钧的《翻译论》(2003)更是融合中西翻译理论的精华,对翻译的本质、翻译的过程、翻译的意义作了深入的探讨,在原创性和思辨性方面超过前贤。除此之外,有关西方后殖民、后现代文化研究的翻译理论研究也在国内掀起了一股有关此方面研究的热潮,并诞生了一批有价值的成果。21世纪初,西方学者巴斯内特和勒费弗尔所提倡的"文化转向"经过十年的发展后,他们又提出了文化研究的"翻译转向",以翻译学为切入点,把文化研究扩展到跨文化的大语境之中。王宁认为(2005),随着翻译研究的再度兴盛,"翻译转向"已被证明是势在必行的,而且有着广阔的发展前景。

(二) 西方译论与翻译本体研究的关系

翻译学即翻译的科学,也就是系统地研究双语转换规律,通过描述翻译过程,总结一定的原则、理论与模式,以解释和预测一切在翻译范畴之内的现象,从而构建一套宏观结构框架和微观操作原则的翻译理论体系。西方20世纪80年代称"翻译学"为Translatology或Traduetology,一些学者宁愿用"翻译理论"这个术语。也有不少西方学者用Translation Studies来指翻译学或翻译理论研究。

翻译学的主要内容有八个大的方面:(1)翻译学的宏观理论建构及方法论,它包括原理理论、原则、标准等,包括元翻译研究;(2)探究中外翻译史的翻译活动,包括翻译流派。当代译学研究必须重新系统地借鉴中西译论、挖掘翻译史中的核心概念,推陈出新;(3)翻译学与跨学科的关系的建立,拓宽视野,注重交叉渗透研究,借鉴其他学科的研究成果,实现学科之间相互促进和共同发展;(4)专门翻译类别的特点及其应用理论与技巧,经济、法律、科技翻译有其自身规律,需要从应用翻译的角度予以专门研究;(5)翻译批评、译作赏析与翻译家研究;(6)翻译与对比语言学研究;(7)口译研究和翻译教学;(8)机器翻译、人工智能翻译与语料库翻译研究。

翻译研究学派创始人之一的霍姆斯于1972年提出应将翻译

学视为一门独立的学科并为该学科的发展制订出一幅路线图。霍氏认为该学科可分为:纯翻译学(pure translation studies)和应用翻译学(applied translation studies)两大部分。前者可包括理论翻译学(theoretical translation studies)和描述翻译学(descriptive translation studies)两个分支。[1]霍姆斯的划分影响后来中国学者提出的翻译学建设的基本构想,他们提出的翻译学结构和层次基本上都没有超出这一划分。在国内,受西方提出的翻译学的影响,黄宗杰比较早地提出翻译理论应该正名为"翻译学"(1984)。谭载喜于 1987 年提出了"必须建立翻译学"的倡议,1988 年又论述了翻译学的三个组成部分和各自的任务。进入 21 世纪,翻译学作为一门独立学科的地位逐渐得到确立。2006 年,教育部下发了《关于 2005 年度教育部备案或批准设置的高等学校本专科专业结果的通知》,宣布将在国内高校设立本科翻译专业,首批试点高校复旦大学、广东外语外贸大学和河北师范大学,自 2006 年开始招收"翻译专业"本科生。2007 年,上海外国语大学、北京外国语大学、西安外国语大学和浙江师范大学也被批准为招收"翻译专业"本科生的高校。迄今为止,已经有多所高校开办翻译本科专业,还有很多高校有翻译专业硕士(MTI)招生授予权。翻译学研究和翻译专业从本科、硕士到博士的完整的教育链条在我国已经得到初步的确立。在学科发展良好的态势下,翻译理论研究也朝着"精"、"专"的纵深方向发展。

20 世纪 80 年代,我国不少学者在借鉴西方翻译理论的基础上,试图探索出自己的路子,许渊冲的《翻译的艺术》(1984)凭借其深厚的中西语言的功力,通过大量的汉诗英译的实践,在总结前人翻译经验的基础上提出了意美、音美、形美"三美论",浅化、等化、

---

[1] Jeremy Munday, *Introducing Translation Studies: Theories and Applications*, London: Routledge, 2001, p. 10.

深化"三化论",知之、好之、乐之"三之论"等翻译原则,在翻译界有很大影响。罗新璋的《翻译论集》(1984)通过梳理历代翻译文论,深感我国翻译理论在世界译坛独树一帜,提出了"我国自成体系的翻译理论"的观点,发幽探微,推陈出新,并画龙点睛地归纳出"案本—求信—神似—化境"的发展线索。黄龙的《翻译的艺术教程》是我国第一部以翻译学命名的专著(1988),它就翻译的概念、性质、功能、标准、原则和可译性问题进行了系统的探讨。张今的《文学翻译原理》(1987)对文学翻译的原理、风格、审美等问题做了较为全面的论述。

在名家翻译研究与典籍研究方面,袁锦翔的《名家翻译研究与赏析》(1990)取得突破性成就,该书研究了近现代翻译家 30 多人,在国内翻译界有较大影响。林煌天、袁锦翔等人合撰的《中国翻译家辞典》(1998)是对国内译家的系统评价的大词典。郭著章等人的《翻译名家研究》(1999)较为系统地研究古今中外著名翻译家20 余位。该研究领域全方位、多视角对翻译家及其译论进行了系统研究。刘宓庆在翻译美学和文体方面用力甚勤,先后出版了《翻译美学导论》(1985),运用美学和现代语言学的基本原理,探讨语际转换中的美学和风格文体。王宏印的《中国传统译论经典诠释——从道安到傅雷》(2003)切入了中国传统译论的现代转化问题,对译论中的历史、范畴、概念、命题进行剖析,试图将传统译论与现代新语境对接和转换。

20 世纪 90 年代中期是我国融合西方翻译理论研究的"调整期"。①中国本土的翻译研究在反思、整理、总结前一段时期引进西方翻译理论的工作。"在向国外译论学习的时候,能不能真正以英语、汉语之间互译的实践作为理论探讨的出发点,认真讨论国外译

---

① 杨晓荣:《翻译理论研究的调整期》,载《中国翻译》,1996 年第 6 期,第 8－11页。

论的精华所在,再'化而食之'? 介绍和借鉴是必要的,在介绍和借鉴之后我们还应该做些什么?"①刘宓庆试图借用西方的"描述翻译学"并将其用于处理本土翻译研究的若干问题,希望寻找类似的规律来对其进行规范和探索。它的基本理论层面主要涉及理论研究的一般命题,如翻译的实质、性质、语际转换的基本模式,可译性、翻译与文化问题、形式对应问题、风格的翻译等。其应用层面包括程序和方法论,涉及翻译的技巧,其特点是对翻译的指导性和实践性。应用层面上的翻译理论研究体现一定的具体功效和价值。在元翻译研究层面涉及到翻译的名与实问题、不可通约性问题、概念范畴问题、认知与翻译问题、翻译的经验论和科学认识论以及诸多语言哲学方面的问题等。②很显然,国内的翻译理论研究在向系统化、程序化、纵深化发展,但是西方翻译理论在相当长的时期内将保持对中国翻译理论研究的强势影响。

面对西方的强势话语,中国的译学研究该怎么办?是照葫芦画瓢,还是独辟蹊径? 提到本位的翻译理论建设,人们就会想起1951年董秋斯在《论翻译理论的建设》一文中指出的"经过一定时期的努力……我们要完成两件具体的工作,写成这样两部大书:一、中国翻译史,二、中国翻译学。这两部大书的出现,表明我们翻译工作已经由感性认识的阶段,达到了理性认识的阶段,实践了'翻译是一门学科'这一命题。"③董氏提出问题后30多年,一直到改革开放以后才有学者完成中国翻译史和译论的编写。1984年马祖毅编写了《中国翻译简史——五四运动以前部分》,张今编写了《文学翻译原理》(1987),刘宓庆编写了《现代翻译理论》(1990),

---

① 杨晓荣:《翻译理论研究的调整期》,载《中国翻译》,1996年第6期,第8—11页。

② 刘宓庆:《翻译理论研究展望》,载《中国翻译》,1996年第6期,第2—7页。

③ 董秋斯:《论翻译理论的建设》,载罗新璋编《翻译论集》,北京:商务印书馆,1984年,第536—544页。

陈福康编写了《中国译学理论史稿》(1992)。这些专著的出版是我国译学研究史上的划时代的里程碑。从上述论著的出版可以看出:(一)中国的翻译理论研究已经摆脱了纯微观的研究,开始重视宏观的研究,并试图将翻译学作为一门独立学科来构建;(二)能够充分吸收西方研究成果,西方各种翻译学派的各种观点在中国被接受并产生了广泛的影响;(三)翻译理论研究逐渐重视跨学科研究,试图从符号学、认知语言学、文化人类学、话语语言学、比较文学、对比语言学等不同的学科方向拓展其研究空间或者借鉴其研究方法;(四)翻译教学、翻译批评、译家研究、口译研究等应用性研究也越来越引起译界重视。20世纪80年代中期到90年代中期,我国的译学研究出现了飞速的发展,其奠基的框架应当溯源到上述著作。相对于翻译学取得的令人瞩目的成绩,翻译史的研究还相对滞后。迨至90年代中后期,孙致礼出版了文学翻译断代史的研究《1949—1966:我国英美文学翻译概论》(1996)。马祖毅、任荣珍编写了《汉籍外译史》(1997),总结了中国哲学、社会科学在国外的翻译,西方汉学的历史与发展以及国内外译汉籍的概况。而其后编撰的鸿篇巨制《中国翻译通史》(2006)更是译史研究的集大成之作。谢天振、查明建的《中国现代翻译文学史(1898—1949)》的出版(2004)对翻译文学在民族文学史上的地位重新作了界定,试图在20世纪中国文学发展的坐标上,追寻翻译文学的发展轨迹,指出了翻译文学与创作文学之间的关系,使人们认识到翻译文学在民族文学史上的意义和地位。这种翻译断代史研究代表翻译学逐渐走向学科成熟和规范。

(三)特色派与普世派之争

近年来,随着西方翻译理论对国内日益扩大的影响,翻译学的研讨范围从最开始的"翻译学是否存在",到"翻译学作为一门独立的学科应该怎样发展",再到"我们还面临哪些挑战"之类的问题。的确,译学从一门雕虫小技,技进于道,发展为逐渐羽翼丰满的学科,是广大翻译理论工作者理论意识和学科意识的觉醒。随着翻译研究的深入,翻译研究队伍的壮大,西方最新的翻译理论在不断引进和消化。翻译学作为一门日渐发展的人文社会学科正逐步得到确立。

翻译学作为一门学科与其他基础学科相比,尚处于发育生长阶段,更需要呵护和悉心浇灌才能成长为参天大树。作为一门新的人文学科,其学术地位还不高。怎样进一步做大做强,规范学术范式,使之走向成熟,是摆在学者们面前的严峻任务。

对照西方翻译理论发展的历史,我们更能从西方这个"他者"身上看到自身的不足,从而更好地反思和检讨自己的研究方法,找出差距,保持独立思考的清醒头脑,通过自身不懈的努力,完善译学理论。不难看出,就西方翻译理论与中国本土翻译理论的融合与对接方面,我国的翻译研究中存在中、西译论相互排斥和文艺学与语言学相互排斥的倾向。中国特色派与西方普遍主义的诉求派,还在译学领域里碰撞、交锋和激荡。翻译研究是否应该有中国特色的翻译理论还没有定论,有学者认为,翻译学研究要立足于中华民族的语言、文化、思维方式,从本民族的语言与文化现实出发,描写翻译实践过程,建立中国翻译学必须走坚持科学化与人文性相结合的道路。另有学者认为,无论如何,从人与整体的客观自然的关系来看,全人类享有共性。这种关系反映在语言中,则使得语言都有一个共同的框架。人类之所以能够用不同的语言进行交流,其关键之处在于,不同的语言之间的翻译是以共同的语言逻辑为基础的。"和而不同"是我们建立现代翻译学的基础和原则,有了这样一个基础,我们就不会"将孩子和洗澡水一起倒掉",从而保持一分清醒、一分理性。因此,不断吸取西方翻译理论之长,来更新我们的观念,仍然显得必要。由此看来,特色派与普世派之争在今后相当长的时期内还将存在并且继续成为国内翻译理论研究的话题。

但是,目前我们面临的问题是,国内翻译研究大多是用中国的现象对西方翻译理论的概念的有效性进行验证,成了用中国的本土材料佐证西方理论的一种套路的研究。翻译学现阶段的缺陷是:国内学者很少系统地提出具有普遍意义的翻译模式或构想。翻译批评存在随意性、片面性和应景性,缺乏自主的批评理论体系和规范的批评标准。"我们应清醒地认识到,我国的译学理论建构才处于初创阶段,大多数研究还停留在语言、文学及文化方面的单一、静态的零散对比研究,从哲学、美学、社会、文化意识形态等角度在更高层次深入研究翻译功能,借用心理认知科学理论深入研究翻译过程的成果更少,有待系统化和完善,各学科间的交叉研究与整合更待探讨和开发。"①中西翻译理论之间的整合建立在对西方译论充分吸收、消化的基础之上,对西方翻译理论进行系统的研究,尤其是最新成果的研究迫在眉睫。笔者从在高校多年的教学经验中得知,即使是翻译方向的研究生,对西方译论的认识仍然停留在认识的表面。

毋庸置疑,西方翻译理论的迅猛发展,对翻译研究的学者和学生提出了更高的要求,从事翻译研究不仅要求娴熟地掌握至少两门语言,而且要对西方人文学科的知识做较为全面的了解。更重要的是,研究者需要有一种批判和理性思辨的能力。涉及西方翻译理论有关的知识储备,在系统性和广博性方面需进一步加深。尤其是 20 世纪发生"语言学转向"以后,语用学、认知语言学、符号学、哲学等领域的知识纷纷介入翻译理论研究。此外,西方不少哲学家对语言和翻译的关注程度令人感到吃惊。西方哲学家从柏拉图、奥古斯丁,到尼采、海德格尔、维特根斯坦、本雅明、奎因、德里达等,都从不同侧面讨论过语言或翻译问题。难怪德里达说:"研

---

① 杨平:《对当前中国翻译研究的思考》,载《中国翻译》,2003 年第 1 期,第 3 页。

究翻译问题也恰恰等同于研究哲学问题。"① 西方有不少学者从哲学的认识论和本体论的角度讨论翻译理论问题,而系统地了解与掌握他们的体系需要有哲学和人文方面的扎实基础。理论深度和研究方法决定研究的出路,如何提高自身素养,如何将西方的理论付诸实际,这是一个非常棘手的问题。翻译的理论问题很难严丝合缝地与实践结合起来,要么失之于空疏泛泛谈理论,要么坐在材料堆里出不来,要么强行将某种理论嫁接其中,形成"上帝的归上帝,恺撒的归恺撒"的局面。对西方理论的把握不能蜻蜓点水或毕其功于一役,而需要长时期、全方面地系统研究。这就要求我国从事翻译理论研究的学者不断地充实知识,不断地提高研究的理论水平。

目前,虽然国内已经发表了数量相当可观的涉及西方翻译理论方面的论文和部分著述,但译界自觉运用理性的研究方法做得还不够。这种局面可以用"五多五少"来概括。归纳的多,理性思辨少;材料的堆砌多,详尽的分析少;感性、主观感悟的描述多,实证研究的少;对西方译论介绍的多,批判性的反思、诘问的少;模仿的多,原创性的理论模式少。由此看来,中西译论的真正消化、融合和对接还有很长一段路要走。与西方译论相比,"概括起来说,目前国内译学研究的主要问题是:(1)理论自觉性较差;(2)求术轻学,缺少原创性理论研究;(3)新的学术范式亟待建构。"②因此,通过借鉴西方翻译理论,夯实自己的基础,不断求新、创新、求变是国内研究西方翻译理论今后相当长时期的一个目标。

---

① Andrew Benjamin, *Translation and the Nature of Philosophy*, London: Routledge,1989, p.1.

② 杨自俭:《我国译学建设的形势与任务》,载《中国翻译》,2002 年第 1 期,第 7 页。

三、西方翻译史的分期

由上观之,自20世纪80年代以来,我国翻译理论界本着"洋为中用"的原则,引进、翻译、介绍了大量的西方翻译理论,这些理论既开阔了我国翻译研究的视野,又丰富了翻译理论研究的内容。

可以说,当代中国翻译研究的发展与借鉴西方翻译理论休戚相关。学习翻译和从事翻译研究,不仅要"温故而知新"地了解我国翻译的历史和译论,而且要对日新月异、蔚为壮观的西方理论资源有所了解,从中吸取精华,为我所用。谈到西方翻译理论,就一定要涉及西方翻译历史。本节将鸟瞰式地对西方翻译历史及理论作一探究,梳理其主要发展脉络和流派,勾勒出西方翻译理论发展的轨迹。

研究西方翻译理论,我们必须首先尝试回答如下问题:西方翻译历史从什么时候算起,与中国翻译历史相比,它的历史有多长?怎样划分翻译历史和翻译理论的不同阶段? 在漫长的历史长河中涌现出哪些著名的翻译理论家,他们提出了什么样的翻译理论?他们的理论属于哪一流派? 又有哪些理论值得我们学习和借鉴?对于西方翻译理论中的主要原则,如多雷的"翻译五原则"、德莱顿的"翻译三分法"、泰特勒的"翻译三原则"、雅各布逊的"翻译三类别"以及霍姆斯的翻译研究的"三分支",我们又有多少了解?

纵观人类历史的各个时期,翻译人员承担着将一个社会的语言、文化传递给另一个社会的职责。译者可能是字母的发明者、民族语言的提倡者、民族文学的创造者、知识的传播者、权力的沟通者、宗教的皈依者、普罗米修斯式的盗火者、文化价值的传输者、历史的中介者等不同的重要角色。翻译作为一种传递知识、播种文化的工作极大地促进了人类文化的发展。然而,只有真正精通不同语言、文化的人,才有资格承担翻译工作。欧洲科学家布鲁诺曾有一句名言:"所有科学都是翻译的子孙"说明了翻译对科学的影响。翻译工作者在人类文明的历史进程中的作用,由此可见一斑。

由于西方翻译活动历史悠久,时间跨度大,"念天地之悠悠,独怆然而涕下",从古至今延绵不断,况且所涉及的地域辽阔,要想作一客观的切分是比较困难的。西方翻译历史大致可分为传统、现代和当代三个大的阶段。传统阶段是从公元前4世纪开始到公元16世纪的文艺复兴时期,现代阶段是从公元17世纪到19世纪末期,当代阶段是从20世纪初到现在。古罗马时期大规模的翻译古希腊文学艺术作品,是翻译历史上的第一次高潮时期。14世纪至16世纪席卷整个欧洲的文艺复兴运动,掀起另一场空前规模的翻译浪潮,古希腊、古罗马作品以及各个新型民族国家作品得以大量翻译。17至18世纪对古典作品的翻译蓬勃发展,到19世纪翻译重心开始转移到近代或同时代的作品上来。二战以后,各种政治、经济、科技、文学、文化方面的翻译达到了"前不见古人"的高潮。

纵观全过程,西方的翻译在历史上前后曾出现过六次高潮,或者可分为六个大的时期。①

(1)拉丁文翻译肇始时期(公元前4世纪至公元4世纪)。随着横跨亚洲大陆的、盛极一时的希腊帝国的解体,罗马帝国逐渐强大起来。罗马的军事征服后,接下来是通过翻译学习被征服者希腊人的文化。翻译介绍希腊古典作品的活动可能即始于这一时期。这是欧洲、也是整个西方历史上第一次大规模的翻译活动的开始。古希腊文学特别是戏剧、诗歌等文学形式被翻译成拉丁文,促进了罗马文学的诞生和发展。这一翻译高潮延续了约一千年时间。

---

① 参见谭载喜:《西方翻译简史》,商务印书馆,1991年,第4—7页;英文请参阅 Louis G. Kelly, *The True Interpreter: A History of Translation Theory and Practice in the West*, Oxford: Blackwell, 1979, 以及 Susan Bassnett, *Translation Studies*, Routledge,1980.

(2)宗教文本翻译时期(公元5世纪至11世纪)。在西方翻译史上,翻译《圣经》等宗教文本的活动成为古罗马帝国的后期(5世纪)至中世纪初期(11世纪)的主要内容,持续了约六个世纪。在西方,由于宗教势力影响巨大,基督教教会为了传播基督教思想,翻译和解释《圣经》成了宗教界的最主要使命之一。欧洲各国花费庞大的人力、物力筚路蓝缕地开展将《圣经》翻译成各种语言。《圣经》旧约部分是由希伯来语和希腊语写成,必须译成拉丁语才能为讲拉丁语的罗马人所接受。因此,公元4世纪前后翻译《圣经》的译事活动达到了顶峰,产生了形形色色的译本。杰罗姆于公元405年翻译的拉丁文《通俗本圣经》,标志着西方翻译达到了当时前所未有的水平。

(3)阿拉伯百年翻译运动时期。从9世纪至11世纪,阿拉伯人积极向外扩张,在百余年间建立了一个庞大的帝国,它西起大西洋东岸,东至中国边境,版图之大,胜过极盛时期的罗马帝国。在其顶峰时期,阿拉伯帝国在征服的过程中,接受了被征服人民的文化,也吸收了帝国域外的优秀文化。但当时在大量东西方文化典籍和阿拉伯帝国学者之间,仍然有一道屏障,那就是语言不通,因而需要大量的翻译工作,由此产生了阿拉伯文化史上的"百年翻译运动"。阿拔斯王朝(750—1259)建立后,把翻译作为国家的一项事业,开始了有组织、有计划的翻译运动。这场运动从9世纪开始,以各大城市为中心,以翻译、诠释希腊典籍文本为主要内容。翻译在这里是极其重要的因素,是异类文化之间交流、吸收的有效手段,其间蕴涵着对文化的再创造过程。在11至12世纪之间,西方翻译家云集西班牙的托莱多,把大批作品从阿拉伯语译成拉丁语。于是,托莱多成为欧洲的学术中心。这是历史上少有的基督徒和穆斯林的友好接触,也是西方翻译史上的第三次高潮。同罗马人翻译希腊典籍一样,阿拉伯人翻译的希腊文本为西方较好地保存了希腊文化,其功效在欧洲的文艺复兴中得到充分发挥(从阿拉伯译作中重新发现古希腊的作品)。

(4)文艺复兴翻译时期。14 至 16 世纪欧洲文艺复兴运动,是一场思想和文学革新的宏大运动,也是西方翻译活动空前高涨时期。期间,欧洲各国的翻译活动就数量、质量而言,达到了前所未见的高度。翻译活动深入到思想、政治、哲学、文学、宗教等各个领域,涉及古代和当代的主要作品,产生了一大批杰出的翻译家和一系列优秀的翻译作品。在德国,宗教改革家路德(Martin Luther)于 1522 至 1534 年翻译刊行第一部"民众的《圣经》",开创了现代德语发展的新纪元;在法国,翻译家阿米欧用了十七年时间,译出了普鲁塔克的《希腊罗马名人列传》。在英国,作家兼翻译家查普曼 1598 至 1616 年翻译了荷马史诗《伊利亚特》和《奥德赛》,而 1611 年《钦定本圣经》的翻译出版,则标志着现代英语的形成,通俗和优美的译文赢得了"英语中最伟大的译著"的盛誉,对现代英语的发展产生了深远的影响。即使到现在,懂英语的人还能流畅地阅读《钦定本圣经》中的英文内容。总之,文艺复兴时期是西方翻译发展史上一个非常重要的时期,它表明翻译对西方各个民族的语言、文学和思想的形成和发展起着巨大作用。

(5)17 世纪至 19 世纪的西方翻译时期。这一时期的翻译主要体现在英国大量翻译欧洲著作,而欧洲各国也相互翻译不同语言的作品。其中法国的启蒙思想、德国的浪漫主义对文学翻译影响非常大,涌现出大量的优秀翻译家和翻译理论家。其最大特点是,翻译家们不仅继续翻译古典著作,而且对近代的和同时代的作品也发生了很大的兴趣。塞万提斯、莎士比亚、巴尔扎克、歌德等大文豪的作品,都被一再译成各国文字,东方文学的译品也陆续问世。这一时期持续约 300 年时间。

(6)20 世纪翻译时期。西方当代翻译活动从 20 世纪开始到现在。经历过两次世界大战后,民族独立和国家之间的文学、文化交往日益密切。世界各国文学创作和文学翻译空前繁荣。这一时期的翻译在范围、规模、影响、形式等方面都取得了巨大的进展。首先是翻译范围的扩大。传统的翻译主要集中在文学、宗教作品的翻译上,这个时期的翻译则扩大到了其他领域,尤其是政治、经济、科技、文化、军事、商业等领域。其次,翻译的规模大大超过了以往。过去,翻译主要是少数文人的茶余饭后的爱好,或雕虫小技,而今,翻译已成为一项专门的职业,不仅语言学家、文学家、哲学家、神学家从事翻译,而且大学里经过专门训练的师资队伍承担着各式各样的翻译任务。再者,翻译的作用比历史上任何时期都重要。特别是在联合国、欧盟等组织成立之后,西方各国之间在文学、艺术、科学、技术、政治、经济等各个领域的交流和交往日益频繁、密切,所有这些交际活动都是通过翻译进行的,因此翻译在其间起着越来越大的实际作用。仅欧盟就雇佣了近 3000 名翻译人员,拥有超过 900 万字的多语种海量术语库,在 27 种官方语言之间转译,每年花在翻译上的费用达 16 亿美元。

　　回溯世界历史,我们可以发现,古代中东一带的苏美尔人、阿卡德人、巴比伦人、亚述人使用各自的语言,他们之间的法律、经济、宗教往来需要懂这几门语言的翻译人员从中斡旋。埃及南部的各个民族为了与北方的赫梯人(小亚细亚东部和叙利亚北部古代部族)交往,需要翻译。随着领土的扩张,古希腊人需要学习和了解埃及文明,翻译对希腊文明的形成有重要作用。罗马人征服希腊后,需要通过翻译,向文化上先进的希腊人学习。同理,古代中国人需要了解印度文明,学习梵语和巴利文经文,由此引发了佛教传入中国五百年的文化交流史。阿拉伯及波斯世界需要吸收梵语、希伯来语、希腊语,以丰富波斯和阿拉伯文化,由此产生了翻译带来的阿拉伯文化复兴。中世纪的欧洲反过来通过翻译的文本,学习阿拉伯、希伯来、希腊的人文、科学知识。西方的文艺复兴恢复重建古希腊文化,翻译起着不可替代的重要性。近五百年来,西方对美洲、非洲及亚洲各种的殖民征服,需要理解被征服的各个国家、民族的语言和方言,翻译与殖民紧紧联系在一起。18 世纪至 19 世纪以来的欧洲启蒙思潮的出现,随着拉丁语的解体和弱化,现代民族国家的语言通过相互之间的翻译,得到确立。20 世纪以来,随着英语强势地位的出现,各种语言、文化通过翻译来突出自己的身份。

　　西方几大翻译时期是伴随着希伯来文明、埃及文明、希腊文明、罗马文明以及阿拉伯文明的诞生、发展和消亡产生的。文明之间最直接的接触是翻译活动和文化交往。这从另一个侧面证明,翻译在几大文明形成过程中具有不可替代的作用。

　　伴随着翻译活动的是翻译经验的总结,翻译经验、技巧或理论反过来指导翻译实践。同其他工作一样,翻译活动不依赖于翻译理论,而是先于翻译理论,但翻译实践总是能诱发经验总结和理论的形成。翻译实践和翻译理论相互阐发,共同促进了翻译理论的发展。这一特点在 20 世纪下半叶的西方显得尤为突出。

四、西方翻译理论流派的划分

　　为了提供一个研究西方翻译理论的路线图,给西方翻译历史划分不同的阶段是十分必要的。接下来的问题是,翻译理论的划分应该与翻译史的划分一致吗?他们之间有重叠之处吗?怎么看待不同时期的相同的翻译理论流派?或同一时期不同的翻译理论流派有什么不同?怎样看待不同学者的不同划分?显而易见,把握不同流派、不同的理论、观点、主张,对我们了解西方翻译理论能起到纲举目张的作用,但是,不同的学者站在不同的角度,对翻译理论流派的划分也不一样。"道并行而不相悖",不同的划分有其内在的或外在的依据,其不同的观点恰好说明了翻译研究的观点也是"和而不同"。

　　首先,何谓翻译理论?所谓翻译理论就是,对于翻译实践、错综复杂的翻译过程及其翻译中反复出现的各种现象、关系和特点做出适当的分析及归纳总结。元翻译理论则从思辨的角度对翻译研究本身做出预测、预设、评价和质疑。这样，从中可以寻找一些规律性的模式，以解决翻译工作上所遇到的问题。在过去，由于译者地位低下，业内有句调侃的话颇能说明一些问题："有能力的人写作，不能写的就搞翻译，那些不能翻译的人，只好写翻译评论。"（Those who can write; those who cannot, translate; those who cannot translate, write about translation. ）[①]然而，现在人们基本达成一个共识：翻译理论与翻译实践密切相关，而且其作用越来越重要。历史上，查普曼、歌德、普希金、尼采、德里达等一大批文学家、哲学家都先后写过翻译评论就是证明。他们其中的大部分人不仅是身体力行的译者，而且是真知灼见的翻译理论家。

　　学习和研究翻译理论一定要正确处理好理论与实践的关系。有些人认为，理论是"灰色的"或是"晦涩的"，不学习理论照样能从事翻译。同理，我们可以说钢琴家不需要学习作曲理论，只需要反复练习弹琴就可以成为熟练的演奏者，但如果他还懂得作曲、和声的原理，其琴声一定更加悦耳动听。的确，翻译是一种实践性很强的活动，对于技巧性的东西，只要经过反复锤炼，就能够掌握其中的奥秘，成为一名成功的译者。但是，技巧不等于理论，如果说技巧是一只手电筒的话，而理论则是航标灯和灯塔。在波涛汹涌的大海，灯塔不仅是照明，更是前进的航标。因此，理论是一种高屋建瓴的思辨总结，是运筹帷幄之中，决胜千里之外的思想保证。

　　20世纪以来，西方各种理论名目纷繁，令人目不暇接。不同理论的存在有其合理的依据和理论模式。70年代，德国语言学家科勒（W. Koller）把翻译理论分为三种：应用翻译理论（applied

---

　　① Peter Newmark, *Approaches to Translation*, New York: Pergamon Press, 1981, p. ix.

translation theory)、特殊翻译理论(specific translation theory)及一般性翻译理论(general translation theory)。结合翻译与文化研究的关系,苏珊·巴斯内特与安德列·勒费弗尔两位"文化学派"的学者提出,从古代译论到现代译论,等值概念是其核心所在。"杰罗姆模式"(The Jerome Model)、"贺拉斯模式"(The Horace Model)及"施莱尔马赫模式"(The Schleiermacher Model) 作为三种翻译模式,是这一时期的典型模式。"杰罗姆模式"以翻译拉丁语《通俗本圣经》的翻译家圣杰罗姆命名。杰罗姆认为,翻译的文本必须忠实地转换成另一种语言,因为翻译的《圣经》是神圣宗教文本,它的权威性和神圣性容不得半点错译、漏译之处。这种忠实是建立在句法上的直译基础之上。这种直译法关注的是字、词、句等语言层面,对于文本的上下文因素考虑得较少:"杰罗姆模式通过将忠实提高到突出的地位,而排除了其他因素。该模式把有关翻译的思考仅仅简约为语言层面上。因为检验是否达到忠实标准的文本,被看作是跨越时间的,永恒的,加上所译的文本具有神圣特性,只强调语言层面上的直译,反而变得更容易操纵。"①

杰罗姆认为,对于宗教文本的翻译,要采用直译,但直译并不是死译,要灵活处理各种语言表达习惯。准确的翻译建立在对宗教文本的理解的基础之上。对于文学翻译,要采取意译,译者可以适当地加入自己的风格特征,使译文与原文一样优美。正因为如此,有些人把杰罗姆看成直译派,而另一些人认为他是意译派。

可以说,自杰罗姆和西塞罗开始,西方翻译理论中的直译与意译之争就开始了。与强调征服希腊原文的罗马人西塞罗相比,杰罗姆比较侧重直译,尽管杰罗姆本人声称自己采用的并不是逐字翻译法。通过分析,我们可以这样说,在内容上,杰罗姆比较倾向

---

① Susan Bassnett & Andre Lefevere, *Constructing Cultures: Essays on Literary Translation*, Clevedon: Multilingual Matters, 1998, p. 2.

于忠实于原文,但在美学及风格考虑上,他更鼓励发挥译者的作用。无论如何,杰罗姆给世人留下了直译与意译之争的翻译难题。

"贺拉斯模式"是以古罗马诗人兼翻译家贺拉斯(Quintus Horace,公元前 65 年 —公元前 8 年)命名的。在时间顺序上,贺拉斯要早于杰罗姆。但是,多年来由于贺拉斯主张译者只需忠实于客户,而不必忠实于原文,因此引起了人们的非议。在贺拉斯看来,译者的职责是赢得客户的信任,满意地完成客户交给的任务。为此,译者需要在客户之间、两种语言之间以及自己和赞助人之间进行谈判、沟通和调停。贺拉斯的翻译模式在今天看来非常前卫,或者说具有后现代的含义,因为这种忠实于客户的观点,违背了传统的忠实和等值的观点。与杰罗姆相反,贺拉斯反对翻译中神圣文本的存在,他的焦点放在目的语语言和目的语读者上。正如巴斯内特和勒费弗尔指出的那样:"有些文本主要用于传递信息,那么,这类文本的翻译应该力图传递该信息,这样才合理。在实践中如何操作呢? 在每一种特殊情况下,这类文本的翻译是译文发起人想要的结果,或者是发起人之间直接沟通的结果。发起人不仅要求文本被翻译,而且希望它在接受语文化中,以一种有意义的方式起作用。实际翻译文本的译者、文本所属的文化、译文所瞄准的文化、在译入语文化中文本实现的功能等因素,在翻译过程中都起作用。"①

从这段话里,我们可以看出,贺拉斯侧重施事行为,关注的是翻译的功能和翻译在目的语的影响与接受,这与其提倡的"寓教于乐"的观点不谋而合。他认为翻译不能逐字翻译,必须意译。在 20 世纪,西方翻译理论中的操纵学派、功能学派、目的论翻译理论都可以在贺拉斯模式中找到灵感。贺拉斯反对译者奴仆般地盲从

---

① Susan Bassnett & Andre Lefevere, *Constructing Cultures*: *Essays on Literary Translation*, Clevedon: Multilingual Matters, 1998, p. 4.

原作者,同时也给译者树立了主体地位。

施莱尔马赫(Friedrich Schleiermacher,1768—1834)模式:以德国 18 世纪至 19 世纪"后浪漫时期"的翻译理论家施莱尔马赫命名。在《论翻译的不同方法》这篇文章中,他提出翻译可以丰富德国语言,使德国文化意识到自身的历史使命。鉴于当时的德国文化落后于法国,为了反对法国新古典主义以来的同化翻译法,提高民族自信心,施莱尔马赫认为,翻译作为突出文化差异的手段,可以塑造民族认同感,达到某种政治目的。为此,施氏提出了异化翻译法和归化翻译法(foreignizing and domesticating method)。在这两种方法中,他倾向于"异化法",认为翻译的目的是为了把目的语读者带到国外去旅行,见识异域风光,这样让目的语读者时刻感受到阅读的张力。"弗雷德里克·施莱尔马赫要求,除了满足一些条件之外,从不同的语言翻译成德语,应该读起来与德语不同,如果说译文是从西班牙语翻译过来的,那么,读者应该猜得到译文背后的西班牙语的味道,如果从希腊语翻译过来的,亦是如此。如果所有的译文读起来都一个腔调(维多利亚时期翻译经典文本就是如此),原文文本的身份就失去了,它在目的语中被抹平了。在接受语言和文化的特权地位被否定后,原文文本的他异性就可以保存下来。"①施氏关注的是保存原文的异质性,或者是"他者",因而译文读起来应该像译文,而不像创作。这种异化翻译法给翻译研究中的"文化学派"带来极大的启迪。可以说,翻译中的"抵抗"、"操纵"、"改写"概念诞生的源头就来自于施莱尔马赫的这种强调文化的翻译法。

由于施莱尔马赫心目中的读者是少数社会精英,因而主张译文应该有洋腔洋调。通过异化翻译,社会精英可以改造自身语言,

---

① Susan Bassnett & Andre Lefevere, *Constructing Cultures: Essays on Literary Translation*, Clevedon: Multilingual Matters, 1998, p. 8.

塑造一种与传统价值观不同的民族文化。

　　乔治·斯坦纳把翻译史和翻译理论一道分为四个时期,他认为第一阶段从古罗马的西塞罗、贺拉斯等人有关翻译的论述开始,一直延续到 18 世纪英国的泰特勒发表(A. Fraser Tytler,1741—1814)《论翻译的原则》(1791)为止。其中,泰特勒总结的翻译三原则是:(1) 译作应该完全复述原作的思想;(2) 译作的风格和表达方式应该与原文在特点上保持一致;(3) 译作应该与原作一样通顺流畅。泰特勒的第一条原则强调的是,译文应该忠实于原文,第二条原则主要强调的是翻译风格与原文对等,第三条原则也就是通达原则。这三条原则用严复的"信达雅"去套用,则十分相近。但泰特勒提出三原则,在时间上比严复要早。第一时期也可以称之为"直接经验时期",主要由于翻译家的翻译观点直接来源于他们的实践,并且以实践为主,翻译理论经验总结为辅。第二时期从 1946 年法国诗人兼翻译家拉尔博(Valery Larbaud,1881 — 1957)发表《圣杰罗姆的主祷文》开始,标志着 20 世纪 50 年代解释学研究方法的兴起,词汇和语言教学方法也应用到翻译研究中来。第三时期起始于 20 世纪 50 年代,翻译界发表了有关机器翻译的一系列论文,同时结构主义语言学以及交际理论也应运而生,及时应用到翻译中来。斯坦纳的四个时期大约发生在 20 世纪 60 年代,对解释学研究方法的重新回归是这一时期的主要特点。在 20 世纪,伴随着语文学、比较文学、词汇修辞学、语法、社会学等不同学科的介入,翻译逐步带有了跨学科的特点。斯坦纳的划分重点在于文学翻译,并且体现了他轻古代、重当代的特点。斯坦纳的主要研究兴趣是如何将解释学应用于文学及宗教翻译上,对其他不同的问题及理论观点有一定保留。从这些特点来看,这种划分有其自身的局限和弱点。

　　美国著名翻译理论家尤金·奈达在与简·德·沃德合著的《从一种语言到另一种语言》(*From One Language to Another*,

1969)提出,西方翻译理论大体上有四个基本流派:语文学派、语言学派、语言交际理论学派和社会符号学派。语文学派在古希腊、罗马时代就已经出现,它从原文的文学特征入手,特别关注主题结构和话语文体,读者反应不是其考察的对象。在调整原文信息与考虑读者接受能力之间,语文学派选择让人去适应信息。杰罗姆、马丁·路德、施莱尔马赫以及当代的詹姆斯·霍姆斯等人的观点都属于语文学派。20世纪语言学的飞速发展给翻译研究注入活力。语言学派注重围绕原文和译文在语言结构方面的差别,对翻译原则进行探讨。传统的对比语言学通常对语言表层结构的对应感兴趣,对深层的语义考虑得较少。语言翻译研究的是,主动与被动句式的相互转换,单数与复数的对应。其不足之处在于,它忽略了话语交际功能的翻译。为了弥补这一缺陷,翻译研究的交际理论应运而生。交际学派把翻译看作语言交际的一个组成部分,从信息源、信息、信息接受者、信息反馈、渠道和媒介等角度研究翻译的各种难题。翻译理论家卡特福德(J. C. Catford,1965)、奈达(1964,1969)、纽伯特(A. Neubert,1968)、威尔斯(Wolfram Wilss,1982)以及纽马克(Peter Newmark,1988)等学者纷纷著述,论述交际翻译法。这种语言交际翻译法关注的是信息的接受者,即目的语的读者,把他看成是交际过程中的目的,而非被动的接受者。

尽管如此,交际理论也没有深入探讨语言与文化之间的关系,这一问题的解决有待翻译的社会符号学的出现。20世纪70年代奈达等人从社会语言学、符号学的角度出发,剖析了作为社会的人及其行为与语言的运用的关系。不仅如此,社会符号学强调翻译中的社会文化因素,如"龙"(dragon)在东方是吉祥的象征,但在西方却是暴力和恐怖的象征,因此亚洲"四小龙"不是"four little dragons",而是"four little tigers",翻译应该考虑到这种符号引起的联想与关联,做出适当的调整。

埃德温·根茨勒(Edwin Gentzler)在其专著《当代翻译理论》

（*Contemporary Translation Theories*）中,根据二战以来西方翻译理论发展态势和研究方法,把当代译论划分为五大流派:(1)美国翻译培训派;(2)翻译科学派;(3)早期翻译研究派;(4)多元体系派;(5)解构主义派。这种谱系划分强调在权力、意识形态影响下的翻译的操纵（manipulation）,这种操纵体现在翻译上就是翻译的改写（rewriting）。在这种划分中,头两个流派主要介绍20世纪60年代后期美国的翻译研究状况,包括奈达在运用乔姆斯基生成转换语法的基础上所形成的翻译科学。这种谱系划分也介绍了法国、德国、荷兰、东欧及以色列等国家的翻译理论,试图将其包容在不同的流派下予以讨论,但是对于英国的翻译理论却没有搜罗进去。美国翻译理论家铁木志科（Maria Tymoczko）将20世纪出现的西方翻译理论流派分为:(1)诗人和翻译,即翻译场学派;(2)哲学和语言学派;(3)功能主义学派;(4)描写翻译学派;(5)后结构主义和后现代翻译观;(6)翻译研究中的文化转向。英国翻译理论研究者J.曼迪（Jeremy Munday）在其《翻译研究入门》把西方翻译理论分为九大类型:(1)等值和等效理论;(2)翻译转换方法;(3)翻译的功能理论学派;(4)话语及语域分析法;(5)系统理论;(6)文化研究的类型;(7)异化翻译:翻译的隐身;(8)翻译的哲学理论;(9)跨学科的翻译研究。曼迪的划分使西方翻译理论研究朝着术语规范化,概念清晰化的方向迈出了一大步。但他将美国翻译家埃兹拉·庞德以及乔治·斯坦纳划分到翻译的哲学理论阵营,显然不是十分合理。异化翻译单独分列出来也似乎难以成系统。

　　香港学者陈善伟在刘靖之主编的《翻译工作者手册》(1991)里的"翻译理论探索"一文中,将翻译理论分为七大类:(1)文艺学派;(2)音译;(3)语意翻译;(4)语用翻译;(5)语段翻译;(6)动态等值翻译;(7)诠释性的翻译。香港的翻译理论研究者张南峰、陈德鸿编写的《西方翻译理论精选》(2000)将西方翻译理论流派,按照语文学派、诠释学派、语言学派、目的学派、文化学派、解构学派分为六大学派,并为每一流派的代表性文章撰写导言,把部分文章翻译成了汉语。

在《西方翻译理论流派研究》(2004)中,李文革把西方的翻译理论划分为三个阶段:语言学阶段、结构主义阶段和解构主义阶段。同时,从类型上划分了七个学派:(1)翻译的文艺学派;(2)语言学派;(3)翻译研究学派(早期翻译研究学派、多元系统学派、描写学派、文化学派、综合学派以及女权主义、食人主义和后殖民研究学派);(4)翻译阐释学派;(5)翻译的解构主义学派;(6)美国翻译培训班学派;(7)法国释意理论派等七大流派。可以看出,这一划分是尽可能地将不同的流派都容纳进来,但"翻译研究学派"包含太多分支流派。法国释意派主要研究的也是口译翻译理论。

上述不同的分类,从不同的角度涉及不同的翻译方法或流派。西方翻译理论研究从过去重感性、重经验,逐步过渡到重理性、重学科之间的交叉方向上。以上几种划分,基本上包含了现代西方翻译的主要流派。但是,我们应该看到,翻译流派或学派的划分只是一种权宜之计,因为很少有翻译理论家愿意被贴标签,或者愿意站在某面大旗下,采取统一或单一的研究方法和主张。同一位学者在不同的时期可能属于不同的流派,例如奈达也可以说是属于科学学派、语言学学派或者社会符号学派。特别是在全球化的今天,学科之间、学派之间取长补短,相互促进,相互影响,这种交叉和相互联系使得一刀切式的价值判断,变得较为武断。不仅如此,不同学派的观点及其理论建构有一个有待时间检验、不断补充、发展和完善的过程。

结　语

应该承认,没有哪一种翻译理论能一劳永逸地解决所有的翻译问题。一种理论只能从一个侧面描述、说明翻译现象和行为,对翻译的复杂关系作出探讨。我们既要看到某种学派之长,也要了解其缺陷,在翻译研究中做到触类旁通,知己知彼。因此,划分翻译理论并不是解释所有翻译现象、解决所有翻译问题的灵丹妙药。要了解某一学派的特点,必须深入其内部,并且对西方理论的整个发展脉络有着清醒的认识。

关键词
西方;翻译;理论;流派

思考题
1. 翻译学研究主要包括哪几个大的方面的内容?
2. 怎样看待翻译理论研究的特色派与普世派之争?
3. 西方的翻译在历史上前后曾出现过哪几次高潮?
4. 埃德温·根茨勒将当代西方翻译理论研究划分为哪几个流派?
5. 怎样看待翻译研究中的本体研究与外围研究?“文化转向”后,翻译理论的走向如何?

建议阅读书目
[1] Bassnett, Susan & Andre Lefevere. *Constructing Cultures: Essays on Literary Translation*. Clevedon: Multilingual Matters, 1998.

[2] Munday, Jeremy. *Introducing Translation Studies: Theories and Applications*. London: Routledge, 2001.

[3] 刘军平:《西方翻译理论通史》,武汉:武汉大学出版社,2009.

[4] 刘宓庆:《中西翻译思想比较研究》,北京:中国对外翻译出版公司,2005.

[5] 许钧:《翻译论》,武汉:湖北教育出版社,2003.

第四讲　翻译与翻译本体论①

导读

　　翻译在人类的求知和存在中有重要作用。本讲试图依照海德格尔的观点,从这一论断本身及海德格尔对荷尔德林和索福克勒斯的诗化的研究入手来探究这一问题,认为可以将翻译描述为人经由"异域"向家园或人的自我返回的一种旅途,因而是两种力量"不可思议"的"遭遇",而"诗人——思想者"置身二者之间在这里沟通人神起着调解的作用。如果按照海德格尔的回返思想,回归中华文化是一种必然;因为就翻译研究而论,只有在这里我们才能找到赋予我们的生命和存在力量的那个源头。

一、本体论意义上的翻译

　　我们在研究翻译时一般都会突出实践的意义,即技术问题的处理,而且那样做很容易见到成果。我们也许还会关注其历史变化,因为那仍然能给翻译的实际操作带来比较直接的启示和帮助。在有些情形下,我们也可能重视意识形态以及文化因素的支配或操控作用,因为那也会影响到语言意义上的翻译的畸变和转化等问题。至于本体论意义上的翻译,目前为止似乎还很少有人触及。或许因为哲学的"玄妙"而"不切实际",也可能是认为这种倾向与

---

　　①　本讲主要内容曾以"海德格尔《荷尔德林的赞美诗〈伊斯特〉》中的本体论的翻译思想"为题,发表于《外国语文》(2010 年第 1 期)。

翻译研究并无切近的关系。因此,本体论指向上的翻译探讨始终是匮乏的,至少很难说目前有什么大的进展。

本讲通过对海德格尔讲稿《荷尔德林的赞美诗〈伊斯特〉》[①]中翻译思想的梳理,试图说明本体论指向上的翻译研究意义重大,并就这位哲学家的观念可能带来的启发进行初步的讨论。要说明的是,我们无力详尽无遗地把哲学家精妙的思想意蕴和盘托出,因为其深奥的思想一旦以文字表述出来,便会艰涩难懂。因此,本讲试图达到的明晰化势必影响到对其精细入微的论述的疏解,而且学力的限制也会对我们的理解和表述的深度形成限制。

二、海德格尔本体论的翻译思想综述

(一) 翻译就是存在:翻译中的"你是谁"

海德格尔在其《荷尔德林的赞美诗〈伊斯特〉》之中提出:"如果你能告诉我,你对翻译的想法,我就可以告诉你,你究竟是谁"(第63页)。从这里的表述来看,他是将"思想"(thinking)和"存在"(being,"是"),也就是将认识(知识)论(epistemology)与本体论

---

① 此书本是海德格尔在 1942 年所作的一个讲课稿,后由听课者 Walter Biemel 于 1984 年整理出版,收录于他的全集第 53 卷,本文所参考的是 William McNeill 与 Julia Davis 的英文译本,*Hölderlin's Hymn "The Ister"*, Bloomington and Indianapolis:Indiana University Press,1996。下文凡引此书处,直接添加页码,不详注。

(ontology,或作存在论)结合了起来。①因此,他的意思是对翻译的认识也就是对人的认识;或者说,人的认识取决于对翻译的认识;"翻译知识"也就是人的"自我了解"。海德格尔要突出的是,人的存在就是翻译的存在;换言之,人的存在就是翻译(translating)或"变易"(becoming)。

这里有三层意蕴应该揭示:首先,翻译与思想的联系;其次,翻译同存在以及人的存在或"是"的关系;最后,翻译和本体论以及认识论的关系。就第一层而论,一般会认为,翻译与思想并无直接关系。但在海德格尔看来,情况正好相反。翻译不但与人有关,而且关系重大:人的思想要依赖对翻译的认识的启发甚或昭示才能见到。之所以如此,是因为在第二层,人的存在就是翻译的存在。这个结论的得出,要依靠第三层意蕴的支撑即人之所以存在是由于翻译的存在,是因为在本体论意义上,人的认识论也就是翻译的认识论。也就是说,人的认识论立足于翻译的认识论。翻译在这里被视为根基、基础、始基,而这些正是本体论意义上的那种起源、源头或核心。

我们可以从学理和此书主要内容两个方面对此加以论证。

首先,就学理而论,人如果对翻译有所了解,并且产生什么观

---

① 论者指出,在黑格尔之后由于科学日益发达,德国哲学开始从"包罗万有的认识论"转向康德式的对知识的基本的研究。而且,海德格尔本人也认为,任何伟大的哲学家都不会是认识论者。这位思想家还特地指出:"笛卡尔的故事——他到来过,怀疑过,因而成了一个主观主义者,这样也就建立起了认识论——是一般的说法,但这最多不过是一部糟糕的小说"(Die Frage nach dem Ding,第 77 页;What is a Thing? 第 99页)(详见 Michael Inwood 著,*A Heidegger Dictionary*,第 110—113 页,Oxford:Blackwell Publishers,1999 年)。此外,海德格尔并不赞成巴门尼德的箴言"因为思想(noein)和存在(einai)是同样的东西(to auto)"。因而,《存在与时间》打破了传统上的思想与存在的联系(同上,第 217 页)。不过,哲学家也不会那么严格到了不走出自己思想的程度。而且,时不时的"回归"可能会显现出他的真正创建。我们的立论是建立在本文讨论的海德格尔讲稿中对荷尔德林诗意的阐发基础上。

点,一般而论,是因为她或他对这种现象有了一定的领悟,或者说获取了切身的体会,领悟所能达到的层次会让别人感受到此人见识的高下,亦即认识能力的大小强弱。不过,海德格尔讲的还不止于此。如果我们将他这里的表述同他的有关论证结合起来,就可以说,"你是谁"可以联系上"你是做什么的"(What you are),而后者因不知如何追问或含有太多形而上学"本质不变"的教条因素,因而需要改为"你如何是"(How you are)。证之于海德格尔在此书中有关康德的说法的改造,上述"改写"应该是可以成立的。海德格尔指出:

……康德曾经讲过,使人类存在者与所有公牛不同的东西是,人类存在者会说"我",也就是,"具有"一种自我意识。对人类存在者的这种特别的现代描述一定要为更加原初的一种所超越,后一种描述已经承认人类存在者是由于他们可以说"是"[在]这一事实、他们根本上可以"说"这一事实,才[可以]与所有别的存在者区别开来。只是因为人类存在者可以说"它是"[在],他们也才能说"我是"[在],而不是相反。而且,这是因为可以说"是"[在],因为他们同存在"有"一种关系,他们才真的能"说",他们才真的"有"词语,他们才真的就是 ξῷον λόγον ἔχον。(第 90 页)

这样,假若坚持对"知识"的追求,最终只能形成"意识",而将未及进入其中的归入"无意识"或干脆置之不顾(第 91-92 页)。"人究竟是谁"就可能无从谈起。因此,海德格尔所采取的就是不再追问"是什么",而是一力追问"如何是"。

因此,在海德格尔的哲学中,人的知识与其说是"求知彼是"(know—that),不如说就是"如何求知"(know—how)。[1]之所以如

---

① 详见 David Couzens Hoy,"Heidegger and the Hermeneutic Turn",Charles B. Guignon,*The Cambridge Companion to Heidegger*,p. 178,北京:生活・读书・新知三联书店,2006 年。

此,是因为海德格尔提出的"解蔽"既涵盖了世界,同时也涵盖了此在。"此在对它的世界的理解因而同它对其本身的理解并无显著不同,而是与此同时就是对它本身的理解"。①这样,"人之所是[who one is]与其所作所为[what one does]是不可分离的"。②

而且,"如何是"的问题,也就是"如何变易"的另一种说法。而"变易"(becoming,又译"生成")也就是河流、诗歌以及历史等等有生命的存在者的在场表现,当然也是人类存在者在世的表现。"变易",就是翻译,套用海德格尔的话来说,也就是"反转"(counter-turning),即正反两方面的相互作用的那种可能性(第 86 页)。③上引海德格尔的话突出的是,如果"你"可以讲出"你"对翻译的看法,听者就能辨别清楚,"你"究竟是以什么方式生存于此世的。也就

---

① 详见 David Couzens Hoy,"Heidegger and the Hermeneutic Turn",Charles B. Guignon,*The Cambridge Companion to Heidegger*,p. 178,北京:生活·读书·新知三联书店,2006 年,第 177 页。

② 同上,第 177 页。

③ 海德格尔认为,事物不能只从一面来理解。也就是说,事物既有正面,也有反面。而形而上学要追求的可能只是正面或只是反面。比如,柏拉图那里只有"不变"的"理念"才是真理所在的区域。海德格尔认为,他所提出的"不可思议"(uncanny)之中的"un"不是否定性的,而是"存在本身的一个本质性品格",而且"在它的区域,人类沿着他们的道路进行旅行"(见 *Hölderlin's Hymn "The Ister"*,第 78 页)。同样的,"un-homely"之中的"un"并不表示一种单纯的匮乏或仅仅是缺陷(第 84—85 页),而是人的在世之存的一种情态。也就是说,在两种力量、两个方面同时出现的条件下,互动本身才会进入在场,营造出"间性"的力量,显现出存在者的历史性流动或生命活力。因此,人"在其本质之内攀升,但同时又没有处所"。而"要想以这种方式存在,也就意味着,要在本质上由不在家来决定,亦即要反转不断"(第 86—87 页)。海德格尔的意思是说,人的存在是"旅途"之上的变易、变化,正因为"不在家",人才要求"回家"。而就其在世之在而论,这样的"变易在家"经由"异域",本质上就是存在者的"正"与"反"、"是"与"非"两方面的不断对抗、斗争以及对话,而所有这些的共同存在构筑出存在者的在世情态。因此,否定的,本来就是应该肯定的;而负面的,实质正使正面成为可能。因为,二者之间的那种"之间",也就是说,动态的"反转"就是存在者的历史变化的表现或体现。

是说,只要"你"道出有关翻译的看法,别人就能明白"你"的思维方式是什么,而思维方式会显现出"你"的存在方式("你"的"如何是")。这意味着,翻译就是人的"如何是"。

就此书的主要内容来看,我们也可以得出这样的结论。

(二)翻译:诗意中的"回家"

按照海德格尔的看法,荷尔德林的赞美诗《伊斯特》要"诗化"的是人类存在者的"回家"的"旅程"。而这种"旅程"不可避免要"经由异域"之地(via or through the foreign),然后才能踏上回归的漫漫征程。这一过程,既是人类存在者自身通过不断的"反转"造就的"可能性"所显现出的既在场又不在场的动态变化,同时也就是她们/他不断"挪用属于自己的东西"(the appropriation of one's own,挪用属己者)的过程。而且,在海德格尔对荷尔德林的诗意的诠释中,连"诸河流"也是要不断"向后倒流"的。这意味着,"回家"的旅途就开始于那种期盼和承担之中。因为既然存在本身就是这样的"变易在家",那么任何存在者,不管是人类、历史,还是别的什么,都一样要显现出这样的流动、变动、变化之势,呈现出与存在的"变易在家"。因此,只有透过这样的"变易"、"反转"(counterturning)或翻译,人类回归"属己者"才有可能。从这个简单介绍,或许已经可以比较清楚地看出哲学家的思路:在变化之中,存在显现出它的在场。而这样的在场是人的缺席与在场的双重运动,亦即两种力量同时共存下的那种冲撞和交锋。同别的存在者一样,人就在这二者"之间"生存着,她们/他就是这样的"之间",因而也就是这样的"翻译"。

《荷尔德林的赞美诗〈伊斯特〉》共分三个部分。第一部分(第1—50页)讲的是荷尔德林的赞美诗《伊斯特》中对存在的描述:"存在"是"不在家"的(being unhomely),因为它如同流水一般在不断变化。因此,它的在场表现应该是"变易在家"(becoming homely)。海德格尔提出:"来到存在在家因而就是经由异域的一条通道。这样,如果一个特殊的人类的变易在家可以保持其历史的历史性的话,那么,异域之物与属己之物之间的遭遇的法则(*Auseinandersetzung*)就是历史的基础性真理,历史的本质一定从这一本质之中将自身揭示出来"(第49页)。因此,"异域"是历史的"基础",人必然与之"遭遇"并且经由它向自身回归。人不会心甘情愿滞留于"不在家"之中,相反,她或他总是要"经由异域"向后返回。海德格尔强调,人的回归就像是河流"向后流动"一样。①这样的向后回溯,也就是向"源头"回流。因此,就方向而论,人的存在如同流水,是在不断地、不可遏止地向"属于自己的东西"、即自身返回。

从这个视角来看一般意义上的翻译,我们也会得出同样的认识。因为我们肯定会同意,翻译就是经过了"异域"的千山万水,向那个特定的目的地——自我的再创造——的回返。所以存在与翻译在本质上应该是一体的。翻译分有存在的变易,也体现着这样的变易。

在第二个部分(第51—122页),海德格尔主要论述与荷尔德林渊源所系的索福克勒斯的悲剧《安提戈涅》中的"人的颂歌"的意义疏解与分析。其焦点是将其中"决定性的词"(第61页)或"基础性的词"(第63及67页)"δειvόν"翻译为*unheimlich*(uncanny)——"不可思议",并且也含有"惊惧"、"有力"以及"反常"的"统一"(第63—64页)等意思。海德格尔甚至指出,他所提出的作为"不可思议者"的人的上述三种特性的"统一",即对人的诗意描述,其意义也就是,"我们可以逐渐经验到其原初的和相互反转的归属

---

① 荷尔德林在《伊斯特》中写道:"不过,他[伊斯特]看上去,几乎/要向后流动,因而/我假定,他一定来/东方"(第3、5页)。海德格尔认为,诗人命名河流的方式本身就意味着他写的是"倒流"(*Hölderlin's Hymn "The Ister"*,第10及14页);诗歌编者对诗歌题目的选定也有这种意味(同上,第11页)。他不断围绕着这种"回归始原"展开论述(如第14、36、38、130、143、162页)。

在一起的那种基础"(第 66 页)。也就是说,人本身就是这样的"间性"显现。

海德格尔将"不可思议"与"不在家"联系起来。他指出:"*Das Unheimliche*,即不可思议者。它的意思不能从某种印象的角度,而是要从 *das Un－heimische*、不在家,即在存在者中间的人类处所的根本特性的那种不在家来理解"(第 91 页)。这样,我们一样可以将翻译同存在一体化。因为,其中的"不在家"内在地含有经由"异域"最终"向家回返"的指向。而且,海德格尔在论述之中还将"回家"这样的"旅程化"(journeying)视为一种"反转"。他解释说,在作为"不可思议者"的人类存在者那里,那个统一体中的任何一种状态,不管是"惊惧"、"有力"还是"反常",其中都含有它们"相反的性格",而人类存在者本身也就是这样的"反转"。用他的话来说,"高高耸立进入人自身的空间的高度并且因而支配那一空间,与此同时又飞身而下进入它的深处,然后在那种空间中消失。不可思议性并不是首先必然要作为这样的二重可能性产生的。相反,这样的二重性的统一被遮蔽的基础在不可思议之物之内大行其道,而这一基础是值得追问的。而且这样的二重性从这里才拥有它担负起的力量,可以将人类高高送入异常之物之中并且将之撕裂并使之进入暴力的活动之中"(第 87 页)。哲学家这里讲的是,人自发地(out of his own accord)在不断"变易"。在这样的"旅途"中,是人类存在者内在的那种"反转"的可能性促成了她或他的不断"在场"与"缺席"。而这也就是人的存在状态:既在场,同时又不在场。这样,二者的"反转"也就是人的历史变化本身的表现。

应该指出的是,这样的"反转"显现出的也就是"翻译"的基本特性。因为如果"反转"是两种力量的较量、交接和交流,那么毋庸置疑,这样的互动本质上是要在不否认两个极端的前提下,对第三者加以认可。不过,与一般的理解不同,是这二者的交锋所处于的那个"之间"成就了这二者。这一点，海德格尔在其对康德的"想象"的论述中，也明白地表述出来。①而在此书中，在场与不在场的力量冲突和交合，也一样表现为在同一个"之间"的斗争。这样，我们便很容易联系上翻译的"间性"：总是处于两种文化、两种语言、两类人之间，在使之交结、联系和沟通的同时，创造性地为它们塑造出新的面貌，形成新的形象，也就是使之焕然一新或青春焕发。也就是说，翻译使牵涉到的文化、语言以及人重新燃起生命的希望。因为它在创造沟通其先决条件的同时，也为有关力量缔造出新的生命力展现可能性或潜在的可能。

在此书的第三部分（第123—167页），海德格尔进一步总结了他所讨论的问题，并且对他心仪的诗人的作用进行了归纳。他认为，诗人上通天神，下及凡人，因而起着"神人"（demigod）的作用（第139、145、148、154页）。他指出："天国，上天诸物本身，需要帮助，特别是那种符号，也就是诗人的帮助"（第154页），否则人类无从知晓。而人类也是一样需要这样的帮助，才能了解"上天"的信息。"这样，诗人也就超出了人类存在者，但还不能与诸神相提并论"（第156页）。"参与感受，就在于他支撑起太阳和月亮、天国于思想之中，并且将对上天之物的这种分有散发给人类；于是乎，便挺立于诸神和人类之间，同时与其一道分享神圣之物，不过从未使之支离破碎或残缺不全"（第155页）。所以，她或他的所作所为是

----

① 张祥龙指出，海德格尔认为，"直观和知性这样两个认知能力的综合绝非通过'简单的并列'就能完成。这综合必发自一'共根'（海德格尔著《康德与形而上学问题》，第37页）。这就是康德在《纯粹理性批判》第一版中所推崇的作为第三种基本认识能力的'想象力'（Finbildungskraft）（《康德与形而上学问题》，第161页；《纯粹理性批判》A94—A95）。按照海德格尔的理解，想象力居于感性直观和知性通觉之间的这种中间地位乃是'结构性的'（《康德与形而上学问题》，第64页）。"详见张祥龙著，《海德格尔与中国天道——终极视域的开启与交融》，北京：生活·读书·新知三联书店，1996年，第77页。

内在地在"居间"的,传达的"信息"是完整而又真实的。这样"分有""神圣"的思想家—诗人,的确是不可多得的人类存在者。这样的人物让人联想起翻译背后的创造者。

　　钱锺书直接点明翻译的"居间"作用,认为它具有引荐的作用,可以将读者引向原文、原著,进而达到了解"异己"的目的:"它是个居间者或联络员,介绍大家去认识外国作品,引诱大家去爱好外国作品,仿佛做媒似的,使国与国之间缔结了'文学姻缘',缔结了国与国之间唯一的较少反目、吵嘴、分手挥拳等的危险的'姻缘'。"①

　　诗人余光中也指出:"如果说,原作者是神灵,则译者就是巫师,任务是将神的话传给人。翻译的妙旨,就在这里:那句话虽然是神谕,要传给凡人,多多少少,毕竟还要用人的方式委婉点出。否则那神谕仍留在云里雾里,高不可攀。译者介于神人之间,既要通天意,又得说人话,真是'左右为巫难'。读者只能面对译者,透过译者的口吻,去想象原作者的意境。翻译,实在是一种信不信由你的'一面之词'"。②

　　因此,可以说,在海德格尔的阐释中,不论是荷尔德林的赞美诗,还是索福克勒斯的悲剧,其"回家"的主题意蕴,也就寄寓于那种特定的"归宿"途中:只要是"返回",就能捕捉到生命的力量,描绘历史的意义,成就生的希望。而这一过程被他描述为"变易在家",我们或许可以把它描述为"译者的变易":人类存在者在"聆听"存在的"诗意"的同时,也在不断改变着自身的存在。而这样的改写,也就意味着其生存征程之中的历史变化。人类首先是其自身的"译者",然后才是别的什么;也就是说,人首先并且总是翻译

――――――――――

　　① 详见钱锺书:《林纾的翻译》,载《钱锺书散文》,杭州:浙江文艺出版社,1997年,第 272 页;及钱锺书著、舒展编:《钱锺书论学文选》(第 6 卷),广州:花城出版社,1990 年,第 107－108 页。

　　② 余光中著、江弱水、黄维樑编选:《余光中选集语文及翻译论集》,合肥:安徽教育出版社,1999 年,第 144 页。

着自身,并且以这样的方式存在于世,行走在历史的流动之中。

三、本体论意义上翻译的品格及其启示

以上的简单介绍,可能已经触及学界至今还未注意到的一个重大问题:本体论指向上的翻译研究。从海德格尔德的论述来看,可以认为翻译首先是本体论意义上的翻译,然后才是别的什么。也就是说,翻译首先意味着存在的变易,人首先是有所思索地经验着这样的变易,与此同时也为这样的变易所改造和提升。用海德格尔喜欢用的话来说,翻译就是最"本己的"活动;用日常话语来讲,翻译就是人生在世的自身变化既定规律的显现和体现。明白了这样的指向,就可以对翻译的本体论特性加以勾勒了。

第一,如同其他存在者一样,翻译也要经由"异域"和"异域之物",不断与"新的存在者"遭遇,与他者交流沟通。因而,在原初意义上,它首先表现为人的在世情态的那种最终归宿,即人向其自我的归入。应该强调的是,在海德格尔那里,这种归宿是"属于自己的东西"、"家园"或"壁炉"。也就是说,翻译是人对自身力量的"挪用",其出发点和归宿地都是"属己者"本身,而不是别的什么。翻译就是人生在世的某种"自我循环"。

第二,如果说人类存在者确如海德格尔所描述的,是"最不可思议的",那么,翻译作为这种"最不可思议的"存在者的在世情态,也一样会在本体论意义上形成"惊惧"、"有力"以及"反常"的"统一"。也可以认为,它能引发惊恐,又可造成敬畏;既会显现出强劲,又难免要实施暴力;既有可能沦为庸常凡俗,又会不失异常之态。它既在场,又不在场;既巍然耸立于所处之上,又要消失于处所之中,因而也一样不可思议。最重要的是,它同别的存在者一样,不是要控制它所做的事情,而是相反,它要为后者所决定。因而,它不得不决然地投身于这样的活动之中,因为这是"命运"使然。尽管它奔波不停，永远行走在"奔向四方的路途"，但是，它却没有获取什么既定的或不变的经验，因而仍旧要奔走不停，尽管最终可能无所收获，甚至难免失败。同人类存在者一样，翻译也可能就是希腊悲剧中的英雄，作为"不可思议者"，它或许就是悲剧本身。

　　第三，诗人被荷尔德林和海德格尔描述为"神人"。他上达天国，下及凡世。置身于人神之间，这样的"神人"为二者架起了相互沟通的桥梁。译者也一样可以被描述为这样的"先知"，因为其作用在本质取向上是一致的。不过，应该强调的是，译者还不仅仅是传达文化信息、负责语言处理以及担负精神转化的使命的那种未卜先知的"信使"。最重要的是，就本体论而论，译者所应承担的根本任务、她或他的根本职事就是"独与天地精神相往来"意义上的那种使天地人神相聚一处的力量显现。也就是说，译者原本就是汇聚力量的一个核心。

　　通过上文的论述，我们似乎可以强烈地感受到，人们耳熟能详的中国思想的某些表达。这是海德格尔的本体论思想所可能带来的另一个启示。

　　首先，儒家的"中庸之道"设置的就是如何与神沟通的思想。[①]因而，在"怀柔远人"的思路下，"属于自己的东西"始终也是中国人的祖先与人相沟通的核心力量。也就是说，在中华思想中，"易之大道"张扬的当是那种不断吸收、纳入、结合外来精神的动态。我们自然可以联想到孔夫子讲的"逝者如斯夫"，联想到"人生如寄"。现代人甚至还将这样的观念用来翻译普鲁斯特的名著《追忆逝水

----

　　① 陈赟指出："在对'中庸'内涵的解读中，我们一再被引向了一个广袤无垠的境域，那是由天空和大地之间的往来而构成的宇宙整体，而有限的人就是在这个'之间'的位置上矗立自己。这样一个在直观中呈现的苍茫的宇宙整体无疑是'无限'带给初民感官的一个礼物，当然，也是一个强有力的重负。"见陈赟著，《命—性—道—教：文化的境域——〈中庸〉思想的内在主题》，载李申、陈卫平主编，《哲学与宗教》（第一辑），上海：上海古籍出版社，2007年，第285页。

年华》。不过,人对流动之态的感受可能是普世性的,因而其中或许没有更多的"中国特色"。

其次,我们可以从中见到"中国精神"。这就是海德格尔不断突出的"反转"。他认为,人类存在者内在地"反转"自身,进而形成了某种流动之势。我们联想到的则是学界所醉心的"化"。不过,语言文字意义上的"化"或许只是文字处理上的那种变化——不是向着民族语言的归化,就是引向异域的归化。①而本体论意义上的"化",如甲骨文的字形所表现出来的,应该是倒立和直立的两个人的并列,也就是死去的人和生活中的人的共处或并置。②这意味着,只有超越生死,才能生生死死,不断生死,也就是使生命的力量不断处于流动状态。从字形上讲,"化"似乎并不含有海德格尔所讲的"河流"的"溯源而上"。而荀子所讲的"化"则分明显现出了对这一"源头"的认可。他对"化"的描述是:"状变而实无别而为异者谓之化"。③状态、形状出现变易,但是,其"实在"、"实质"并不见变化。不过,"变形"既然已经显现因而毕竟与"原本"不同,所以显现出"异"。而这种"变而未变"的过程就是"化"。这与海德格尔所讲的"属于自己的东西"的"挪用"以及"反转"的自身运动,是非常一致的。而且,既然变而未变,一切如此,那么,"中心"固定,核心也

---

① 钱锺书认为:"把作品从一个文字转变成另一国文字,既能不因语文习惯的差异而露出生硬牵强的痕迹,又能完全保留原作的风味,那就算得入于'化境'。十七世纪一个英国人赞美这种造诣高的翻译,比为原作的'投胎转世'(the transgression of souls),躯体换了一个,而精魂依然故我。"不过,他所讲的应是"文字转换"意义上的翻译,仍然不属于存在意义上的那种"转化"。详见钱锺书著、舒展编,《钱锺书论学文选》,第 106 页;及钱锺书著,《钱锺书散文》,第 269—270 页。

② 朱芳圃在其所著《殷周文字释丛》中这样解释"化"字:"化象人一正以倒之形,即今所谓翻跟头。"转引自《汉语大字典》编辑委员会编著,《汉语大字典》,成都:四川辞书出版社,及武汉:湖北辞书出版社,1993 年,第 46 页。

③ 引自荀况,《正名》,收入吴文祺、张世禄主编,《中国历代语言学论文选注》,上海:上海教育出版社,1986 年,第 4—5 页。

就包含其中了。所以，假若是动态的流动，是趋向，那么，毫无疑
问，向这里的"回溯"也就是题中应有之义。

　　最后，就海德格尔所说的"神人"的作用①——置身于人神之
间，因而就是那个"之间"——而论，中华思想之中，也有更为诗意
的描述。"间"（閒）的古字的写法就是，"门中见月"，②皎洁的月光

──────────

　　①　诗人是"神人"。如果置入汉语语境，就可以说，诗人就是"巫"。按照许慎权威
的解释，"巫"在字形上是人置玉于腰间。所以，《说文·工部》中这样解释："巫，祝也。
女能事无形，以舞降神者也。象人两袖舞形，与工同意。"论者指出："这是就篆文字形
所作的分析。本义为巫祝，即以装神弄鬼替人祈祷求神为职业的人。女称巫，男称
觋。"这是就"巫"字的"本义"做出的解释。而从"构造"的角度来看，"〔它是一个〕象形
字。甲骨文像二玉交错之形。巫以玉事神。故用巫所持之二玉表示以玉降神的巫祝。
金文大同。古文稍讹，或加双手繁化。篆文承接古文并整齐化。隶变后楷书写作巫。"
引自谷衍奎编，《汉字源流字典》，第252页。不过，从字形来看，不管是甲骨文，还是金
文，都是写作："工"的"竖道"两边有二人"护卫"；而"稍讹"的古文即使"添加双手繁
化"，也一样有二人守卫这一"竖道"。篆文以及隶变之后的楷体，承继甲骨文和金文的
写法，没有出现大的变化。因此，可以这么想象：在远古时代，人与天地相隔离，因此灾
难频仍而民不聊生，所以，要降神祈福，以便"国泰民安"、"人寿年丰"。于是，就要建造
守护上通天国、下抵大地的"大道"。这样，"巫"字上下那两条线一是"天"，一为"地"；
而守护"天地之间"的"通道"的，非"巫"莫属。因此，古文"添加双手繁化"，这正可说
明，人需要对它进一步加固防护防御，以便使抵达上天的道路畅通无阻。因此，"工"即
使按目前的字形，其意义也应该是天地之间建立起的通道。正因为人借助神力，可以
弄清楚世间的万事万物及其机理，因此，她或他们才能算作是"工"，才会显现出"工巧"
的力量，具有"工匠"的各种技能和才气。天通地通之后，人才拥有上可达天国，下可抵
人间的"超常的"或"异乎寻常"的力量，为自己的在世之在打下良好的基础。因此，
"工"的原初意义应当不是"工尺"意义上的度量的工具，而首先应该是"沟通人神的那
种桥梁"。这一桥梁如上所述，也就是"巫"。是他们以其特有的能力为人类建造起了
别人无法建造的那种通道，为减轻人类疾苦、消除人类灾难立下了不朽的功勋。因此，
他们才是"度量"人类的真正的"尺度"。这样看来，"工"的意思，并不像许慎所说的那
样，一开始就是"工，巧饰也，象人有规矩也"（《说文·工部》）。"尺度"是对"巫"的贡献的赞
誉：人类必以她们或他们为"尺度"，才有可能抵达上天、沟通神人，并且因此服务于他人。
　　②　"间"字"金文从门，从月，用门中可以看到月光会空隙之意。篆文将月移到门
中并整齐化。隶变后楷书写作閒。俗改月为日写作间。如今简化作间。"详见谷衍奎
编，《汉字源流字典》，北京：华夏出版社，2003年，第731页。

映衬出沉重、静怡的黑暗,黑白分明。海德格尔讲的"反转"、河流的"流动"以及人类存在者的在场和不在场,都含有一个倾向:在不停的反转之中的某种自我运动。而我们在"间"那里所见到的,也就是这样的运动的最佳范例。因为,通过月光的照耀,我们看到的不仅是光明与黑暗。更重要的是,我们可以感受到来自上天的那种力量:推动着这一切向前的,就是历史的"走动"之中的辉光。真正的黑暗和真正的光明,我们都是看不到的。我们看到的就是这样的光和影的交织,在这样的交织之中,我们才能感受生命的流动和力量的增强以及它最终的归宿。

因此,在中华文化思想中,我们可以见证到 20 世纪在海德格尔那里出现的诸多观念,而且很可能是"全新"的观念,是否定或批判了自柏拉图以来整个西方哲学的那种思想的集中体现。在这个意义上,研究翻译也有必要回到民族文化的源头。因为,按照海德格尔所说的,假若我们不能溯源而上,而只是随波逐流,到哪里去寻到自己的生命的活水源头,以便加以抚慰并且不断强化它的力量呢? 假若我们不能做到,又怎么指望"异域之物"出现呢?

结　语

总结全文,我们就可以说,海德格尔在其《荷尔德林的赞美诗〈伊斯特〉》中所提出的"如果你能告诉我,你对翻译的想法,我就可以告诉你,你究竟是谁"视为本体论的论述。它所强调的是,翻译在人类的求知和存在中的重要作用。本文试图依照海德格尔的观点,从这一论断本身及海德格尔对荷尔德林和索福克勒斯的诗化的研究入手来探究这一问题,认为可以将翻译描述为人经由"异域"向家园或人的自我返回的一种旅途,因而是两种力量"不可思议"的"遭遇",而"诗人－思想者"置身二者之间在这里沟通人神起着调解的作用。本文还提出,如果按照海德格尔的回返思想,回归中华文化是一种必然。因为就翻译研究而论,只有在这里我们才能找到赋予我们生命和存在力量的那个源头。

关键词

翻译哲学;翻译本体论;海德格尔;家园

思考题

1. 翻译哲学主要关注和试图解决哪些问题?

2. 如何理解翻译的本体论? 海德格尔本体论的翻译思想有哪些要点?

3. 如何理解翻译的本质与诗意中的"回家"的含义?

建议阅读书目

[1] Guignon, Charles B. *The Cambridge Companion to Heidegger*,北京:生活・读书・新知三联书店,2006.

[2] Heidegger, Martin. *Hölderlin's Hymn "The Ister"*. trans. William McNeill and Julia Davis. Bloomington and London: Indiana University Press, 1984.

[3] 蔡新乐:《翻译的本体论研究:翻译研究的第三条道路、主体间性与人的元翻译的构成》,上海:上海译文出版社,2005。

[4] 蔡新乐:《相关的相关:德里达"'相关的'翻译"思想及其他》,北京:中国社会科学出版社,2007。

[5] 张祥龙:《海德格尔与中国天道》,北京:生活・读书・新知三联书店,1996。

第五讲　翻译与翻译实证研究①

导读

　　思辨性的论述开启了人类对翻译的理性认识,理论性的研究使主体理性认识更系统化,描述性研究与试验性研究则在主观认识的基础上增加了更多客观的描述与分析。翻译学,作为一门既包含艺术又包含科学特性的学科,有着人文的成分,也有着科学的因素,因而在研究方法上也需要人文思辨加科学分析的多重认识与探索。这种综合性的立体学科,需要多种层面、多个角度的认识与研究。随着翻译学科向纵深发展、对翻译的认识不断深化,研究方法的运用也愈加广泛,各种方法以其各自的方式与特征实现对翻译现象的多方位考察,在理论方法之外,实证方法也是重要的研究手段。

　　所谓实证研究(empirical studies),是以客观事实、实际数据来论证某种观点、描述某种规律。"实证"的意思是"以观察或实验为基础的",②即科学研究要从经验出发,建立在经验观察或实验数据而不是信仰、判断之上。实证性研究在社会科学领域的运用最早源于19世纪初孔德(Auguste Comte)的"实证哲学"(positive philosophy),这种科学取向主张以逻辑而理性的方法研究社会现象,现已发展成为比较成熟的研究方法。翻译研究中的实证性从

---

　　① 本讲主要内容曾以"翻译研究实证方法评析——翻译学方法论之二"为题,发表于《中国翻译》(2005年第1期)。

　　② 《牛津高阶英汉双解词典》,商务印书馆,2001。

一开始就有,对翻译问题的认识最早源于对翻译具体现象和实例的分析,就是建立在实践基础上的。但从一种思想意识到形成科学的方法论体系,翻译的实证性研究经历了两千多年的发展和变化,从最初对个别现象的观察逐步过渡到系统、整体的分析研究;研究对象从个体文本的特性及技巧扩展到共性规律与特点;数据收集也从随意性的引证到对研究背景的有效控制,等等。

　　翻译学已开展的实证研究主要有两大方法类型:描述性研究与试验性研究。

一、描述性研究

　　描述性研究以客观描述为基础,对翻译现象及翻译行为进行自然的观察与分析,所描述的现象和行为必须是在自然而然的环境下产生的,不受研究者在其中的作用和影响。即研究者不操纵研究背景,事先不带有任何预设,也不对研究结果提出任何制约,而是描述和分析在自然发生状态下的各种翻译现象和行为。已有的描述性研究体现了以下几种主要形态。

　　(一)归纳分析

　　描述性研究首先体现在从个别到一般的归纳,通过对各种现象的观察、判断与分析总结出一般的、总体的规律和特点,是一种通则式描述研究,重在描述共性。归纳法是一种运用较普遍的方法,它从自然开放性的观察开始,事先没有任何确定的模式或假设,也不规定观察什么变量,而是根据所收集的数据进行分析过滤,概括出一般的模式,然后才产生假设。翻译学描述性研究的归纳分析主要以文本分析、调查分析为研究工具或手段,无论以何种手段,归纳结果都建立在对一定范围对象样本的描述基础上。如图里(Toury)通过对 1930 年至 1945 年间翻译成希伯莱语文学作品的调查分析,归纳出翻译文学在选择取向方面的规律和特点,即意识形态起主要影响作用;①又如韦努蒂(Venuti)通过对欧美一些国家近半个世纪翻译作品的调查分析,发现了有关强、弱势文化对翻译的影响作用,进而提出"归化"、"异化"的策略假设;②以及张美芳对我国建国以来翻译教材及翻译市场的调查等。③这些研究通过对某一时期某(些)个范围内特定对象的考察,归纳或概括出相应总体特征。在语言文本的描述性归纳分析研究方面,目前更多地是对以计算机语料库为载体的语言文本(原文/译文)的对比分析,通过归纳性描述,找出规则,总结规律。这类研究的文本工具主要为"平行文本"(parallel texts)语料库,常用的有"平行双语语料库"(parallel bilingual corpora),"可比语料库"(comparable corpora)。④"平行双语语料库"是由原文文本和对应的译文文本组成,通过全面系统地对照分析,归纳出两语转换的语言定式;"可比语料库"则是指同一语言的两组语料组成的语料库,一组是原语生成的文本,另一组是用同一语言转换的译文,通过对这样两组文本的比较分析,可以有效了解用一种语言生成文本和转换文本时语言结构或表达形式上的特点。用这两种语料库进行的归纳分析,最大的特点在于通过对具体数据的广泛分析描述共性,总结普遍性规则(translation universals),揭示相应的逻辑结构(patterns),形成一定的公式,以便能有效运用于机器翻译的数据库建

---

① G. Toury, *In Search of a Theory of Translation*, Tel Aviv: The Porter Institute, 1980.

② L. Venuti, ed., *The Translator's Invisibility*, London and New York: Routledge, 1995.

③ 张美芳:《中国英汉翻译教材研究(1949—1998)》,上海外语教育出版社,2001年。

④ 参阅文献:M. Baker, Corpora in Translation Studies: An Overview and Some Suggestions for Future Research, *Target* 7(2), pp. 223—243. D. Melamed, *Empirical Methods for Exploiting Parallel Texts*, MIT Press, Cambridge, MA. 2001. B. Hatim, *Teaching and Researching Translation*, Pearson Education Limited, 2001.

设和软件开发（机器翻译的数据库研究是建立在定性基础上的描写，因文本的语用意义难以逻辑化、公式化，很难找到固定的逻辑结构，目前还不够成熟）。当然，运用平行文本进行归纳分析不仅用于机器翻译的软件开发，还可以更有效地运用于翻译教学中对技巧的认识与学习，即通过这种研究手段构建更为科学系统的翻译转换规则体系。

归纳分析的不足之处在于忽视个性特征的描述，因而受到有些学者的质疑。埃文－佐哈尔（Even-Zohar）就提到，翻译中的有些转换模式是任何一套规则系统都无法说明的。[①]但是我们知道，任何事物都包含共性与个性两个方面，归纳共性、探索普遍性无疑首先是翻译学科发展的基础。但这种方法的运用还远没有理论方法广泛。贝克（Baker）曾提出过一系列可以按照此方法研究的假设，[②]然而迄今未见系统论证。值得注意的是，20世纪五六十年代翻译语言学理论（被界定为"科学学派"）研究的目的也是"抽象规则"，似乎也是在文本归纳分析的基础上进行的研究。事实上这类研究虽然也有分析、描述，但不同的是，其描述与分析之间的因果关系与实证性描写研究不一样，或者说过程结构不一样，即不是归纳基础上的分析，缺乏严格的样本范围。翻译研究语言学理论的后期研究描述性成分逐步增多，翻译的语篇语言学与话语分析理论通过对文本结构的分析描述归纳出语言文本转换中的规律，这与早期译者的经验式体会及早期的语言学理论研究有着很大差别，其主观成分较少，对客观的分析较多。但翻译的语言描述有其先在的语言学理论假设，即以理论观点为前提，事先有预设，研究

---

① Even-Zohar, *Papers in Historical Poetics*, Tel Aviv: Porter Institute for Poetics and Semiotics, 1978, p. 77.

② 转引自 B. Hatim, *Teaching and Researching Translation*, Pearson Education Limited, 2001, p. 153.

方法的性质未变,研究过程上依然是结论(理论)分析,而不是描述分析,因而客观性不够。另外,所借助的对象是"任意的",不确定范围,未经过设计,因而不具有科学归纳的有效基础。虽然包含一个隐含的"描述—分析"过程,但研究过程设计不严谨,描述具有随意性,只是在理论分析中借助一些客观数据的分析,方法论性质上与前期的研究相同。而实证性的归纳描述最关键的科学原理在于确定研究对象的范围,即所描述的对象群体的范围。它包含如何挑选有代表性的样本资料,如何发现足够的资料以允许从样本的各类资料的比较中引出可靠推理等具体因素。归纳分析所研究的结果是否具有科学的说明性很大程度上取决于这一研究环节的设计。

(二)个案研究

个案研究是指采用定性描述方法、运用多种数据详细分析一个或几个案例,是一种集中深入调查与论述个体现象或个体行动的研究,研究数据为定性数据。翻译学的个案研究主要用于研究特定文本、译者个体及民族文化类型,如译者的语言风格、翻译策略、思想意识等。研究工具多为文本个案,通过语言文本在翻译转换过程中各种形态的独特表现考察个体现象与普遍规律的内在关系。这类研究在翻译史上比比皆是,多为对一部作品的不同译本进行对比分析。①随着翻译研究对翻译现象的认识层面不断深化和扩展,个案分析的内容也不断丰富与深入,所分析的内容包括从语言形式结构到译者文体风格的各个方面。如米勒(Miller)所采

---

① 实证意义上的个案分析具有严格的研究设计规范,有别于对某一个译本或某位译者的随意性批评(评论),译学研究史上许多这方面的"漫评"均不属于实证个案研究范畴。

用的个案研究,[①]通过对自己翻译诗歌 Solo la voz 过程中认知心理机制的描述,有效分析了译者主体在语言文本转换过程中阅读、理解、翻译以及分析的几个主要认知环节。这一个案分析为探索翻译心理转换过程提供了经验性数据,能够有效补充理论研究。贝尔(Bell,1990)运用信息论原理对译者心理转换所作的理论分析只停留在假设的层面上,而理论假设需要实证数据的验证。个案分析正是理论研究的有效补充,是人文学科、社会学科研究中的一种重要的方法与手段。

　　翻译的文化学研究也在某种程度上具有个案分析的性质(具有个案描述的特点,但研究过程不同于实证个案分析,不属于实证研究范围)。众所周知,翻译的文化研究被界定为"描述性"(descriptive)研究,以区别于语言学流派的"规定性"(prescriptive)研究。它通过对不同文化背景下翻译现象的考察,描写翻译的文化特性,在哲学认识上具有更多的开放性。如以色列学者埃文—佐哈尔对以色列和低地国家个体社会文化与翻译文学之间的关系进行了分析,提出"翻译是依赖于一定文化系统中各种关系的一种活动"。[②]其研究对象体现在具体的文化个体上,具有个案分析的特性。然而需要注意的是,理论研究范畴的个案分析与实证研究的个案分析还有相当大的区别,理论性的个案分析在考察和分析个体对象的某些现象时随意抽取研究对象的某些特征作为例证用以论述某个论点(有些个案分析甚至没有例证,只有结论);而实证性的个案分析在对待相同的问题时所采用的数据则是建立在"系统"收集的基础上,对文本语言特点与形式结构、文化形态等进行全面

---

　　① E. G. Miller, *The Dynamics of The Re-creative Process in Translation: Hugo Lindo's Poetry*, University Microfilms International, Ann Arbor, Michigan, U. S. A., 1986.

　　② Even-Zohar, *Polysystem Studies*, Tel Aviv: Porter Institute for Poetics and Semiotics, 1990, p. 51.

的、逐项的描述与统计分析。翻译的文化学研究,就其方法论而言,有两个方面的特点。一是此类研究大多为理论性阐述(虽为描述性理论),缺乏具体的研究设计及研究过程,特别是数据收集缺乏规范性,属理论阐述的范畴,在研究方法上体现较多的主观理性色彩,客观性较低;二是在研究方法论上还存在一些误识。有些学者将个案分析结论提升到"以点概面"的普遍原理,未免为时过早。个案研究只反映个别现象,而不是群体特征,从个体到群体、从个别到一般还需要一个归纳过程,而归纳是要建立在一定的"广泛性"基础上的。

个案研究采用定性分析,因而能够有效描述翻译中所包含和渗透的人文因素。其不足之处则在于广度不够,不一定具有普遍意义。

(三)动态描述

翻译研究的动态描述是指对翻译心理转换过程的研究。所谓动态描述,是指观察和描述译者在进行语言文本转换时心理认知活动的动态变化。翻译研究中的归纳分析多用于语言中稳定的、比较一致的静态排列(当然这种方法本身是可以用于多种领域的),动态描述则观察和研究动态的、发展的变化成分。采集数据的具体方法有"有声思维"(think-aloud)和"内省法"(immediate introspection)。有声思维和内省法源于心理学及认知学研究人的心理及大脑机制所采用的数据收集与分析方法,通过对受试者在认知或信息处理过程中思维活动的语言描述"间接地"揭示主体的心理特征。有声思维是指通过被调查者在进行思维活动的同时用语言记录活动的内容和方式,即一边想一边说,是一种"内心活动的流露"(self-revelation)。这种对个体思维活动的描述是在自然发生状态下进行的,所记录的数据是未经加工、修改或编辑的语言。这种"共时"(concurrent)思维记录方法基于信息论原理,即储存在短时记忆中(STM)的信息是主体可直接感知、直接表述的

（有意识的信息，而不是无意识的活动）①，通过语言表述获取直接的、真实的思维活动数据。"内省法"也是通过语言表述记录思维活动，在一项思维活动结束后的记录，是回顾性描述，与"有声思维"相比，在操作方式上稍有差别，但性质相同。目前这方面为数不多的研究主要是对翻译过程中语言结构层面的技巧运用，如词语选择、句法结构、习惯用法等基础层面问题的描述。如 L scher，Krings，Séguinot，Mondahl & Jensen，Tirkkonen-Condit & Laukkanen 等均采用这样一种方法对翻译的语言认知与转换活动进行描述分析②。洛社通过对 48 位德国的英语学生进行 52 段英德、德英书面翻译时的有声描述，有效分析了转换过程中一系列翻译技巧的运用情况，其中还包括对原文的语义分析、理解过程中的问题等，甚至还反映了寻找对应词的踌躇及表达时的推敲。③有些研

---

① K. A. Ericsson & H. A. Simon, *Protocol analysis—Verbal reports as data*, Cambridge (MA)：MIT Press, 1993.

② 参阅文献：W. L scher, Linguistic aspects of translation processes：Towards an analysis of translation performance, in J. House, and S. BlumKulka, eds., *Interlingual and Intercultural Communication*, Tübingen：Gunter Narr, 1986, pp. 277—292；W. L scher, *Translation performance，translation process and translation strategies*, Tübingen：Gunter Narr, 1991；H. P. Krings, Translation problems and translation strategies of advanced german learners of French (L2), in J. House and S. Blum—Kulka, eds., *Interlingual and Intercultural Communication*, Tübingen：Gunter Narr, 1986, pp. 263—275；C.. Séguinot, A study of student translation strategies, in S. Tirkkonen—Condit, ed., *Empirical Research in Translation and Intercultural Studies：selected papers of the TRANSIF seminar*, Tubingen：Gunter Narr, 1991, pp. 79—88；M. Mondahl &K. A. Jensen, Lexical search strategies in translation, *Meta*, XLI, 1, 1996, pp. 97 — 113；Tirkkonen-Condit & Laukkanen S. Tirkkonen-Condit & J. Laukkanen, Evaluations—a key towards understanding the affective dimension of ranslational decisions, *Meta*, XLI, 1, 1996, pp. 45—59.

③ W. L scher, Linguistic aspects of translation processes：Towards an analysis of translation performance, in J. House, and S. BlumKulka, eds., *Interlingual and Intercultural Communication*, Tübingen：Gunter Narr, 1986.

究,比如 Séguinot[①]通过动态描述还发现了译入语为母语和译入语为外语的译者(学生)在翻译过程中所体现的转换差异。另外有一些研究调查比较了学生和专业译员以及具有较高学术水平的非专业翻译人员之间的差异,通过这类研究能够揭示不同语言水平、具有不同翻译能力的人所表现的翻译行为差异。

迄今为止对心理转换过程的研究无论是理论研究,还是实证研究都还不多。在理论研究上,莱维(Levy)提出了"翻译决定过程"的模式,[②]霍姆斯(Holmes)假设了一种"two-plane text-rank"翻译模式,[③]贝尔(Bell,1990)用信息论原理对译者的心理转换作过较为系统的理论研究,但这些理论模式均停留在假设层面,未见实验测试或论证。实证方法的运用多为局限于较低层面的诸如翻译技巧选择一类的研究分析。

究其原因,可能有几个方面的因素。第一,对翻译心理过程的描述往往是令人望而却步的领域,虽然实验心理学、认知心理学的发展已奠定了充分的研究基础,但"black box"的活动规律总不免使人迷惑并怀疑。第二,翻译活动的个体性很强,一部作品在一个时期往往只有一位译者进行翻译,缺乏横向对比和普遍性描述分析。第三,这种研究方法本身有不足之处,被调查者的言辞表述往往不完整,因为主体行为有一部分是习惯的、自然的、在无意识中发生的(长时记忆中的信息),翻译的语言(认知、表达)行为,甚至有些技巧会因习惯成自然而被主体意识所忽略,不对它们进行记

---

① C. Séguinot, A study of student translation strategies, in S. Tirkkonen-Condit, ed., *Empirical Research in Translation and Intercultural Studies: selected papers of the TRANSIF seminar*, Tubingen: Gunter Narr, 1991, pp.79—88.

② J. Levy, Translation as a decision process, in L. Venuti, ed., *The Translation Studies Reader*, London and New York: Routledge, 2000, p.196.

③ J.S. Holmes, et. al., *Literature and Translation: New Perspectives in Literary Studies*, Leuven: Acco, 1978.

录。再者,受观察的对象在知识结构与语言表述上的个体差异也会影响数据的完整性和一致性。第四,这种研究操作起来难度较大,特别是研究设计与数据分析环节缺乏一种行之有效的能够充分说明客观事实与主观成分之间关系的固定模式。故此,已有的一些"有声思维"研究的受试对象多为大学生,甚至是非英语专业的学生。这类研究结果对翻译教学有一定的启发,但远远不能代表和反映真正的翻译特性与规律。

　　动态描述的对象和内容是多样的,研究者可以运用多种工具对翻译过程中的各个环节进行观察和分析,既有宏观过程的,也有局部具体细节性问题的,"有声思维"和"内省法"只是其中一部分。除了这种"过程性"(process-oriented)的研究,另外还有"结果性"(product-oriented)的研究,即通过对已生成的文本分析透视过程的运作模式。如斯内尔-霍恩比(Snell-Hornby)运用"完形"(cloze)测试描述"译文生成方式",及豪沃梅尔(Hauwermeieren)的"译文可读性"测试[①]等。

　　另外,描述性方法也不仅仅局限于这三种形态,对翻译学这样一门"非指定性"学科的研究,描述性方法是多层面多角度的,有待翻译研究的不断深入和发展。

二、实 验 性 研 究

　　实验方法源于自然科学研究,是一种实证性很强的研究方法。所谓实验研究,是指"由研究者对一个变量的操纵和对结果的有控

---

　　① P. Van Hauwermeieren, A method for measuring the effects of translation on readability, *ITL* 197：18, pp. 47－53.

制的观察和测量所构成的研究",①"一种经过精心设计,并在高度
控制的条件下,通过操纵某些因素,来研究变量之间因果关系的方
法"。② 20 世纪初,实验方法开始应用于社会科学研究,主要用于
心理学、教育学等,在翻译中的应用才刚刚起步。目前主要用于基
础阶段翻译能力的培训,即翻译教学领域对翻译能力与翻译行为
关系的研究。通过对翻译某种行为进行控制,再通过改变(操纵)
某种能力因素,以了解翻译行为与能力的关系。③如司格特—特乃
特等④(Scott-Tennent)通过对实验组与对照组两组翻译专业学生
翻译技巧的受控性实验,在一定程度上观察、测量和分析某一特定
技能的培训效果,论证了翻译教学中技能培训的有效方式。

实验研究最突出的优势和特点在于有效分析翻译行为中"自
变量"与"因变量"的关系,实验者能够随意处理某一现象中的某些
特点即变量,通过实验(重复地改变其中的一些特点而使其他特点
保持不变),研究者就能研究这些变化对该现象的影响,从而发现
现象与变量之间恒定的依赖关系,进而深入洞察翻译个体行为与
各种内部、外部制约因素的依存关系与相互作用关系,使翻译这一
人文学科中复杂的行为方式通过自然科学的分析方法得到更具逻
辑性的结论。特别是实验方法因其对变量的"操作性"及"可重复
性"能够在受控条件下展现各种规律性特点,使某些要观测的翻译
行为在实验环境下更为集中的显示出来。

---

① *The Encyclopedia of Sociology*,DPG Reference Publishing Inc.,1981,p. 179.

② 风笑天:《社会学研究方法》,北京:中国人民大学出版社,2001 年,第 188 页。

③ 这里讨论的"实验性"不包括图里(Toury,2002)所论及的 experimentation,它属于本文所论述的描述性研究范围。

④ C. Scott-Tennent, M. G. Davies & F. R. Torras, Experimental training in the application of translation strategies: an empirical study, *Revista de traducció*, 2001 (6), pp. 22—26.

　　实验研究方法在 20 世纪初已被社会学、教育学等学科接受并得以充分运用，而在翻译学中至今未得以有效认识和广泛运用。究其原因，大概源于翻译研究长久以来一直注重文本的分析，虽逐渐转向文化问题的探讨，但对过程始终缺乏关注。实验研究是对过程的动态分析，忽视实验研究意味着对翻译过程以及翻译培训与翻译教学的认识不够，过多关注翻译行为的结果，而忽略了翻译行为本身。这同时也反映了翻译学研究对翻译能力与翻译行为之间内在关系的认识也不充分。应该说，这种方法是全面认识翻译过程的必不可少的一部分，是探索许多翻译现象的行之有效的方法。如翻译中"母语的正/负干扰"问题，以理论思辨方法研究只能提供一定的假设，实证研究特别是实验研究则能够有效论证各种变化(干扰活动)及相关因素。

　　当然，任何一种方法都有自身的局限性。翻译研究中的实验范围是有限的，只有当有可能重复产生所研究现象的可观测的变化时，才能实施受控实验。而对于那些显然无法重复发生的现象来说是难以实现的。如译者的个性特征，译者的行为方式——策略取向等有些是"受历史约束的"或"文化上决定的"，译者的行为模式往往体现不同的文化传统，会随着这一行为所产生的社会文化背景而变化，随着在既定的历史时期社会意识形态的特征而变化。因此，对取决于一个文化背景的样本资料进行(受控)实验研究得到的结论，对于从另一个文化背景得到的样本来说不可能完全有效。因此，翻译实验中的概括与自然科学(如物理学、化学)的定律不一样，只局限于相对有限的应用范围。另外，实验方法难以研究翻译中不能量化的因素。

三、描写方法与实验方法

　　描述性研究与实验性研究均基于经验，均有实证主义成分，均以客观现实为前提。它们有着内在的联系,同时也有着各自的特点。

在研究过程与方式上,描述性研究客观观察发现问题、描述规律,从一般到特殊;实验研究则对所发现的问题进行集中和系统的观察,从特殊到一般。描述性研究以定性分析为主,实验性研究以定量分析为主;描述性研究能够有效研究翻译中不能量化的因素,实验研究则能够将复杂的问题简单化、公式化;描述性研究可以作全面综合的整体性研究,实验研究则能够有效进行个体或局部分析。在哲学范式上,描述性研究以自然主义和人文主义为哲学基础,一方面在自然的环境和条件下进行研究,使研究所获得的结果和意义也只适应于这种特定的环境和条件;另一方面,充分发挥研究者的主观判断,通过逻辑推理分析复杂的人文因素。实验研究则更直接地基于实证主义的背景和原理,以科学主义为基础,以自然科学的方法和态度考察和探索翻译现象及其规律。描述性研究采用归纳法,实验性研究采用演绎法,两者相互补充,以各自不同的结构形式丰富翻译研究的方法论体系。

总体而言,翻译研究的实证方法迄今还不够成熟,无论是描述性还是实验性研究,都存在一些不足,如研究过程各个环节(各种要素)的设计不够严谨,分析过程中主观判断与科学根据的内在关系难以确立,以及样本量的不足等。

四、描写方法与理论方法

描写方法因以定性分析为主,易与理论方法混淆,然而这两种方法有着内在的区别。

(一)客观性与主观性

描写方法与理论方法的不同首先在于研究过程中所体现的客观性基础与主观性基础。

实证性描写方法以客观现象为依据,对实际经验进行论证,是客观的,科学的;理论研究以理论假设为前提、主观思辨为手段,客观基础相对比较薄弱。实证描写以数据论证假设,采用"(假设)—数据—分析—结论"的程序(假设可以是隐含的);理论研究则先有结论,再由数据支撑,主要采用"结论—数据"的程序(翻译文化学研究虽有隐含的"描述结论"过程,但"描述"阶段随意性很强),且研究结果报告只呈现结论,忽视描述过程。在数据收集环节上,实证性描写方法进行有计划有范围的收集;理论研究则借用一些随意的数据。在数据分析上,实证性描写方法运用科学手段进行系统分析,理论研究则依靠主观判断。

尤其是,理论方法重视结果,忽视假设的论证过程,即使有隐含的理论假设也只通过主观判断作出结论。如 Even-Zohar 的"在我看来,……"(My argument is...)、"我认为……"(It seems to me that...),[①]用主观判断代替论证过程。从这个意义上讲,翻译理论研究更大程度上属于"翻译哲学"的范畴。译界一向将语言学翻译理论早期研究界定为"科学派"(以区分于后期文化学翻译研究的"描写派"),这种界定在当时具有一定的说明性,即说明这种学派研究上的某些特点,但不具有概括性,这一学派的研究在方法论上并不完全与这一名称全部的学术含义相符,如此界定难免会产生对研究方法理解上的混乱。

(二)限定性描述与非限定性描述

随着理论方法的不断扩展,较早的"规定性"研究已转向"描述性"。但理论研究中的描述并不等同于实证研究中的描述。"描述性"本身是一个需要界定的概念(很多情况下,"用例证说明某些理

---

① Even-Zohar, The position of translated literature within the literary polysystem, in L. Venuti, ed. , *The Translation Studies Reader*, London and New York: Routledge, 2000, pp. 192－197.

论观点"与"对例证进行定性分析"往往被混为一体）。它可区分为限定性描述与非限定性描述。所谓"限定性描述"，是指运用客观描述的方法对一组限定的数据（相对独立、系统、完整的客观现象群体）进行分析，通过分析判断论证已有的理论观点或归纳出一定的规律；"非限定性描述"则是指运用主观描述的方法对一些非限定性的数据（任意现象）进行分析，通过对各种现象的分析判断形成一定的理论思想。两者均包含经验数据，但前者的研究结论建立在一定范围经验数据的分析基础上；而后者的研究结论借用数据支撑论点，所用数据是"任意的、非限定的"，不具备充分的科学系统性。实证性描述分析与理论性描述在研究过程上有着质的区别：前者通过对所选定范围研究对象的分析归纳出相应的规律；后者则在理论的指导下寻找相应的数据说明，数据具有很大程度的随意性。理论性思辨或描述是对翻译问题或现象的反思、判断或辩护，所用资料的功能在于例证而不是检验某一结论，难以提供关于某一现象的普遍规律。实证研究中的描写则是以对有关某一方面经验资料的系统考察为基础的，这在哲学上是两种完全不同的"因果"关系，这也就是科学的实证研究有别于早期经验思辨的根本所在。

应该说，理论方法发展至今，已与传统的思辨方法有很大差别，其理论阐述更多地基于现实、尊重现实，且理论思想比较系统。然而由于理论方法忽视描述过程，因而主要反映出主观结论，从而削弱了客观性基础。

结　语

方法的综合与交叉差异意味着互补。描写方法、实验方法以及理论方法以各自不同的哲学范式、内在逻辑、研究过程与方式从不同层面为翻译这一人文学科的认识与探索提供方法。

　　翻译既包含客观现实（语言文本的有形结构），又涉及主观现实（译者的主体特性）。翻译研究的复杂性决定了研究方法的多样性。翻译学研究的对象是人、人的行为及其行为结果，人的行为受主体意识的控制和影响，具有不确定性，因而难以用一种方法进行解释和预测，需通过多种途径对其描述与分析。在翻译转换过程中，有些是具有共性特征的因素，如文本的语言结构及对应方式，而有些是具有不可重复性的个性因素，如译者的部分主体性特征。有些现象可以通过定性、定量分析，有些则采用个案研究更有效。对有些现象可以进行观察与描述，对有些问题则需要思辨和推理。理论思辨以及实证研究中的定性、定量分析是实现这一目标的综合手段。不必以理论排斥实证，也不必以实证否定理论。正如界定翻译时，不必因其艺术内涵排斥其科学原理，也不必因寻求其科学原理而忽略其艺术特质。

　　目前很难断定，将来是否会有一种综合性说明体系，能够按照一组单一的统一假定来说明一切翻译现象，但至少在现有的研究水平上，各种理论、各种研究只停留在说明范围极其有限的翻译现象，这些研究基本上是对一定层面的翻译现象与问题进行了描述与分析，但还未提供关于翻译现象严格的普遍规律。因而方法论建设无疑是必要的。当然，在这个方面还存在一定的疑义，否认翻译的科学性、规律性的人无疑不能够接受科学的研究方法，特别是定量分析方法。的确，当前的翻译研究所获得的有关翻译现象的规律或概括，与物理科学中通常引用的绝大多数定律相比，在应用范围上更受限制，在表述上更不精确，然而这类概括并不是完全没有合理性和说明性。

　　理论的目的是建立普遍规律，但规律需要在经验实证的基础上才具有广泛、系统的说明意义。翻译研究的方法论体系是一个有机的整体，虽然有着层次上的差别，但各种方法论、研究方式、具体方法和技术都具有相关性和互补性。认识翻译学科的多层面复杂性就能有效认识方法论的多样性。反之，充分认识翻译研究方法的多样性、多重性，就能够有效认识翻译这一学科的复杂性。

关键词

方法论；实证研究；描述性研究；试验性研究

思考题

1. 何为翻译学的实证研究？概述实证研究的两大方法类型的内容与特点。

2. 描述性研究有几种主要形态？归纳分析的主要特点与不足是什么？

3. 翻译的文化学研究与个案分析的联系与区别何在？

4. 动态描述的对象和内容体现在哪些方面？

5. 翻译研究方法的多样性对于认识翻译学的复杂性有何启发？

建议阅读书目

[1] Hatim, B. *Teaching and Researching Translation*. Pearson Education Limited, 2001.

[2] Melamed, D. *Empirical Methods for Exploiting Parallel Texts*. MIT Press, Cambridge, MA. 2001.

[3] Tirkkonen-Condit, S. *Tapping and Mapping the Processes of Translation and Interpreting: outlooks on empirical research*. Philadelphia: J. Benjamins, 2000.

[4] Venuti, L. (ed.). *The Translation Studies Reader*. London and New York: Routledge, 2000.

[5] 姜秋霞：《文学翻译与社会文化的相互作用关系研究》，北京：外语教学与研究出版社，2009。

第六讲 翻译与翻译规范①

导读

　　翻译既然是一种社会化的行为,必然受到社会意识形态和社会习俗的驱动与制约,而意识形态或社会习俗对翻译的影响通常以翻译规范这一中介来完成。自从图里(Gideon Toury)提出翻译规范的三分法之后,切斯特曼、赫曼斯、诺德等都对翻译规范进行过比较系统的论述,并提出了自己的翻译规范模式。从晚清到"五四"是中国现代翻译规范的转型期,周氏兄弟翻译的《域外小说集》在翻译主题、翻译策略、表现手法和翻译语言上均背离了当时的翻译时尚,体现出个体翻译活动与主流翻译规范之间的张力与冲突,因而是分析和认识翻译规范的生动案例。翻译《域外小说集》的失败促进了周氏兄弟以及译界同仁在新文学运动中对新兴翻译规范的探索与构建。

一、规范与翻译规范

　　从社会学的角度分析,规范是指"特定环境中规约和排斥某种

---

　　① 本讲主要内容改自笔者"翻译规范与研究途径"(《外语教学》2009 年第 1 期)及"周氏兄弟的《域外小说集》:翻译规范失与得"(《外语研究》2009 年第 6 期)。

行为的文化现象",①是"约束行为的表述",②或者说是"对视为理想的具体行为的口头描述"。③ 也有学者将规范描述为"指导个人行为的规则,由国家之外的第三方通过社会奖惩形式来实施"。④还有学者认为,与法律法规不同,社会规范通常是自然而然地生成而非人为刻意为之(因而起源不太明确),规范一般没有书面文本(因而内容与适用规则常常不甚精确),其实施则采用非正式的形式(尽管后果有时会性命攸关)。⑤

可以看出,规范是群体中个体自觉遵循的行为模式,并且以群体共同期待和接受为基础。图里借鉴了列维和波波维奇的观点,从行为主义的角度来探讨规范。他认为除了语言的结构规则之外,我们应该着重研究翻译中那些"非强制性"(non-obligatory)的选择。换言之,规范是"将某一社区共享的普遍价值或观念——如对正确与错误、适当与不适当的观念——转换为适当而且适用于特定情形的行为指南。"⑥在实际翻译过程中,译者通常受到三类规范的制约:

---

① Michael Hechter and Karl-Dieter Opp, "Introduction," in Michael Hechter and Karl-Dieter Opp, ed. , *Social Norms* , New York: Russell Sage Foundation, 2001, p. xi.

② Christine Horne, "Sociological Perspectives on the Emergence of Social Norms," in Michael Hechter and Karl-Dieter Opp, ed. , *Social Norms* , New York: Russell Sage Foundation, 2001, p. 4.

③ Ibid.

④ Robert Ellickson, "The Evolution of Social Norms: A Perspective from the Legal Academy," in Michael Hechter and Karl-Dieter Opp ed. , *Social Norms* , New York: Russell Sage Foundation, 2001, p. 35.

⑤ Michael Hechter and Karl-Dieter Opp, "Introduction," in Michael Hechter and Karl-Dieter Opp, ed. , *Social Norms* , New York: Russell Sage Foundation, 2001, p. xi.

⑥ Gideon Toury, *Descriptive Translation Studies and Beyond* , Amsterdam: John Benjamins Publishing Company, 1995, p. 55.

1. 预备规范(preliminary norms)决定待译文本的选择,即翻译政策。在特定历史时期,翻译、模仿、改写有何区别? 目标文化偏爱哪些作家、哪个时代、何种文类或流派的作品? 采用直接翻译或是间接翻译? 或是否允许或接受经过第三国语言的转译?

2. 初始规范(initial norms)决定译者对翻译的总体倾向,即倾向于原文本还是倾向于译文文化的读者习惯。图里将这两种倾向称为"充分性"(adequacy)和"可接受性"(acceptability)。

3. 操作规范(operational norms)制约实际翻译活动中的抉择。操作规范又细分为(1)母体规范(matricial norms),即在宏观结构上制约翻译的原则。例如,是全文翻译还是部分翻译,以及章节、场幕、诗节和段落如何划分等。(2)篇章语言学规范(textual－linguistic norms),即影响文本的微观层次的原则,如句子结构、遣词造句,是否用斜体或大写以示强调,等等。①

在图里之后,切斯特曼(Andrew Chesterman)提出了略有区别的翻译规范体系:

1. 产品或期待规范(product norms or expectancy norms)。

2. 生产或过程规范(production norms or process norms)。

(1) 责任规范(accountability norms)

(2) 交际规范 (communication norms)

(3) 关系规范 (relation norms)②

切斯特曼在图里的规范理论上显然又有所扩展,他认为责任和交际规范涉及到人类社会交际活动的普遍规律,而第三种规范,即关系规范则涉及翻译的特殊关系,是翻译研究的核心问题。诺

---

① Theo Hermans, *Translation in System*:*Descriptive and Systemic Approach Explained*, Manchester: St. Jerome Publishing, 1999, pp.75－76.

② Andrew Chesterman, *Memes of Translation*:*The Spread of Ideas in Translation Theory*, Amsterdam and Philadelphia: John Benjamins Publishing Company, 1997, pp.65－70.

德(C. Nord)根据瑟尔斯(Searles)的言语行为理论(speech act theory)提出了构成成规(constitutive conventions)和调节成规(regulatory conventions),范围似乎比图里和切斯特曼的规范都要广泛。从上述社会规范和翻译规范的论述可以概括出如下特征:

第一,各种规范理论涵盖的范围与界限不完全一致。有的规范包括强制性的法律政令等以及人们常说的成规;有的仅限定在强制性规定与成规之间;还有的限定在法律法规与个人个性化行为之间。规范的范围具有模糊性,概括起来起码存在下列 4 种情况:

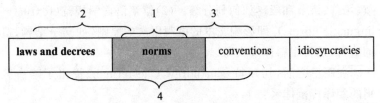

第二,规范具有文化特殊性。规范均以特定文化中一定群体的共同期待和共同接受为前提条件,即具有排他性(exclusionary);适用于一种文化的规范并不一定适用于另一种文化。属于某一亚文化的规范也未必适用于该亚文化之外的其他群体。

第三,规范具有不稳定性。规范具有历史的特殊性,是一定历史社会的产物。随着时间的推移,旧的规范会因失去赖以生存的社会基础和社会的共同期待而逐渐失去约束力和影响力。

第四,规范具有矛盾或冲突性。由于社会文化系统的复杂与协调适应性,不同的文化子系统会生成不同的,甚至是相互矛盾的"正确"或"应该"的观念。

虽然规范是经常性、习惯性的行为模式,但翻译规范本身常常难以直接观察,必须通过翻译过程和翻译文本来揭示或建构。概括起来主要表现在四个方面:1. 为何翻译? 2. 如何翻译? 3. 翻译什么？4.何为翻译？从另一个角度来看，规范反映了特定文化或社群对翻译文本的选择、文本的生产方式、接受和传播渠道，以及被认可的翻译观念。

赫曼斯(T. Hermans)认为，人们有关翻译规范的陈述往往与实际翻译行为有相当大的距离。即便发现了翻译文本中的规律，也未必能揭示译者选择和决定的原因。① 规范研究最重要的根据应该是翻译文本本身，一个被多次翻译的文本所表现出来的差异对揭示翻译规范具有重要意义。其次是相关的副文本(paratexts)和元文本(metatexts)。副文本是译序、译跋注释等。元文本则是独立发表但针对其他文本的文本，其中包括译者、编者、出版商、读者以及译界的陈述和评论，对译者的讨论与评价，以及其他理论和实际评述；翻译教科书，由翻译引发的法律纠纷，翻译发行和重印的数据，翻译获奖(包括谁获奖，谁颁奖，授奖原因)等。②

二、《域外小说集》与近代翻译叙述

周氏兄弟翻译的《域外小说集》第一集于1909年2月出版，第二集于同年6月印成，小说的翻译则应该在1908年甚至更早。出版的经费是蒋抑卮垫资的两百元，寄售的地方是上海和东京。第一集和第二集各卖出20余册。

《域外小说集》尽管并不成功，但当下学界却高度评价其在中国翻译史上的地位，并肯定其对中国现代文学翻译发展方向的重要意义。有意思的是，鲁迅在世的时候，人们对其创作和翻译的评价并不相同：肯定前者而很少推崇后者。前者的影响也远非后者

① Theo Hermans, *Translation in System*：*Descriptive and Systemic Approach Explained*, Manchester：St. Jerome Publishing, 1999, p. 85.

② Ibid., pp. 85—86.

能够相比。更有意思的是,当时对鲁迅翻译的评价与今天几乎完全相左。赵景深、梁实秋,甚至鲁迅的朋友瞿秋白对"直译"、"硬译"都颇有微词。① 钱基博甚至认为鲁迅"摹欧文以国语","鹦鹉之学舌,托于象胥,斯为作俑……比于上海时装妇人,着高底西式女鞋而跬步倾跌,益增丑态矣";其"欧化的国语文……字句格磔"、"生吞活剥"。②

  对于《域外小说集》和"直译"或"硬译",译界仁者见仁,智者见智,意见不完全相同本属自然,但分歧如此之大,乃至酿成二三十年代旷日持久的有关"直译"、"硬译"、"顺译"的论争,这可算中国翻译史上意义非凡的一大奇观。

  从传播和接受的角度来看,《域外小说集》没有达到预期的目标。不仅周氏兄弟自己承认,在译界也有定评。鲁迅曾经说:"《域外小说集》初出的时候,见过的人,往往摇头说,'以为它才开头,却已完了!'那时短篇小说还很少,读书人看惯了一二百回的章回体,所以短篇便等于无物。"③

  但胡适并没有采信鲁迅的解释,而是从文学语言的发展变迁入手,探讨古文在文学中的地位。他在《五十年来中国之文学》中指出,"周作人兄弟的《域外小说集》便是这一派的最高作品,但在适用一方面他们都大失败了。"④他还说:"这一件故事应该使我们觉悟了。用古文译小说,固然也可以做到'信、达、雅'三个字,——

  ① 黎照:《鲁迅梁实秋论战实录》,北京:华龄出版社,1997年,第192页。
  ② 钱基博:《现代中国文学史》,上海:上海书店出版社,2004年,第401—402页。
  ③ 周作人:《域外小说集》序,《域外小说集》,伍国庆编,长沙:岳麓书社,1986年,第3页。
  ④ 胡适:《五十年来中国之文学》,姜义华编:《胡适学术文集·新文学运动》,北京:中华书局,1993年,第95页。

如周氏兄弟的小说，——但所得终不偿所失，究竟免不了最后的失败。"①

王宏志认为，《域外小说集》在历史上的影响"是微不足道的"，今天的评价是"后来因为随着鲁迅形象的膨胀而给人为建造出来的神话"。② 他认为其失败有两个原因：第一，周氏兄弟当时"籍籍无名"，所选译的作家"同样是籍籍无名"；第二，译笔背离了林纾等大家的译笔时尚。③ 杨联芬认为《域外小说集》的失败缘于"审美与道德欲求上的超前"，并称"一般士大夫，无论是怀着'读小说'，还是怀着'听道理'的审美期待的，都不会在《域外小说集》中得到满足，相反是失落。"④而王友贵则认为，其失败缘于翻译语言"出现保守后退的回流"，"用语古奥，遇抒情色调浓郁或感情饱满的原作……文情细腻曲婉处损失多半。"⑤

如果从翻译规范理论来分析，我们会发现周氏兄弟翻译的《域外小说集》存在下列内在矛盾：

1. 直译的强调与转译坚持；

2. "弱小民族"的翻译模式与文学本体的追求；

3. 语言的复古与叙事形式的超前；

4. 翻译策略与翻译目的的错位。

周氏兄弟的翻译动机、翻译策略、翻译语言形式，以及选目的文学现代意识均偏离了主流的政治叙述和翻译规范，没有得到读

---

① 胡适：《五十年来中国之文学》，姜义华编：《胡适学术文集·新文学运动》，北京：中华书局，1993年，第111页。

② 王宏志：《民元前鲁迅的翻译活动》，《鲁迅研究月刊》，1995年第3期，第51页。

③ 同上，第53—55页。

④ 杨联芬：《晚清至五四：中国文学现代性的发生》，北京：北京大学出版社，2003年，第129—142页。

⑤ 王友贵：《翻译家周作人》，成都：四川人民出版社，2001年，第35—37页。

者的认同,因而他们翻译的小说基本上没有转化为中国近代急需的文化资源。概言之,读者的缺失在于翻译背离了救亡启蒙和消遣娱乐的主流翻译功能,违背了传统的审美趣味和阅读习惯,偏离了文学翻译语言白话化和通俗化的历史趋势。

三、翻译目标与译作内容

翻译规范是描述翻译研究的重要对象。翻译规范是一定文化或文本系统中,相对于其他选择而言,不断被选用的翻译策略,[①]是"译者需要遵循的指导原则或准则",[②]反映出一定文化中具有代表性的、典型的翻译实践方式。规范是以一定社会或共同体大多数成员的共同期待和共同接受为基本条件,以奖惩为实施手段,通过社会习得而内化的行为模式。翻译规范集中体现于翻译目标、翻译内容和翻译策略。我们可以沿着这样的思路来描述分析周氏兄弟的翻译。

(一)翻译目标

晚清翻译的读者对象是"出于旧学而输入新学"的开明知识分子。无论是政治小说、侦探小说、科学小说还是言情小说、黑幕小说,通过译者的解读都与爱国、尚武、启蒙联系起来。鲁迅早期的翻译,如《月界旅行》、《斯巴达之魂》、《哀尘》(1903)、《造人术》

---

① Mona Baker, "Corpus Linguistics and Translation Studies: Implications and Applications", in Mona Baker, Gill Francis & Elena Tognini—Bonelli, eds. , *Text and Technology: In Honour of John Sinclair*, Amsterdam & Philadelphia: John Benjamins Publishing Company, 1993, p. 240.

② Mark Shuttleworth and Moira Cowie, *Dictionary of Translation Studies*, Manchester: St. Jerome Publishing, 1997, p. 113.

（1905）、《地底旅行》（1906）等，"从选材到文字都不脱时尚"，①具有明确的翻译动机与目标，译作也成为启蒙救亡主流政治叙述的重要组成部分。而鲁迅在《域外小说集》的序言中称：

> 《域外小说集》为书，词致朴讷，不足方近世名人译本。特收录至审慎，迻译也期弗失文情。异域文术新宗，自此始入华土。使有士卓特，不为常俗所囿，必当犁然有当于心，按邦国时期，籀读其心声，以相度神思所在。则此虽大涛之微沤与，而性解思惟，实寓于此。中国译界，亦由是无迟暮之感矣。②

序言明确指出，翻译的目的是引入"异域文术新宗"，"籀读其心声，以相度神思所在"。动机与目标既不同于其早期翻译，也不同于林纾等主流翻译家的翻译，是"为艺术而艺术"的"无用之用"。有学者称，《域外小说集》体现了一种"文学本位意识的苏醒"，是一种"纯文学意识的提倡与涵养"，③这种说法不无道理。但这样的追求毕竟不合时宜，有悖于清末的政治语境。

（二）选目模式

所谓的选目模式是指时代的翻译政策，即偏爱和接受哪些国家、哪些作家或何种文类的作品。在翻译目标和内容上，鲁迅曾发表过与上述动机相互矛盾的观点：

> 注重的倒是在绍介，在翻译，而尤其注重于短篇，特别是被压迫的民族中的作者的作品。因为那时正盛行着排满论，有些青年，都引那叫喊和反抗的作者为同调的……因为所求的作品是叫喊和反抗，势必至于倾向了东欧，因此所看的俄

---

① 陈平原：《20世纪中国小说史·第1卷（1897—1916）》，北京：北京大学出版社，1989年，第49页。
② 鲁迅：《略例》，《域外小说集》，伍国庆编，长沙：岳麓书社，1986年，第5页。
③ 王友贵：《翻译家周作人》，成都：四川人民出版社，2001年，第77页。

国,波兰以及巴尔干诸小国作家的东西就特别多。①

周作人也论述过小说的选目:"所收各国作家偏而不全,但大抵是有一个趋向的,这便是后来的所谓东欧的弱小民族",并且说,"这里俄国算不得弱小,但是人民受着压迫,所以也就归在一起了。"②如果细读《域外小说集》可以发现,周氏兄弟十几年后对翻译选目的陈述与《域外小说集》的内容并不吻合,所选篇目并不能实现周氏兄弟所说的政治目标,即翻译的 16 篇小说中没有一篇能与"叫喊和反抗"联系起来。

王友贵对"弱国模式"有过精到的论述,"弱国模式"是将译作来源国集中于这样一些国家:

> 它们曾经拥有悠久灿烂的文明,辉煌的民族历史,但在近现代历史上皆可悲地衰落,或亡国,或亡种(其实仅仅是面临亡种的威胁),或沦为强国属地、殖民地……出于对中国"不变革必亡国"的巨大恐惧,而以翻译行为来向国人具体生动地展示"亡国"民族的可悲可怕的境遇。③

亡国亡种确实是当时国人普遍的焦虑。据统计,从 1901 年到 1907 年间共译介有关"弱小"国家衰败与沉沦的著作 30 余部,此外还译介了 24 部"革命史、独立史"。④ 在这样的政治语境中,亡国的焦虑与强国的热望想必会使鲁迅也将文学翻译的目光投向弱小的民族。如果按国别统计,英、美、法各 1 篇,俄国 7 篇,波兰 3 篇,波希尼亚 2 篇,芬兰 1 篇。但是,晚清的文学翻译主流作品仍

---

① 鲁迅:《我怎么做起小说来》,《鲁迅全集》(第 4 卷),北京:人民文学出版社,1981 年,第 511 页。

② 周作人:《周作人谈〈域外小说集〉》,伍国庆编:《域外小说集》,第 9 页。

③ 王友贵:《翻译家周作人》,成都:四川人民出版社,2001 年,第 75 页。

④ 邹振环:《晚清西书中译及对中国文化的影响(续)》,《出版史研究》,1995 年第 3 集,第 25 页。

源自欧美列强和日本。在著者国籍清楚的 1748 种翻译小说中，英、美国家作家用英文写的小说有 1071 种，法国 331 种，俄国 13 种，日本 103 种，德国 4 种。"这五个国家的小说占总数的 96％左右。"①这说明当时民众对所谓的"弱小民族"的文学非常陌生。周氏兄弟要冒险从民众最不熟悉的 4％的国家文学中选目，必然面临被冷落的风险。

(三)现代性主题

仔细阅读就会发现，《域外小说集》的内容与表现手法均与当时人们的想像和主流小说规范相差太远。可以概括如下：

1. 文类陌生

《域外小说集》包含了当时读者并不熟悉的文学体裁与类型。有学者称，《域外小说集》实际上包括了"童话、寓言、拟曲和散文"，"与我们今天理解的小说有颇大的区别"。② 读者怀着完全不同的文类期待去阅读，结果发现与想象的小说相差太远，这就使读者感到茫然。正如《乐人扬珂》被人误解为"滑稽小说"让鲁迅始料未及，感到"一种空虚的痛苦"。③

2. 内容的隔膜

晚清小说的主流，一是与救亡启蒙相关的政治小说、科幻小说等，二是与消遣娱乐相关的言情小说、侦探小说等。而《域外小说集》既缺少与救亡启蒙直接相关的内容，又缺少娱乐性、可读性很强的故事。若干年以后，鲁迅承认"所描写的事物，在中国大半免

---

① 尊本照雄：《清末民初的翻译小说》，王宏志编：《翻译与创作》，北京：北京大学出版社，2000 年，第 163 页。

② 陈平原：《中国小说叙事模式的转变》，北京：北京大学出版社，2003 年，第 226 页。

③ 鲁迅：《域外小说集序》，《域外小说集》，伍国庆编，长沙：岳麓书社，1986 年，第 1 页。

不得很隔膜；至于迦尔洵作中的人物恐不几于极无。"①在小说
《默》中，神甫冷酷无情，决不宽恕破戒的罪人，用冷淡与沉默逼迫
女儿在孤独无助中自杀。小说《月夜》中，神甫将自己视为神的代
言人，总是思考上帝的旨意。认为女性的温柔与爱欲是对人的诱
惑，希望说服外甥女皈依天主。通过月夜青年男女幽会的场景揭
示神甫自视的神圣与焦虑是多么的荒唐可笑。而《谩》则描写主人
公在极度的焦虑和嫉妒中杀死恋人的过程。这些小说体现出的现
代意识，远离了当时普遍关注的政治时局，很难被诠释或解读为反
满革命这一极其紧迫的国内形势所相关的政治议题。

如前所述，周氏兄弟翻译的小说，没有一篇关注国家或民族的
衰亡，而更多的是与国家或民族没有太多关系的个体生命和带有
普遍意义的人性，亦即夏尊佑、梁启超所谓的超越地域和种族而存
在的"公性情"。②这样的翻译如果不是非功利的，至少是泛功利
的，远离了强国保种、救亡尚武的时代话语。有的小说甚至与主流
叙述背道而驰，如《四日》就表现出明显的反战思想，揭示战争的荒
诞和毫无意义：

　　见杀于我者，今横吾前。吾杀之何为者耶？

　　斯人洁血死，定命又何必驱而致之此乎？且何人哉？彼
殆亦——如我——有老母与？每当夕日西匿，则出坐茅屋之
前，翘首朔方，以望其爱子，其心血，其凭依与奉养者之来归
也！……

　　然此岂亦吾愿与？当吾出征，不怀恶念，亦无戕人之心，

<hr />

① 鲁迅：《域外小说集序》，《域外小说集》，第3页。
② 陈平原、夏晓虹：《二十世纪中国小说理论资料·第一卷(1897—1916)》，北京：
北京大学出版社，1997年，第18页。

惟知吾当以匈臆为飞丸之臬，则遽出而受射已耳。[1]

反战思想在鲁迅后来翻译的《一个青年的梦》中反映得更加明显。反战小说并不切合当时的政治情势，鲁迅也曾为个人的选择与读者的理解与接受之间的矛盾产生犹豫。鲁迅似乎并不太在乎主流意识形态或大多数读者的接受与反应，更希望从人性和艺术的角度介绍"异域文术新宗"，这就将预设的读者对象群局限在非常狭小的范围之内，即文艺界的精英，而不是像梁启超、马君武等政治家或革命家，更非一般的爱国青年和受教育不多的民众。而国人所关注的是民族主义国家命运而非个人感受，需要的是尚武精神而非反战情绪。翻译应该成为战斗的利器而非象牙塔里的艺术。有学者称：

> 世界文化被源源不断地翻译进来，其中有利于本民族奋进自强的成分被提炼出来，而其中的对于个人人生幸福、对于整个人类关怀的部分则被弃置不顾。这是近现代历史所赋予翻译的独特性质……[2]

在民族危亡的关键时刻，"对人类的终极关怀和对个人的细致理解"不可能进入民众的视野；"这种特定的历史情势所导致的是一种充满着危机意识的救亡文化"。内容的隔膜"注定了《域外小说集》无声无息的孤独命运"。[3] 无论鲁迅的初衷如何，读者的缺失使预期的效果落空。再者，近代以来，除非有政治意识形态的强力推动，选目的"弱国模式"在中国似乎始终没有成为主流。哀叹

---

① 鲁迅译：《四日》，《域外小说集》，伍国庆编，长沙：岳麓书社，1986 年，第 135 页。

② 雷亚平、张福贵：《文化转型：鲁迅的翻译活动在中国社会进程中的意义与价值》，《鲁迅研究月刊》，2000 年第 12 期，第 32 页。

③ 张新颖：《20 世纪上半期中国文学的现代意识》，北京：生活·读书·新知三联书店，2001 年，第 73 页。

弱国的衰亡毕竟不是国人希望看到的结局。

3.叙事形式的超前

晚清译评最重要的标准之一是"情节曲折离奇"。这是中国读者接受心理和审美习惯的现实。所谓故事"好听"或"引人入胜",多半涉及情节的悬念、高潮等组织安排。这一习惯甚至到了"五四"以后仍没有太大改变。陈平原称:

……以情节为结构中心之易于引人入胜,所有这些,对文化水平不高的工农读者来说是十分必要的。鲁迅抱怨民初的读者不爱读"以为他才开头,却已完了"的短篇小说;茅盾则批评"五四"时一般读者读小说还只是看"情节",而不管什么"情调"和"风格"。……据说,"五四"时代最新式的小说"读者最少"……其实,就是六十年后的今天,读者面最大的也还是那些改良的章回小说,而不是那些着力于叙事模式革新的探索性小说。[1]

《域外小说集》没有遵循故事本身的因果联系,没有用传统的说书技巧来提示故事的发展线索,而着力表现人物在特定情境下的心态,或突出作家的主观感受,甚至表现对个体生命的体验。小说要么"重气氛轻故事,重心理轻情节";[2]要么以"精神病态者的视点,用第一称叙述";[3]要么刻画"对自我生命处境和状态的真实体验",以及"濒临崩溃和死亡边缘上的对话"。[4] 这样的叙述自然让读者感到茫然、乏味和不可理喻。杨联芬对此有比较精到的论述:

---

① 陈平原:《中国小说叙事模式的转变》,北京:北京大学出版社,2003 年,第 248 页。

② 王友贵:《翻译家鲁迅》,天津:南开大学出版社,2005 年,第 33 页。

③ 杨联芬:《晚清至五四:中国文学现代性的发生》,北京:北京大学出版社,2003 年,第 142 页。

④ 殷国明:《20 世纪中西文艺理论交流史论》,上海:华东师范大学出版社,1999 年,第 113-114 页。

　　这种既缺乏情节、也缺少故事性的小说,是 20 世纪小说叙事的新模式,周氏兄弟率先将这些在西方亦属先锋的短篇小说样式用"直译"介绍到中国,确实超越了中国读者的审美限度。[①]

　　这种注重感受、联想、梦境、幻觉乃至潜意识的小说,其读者只能是"一个孤独的、有一定文化修养的、愿意认真阅读甚至掩卷沉思的'读者'"。[②] 可以看出,《域外小说集》所选篇目的性质、内容和形式与当时的主流叙述脱节,不仅难以被民众所接受,更无法与当时的政治情势产生关联,进而转化为救亡启蒙的文化资源。

四、翻译策略

　　图里的初始规范(initial norms)决定译者对翻译的总体倾向,实际上涉及翻译策略、译作形态、表现形式和批评关注点。在晚清,社会(译者、读者和批评家)普遍接受"译意"和"达旨"的翻译策略,允许译者拥有从直译到随便发挥再到凭空杜撰的充分自由。译作的表现形式以归化为主,模仿传统的文学表现形式。翻译评论和读者期待都集中于译作的道德教化、语言雅驯和情节离奇,并不在乎译作与原作的对应和忠实。简而言之,晚清的翻译是目的语文化的价值取向,强调的是"可接受性"(acceptability),为了"可接受性"甚至可以牺牲"充分性"(adequacy)。

　　鲁迅早期的翻译基本上是顺应主流时尚,译意,增删,译、创不分,有时近乎伪译(伪作)。而《域外小说集》则与大众的期待以及大多数译家与翻译批评家所接受的规范背道而驰。首先,《域外小

---

　　① 杨联芬:《晚清至五四:中国文学现代性的发生》,北京:北京大学出版社,2003年,第 138 页。

　　② 陈平原:《中国小说叙事模式的转变》,第 282 页。

说集》的翻译是以西方文化,或者说原语文化为取向,希望中国读者主动去接近、认可和接受西方文化和文学作品,要求读者硬着头皮读下去。这种文化心态蕴含着两个前提:对中国传统文化的否定和对文化精英甚至是文化超人的呼唤。这自然会将广大的读者排除在外。

以原语文化为取向的文化态度决定了《域外小说集》的翻译策略。在序言中,鲁迅毫不客气地批评了林纾等近世名人的翻译策略,明显带有“对着干”的意味:“词致朴讷,不足方近世名人译本”。[①] 针对林纾等翻译家普遍出现的“误译”,周氏兄弟提出了“直译”的观念,强调“任情删易,即为不诚。故宁拂戾时人,移徙具足矣”。[②] 可见,周氏兄弟的翻译,不仅与潮流和风尚对抗,同时也与自我早期的翻译相背离。

从翻译策略上分析,《域外小说集》有如下一些特征:

1. 比较忠实于原作。由于缺少周氏兄弟依照的原文文本,只能与原作(非转译)翻译相比较;

2. 以句子为翻译单位(译诗例外),逐句翻译,很少颠倒附会;

3. 句子(分句)精悍,长度多在 4—6 字,一般不超过 10 字;

4. 行文古奥;

5. 专有名词音译。

正如鲁迅对直译的描述:“几乎是逐字译”、[③]“大抵连语句的

---

① 鲁迅:《旧序》,《域外小说集》,伍国庆编,长沙:岳麓书社,1986 年,第 5 页。

② 鲁迅:《略例》,《域外小说集》,伍国庆编,长沙:岳麓书社,1986 年,第 6 页。

③ 鲁迅:《译了〈工人绥惠略夫〉之后》,《鲁迅全集》(第 10 卷),北京:人民文学出版社,1981 年,第 169 页。

前后次序也不甚颠倒"、①"并无故意的曲译……却决不有所增减"。②用现代翻译学的概念来描述，即翻译单位尽可能小，力争以字（词）为翻译单位，再现原文的句子结构。

语言形式与文化内涵都有很强的抗译性，理论上的坚持与实践操作有时很难统一，更何况用古奥的文言翻译。文言、直译甚或硬译必然带来"晦涩"、"难解"，甚至"诘屈聱牙"。鲁迅并不因此放弃"直译"的翻译策略，显然有他认为不容放弃的文化目标，即直译是他对改造国民性的哲学思考。但不论译者的主观意愿如何，翻译活动必须符合社会期待，符合读者的接受习惯。有学者称，在晚清

> "直译"始终没占主导地位，理论上也没有得到充分的肯定。相反，"直译"在清末民初是个名声很坏的术语，它往往跟"率尔操觚"、"诘屈聱牙"，跟"味同嚼蜡"、"无从索解"，跟"如释家经咒"、"读者几莫名其妙"联在一起。③

其次，由于使用古奥的文言，《域外小说集》中一些如《安乐王子》、《灯台守》、《先驱》等情节生动、意旨浅显，本来可能拥有广泛读者的小说也没有达到预期的效果。《安乐王子》就明显违反了儿童本位，所用语言完全将儿童排除在接受范围之外，这显然是翻译目标、读者对象与语言选择的错位。试比较《安乐王子》与"五四"时期发表的《卖火柴的女儿》：

王子又曰："远去此地，有一委巷，中见敝庐，窗户方启。吾见

---

① 鲁迅：《出了象牙塔·后记》，《鲁迅全集》（第 10 卷），北京：人民文学出版社，1981 年，第 245 页。

② 鲁迅：《文艺政策·后记》，《鲁迅全集》（第 10 卷），北京：人民文学出版社，1981 年，第 309 页。

③ 陈平原：《20 世纪中国小说史·第 1 卷（1897－1916）》，北京：北京大学出版社，1989 年，第 37 页。

妇人据案而坐，颜色憔悴，手赤且甲错，多为针伤，盖缝妇也。方为宫中女官作锦袍，刺爱华（中国玉蕊华也）于上，以备大宴时之用。屋角榻上，幼儿方卧，病苦消渴，求桔食之。顾母无有，惟饮以川水，故儿啼泣。燕子！燕子！汝能为我将剑上琼瑶，往赠之乎？吾足着坛上，不能移也。"①

　　　他_女的小手，几乎冻僵了。倘从柴束里抽出一支火柴，墙上划着，温温手，该有好处。他_女便抽了一支。霎的一声，火柴便爆发烧着了。这是一个温暖光明的火。他_女两手笼在上面，正像一支小蜡烛；而且也是一个神异的小火光！女儿此时觉得仿佛坐在一个大火炉的前面，带着亮明的铜炉脚和铜盖。这火烧得何等好！而且何等安适！但小火光熄了，火炉也不见了，只有烧剩的火柴留在手中。②

后者通俗易懂，富于感染力，难怪被选入小学生课本。

最后，翻译语言的"词致朴讷"背离了近代文学语言发展的大趋势。郭延礼称当时的翻译文体有三种：一是以林纾为代表的文言文；二是以包天笑、周瘦鹃、陈嘏、陈鸿璧为代表的浅近文言；三是以伍光建、吴梼为代表的白话文体。③ 相对于林纾的翻译，鲁迅的语言更加古奥。难怪有学者称《域外小说集》是一种"保守后退的回流"。④

《域外小说集》翻译语言的"诘屈聱牙"、"句子生硬"、"行文生涩"与直译的翻译策略有关，但也没有必然的联系。既然用文言翻

---

① 周作人译：《安乐王子》，《域外小说集》，伍国庆编，长沙：岳麓书社，1986 年，第 3 页。

② 周作人译：《卖火柴的女儿》，《新青年》第六卷第一号，1918 年，第 31 页。

③ 郭延礼：《中国近代翻译文学史的分期及其主要特点》，王宏志编：《翻译与创作》，北京：北京大学出版社，2000 年，第 83 页。

④ 王友贵：《翻译家周作人》，成都：四川人民出版社，2001 年，第 37—38 页。

118

译,语言已经在很大程度上归化。如果用浅显文言,也能达到林纾、周瘦鹃等译家的流畅。有论家认为周氏兄弟译文的艰涩是受章太炎的影响,这种评论颇为中肯。到五四运动时期,鲁迅投身于白话文的创作与翻译,他翻译的《一个青年的梦》不仅全用白话,而且行文流畅:

> 假使我对活人这样说,他们会说我是发疯;并且一定问,你连祖国亡了也不管么?你的子孙做亡国民也不妨么?我们与其做亡国民,不如战争,不如死。我的祖国如果要变 G 国的属国,我自然也愿意拼了命战争的;但虽然这样说,也未必便没有无须战争,也不做属国的方法。我不愿拿别国做自己的属国,拿别国做了属国高兴着的时代,已经过去了。我们至少也须尊重别国的文明,像尊重本国的文明一样。①

这段文字与十年前的翻译有惊人的差别。第一,从文言转变为白话,尽管还不能算作是普通人的日常口语;第二,双音节词大大增加,完全没有了"诘屈聱牙"、"句子生硬"或"行文生涩"。可以说,新文化运动中的鲁迅已经摆脱了章太炎的影响,其翻译方法和表达风格也因能配合主体文化的需求而找到了"稳当的立足点"。②

结　语

由于《域外小说集》翻译的内在矛盾,由于偏离了主流政治叙述和共同接受的翻译规范,尽管周氏兄弟相当"自负",但他们翻译的小说毕竟没有达到预期的目标。《域外小说集》翻译中体现出的

---

① 鲁迅译:《一个青年的梦》,《新青年》第七卷第二号,1920 年,第 83 页。
② 孔慧怡:《中国翻译研究的几个问题》,孔慧怡:《翻译·文学·文化》,北京:北京大学出版社,1999 年,第 11 页。

"词致朴讷"、"直译"和"被压迫的弱小民族"文学等最基本的翻译原则和翻译策略,最终没能对中国近现代翻译实践活动产生积极影响,更没有成为其后翻译规范的主流。然而,读者的缺失反过来促进了周氏兄弟对翻译规范的思考和探索,进而积极参与新文学运动中现代翻译诗学的建构。有意思的是,人们将鲁迅政治和思想上的评价延伸于翻译研究,致使《域外小说集》超越其他相对成功的译作而成为研究的热点,这不能不说是政治意识形态对翻译研究的操控。

关键词

翻译;翻译规范;《域外小说集》;周氏兄弟

思考题

1. 图里与彻斯特曼所提出的翻译规范的基本思想是什么?
2.《域外小说集》的翻译与当时主流的翻译规范有什么关系?
3. 翻译规范如何制约或驱动译入语文化对翻译活动进行选择?
4. 翻译规范对译者具体的翻译实践有何影响?

建议阅读书目

[1] Chesterman, Andrew. *Memes of Translation：The Spread of Ideas in Translation Theory*. Amsterdam and Philadelphia：John Benjamins Publishing Company, 1997.

[2] Hermans, Theo. *Translation in System：Descriptive and Systemic Approach Explained*. Manchester：St. Jerome Publishing, 1999.

[3] Nord, Christiane. Ed. *Translation and Norms*. Beijing：Foreign Language Teaching and Research Press, 2007.

［4］Toury, Gideon. *Descriptive Translation Studies and Beyond*. Amsterdam: John Benjamins Publishing Company, 1995.

中　编　翻译与跨学科研究

第七讲　翻译与译者生态研究^①

导　读

　　译者生态研究以译者为中心,直接脱胎于作家生态研究,是受生态文学、写作生态、文化生态研究、人类学、社会学等的启发提出的一个新思路。虽然这是一个新提法、新视角和新领域,但是它研究的对象和内容、现象和问题早已存在。提出译者生态研究,是针对当前翻译现状,旨在促进改善译者状态和成长环境的一种对策,也是为了拓展翻译理论视野、领域和方法,既具有理论启发性,又有很强的实践性。

　　译者生态研究建立在这样一个基本理念之上,即译者不是一个静止的概念,不是一个固定的形象,而是一个处于翻译过程和生存环境的互动关系中、动态生成的过程,是一个不断建构中的角色。所以,译者生态研究的研究对象是从事翻译活动以及处于翻译和接受过程中的译者。狭义的译者生态指译者个体的生成。广义的译者生态指译者的产生、存在和作用系统,可以描述为译者生成论、译者角色论、译者翻译论和译者接受论。四个方面各有其不同的内涵和具体所指。

---

　　①　本文为教育部人文社科规划基金项目 12YJA752005 阶段性成果。

一、译者生态

（一）概念与释义

译者生态（ecology of the translator）的主要宗旨是研究译者的生成，其基本内容不仅包括译者生成的外部文化语境、翻译环境和社会历史背景，也包括译者的翻译思想的形成与发展，内容包括译者的禀赋和素质特征、教育背景、翻译资源等。所以，译者生态指译者成长和发展的全过程，是对译者之所以成为译者、之所以被称为翻译家的动态研究和静态描述相结合的全方位概括。

译者生态分两个层面理解。狭义的译者生态指译者个体的生成。广义的译者生态指译者的产生、存在和作用系统。从这个意义上讲，译者生态研究包括四个方面：1. 译者的成长与生成研究（the making of the translator），可以表述为译者生成论；2. 译者的角色与特质研究（the being of the translator），可以表述为译者角色论；3. 译者的翻译研究（the translation of the translator），可以表述为译者翻译论；4. 译者及其译作的传播、接受与影响研究（the acceptance and influence of the translator），可以表述为译者接受论。这四个方面各有其不同的内涵和具体所指。

首先，译者生成论即译者的成长研究，既包括译者生成的外部的社会、历史、文化环境，又包括译者自身与翻译相关的早期兴趣、教育背景、知识结构和翻译能力的培养和素质养成。

译者生成论的研究资源包括两个部分，第一、翻译史中的翻译家的成长经历——翻译家传记，即翻译史中的翻译家生平与翻译经历。第二、当代译者生成研究，即翻译者的当下境况和翻译状态，强调译者研究的当代性，译者与当代翻译状况的互动和相互影响。

其次，译者角色论指的是译者之所以成为译者的素质特征与角色认知研究。这可以分为两个层面。第一，个体层面上的译者特质，即作为个体的某一个译者或翻译家的个性特征，以及译者本人对翻译者的角色认知和他对翻译的理解与追求。个体译者角色研究既与一般意义上的翻译家思想研究有相通的地方，即和传统的翻译家思想研究内容相符，又可以拓展为译者个体角色认同与翻译传统的联系，比如某一具体译者如何为"译者"进行了新的定义和命名，即具体译者对译者观念和译者理论的贡献。第二，理论层面上的译者角色与特质研究，即译者作为一种人的类属，一种职业和一种生活与存在方式的特色和品质，比如译者与科学家、哲学家、工程师等相比之下的特质，也即译者身份的独特性，译者对于人类文明进程的特殊贡献，人们对译者的角色期待等。

译者角色论第一层面的研究资源主要是翻译史的翻译家思想研究，包括翻译家对自己作为译者的一生、一个阶段或整体创作的反省与总结。研究对象是个体的翻译家。第二层面的研究资源是翻译理论史中的译者理论和译者观念的变迁。研究者和研究对象可以是哲学家、思想家等的翻译理论者和论译者。

再次，译者翻译论是对译者翻译过程的研究。主要内容是译者的翻译理念在翻译过程中的体现、翻译技能技巧的运用，翻译过程中的心、神、意、识、技的表达。这同样有两个层面：第一，对一部具体译作的翻译过程研究，或译作与翻译家的关系研究。第二，翻译理念的理论研究等。这是一般翻译研究中的翻译技巧研究和翻译理念探讨。

最后，译者接受论是指译者被认同和接受的过程以及译者译作的影响研究。这可以分为过程研究和结果研究两个部分，即译者的接受和译者的影响，又可分别称为译者接受论和译者影响论。译者的接受主要是译者及其翻译作品，包括作品的译本在不同语言、社会化文化环境下的传播和接受过程，以及由此产生的不同影响。这部分的研究资源是作品的翻译史和译本研究，可辅助于文学批评史中作家作品的阐释和评价。

译者影响论指译者被接受的后果和所带来的综合影响,强调译者对翻译史和翻译理论的反向影响,即译者通过自己的翻译实践、翻译思想以及社会活动如何丰富和拓展了翻译的观念和翻译研究的领域;为如何成为译者、何为译者等概念带来了新的界定和品质提升;如何丰富和发展了翻译史和翻译理论史,如何改变、扩大翻译的版图和面貌,丰富和提升翻译的影响力。这部分的研究资源就是译本的批评史,还有不同译本的对比研究和版本研究,比如翻译研究中的文化转向所涉及的种种问题等。内容既涉及翻译史、翻译理论史和译本批评史中对译者的考察,又是译者的综合影响力所体现出来的译者对时代、社会文化的影响,译者在文化交流史中乃至人类历史中的贡献。所以,翻译文化史和不同民族语言的交流史也是这部分的研究资源。

综上所述,译者生态的内容可以分为译者生成、译者角色、译者翻译和译者的接受与影响等,译者生态研究是对译者生成论、译者角色论、译者翻译论和译者接受与影响论等的互动关系及相互作用的研究。

(二)理论基础与应用

译者生态研究建立在这样一个基本理念之上,即译者不是一个静止的概念,不是一个固定的形象,而是一个处于翻译过程和生存环境的互动关系中、动态生成的过程,是一个不断建构中的角色。所以,以译者是一个动态生成的过程为理念,译者生态研究的研究对象是从事翻译活动以及处于翻译和接受过程中的译者,研究重点在于对译者和译本的选择与翻译,及其译本被接受、译者被认同的过程与影响,以及由此产生的相关理论问题。

要而言之,译者生态研究是以译者为中心的具有实践性意义的理论建构。译者生态研究核心理念的形成在于这是从翻译理论中的译者角色建构出发,针对翻译理论中对译者培育的不足提出的对策。

译者生态研究脱胎于笔者从事的作家生态研究,①其理念、思路和研究方法异曲同工。译者生态和作家生态的内容相近,方法相似,只是目标不同。译者生态重点在译者研究,作家生态重点是作家研究。

1. 译者生态与文学生态

译者生态以文学生态的理念为基础。文学生态的表述借用了生态文学的概念,尤其是其生态系统的概念及其对人与自然关系的理念。

文学生态在基本术语的表达上沿用了艾布拉姆斯的"艺术批评的诸种坐标"中对艺术批评的四要素的界定,即一切文学艺术理论都包括四要素:世界、艺术品、艺术家和观众。将其具体到文学批评和文学理论中,这四个要素可以对应为:世界(包括文学的社会文化历史语境)、作品、作家(在当代文学理论中描述为"作者")和读者。艾布拉姆斯的基本观点是每一种文学批评都倾向于强调这四个要素中的某一个要素,并以之为中心构建各自的理论框架。20世纪的文学批评史表明每一种文学批评理论大多是对某一个要强调要素的静态描述。比如形式主义、新批评对文本中心的强调,接受美学对读者中心论的强调等等。文学生态不是对某一个要素的强调,其要点乃是对文学产生发展的总体关注,是对文学发

---

① "作家理论与作家生态研究"是中国人民大学科学研究基金(中央高校基本科研业务费专项资金资助)项目。已有成果见于笔者的相关论文:"西方文论关键词:作者"(《外国文学》2010年第2期)、"'作者之死'"与作家重建"(《中国人民大学学报》2010年第4期)、"华裔美国作家生态研究论稿"(《外语论坛》第4辑,2011年3月)、"The Ecology of the Writer and James Joyce"(*James Joyce Journal*, The James Joyce Society of Korea, Vol. 16 No. 2 Winter 2010)、"The Ecology of the Translator and U-lysses"、《译者生态研究与乔伊斯在中国的接受》(《爱尔兰作家与爱尔兰研究》2011年)、《美国当代作家生态研究》(《英美文学论丛》2011年)等。

生的动力和源泉、过程和影响的总体关注。因而其重点在于对文学环境和文学内部规律的关注,关注如何产生有品质的文学,以及有品质的文学如何传播、流传和产生影响。

文学生态不是对生态文学和生态批评这一术语的简单借用和文字照搬,而是自有其特定的内涵和所指。作为术语,文学生态指文学的形成与特质,不仅包括文学的外部环境,社会文化历史语境,也包括文学自身的构成要素,比如作家、译者、作品、读者等。文学生态的理念强调这些要素之间的互动和反作用,即文学诸要素的相互影响以及文学自身的发展规律。

文学生态的提出基于以下三个思路:首先,文学是一个完整的系统(a framework of wholeness)。文学的构成要素都是在一个整体之内的要素,所有要素都是相互联系的,即各自独立又相互依附。在文学研究中,有多个中心和多个维度,既可以对各个要素进行独立的静态研究,又可以对各个要素的互动关系进行动态研究。但是一个基本前提是,多个中心和多个维度都是在文学的整体系统中起作用,不可偏执。其次,文学是一个有机体,各要素互为依存,相互作用,共同促进文学的发生发展。最后,文学是一个过程,具有不断生长和发展的属性。文学诸要素的生成和发展包括各个要素的独立生成发展,以及各个要素的互相作用下的相互促进和推动。文学是一个动态的、不断发生发展的过程,即诸要素不断生成和发展且相互作用的过程。这些都应该被纳入文学研究的应有内容。

因此,文学生态不是传统意义上各种文学要素的综合,而是更强调这些要素的互相作用。文学生态的基本观点是,正是这些要素的互相作用的合力促进了作家和文学作品的产生。具体说来,文学生态研究关涉文学研究的三个层面:其一,作品、作家、译者和读者的概念内涵,即如何界定和描述诸如作品、作家、译者和读者诸文学要素的特质,文学生态认为,这些概念既可以做静态的描述,又都是动态的不断生成的动态概念。其二,作品、作家、译者和读者的生成,即这些要素的相互作用如何相互影响促进了彼此的不断生成、更新和发展。其三,这些要素的反向作用,即对于促成它们生成的那些原因和源泉的反向作用,如何反过来对促成它们生成的那些原因要素所起到的影响。比如说,一部有影响力的文学作品如何改变了既有的对文学的定义,一个作家如何改变了人们对作家的固有的看法,一部译著如何影响到新语境中的读者以及新的语境中对文学的界定。

文学生态研究可以启发和产生文化生态、翻译生态等的概念,拓展文化研究、翻译研究的领域和方法。对文学生态的探讨自然地会引入作品(文本)生态、作家生态、译者生态的概念。

文化生态、翻译生态的构建与文学生态的理念相同,不同的是研究对象与范畴。比如作品生态指的是作者、译者、读者和文学评论者与社会文化语境等的相互作用。作品生态的核心理念是这些要素如何促成了作品的生成、传播和接受,如何不断丰富和生成作品新的阐释和内涵发掘。所以,作品生态研究包括作者对作品的写作,批评家对作品的不同阐释,读者对作品的接受,以及作品在不同语言和文化语境中的的翻译、介绍、批评和研究。

2. 译者生态与写作生态

译者生态研究和写作生态研究(the ecology of writing)对写作的阐释思路是一致的:"写作是一种通过写作不断与各种社会构成系统发生联系的活动。"①因而,写作生态的研究者要"像动物行为学家一样,我们不仅应该观察和分类个体行为,也应该考虑这种

---

① Marilyn M. Cooper, "The Ecology of Writing." *College English* 48, 1986, p. 367.

行为在其生态环境下的演变"。① 换言之,写作生态研究关注的不是个体作家及其写作语境,而是作家与其他作家和写作系统的动态的相互作用。译者生态研究受此启发,又有必要的延伸,关注对象既是个体译者及其翻译环境,又有译者与其他译者及翻译系统的动态的相互作用研究。

受认知人类学、档案学和文本技术生成等启发的文本生态(ecology of text)研究理论的一个基本观点是写作的现实非常复杂,各种要素相互依存,相互生成;作家和文本与他们的环境相互作用而生成文本世界。② 译者生态研究亦受此启发。

3. 译者生态与生态文学

需要指出,译者生态和"生态文学"与"文学的生态学"中所指的"生态"并不对等。生态文学研究的对象是文学与自然生态的关系,而"文学的生态学就是研究文学作品中出现的生物学主题和关系,同时试图论述文学在人类物种生态学中所起的作用"。③

但是,生态学的视角对译者生态的思路有很大启发,启发译者生态从构成整个翻译环境的诸要素的相互关联的角度思考问题:"我们生活在一个全球相互关联的世界上,在这个世界里,所有的生物、心理、社会化环境现象都是相互依存的。要想恰如其分地描绘这个世界,我们需要有一种生态学的视角"。④杰克•福布斯(Jack Forbes)对深度生态学运动的解释是,"这个观点认为我们

---

① Greg Myers, "The Social Construction of Two Biologists' Proposals." *Written Communication* 2, 1985, p. 240.

② Margaret A. Syverson, *The Wealth of Reality: An Ecology of Composition*, Carbondale: Southern Illinois University Press, 1999, p. 74.

③ Joseph W. Meeker, *The Comedy of Survival: Studies in Literary Ecology*, New York: Charles Scribner's Sons, 1972, p. 9.

④ Fritjof Capra, *The Turning Point: Science, Society, and the Rising Culture*, New York: Bantam, 1984, p. 16.

处于一个复杂的、相互关联的生命之网中，也就是说，这是一个真正的社区。我们和别的人，乃至周围的非人类的生命形式之间总是处于深深的相互关联之中。"①

译者生态研究借用了"生态"这个概念，借鉴了文学生态学的整体观念和文学与自然相互联系的思路，扩大到文学内部构成与社会诸要素的互动联系。译者生态研究并不是研究人与自然环境的关系，而是研究译者作为人与这个世界（社会）的关系，及其译者自身的成长过程中所包括的各种作用力的关系、相互影响和联系。

由译者生态研究可以生发出翻译生态的概念，即翻译的外部环境和内在规律研究，也就是对翻译发生、发展的内外因研究，包括翻译的社会文化历史语境，也包括翻译自身的发展规律、翻译和社会历史文化的互动关系研究。由译者生态研究的核心理念可以生发出翻译生态学的概念，这样生发出来的翻译生态的概念与"翻译生态学"及"生态翻译学"等概念②并不相同。

二、译者生态的个案研究

下面以《尤利西斯》中文译者萧乾和文洁若为例，具体阐述译者生态研究的方法与研究内容。

对于译者生态研究而言，译者的生成是第一个研究内容。具体到《尤利西斯》的翻译，萧乾（1901—1999）和文洁若（1927— ）成为这部小说在中国的译者所具备的条件、特质和能力，他们如何翻译这部小说，他们的翻译思想的形成和影响，他们的译本如何被接

---

① Bill Devall, George Sessions, eds. *Deep Ecology*, Layton, Utah: Gibbs Smith, 1985, pp. 8—20.

② 参阅徐建忠:《翻译生态学》(中国三峡出版社，2009 年)和胡庚申:"生态翻译学解读"(《中国翻译》2008 年 第 6 期)等相关论著。

受及其所产生的影响,都是译者生态研究的研究内容。

(一)《尤利西斯》在中国的翻译史

中文版《尤利西斯》的翻译和世事机缘有很大关系。第一个认真阅读《尤利西斯》并认识到其文学价值的中国读者是著名诗人徐志摩。关于尤利西斯第十八章 Molly 的意识流,他写道:"在书最后一百页,那真是纯粹的 prose,像牛酪一样润滑,像教堂里石坛一样光澄……一大股清丽浩瀚的文章汹涌向前,像一大匹白罗披泻,一大卷瀑布倒挂,丝毫不露痕迹,真大手笔!"[①]不幸的是,这种对乔伊斯的积极评价在此后五十年里很难再听得到。

《尤利西斯》在欧洲出版之后,中国大地先后经历了军阀混战、抗日战争、解放战争等。中华人民共和国成立之后,又历经各种运动。直到 1978 年改革开放之后,《尤利西斯》的翻译才有了可能性。

1987 年金堤的《尤利西斯》节译本第 2、6、10 章及 15、18 章的片段由天津百花文艺出版社出版。期间,南京译林社社长李景端曾约请英语界专家王佐良、周珏良、杨岂深、施咸荣、赵萝蕤、陆谷孙等翻译,均被拒绝。1991 年,萧乾和文洁若做出了积极的回复,愿意全力以赴投入《尤利西斯》的翻译,并争取在金堤之前出版全译本。

其时,萧乾是著名作家,成名已久,但是已年过九十。妻子文洁若是资深编辑,刚从人民文学出版社退休。两人从此开始了长达四年的翻译工作。从译者生态的角度看,两人共同从事《尤利西斯》的翻译是珠联璧合。

1993 年底,金堤译本的第一卷在台湾九歌出版社面市。1994年 4 月,萧乾和文洁若译本的第一卷在大陆出版,金堤的译本第一

---

① 徐志摩:《康桥西野暮色·前言》,原载上海《时事新报·学灯》,1923 年 7 月 6日。

卷同时出版。萧乾和文洁若的全译本在 1994 年 10 月出版,金堤的全译本在 1996 年面市。

(二)萧乾和文洁若作为译者的条件与特质:译者生态的视角

萧乾的教育背景和他对乔伊斯的研读为他后来翻译《尤利西斯》打下了扎实的基础。1929 年萧乾第一次在燕京大学国文专修班旁听杨振声教授在现代文学课堂上讲到乔伊斯。这期间他又听到美国包贵思教授在现代英国小说课上讲到乔伊斯。1930 年他在辅仁大学英文系接触到爱尔兰文学,后来到剑桥大学做研究生,主攻英国心理小说,并在导师瑞兰兹(Dr. Daddie Rylands)指导下研究乔伊斯。1939 年他在伦敦大学东方学院执教,买到奥德赛出版社 1935 年 8 月出版的二卷本《尤利西斯》。1940 年,萧乾写信给时任中国驻美国大使胡适,谈到他对《尤利西斯》的欣赏和对翻译的期望。"近与一爱尔兰青年合读《尤利西斯》,这本小说如有人译出,对我国创作技巧必有大影响,惜不是一件轻易的工作。",[①] 其时,胡适正在组织翻译出版《中英文化丛书》。萧乾对此给予高度赞同。同时他还提出了自己对翻译的期望:"与以前的翻译不同,这次是选择那些不光有热情,还要精通中英两种语言的出色学者来翻译。几乎每本译著都有长篇序言,书后附有详细的集注。"(苦难时刻的烛刻)从这里可以看出萧乾对翻译的期望和他心目中好译本的标准。他后来对《尤利西斯》的翻译也是这样做的。

只是萧乾当时绝对想不到这种期望被推迟了半个世纪,而且《尤利西斯》的翻译会落在他的头上。他辞去剑桥大学国王学院的任教邀请回国之后,由于种种复杂的历史原因,他当过 8 年新闻记者和英文编辑,22 年右派,直到 1979 年平反之后,才又夜以继日地辛勤笔耕。

---

　　① 李传玺:《萧乾与〈尤利西斯〉翻译及二三十年代文坛之思考》,见乔旺主编:《百年萧乾》,呼和浩特:内蒙古大学出版社,2010 年,第 153 页。

他的合作者也是他的夫人文洁若,在年龄和时间上都比他有优势。她幼年随着做外交官的父亲在日本度过,精通日语,后毕业于清华大学外文系英语专业,是日本文学的资深翻译家。

从译者生态的角度讲,他们在教育背景、语言能力、翻译经历与相互协作方面都做好了充分的准备。首先,就教育背景而言,两人在大学学的都是英语专业,萧乾是为数不多能够得到机会到剑桥大学进行学习和研究的中国人,在那里他有众多朋友,包括 E. M. 福斯特(E. M. Forster)等英国著名作家和学者。他还是第二次世界大战期间到欧洲战场采访的中国记者。并且得到剑桥大学的任教邀请,更属凤毛麟角。总之,他对英国文学的了解,他的学习和研究经历,以及他的中英文功底对于作为优秀翻译家是很难得的。

文洁若对翻译一直情有独钟。她的父亲曾对她说:"要是你刻苦用功搞翻译,将来在书上印上自己的名字,该有多好。我一辈子最大的遗憾就是连一本著作也没有出版过。"①虽然她的工作岗位是日语编辑,翻译过众多日本文学作品,她却是毕业于清华大学的英语专业。翻译一本伟大的英语著作一直是她的梦想。

对于萧乾来说,情形也是同样。作为知名作家,他对翻译的看法亦甚高。20世纪80年代中期,文洁若访学东京,萧乾在给她的家书中说:"我绝不认为翻译低于创作,或对社会的贡献少于创作。孟十还、黎烈文、傅雷、高植、汝龙,都几乎只搞翻译。他们的贡献绝不亚于创作。正相反,我认为搞翻译付出的劳动要远远大于创作。但是社会上给予他们的承认(精神上)及报酬(物质上)往往少于创作。这不公平。"②对于一位著名作家来说,这种见识是难能可贵的。萧乾青年时代入辅仁大学英文系学习,后到剑桥大学读

---

① 文洁若:《生机无限》,北京:十月文艺出版社,2003年,第13页。

② 文洁若编:《萧乾家书》,北京:东方出版社,2010年,第272—273页。

英国文学。对于英语专业出身的人，能够有机会翻译英语文学名著对于证明自己的专业来说，具有极大的诱惑。虽然两人都是英语专业出身，因为阴差阳错，都没有真正的机会投身英语事业。翻译《尤利西斯》为他们提供了回归专业，实现专业梦想的机会。萧乾在创作的晚年，愿意全身心投入翻译中，对翻译的这种认识和翻译情愫起到了很大的作用。对于英语专业毕业的文洁若而言，则是被分配搞了大半辈子日语翻译的她真正地回归梦想。

两人教育背景中另一个有利的条件是他们都就读过教会学校，对《尤利西斯》中表达的宗教思想和典故非常熟悉。文洁若早年全家七个兄弟姐妹都在天主教办的学校里读过书。萧乾自幼上的也是教会学校，大学就读于天主教办的辅仁大学。因此，他们对小说中大量的拉丁语及天主教用语比较熟悉。没有把握的时候，文洁若还能通过译林出版社向南京的神学院和北京西什库北堂的天主教神职人员请教。

以其翻译经历而论，两人都能胜任。萧乾此前完成的译作有英国著名散文家查尔斯·兰姆和玛丽·兰姆姐弟俩合著的《莎士比亚戏剧故事集》(*Tales form Shakespeare*, 1956)、亨利·菲尔丁的著作《大伟人江奈生·王尔德》(*The Life and Death of Jonathan Wild, the Great*, 1956)、捷克作家雅洛斯拉夫·哈謝克(Jaroslav Hasek)的作品《好兵帅克》(*The Good Soldier Švejk*, 1956)、易卜生的《培尔·金特》(*Peer Gynt*, 1983)以及亨利·菲尔丁的《弃儿汤姆·琼斯的历史》(*The History of Tom Jones, a Foundling*, 1984)等，此外，他还著有五本英语著作。文洁若则翻译出版过大量的日语文学作品，代表性的有川端康成的《东京人》、三岛由纪夫的《天人五衰》、全镜花的《高野圣僧》等。在翻译《尤利西斯》的过程中，有些地方的处理她还借鉴了日语译本。

《尤利西斯》的翻译也是他们美满婚姻的硕果。他们相爱至深，毫无保留地支持着对方的工作，但是此前从未合作著书。合作译书给了他们最大的满足。萧乾曾说过："如果有人问我,人到老年,夫妻怎样可以增厚感情,我就会毫不犹豫地建议说,共同干一件十分吃力的事。搬个花盆也好,一、二、三,两人一起使力气,等到干成了,就会情不自禁地由衷感到欣喜,惊异这共同的成就并从而感到最大的满足。这就是我们合译《尤利西斯》的心情。"[①]于是,他们的合译被誉为献给对方的"最后一首爱情诗"。[②]译者之一文洁若女士也深情地称之为"半世纪文学姻缘的结晶"。[③]

最后,他们具备翻译这部大书的物质基础、充足的时间保证和各种有利的外部条件。萧乾是久已著名的作家、翻译家,晚年笔耕不辍,时任中央文史馆馆长,德高望重。他翻译《尤利西斯》令人期待,海内外许多朋友都愿意尽可能地提供帮助,邮寄新的英文版本,查对生词,核准理解困难的词语等。译本的销量与萧乾的名人效应有一定的关系。文洁若在翻译初始时 63 岁,刚退休在家,因此可以保证全部时间投身其中。翻译是一次完美的协作(team work)。他们分工明确,保质高效。先由文洁若译出第一稿,查对资料,增加注释,保证译文可靠可信。在翻译《尤利西斯》的四年间,文洁若每日工作 15 到 16 个小时,有时连续数月足不出户。萧乾通读译稿,认真修订,在文字的通达流畅上把关。

所以,《尤利西斯》的翻译是两位英语专业出身的翻译家回归专业的梦想之作,是两位富有经验的翻译家通力合作的巅峰之作,是他们 45 年天合之作的美好婚姻的永恒纪念和证明。

(三)译本的接受和译者的影响:译者生态的另一种视角

《尤利西斯》的翻译一开始就引起了海内外的广泛关注。20

---

① 萧乾、文洁若:《冰心与萧乾》,上海:三联书店,2010,第 300 页。

② 丁亚平:《水底的火焰》,北京:中国人民大学出版社,2010 年,第 203—204 页。

③ 文洁若:《半世纪文学姻缘的结晶》(最新修订本序),上海:译林出版社,2010年。

世纪 90 年代初，正是中国读者对外国文学如饥似渴的时代，甚至陌生读者也会给他们寄信，认为翻译《尤利西斯》是对人类文化的又一巨大贡献。1993 年 7 月美联社驻北京首席记者魏梦欣专门登门采访，发表了千余字的通讯《外国书为中国作家打开禁区》。这篇通讯登载于世界上百家报刊，葡萄牙报纸标题为《布卢姆在中国》，加拿大报纸标题为《布卢姆在北京》。《尤利西斯》的翻译成为衡量中国在文艺方面开放的尺度。[1]

　　译本出版后获得了社会效益和经济效益双丰收。萧乾和文洁若合译的《尤利西斯》先后获得了新闻出版署颁发的第二届全国优秀外国文学图书一等奖、第二届国家图书奖提名奖。译本打破了外国小说的销售记录，共计卖出 20 万册。第一版连续印刷五次。还创下了译者两天签名售书 1000 本的记录。译林出版社的社长李景端感慨这个译本"名利双收"。[2]《尤利西斯》译本出版六年后，萧乾在《翻译名家研究》一书中被列为十六位当代翻译大家之一。现代文学馆、清华大学和上海鲁迅博物馆都辟有萧乾专柜。现代文学馆、内蒙古大学和上海仁立有萧乾纪念铜像。

　　对于萧乾来说，《尤利西斯》的翻译奠定了他在现代中国翻译史中的地位。作为翻译家，他是个作家；作为作家，他多了一个身份，就是翻译家。二者兼具的不多，他是一个；二者都做得很好的，很稀有，他是其中的佼佼者。不仅因为他的写作在一个特殊的年代，有他特殊的际遇、素材，是别的时代的作家难以追模的；还在于他的写作有他自己独特的背景、阅历和眼光。相对于同时代的作家，这些也是他独具的品质。

---

①　见萧乾：《叛逆·开拓·创新——序〈尤利西斯〉中译本》，上海：译林出版社，1994 年。

②　李景端：《"天书"〈尤利西斯〉是怎样"名利双收"的》，北京：《编辑学刊》，2008 年第 3 期，第 18 页。

作为作家,他之所以写作《梦之谷》、《不带地图的旅行》以及《欧洲战场》,既是一种特殊的际遇,也是早已做好的功课和准备。在那样的时代,那样的情形下,没有比他更合适的人选。作为翻译家,他之所以翻译《尤利西斯》,也是多年的积累。他的教育背景、阅读经历、批评眼光,以及他对欧洲文学和中国文学现状的了解和诊断,都使他成为翻译这部著作的最合适人选。

乔伊斯是个认真的作家,把文学创作当作严肃的使命。通过写作,他要铸造爱尔兰民族的精神魂魄。乔伊斯又是个怪异的作家,像个精通一切游戏的顽童,因为他的写作颠覆了旧有的文学观念,想改变人们对世界的看法和印象,设置了很多迷宫和障碍,让人着迷,又让人发疯,进入这个迷宫,又能走出来,来到阳光下,一定收获很多。不幸的是,很多人迷失在里面。所以,这个文本需要批评家的帮助,需要译者的积累,需要全世界研究者的共同努力。这个作品的翻译需要等到合适的译者。

这一本书的翻译是一种文化现象。它是两位老人用一生的时光编制的最动人的爱情诗,是作家萧乾对于翻译的贡献,是英语系出身的萧乾和英语专业的学生文洁若先生回归队伍的作品。文洁若作为合译者而不仅仅是萧乾的夫人得到了更大的承认。她仍然勤于写作、翻译,出席爱尔兰文学研讨会,以及与乔伊斯有关的纪念活动。新近的著作包括《冰心与萧乾》(2010)、《一生的情愫》(2010)、《萧乾家书》(2010),译作《莫瑞斯》(2009)等。

这本书的接受是一个文学现象。它对于文学阅读、批评、研究环境的构建大有启发。显而易见的事实是,出现了越来越多的与爱尔兰文学和乔伊斯研究相关的会议和论文。对这个作品的翻译、接受、阅读和批评成为了一个领域、一项工程、一种工业。在这里,作家、翻译家、出版人、读者,还有批评家构成了坚强的、富有成效的合作同盟,大家朝向一个方向,即理解乔伊斯共同努力。它对于出版人的影响是立竿见影的;对学术的影响,单通过论文的数量和研究中心、研讨会的次数就能估算出来;对于作家的影响,可能是更深层的,也是更深远的。就像世界各地对这部著作的接受一样,它改变了读者对小说的期待,改变了小说的观念,对爱尔兰民族的理解,以及对现代人类状况和历史的理解。

结 语

译者生态研究将译者视为一个动态生成的概念,以系统理论和动态生成理念为核心,不仅要求译者水平的不断提高,也需要社会环境的培育,社会评价的导向,对翻译特质的定位,有见地的出版社和有鉴别力的读者的培育,对文化传播的需求等多方面作用的互动才能共同促进翻译水平的提高,使翻译充分发挥应有的作用。

译者生态研究的提出拓展了翻译研究的边界,可以开启很多尘封的领域和范畴,又为译者培育和翻译环境改善提供了新的思路。其实际应用意义和理论价值在于更加注重译者的培育、译者素质和特质的锤炼,更加关注译者的生成过程及其与社会文化环境的互动影响,更加注重考察译事得失与世事的关系,世事变迁对译事的影响,更加注重以译者为中心挖掘和体会译事的辛苦,重估译者的劳作,对译者进行重新评价,对译作的价值进行重新评估。可以重新书写翻译史,可以对有些翻译水平和实际影响不对等的翻译家,比如水平不高但实际影响很大,或译本很好但影响不大的翻译家进行重新评价。

译者生态研究既是翻译研究,也是文学文化现象研究,要求研究者具备以翻译为本的跨学科的理论素养和学术眼光,既要有专业的、训练有素的翻译研究能力,对译作的鉴赏水平,又要有翻译史、文学史与文化史以及翻译理论、文学理论与文化研究的视野与方法。

译者生态研究反过来促进翻译生态学的研究。翻译生态学和译者生态研究的理念一脉相承。它将翻译看成是动态生成的过程,把译本的生成、传播和影响看作是多要素互动的结果,不但注重研究译本的生成,更把翻译看作文化链条中的一个环节。它把译本看作文化旅行的一部分,通过文本在不同语境下的遴选和翻译,译本在不同语境下的接受与影响,促进对民族文化传播与影响的研究。

由译者生态研究和翻译生态学的理念可以得出的结论是翻译不只是翻译家的个人事业,译事不仅是译者"得失寸心知",更是社会文化现象。由此展开,可以思考和研究的问题还有很多。

关键词

翻译生态;译者生态;译者生成;译者角色

思考题

1. 译者生态研究的核心理念是什么?如何理解"译者是一个动态生成的过程"这一论点?

2. 从译者生态研究的角度评价一位翻译家。

3. 根据翻译生态学理论,梳理目前的翻译研究议题。

建议阅读书目

[1] 谭载喜:《西方翻译简史》(增订版),北京:商务印书馆,2004。

[2] 苏珊·巴斯内特:《翻译研究》(第三版),上海:上海外语教育出版社,2010。

[3] 王秉钦、王颉:《20 世纪中国翻译思想史》(第二版),天津:南开大学出版社,2009。

［4］谢天振：《当代国外翻译理论导读》，天津：南开大学出版社，2008。

［5］徐建忠：《翻译生态学》，北京：中国三峡出版社，2009。

第八讲 翻译与语篇分析

导 读

有关语言,语篇分析或话语分析理论的基本信条是:语言的使用离不开其使用者,也离不开语言使用的情景和上下文;语言不是以孤立的句子存在,而是以语篇的形式存在;语篇的结构模式也不是任意的,而是传达语篇生产者的意图,旨在产生一定的社会效果。

语篇是一个意义单位,不是一个形式单位,我们很难用分析语法时使用的"规则"等概念对语篇的整体意义做出充分的描述。但是另一方面,如果我们过多地强调语篇的整体意义特征,也很容易忽视这样一个事实:语篇中具体词语、词组、语法结构等不同层面语言现象的有机结合,是语篇的整体意义产生的基础。

对于翻译来讲,这带来了两个问题:1. 译者到底应该采用自下而上的方法,从研读词语、小句和句子出发,过渡到对语篇结构的解读和语篇意义的转译? 还是应该采用自上而下的方法,首先对语篇的衔接和连贯关系进行分析,然后解读句子和词语乃至于符号在语篇中的具体意义,用对语篇宏观层面的把握来指导每个微观部分的解读和翻译? 2. 在将句子和段落组织成一个连贯的语篇时,每一种语言都有其习惯的语篇组织模式。在翻译过程中,译者到底应该更多地注意原作的内容,还是应该更多地注意它的形式特征? 如果后者是他注意的焦点,那么所生产出的译本会不会听起来不符合目标语的习惯,缺乏目标语应有的流畅,致使译本成为一个不连贯的语篇?

在翻译的理论与实践中,如何实现语篇上的对等确实是一个值得探讨的问题,而要弄清什么是语篇对等以及如何实现语篇对等,我们首先要知道语篇的特点和语篇分析所关心的核心问题。

一、语篇的概念与翻译的总体策略

语篇分析者不满足于对句子的描述,而关心由句子构成的更大语言单位的结构,他们关心语篇的某种结构安排如何与情景相联系,如何被用来传达话语生产者的意图。因此可以说,"语篇分析关心的是篇章和语境知识如何发生相互作用来创造语篇的过程。"[①]

语篇分析的这个简单定义涉及四个核心概念:

1. 篇章(text):通常指一段语言文字中的语言形式特征,而且对这些形式特征的解释不根据语境的变化而变化。

2. 语境(context):从狭义上来讲,语境指语篇之外的因素,从广义上来讲,它包括语篇之外的因素和上下文因素。

3. 语篇/话语(discourse):当篇章的生产者和接受者根据语境因素完成篇章的生产和解读之后,某段文字就完成了由篇章向语篇的转化过程。也就是说,语篇或话语是语境因素和篇章结构相互作用的结果,这种相互作用是一个能动的意义生成过程。

当然,语篇的生产和解读还取决于其他因素,比如一个语篇对另外一个语篇产生的影响,人的认知倾向和认知能力对语篇的形成和解读产生的影响,等等,前者涉及互文性问题,后者也可以放在"语境"这一概念中讨论。这样,语篇/话语就可以被定义为使用中的一段文字,它的意义产生于与语境的互动,被使用者看作是有

---

① G. Cook, *Discourse and Literature*, Oxford: Oxford University Press, 1994, p. 23.

目的的、有意义的、连贯的语言交际事件。因此,语篇分析者既要对篇章的形式特征进行描述,也要研究使用者(包括语篇生产者和接受者)对这些形式特征的各种认识和解读。

任何语篇都有内部结构,这不仅指语篇的表面形式结构,而且指深层的意义结构。一个连贯的语篇区别于一个"非语篇"(non-text),后者只是一些句子和段落的集合体,缺乏整体性和连贯性,不是一个完整的意义单位。任何语篇也服务于一定的目的,语篇的结构安排传达语篇生产者的交际意图。大部分语言学家把语篇的生产和理解看作是一种交际行为。Brown & Yule 把语篇看作是"对交际行为的语言记录",认为语篇分析应该研究"使用中的语言";① Renkema 认为语篇分析的对象应该是"语言交际"。②

Jonestone 也把语篇和交际联系在一起。她把 discourse③ 定义为"以语言为媒介的人类交际行为的实例"。④ 相应地,"语篇分析"感兴趣的是:"当人们利用他们拥有的语言知识——这种知识基于他们对以前说过、听过、见过和写过的东西的记忆——在这个世界上做事情的时候,比如交换信息、表达情感、促成事情的发生、创造美、自娱自乐等,会发生什么样的事情。"⑤ 她认为,语篇分析关心的基本问题是:"为什么这段话语是现在这个样子? 它为什么

---

① G. Brown & G. Yule, *Discourse Analysis*, Cambridge: Cambridge University Press, 1983, p. 6.

② J. Renkema, *Discourse Studies: An Introductory Textbook*, Second Edition, Amsterdam and Philadelphia: John Benjamins, 2004.

③ 当 Johnstone 使用 discourse 这个词时,她既指笔头的语篇,也指口头的"话语"。事实上,虽然 discourse analysis 有时被译成"语篇分析",有时被译成"话语分析",但是国内许多学者通常对"语篇"和"话语"这两个词不做细分。本章基本上将"语篇"和"话语"看作是同义词。

④ B. Johnstone, *Discourse Analysis*, Second Edition, MA: Blackwell, 2008, p. 2.

⑤ Ibid. , p. 4.

不是另外一个样子？这些词语为什么以这种顺序排列？"。①为了回答这样的问题，我们需要分析语篇的话题、语篇的参与者、语篇产生的情景因素、语篇使用的媒介、语篇的结构模式，以及一个语篇与另外一个语篇之间的联系。这六个方面构成了语篇分析研究的核心问题。

既然任何一种语言中的句子都是按照约定俗成的语法规则构成的，因此对比研究英汉两种语言的句子结构，并按照各自的语言习惯处理词汇层面上的对等（equivalence at word level）和语法对等（grammatical equivalence）相对来说要容易得多。另一方面，当我们对语篇进行分析时，我们会发现，语篇的结构方式更加多样化，比如，同样一段内容或同一个交际意图可以用不同的语篇结构模式来表达，而语篇的组织模式可能取决于多个因素，包括上下文因素和语境因素。因此，在翻译过程中，译者要想取得语篇上的对等（textual equivalence）虽然不是不可能的，但是比取得词汇和语法上的对等要困难得多。

对于语篇理论对翻译实践的作用，不同的翻译理论家采取了不同的立场。从翻译的总体策略或方法上来讲，Snell-Hornby 坚持认为，篇章分析应该是翻译的出发点，翻译是一个自上而下的过程；② Hatim 等也强调自上而下的方式，认为译者所采用的翻译方法应该以对篇章结构和语境的理解为依据。③但是 Baker 认为，自上而下的方法有很大的局限性。一是其可行性：许多从事翻译工作的人在语言学或语篇理论上没有受过专门的学术训练，因此他

---

①　B. Johnstone, *Discourse Analysis*, Second Edition, MA: Blackwell, 2008, p. 2, p. 9.

②　M. Snell-Hornby, *Translation Studies: An Integrated Approach*, Amsterdam and Philadelphia: John Benjamins, 1988.

③　B. Hatim, & I. Mason, *Discourse and the Translator*, London: Longman, 1990.

们可能无法理解和应用相关的语篇理论；二是语言的形式与意义之间的关系：虽然语篇被看作是一个意义单位，但是如果译者对语言的具体形式缺乏深入的考虑，他们则无法把语篇的整体意义解释清楚，因为恰恰是具体的遣词造句控制并塑造着语篇的整体意义。①

笔者认为，语篇分析的理论虽然对译者来说是必要的，但是系统地运用语篇分析的理论来指导翻译的实践对大部分翻译工作者来说是不可能，也是不必要的，因为某些局部虽然具有语篇价值，但这并不意味着所有的局部都需要在分析上下文或语境的基础上去处理。另一方面，语篇分析理论也的确提供了一种宏观的视角，如果能在这个更广阔的视野下审视原作，译者将向着语篇对等迈进坚实的一步，使译作更加传神。

二、语篇的基本特征及译者对原作的解读

Beaugrande & Dressler 提出了语篇必须满足的七个标准，它们分别是衔接性（cohesion）、连贯性（coherence）、意图性（intentionality）、可接受性（acceptability）、信息性（informativity）、情景性（situationality）、互文性（intertextuality）。②这七个本质特性将语篇和非语篇区分开来，也只有满足这七个语篇性标准（the standard of textuality），一个语篇才能被称为名副其实的交际行为。

1. "衔接"涉及语篇的表面形式特征，指的是语篇在语法和词

---

① M. Baker, *In Other Words: A Coursebook on Translation*, London: Routledge, 1992.

② R. de Beaugrande & W. U. Dressler, *Introduction to Text Linguistics*, London: Longman, 1981.

汇层面的内在联系。韩礼德认为,"当对话语中某个成分的解释取决于对另外一个成分的解释时,就形成了衔接。"[①]但他又指出,衔接是一个语义概念,涉及语篇中存在的意义关系,它的存在决定语篇的性质。换言之,衔接这一概念表达的是一种基本的语义关系,任何口头和笔头的篇章都可以借助这种关系被转化为语篇。而Brown & Yule指出,这样看待衔接与语篇结构之间的关系可能存在问题,因为虽然韩礼德似乎强调衔接性反映的是语篇中"深层的语义关系",但是在多数情况下,他谈论的却是这些语义关系在小句层面上的实现,而不是这种"深层的语义关系"本身。在他们看来,一个语篇之所以被看作是一个语篇,那些表示衔接关系的词语和语法等表面形式特征的存在并不起决定性作用。[②]

2. "连贯"指概念与概念之间的结构关系,概念之间的联系靠概念的使用在心智中激活已有知识并在这些知识间建立联系获得。有时,概念之间的联系是隐性的,不靠词汇或语法手段来建立。如果两个概念同时出现于语篇的某个局部,便足以使人们按一定的逻辑思路在它们之间建立联系,比如,它们之间可能存在因果关系,或时空顺序关系。

连贯与衔接的一个本质区别,在于它是语篇生产者和接受者发挥其认知能力而产生的结果,即他们运用自己的知识和以往的语言经验推断出语句之间的联系。这样,在语篇的接受者试图解读语篇时,语篇中所涵盖的知识与语篇解读者头脑中已经存在的知识之间会发生互动,使语篇的解读成为一个能动的意义建构过程。让我们举一个例子来说明衔接与连贯之间的本质区别。

---

① M. A. K. Halliday & R. Hasan, *Cohesion in English*, London: Longman, 1976, p. 4.

② G. Brown & G. Yule, *Discourse Analysis*, Cambridge: Cambridge University Press, 1983, p. 195.

(1) A man in white clothes, who could only be the sur-
viving half-breed, was running as one does run when Death
is the pace-maker. (2) The white figure lay motionless in
the middle of the great plain. (3) Behind him, only a few
yards in his rear, bounded the high ebony figure of Zambo,
our devoted negro. (4) An instant afterwards Zambo rose,
looked at the prostrate man, and then, waving his hand joy-
ously to us, came running in our direction. (5) They rolled
on the ground together. (6) Even as we looked, he sprang
upon the back of the fugitive and flung his arms round his
neck.

(From Brown & Yule, 1983, p. 197.)

在这个段落中，所有带有下划线的词或词组形成一个衔接链，它们似乎存在着密切的互指关系。但是，当读者细读这六个句子时，会发现它们根本没有构成一个意义连贯的段落，缺乏语篇应有的整体性。Brown & Yule 用这样的例子来说明，词汇和语法的表面衔接关系不足以使得一个语篇获得其连贯性和整体性。当我们把这个段落中的句子恢复到其原有顺序时，我们发现其中也存在良好的衔接关系，但是六个句子却构成了一个意义连贯的段落：

(1) A man in white clothes, who could only be the sur-
viving half-breed, was running as one does run when Death
is the pace-maker. (3) Behind him, only a few yards in his
rear, bounded the high ebony figure of Zambo, our devoted
negro. (6) Even as we looked, he sprang upon the back of
the fugitive and flung his arms round his neck. (5) They
rolled on the ground together. (4) An instant afterwards
Zambo rose, looked at the prostrate man, and then, waving

his hand joyously to us, came running in our direction. (2) The white figure lay motionless in the middle of the great plain.

(Conan Doyle, *The Lost World*, 1912)

由此可见,把这六个句子连成一个完整的意义单位的,不是表面的词汇和语法衔接手段,而是存在于这些句子之间的深层意义关系,即事件发生的逻辑顺序。

3. 语篇的"目的性"涉及语篇生产者的特性。任何一个语篇都是语篇生产者按照一定意图创造出来的语言单位,语篇要采用一种有效的组织模式,以便满足这一意图的需要,无论这种意图是传播知识、发布命令、发出警告还是提供信息。也就是说,语篇是"有动机的选择所产生的结果",①语篇的生产者按照自己的交际目的对词汇、语法、语篇结构做出有意识的安排,以便在语篇的接受者身上产生出他希望看到的行为效果。

4. 语篇的"可接受性"是针对语篇的接受者来说的。无论是语篇的生产者还是语篇的接受者,他们都是语言交际活动的参与者。一个连贯的语篇不仅能准确传达语篇生产者的意图,还应该满足语篇接受者的交际需要,使得他们通过语言交流来获取知识、接受命令等。当然,这并非意味着语篇的接受者是被动的,在解读语篇的过程中,他不时地通过对篇章的解读与语篇的生产者发生着互动或人际交流,用自己大脑中已经储存的知识试图在语句之间建立联系,寻找并探索语篇的底层意义。另一方面,在语篇的生产过程中,语篇的创造者也不能肆意妄为,他既要考虑语篇的可理解性或可读性(readability),又必须留出足够的空间,让接受者自行去发现或建立语句之间或概念之间的联系。相反,如果语篇的

---

① B. Hatim & I. Mason, *Discourse and the Translator*, London: Longman, 1990, p. 4.

创造者将一切信息和盘托出,在语篇的解读过程中不给接受者以自主发现的机会,那么这样的语篇就不能被称作是一个完美的交际行为,况且,这样的交际行为违背了语言的经济性原则。

5. "信息性"指信息是已知的或者是未知的、是可预料的或者是不可预料的。一般来讲,在特定情景下,一个话语越不可预测,它包含的信息量就越大。相反则越少。从接受者和生产者的角度来说,这意味着语篇的生产者既不能提供太多已知的或可预料的信息,以防语言交流过程变得乏味无趣;也不能提供太少已知的信息,以防让接受者摸不着头脑,乃至于使交际过程中断。因此,一个理想的语篇应该在二者之间做出合理的选择,或者采取有效措施使这两种状态实现平稳的过渡,在交流过程中从更多已知信息出发,然后逐渐增加新信息的比重,完成新信息的有效传递。

6. "情景性"指任何语篇的创造和接受过程都离不开特定的情景。人们之所以能顺利地解读一个语篇,其中一个很重要的原因是借助情景中的各种因素。任何一个语篇都是对交际事件的记录,交际事件是语篇生产者为实现交际目的在特定的场合和特定的时间开展的语言活动,即话语是受目的引导的交际活动,完成一定的社会功能。在不同语境下,即使相同的语篇也可能传达不同的意思或意图。

语篇接受者对语境因素的判断和选择取决于他与语篇生产者共有的一些知识,这些知识涉及语言知识、话语知识和一般知识,也涉及图式(schema)等认知方面的能力,还包括世界观、价值观和态度等因素。这些东西的某些方面由语篇中的词汇或概念激活,被用来处理语篇。由此可见,由于被激活的成分不同,不同人对语篇的理解也会产生差异。当然,我们没有必要夸大这些差异:由于同一个社会文化环境中的人在经验和认知方式上存在共性,他们对同一个语篇的解读通常存在足够的共识。

7. 互文性指语篇之间的相互关系。首先,同一体裁的文章在结构上有着广泛的共性，例如，由于我们以前读过童话故事，对这种体裁的知识有助于我们理解这类故事的内容安排和叙事方式，而当我们阅读广告时，我们就不会在大脑中激活有关童话故事的知识。当然，我们有时也听人说"这个广告听起来像是在讲童话故事"，这说明这个广告的内容和行文模式具备了童话故事的一些要素。其次，引用也是常见的互文性特点，从这方面来看，不同体裁的文章使用互文性特点的程度不同，比如评论、报道、演讲等可能大量使用这类互文性信息，它们通过引用各种来源的话语来报道或评价事件的发生和发展过程。

这七个标准或特征不是孤立存在的，彼此之间有着紧密的联系和互补关系。语篇的形式特征、语义特征、语境因素乃至于互文性特征都服务于交际的目的。了解语篇的这些特征对译者有着重要意义。

首先，作为语篇的解读者，译者的第一个任务就是完整理解源文本的语言、结构和意义。在着手翻译某个原作之前，译者通常都会反复将它通读数遍，这时他应该做的是通过解读语篇的形式特征，来挖掘语篇深层的意义，理解说话者或写作者的意图，并在这种宏观视野下解读语篇中某个语段或局部在语篇中的作用。

其次，在解读语篇时，译者也可能将自己的注意力转向语篇的不同侧面，他究竟透析语篇的哪个方面在很大程度上取决于他作为读者和译者的个体经验。因此，为了达成必要的共识，我们必须假定存在一种"视角的相互性(the reciprocity of perspective)"，即译者和其他读者与原作作者在个体经验上有着足够的共识，使同一个语篇在他们身上能产生近似的效果。这种共识有利于他的译本超越局部文字的限制，把握原作的灵魂，使他的译本达到传神的效果。

再次，对语篇基本特征的了解也能深化译者对目标文本的认识。尤其是在译文的修改和润色阶段，译者可以根据上述七个标准来审查和检验目标文本的衔接性、连贯性和信息性在多大程度上与原作的这些方面取得了一致。译者也应该检验译作是否传达了原作的意图,是否符合原作的情景,并在此基础上判断目标语读者对自己译作的接受程度。当然,译作难免带上译者的特点和风格,但无论如何,这些特点和风格不能掩盖或扭曲原作自身的语篇特征。

三、语篇分析的核心思想与译者的视角

Johnstone 既不把语篇分析看作是一个独立的学科,也不看作是语言学的一个学科分支,而是把它看作一种研究方法。这种方法被不同学科领域的人用来回答人文和社科领域里的各种问题,包括语言问题、社会和文化问题。①她认为,语篇分析者与关心人类语言其他方面的人的主要区别在于:前者通过分析实际使用的语言或语篇,并解析其结构和功能,来回答涉及语篇或话语的生产与理解等方面的问题。Johnstone 用几个命题表达了语篇分析或话语分析的核心思想。②

1. "话语被世界塑造,并且话语也塑造世界。"这里所谓"世界"指话语以外的世界,它由涉及话语创造者和接受者的所有因素构成。一方面,话语被认为是表达一定内容的一段文字,是我们经验的反映;而另一方面,福柯、萨丕尔和沃尔夫等却认为,人类所认识的世界或语言所描述的世界是由话语或语言塑造的,在语言之外根本不存在一个现实世界。

2. "话语被语言塑造,并且话语也塑造语言。"任何语言都借

---

① B. Johnstone, *Discourse Analysis*, Second Edition, MA: Blackwell, 2008, p. xiii—xiv.

② Ibid., p. 10.

助一些结构手段来创造语篇,这些手段可能是某种文化专有的,可能是某种体裁的文章所要求的,也可能是人类认知方式所决定的。例如,在英语中,状语或状语从句可以被前置也可以后置,如果被前置并放在句子主位(Theme)的位置,它可以把其中包含的信息背景化,表达的内容也相应地被看作是引出更重要内容的手段,成为理解述位部分(Rheme)所表达的内容的前提。这样,语篇或句子的结构安排成为传达话语生产者意图并塑造接受者思维方式的手段。

3. "话语由参与者塑造,并且参与者也塑造话语。"除了按照一定的结构模式表达一定的内容外,语篇的创造还受到参与者人际关系的影响,反过来,对语篇的解读又塑造了参与者的人际关系:人们可以通过语言的交流来建立、保持或中断人际关系,从而影响语篇接受者的人际行为。无论语篇的生产者是谁,以儿童为对象的科普语篇必须使用儿童所熟悉的语言和语篇模式撰写,以便适应并塑造他们的思维方式和知识结构。

4. "话语由以前的话语塑造,并且话语也塑造未来话语的各种可能性。"接受者的话语经验可以帮助他们理解新的话语,也可能误导他们解读新的话语。当接受者遇到一个新的语篇时,他经常利用同一种体裁在形式和风格上的相似性来理解新的语篇。而且,直接或间接的引用也涉及语篇之间的关系,语篇的创造者可以通过引用某种来源的话语加强其自身话语的权威性。

5. "话语由其媒介塑造,并且话语也塑造其媒介的各种可能性。"任何媒介都对使用它的语篇构成一些限制条件。例如,口头语篇和笔头语篇在结构和功能上可能存在差异;一篇涉及同样话题的电视讲话在措辞和结构上可能与电台讲话存在差别;使用多模态的语篇和使用单一模态的语篇在结构上存在差别,网络信息经常把视觉信息(包括图片信息和视频信息)与文字信息结合起来,超越电视信息的限制,为人际交流开辟了新的可能性。

6."话语被目的塑造,并且话语也塑造可能的目的。"话语是受目标引导(goal directed)的语言行为,人们在解读语篇时经常禁不住要询问话语生产者的意图,试图找出生产者创造某个语篇的动机,以及他希望在接受者身上所产生的效果。

Brown & Yule 指出,"语篇分析者把他分析的数据看作是对一个动态过程的记录,在这个过程中,语言被说话者或写作者用作在某种语境下交流的工具,用来表达意义,贯彻自己的意图。"①从以上六个方面可以看出,Johnstone 也把话语分析看作是一个积极的动态过程,话语与它的各种内在成分和外在因素之间存在的辩证关系,成为话语分析的核心内容。学会从语篇分析者的视角来看待原作和译作,可以大大地扩展译者的视角,让他学会从以下几个方面来看待自己的任务:

1. 重新审视原作和译作与世界的关系。原作和译作面临两个不同的世界,就英语到汉语的翻译而言,原作诞生于英语的世界,在英语的社会文化环境下被接受和解读;而译作面临的是汉语的世界,即使译者对源文化相当了解,但译本的读者却不具备同样多的知识,更没有在源文化社会中获得的亲身感受。译者应该认识到,如何通过他的再创造在这两个世界之间架起桥梁,这是一件非常困难的事情。多数情况下,他的译作可能摇摆于这两个世界之间。

2. 重新认识译者与原作作者、原作读者、译作读者之间的关系。翻译可以被看作是一种特殊的语言交际活动,这个活动的参与者实际上受到了译者的主导,但是译本读者一般不会这样看待问题。他们会认为自己是在同原著作者进行直接对话。只有当他们意识到一本卓越的原著可能被拙劣的译者降低其价值,或者一

———

① G. Brown & G. Yule, *Discourse Analysis*, Cambridge: Cambridge University Press, 1983, p. 26.

本平庸的原著可能被杰出的译者提高其价值时,他们才能充分认识到译者的重要作用。作为译者,学会从更广泛的角度来看待翻译活动的参与者非常重要。例如,很少有人研究原作读者和译作读者对同一部作品在不同文化社会环境下的反应,并找出二者之间存在的异同,而这种研究在一定程度上可以帮助我们确定原作和译作在语篇水平上的对等程度。

3. 充分认识两种语言在组织语篇时所存在的系统差异。比如,英语和汉语在使用语篇标记语的频率和方式上存在显著差异:汉语经常使用"第一、第二"等这种明确表示列举的标记语,而英语可能通过段落安排或诸如 also 和 too 这样的隐性列举方式。在翻译过程中,译者是否应该把这种列举关系转换成目标语读者所习惯的方式,这是一个值得考虑的问题。

当然,语篇的结构安排不仅体现在语篇标记语这样的浅层特征上。我们来分析一下 Gee 提到的一个例子,[①]用来说明译者在解读和翻译一个语篇时应该考虑的各种语篇结构因素。

Also secure, by 1689, was the principle of representative government, as tested against the two criteria for valid constitutions proposed in the previous chapter. As to the first criterion, there was genuine balance of power in English society, expressing itself in the Whig and Tory parties. As narrowly confined to the privileged classes as these were, they none the less represented different factions and tendencies. Elections meant real choice among separate, contending parties and personalities.

---

① J. P. Gee, *An Introduction to Discourse Analysis: Theory and Method*, London: Routledge, 1999.

　　这段文字来自 Paul Gagnon 的书《民主未讲述的故事：世界史教科书忽略了什么》(1987)。根据 Gee 的分析，Gagnon 在书中谈到了他认为学校教的西方历史的"基本情节"应该是什么。从主位结构（Thematic structure）的角度来看，前三个句子与第四个句子存在明显区别：前三句的主位（Theme）都是标记性（marked）主位，而第三个句子用的是非标记性（unmarked）主位。这意味着 also secure, by 1689 和 as to the first criterion 以及 as narrowly confined to the privileged classes as these were 都是作为背景材料被放置在句首，以便突显述位部分表达的信息。

　　以第三句为例。由于 as narrowly confined to the privileged classes as these were 成为背景材料，辉格党（英国自由党的前身）和托利党（英国保守党）主要局限于特权阶层这一事实就通过被放置在一个让步从句中被弱化，而突出了他们在代议制政府中的代表性（本句述位部分表达的内容）。前三句的铺垫为第四句中直接表达的观点做好了充分的准备：选举代表了不同集团的利益，是具有代表性的民主选举。从以上分析可以看出，为了准备再现作者的视角，在翻译这个句子时应该保留英语句子的原貌，似乎应该翻译成"虽然他们狭隘地局限于特权阶层，他们仍然代表了不同的派系和势力"，而不是"他们狭隘地局限于特权阶层，但是却代表了不同的派系和势力"，因为后一种译法让两个分句听起来像是并列关系，而不是原句中的让步关系。

　　在考察这个小的局部时，我们至少考虑了以下几个因素：1)语篇与世界的关系，2)原著作者的意图和倾向性，3)这段文字的句子结构和局部的语篇结构安排，4)作者似乎站在特定立场上在驳斥另一种主张，并由此表明自己作为一类历史学家的身份。把以上因素都考虑在内形成的译文，才是一篇实现了语篇对等的译文。

　　由此可见，语篇分析理论的确能拓展译者的视野，使他从更广泛的范围内考察某个局部所表达的内容，并确定具体的处理技巧。

四、语篇对等与译者的任务

语篇是一个交际单位,它虽然是由词语、词组和句子等组成的,但只有当每一个成分与任何一个其他成分在语篇中形成意义上的联系、并按逻辑顺序形成一个统一的整体时,一个连贯的语篇才能形成。显然,在完成自己的任务时,译者不仅要考虑源文本和目标文本在词汇和句子层次上的对等,更重要的是要考虑语篇上的对等。理想状态下,一个词组或某个句子在原作中的语篇功能,应该等同于它在译作中的语篇功能。

从语篇分析的角度来看,译者是一个特殊的话语参与者,他以某个已经存在的交际行为为基础,创造出一个新的交际行为,把一个语篇从一种社会文化转移到另外一种社会文化,在原作作者和译作读者之间扮演了中间人(mediator)的角色。在此过程中,"译者不可避免地要经受其自身的社会环境条件所带来的压力,并同时试图在身处不同的社会框架下的源语言文本的生产者和目标语言文本的读者之间协调意义上的沟通过程。"[①]因此,探讨语篇上的对等离不开这一特殊的交际活动所涉及的两个社会语境。

译者可以从不同的层面来看待语篇对等问题。首先,从纯理功能(metefunction)的角度,我们可以把语篇对等看作是源文本与目标文本在概念功能、人际功能和语篇功能上的对等。其次,从语篇内部结构上来看,译者可以研究语篇的信息结构和主位结构,即跨小句或跨句子的信息安排或主位推进模式,在译作中避免伤害原文中的语篇展开模式。再次,译者也可以研究语篇的衔接模式,即语法与词汇的表层衔接关系。当然,语法和词汇上所表现出

---

① B. Hatim & I. Mason, *Discourse and the Translator*, London: Longman, 1990, p. 1.

的表层依赖关系并不能决定语篇的连贯性,如果我们把语篇看作是一个意义单位,还要研究这些表层关系所反映的深层意义关系。最后,我们必须要考虑语境因素,考虑翻译这种特殊的交际行为涉及的各种参与者,他们的意图、态度、价值取向、认知能力、接受能力。为了实现这一目的,有时"译者需要调整源文本一些结构特征,以便适应目标语中习惯的语篇结构组织方式。"①

依据以上几个方面的要求,译者至少应该做到:

1. 正确理解原文作者的意图并在译文中适当传达这种意图。

译作的意义是语篇的创造者和译者之间商榷的结果。事实上,译者在翻译过程中承担着双重角色:第一,作为语篇的使用者,他是原作的接受者;第二,作为译者,他在原作作者和译作读者之间起着中介作用,将他与原作作者商榷的结果经过语言和文化的转换传递给译作读者。这样,译本的接受者就面对两个商榷者:原作作者和译者。在这一传递过程中,"译者有必要根据语篇所提供的证据,对语篇或语篇生产者的用意(intended meaning)、隐含意思(implied meaning)和预设意义(presupposed meaning)等进行全面处理。"②

这要求译者在确立原作作者写作意图的基础上去确定自己的翻译技巧和处理方式,而不应该孤立地考察和转译语篇的某一个局部。例如,在翻译某个隐喻时,译者首先应该考察这个隐喻所反映的原作者的意图:同一本书和同一个章节中使用的隐喻可能带有很大程度的一致性,同一个人物使用的一系列不同的隐喻可能是原作者为了刻画人物的性格而精心选择的。因此,把某一隐喻

---

① M. Baker, *In Other Words: A Coursebook on Translation*, London: Routledge, 1992, p. 112.

② B. Hatim & I. Mason, *Discourse and the Translator*, London: Longman, 1990, p. 33.

的翻译放到更广泛的语篇水平上去考察,能帮助译者更准确地翻译出原作者的意图。

2. 分析语篇的结构并在符合目标语习惯的情况下尽量保持这一结构。

虽然我们不敢肯定地说某种语言的语篇模式与另一种语言的语篇模式在价值和效果上是完全对等的,但是语篇分析者仍然坚信,任何语篇模式的运用都服务于特定的交际目的,服务于语篇生产者的局部意图或最终意图。译者应该对这种模式做出认真的解读和处理,使它在译作的结构安排上得以充分体现。

当然,语篇分析者所说的语篇或话语不仅指整个语篇,即不仅指整篇小说或诗作。为了分析上的方便,他们习惯于根据某种标准,如话题(topic)、情节、语轮、段落等,把一个完整的语篇分作不同部分,然后分析每一个部分的语言特征或结构特征。

让我们分析一个语篇片段,看一看语篇的结构安排如何贯彻语篇生产者的意图:

The natural world of science

Science is a subject that has many different parts. One part is the study of the world around us. It includes finding out about living plants and animals, from tiny cells and insects to giant trees and whales.

We can also learn about natural things that are not alive. These include gases in the air, rocks and minerals in the ground, and water in the seas and rivers. All these things form an important part of the planet earth.

Science has helped us to know what our planet looked like millions—or even billions—of years ago. Scientists can use their research to look at fossils and find out about plant and animal species that were once alive but are now extinct.

这段文字取自名为 *The Young Scientists*(《小小科学家》)的少儿百科读物,它的目标读者是 13 岁以下的青少年,这一读者群体决定了下列语篇特点:

(1)词汇的衔接:小标题清楚地点明了这段文字的话题,其中的核心词有两个,即 natural world(自然界)和 science(科学),它们统率着两个词汇衔接链,贯穿于这段文字的每一句中,见下表:

句子序号	科学(研究)	自然界
第一句	science, subject	
第二句	study	the world around us
第三句		living plants and animals, tiny cells and insects to giant trees and whales
第四句	learn about	natural things that are not alive
第五句		gases in the air, rocks and minerals in the ground, and water in the seas and rivers
第六句		the planet earth
第七句	science, know	our planet
第八句	scientist, research	fossils, plant and animal species

从上表可以看出,这段文字主要展开的是"自然界",而不是"科学",它对"自然界"的范围做出了清晰的界定和分类。在翻译这段文字时,译者必须对以上核心词或词组做出准确处理,以保留原文的词汇衔接链条,突出核心内容。

(2)段落安排:段落简短、层次分明是儿童读物的一个重要特征。第一小段第一句是主旨句(thesis sentence),第二句至结尾的每一段分别谈到科学对自然界三个方面的研究。考虑到作者的段落安排意图,译者应该保留原文的分段,并翻译出原文内容的层次性特征。

(3)主位结构:儿童读物的一个典型特征是信息上的层层推进,即每一个新句子的开始部分(主位)都来自上一句的述位部分,形成了 A→B,B→C,C→D,……这样的主位推进（Thematic progression）模式,使语篇内容由已知信息逐渐向新信息过渡,达到层层剥茧的效果。这段文字的第一、二段都是遵循这种主位推进模式：

第一段：

句子序号	主位	述位
第一句	Science	is a subject ... many different parts
第二句	One part（＝one of the parts）	is the study of the world around us
第三句	It（＝the study of the world around us）	includes finding out ... and whales.

第二段：

句子序号	主位	述位
第一句	We	can also ... natural things that are not alive
第二句	These（＝natural things that are not alive）	include gases ... water in the seas and rivers
第三句	All these things（＝gases ... water in the seas and rivers）	form an important part of the planet earth

另外,这段文字的所有句子都使用了简单主位（Simple Theme）,而不是多重主位（multiple Theme）,其目的至少有两个,一是保持文字简练易懂,二是突出述位部分表达的内容。

经过以上分析,译者对于作者的意图和这段文字的语篇结构有了更清楚的认识。要想保持语篇上的对等,译者似乎不应该打破原文的结构安排,虽然他可以根据词汇的衔接关系对个别词或词组的意思做出灵活处理。这段文字可以翻译如下：

科学所研究的自然界

科学是一个包括很多不同部分的学科,其中一个部分是对我们周围世界的研究,这包括探索有生命的动植物,从微小的细胞到巨大的树木和鲸鱼。

我们也可以研究无生命的自然东西,这些东西包括空气中的气体、地下的岩石和矿物、海洋和河流中的水。所有这些东西构成了地球这个星球的重要部分。

科学已经帮助我们了解了我们的星球几百万——甚至几亿年前是个什么样子。科学家可以用他们的研究来检验化石,探索曾经生活过但现在已经灭绝的动植物物种。

当然,不同题材或体裁的语篇可能在结构安排上存在差异。Brown & Yule(1983)提到,为了突出悬念效果,侦探小说把大量的时间状语放在主位的位置,而一本旅游手册可能更多地使用地点状语开始自己的句子。另一方面,在儿童读物中,句子的主语往往等同于句子的主位,这种叙事方式也许更符合儿童的认知心理。了解这些语篇结构特点对翻译有重要的指导意义。

3. 依照语篇内部深层的逻辑关系来确定对细节的翻译。

语篇的连贯是语篇的一个本质特征。Beaugrande(1980)把连贯定义为一套程序,这些程序"确保概念之间的联系,包括:(1)逻辑关系(2)事件、物体、情景的组织方式(3)人类经验的延续"。[①]译者应该在译本中保持原作在以上方面的安排,因为诸如因果关系、时序关系、空间关系等对原作的结构极其重要。让我们来看一个例子。

This is not science fiction. This is what happens when

---

① 转引自 B. Hatim & I. Mason, *Discourse and the Translator*, London: Longman, 1990, p. 195.

our system of growth and the system of nature hit the wall at once. We are now using so many resources and putting out so much waste into the Earth that we have reached some kind of limit, given current technologies. The economy is going to have to get smaller in terms of physical impact.

这一小段有四个句子,句子之间虽然没有连接词,但它们之间存在着缜密的逻辑关系。在前三句中,第一句是否定句,第二句是肯定句,作者从反正两个侧面来陈述自己的基本观点,而第三句是对第二句的具体解释,因此对 our system of growth and the system of nature hit the wall at once 的理解也必须基于第三句的内容(这样,所谓 hit the wall 就是指"达到了某种极限")。但是,相对于第四个句子来说,前三个句子又可以被看作是一个整体,它们与第四句之间在逻辑上存在因果关系,即前三句谈原因,第四句是结果或目的。因此,从整体上来看,这一段基本上是按照因果关系来组织的。

一旦明白了这种逻辑关系,译者在翻译这个段落时就可以在细节上做一些自由处理(见译文中下划线部分),甚至在标点符号的使用上也可以突破原文的束缚。

这不是科幻小说,而是我们的成长体系和自然体系同时触及围栏时所发生的事情:我们现在消耗了过多的资源,又向地球释放了过多的废物,在目前的技术条件下,我们已经达到了某种极限。因此,从实际影响来看,经济规模必须变小才行。

如果将这个段落机械地译成下文,虽然译文在词汇、语法、标点符号上似乎更贴近原文,但却没有上一个译文那样自然流畅,甚至可能有违原文的意思和逻辑:

这不是科幻小说。这是我们的成长体系和自然体系同时

165

碰壁时所发生的事情。我们现在正在使用如此多的资源，并且向地球释放出如此多的废物，以至于考虑到目前的技术，我们已经达到了某种极限。在实际影响方面，经济将不得不变得更小。

相对而言，第一个译文不仅明确了原文存在的深层逻辑关系，而且符合汉语的习惯。我们之所以敢做这种处理，原因是我们透彻地理解了原文中各部分之间存在的深层意义关系。

结　语

语篇的任何结构安排都是语篇的使用者对语境的反应所做出的选择。语篇的使用者都力求达到一种交际效果，这促使他借助语言所提供的资源把自己的思想有效地组织成连贯的语篇。译者应该充分认识到原作中语篇结构的存在，认真体会由此产生的交际效果。

当然，这并不意味着我们不能重新组合原文的词句，对原文的结构做出一些修改，更何况，不同的语言在表达深层的语义关系时有自己习惯的表达方式。然而，译者在什么时候、在多大程度上能根据汉语的习惯修正或调整原文的结构呢？在回答这个问题时，笔者赞同 Hatim & Mason(1990)的主张：虽然不同的语言可能习惯使用不同的结构模式，但是，当译文可能有违原文的修辞目的时，我们就不能修改原文的结构安排，而应该遵从原文的结构模式，虽然它可能不符合目标语的习惯。

最后需要指出的是，无论是词汇和语法层面上的对等，还是语篇层面上的对等，都不是指完全的对等。我们也许永远不可能生产出一个在形式上和效果上完全等值于原作的译作。这里所谓语篇对等仅仅是指一种相对意义上的对等，即译作在最大程度上接近原作的意义，符合深层的逻辑安排和原作者的意图，使原作包含的形式和思想内容在译作中得到最大限度的体现。

关键词
语篇;语篇分析;语篇对等;译者的视角

思考题
1. 一个连贯的语篇应该有哪些特点？译者为什么要了解语篇的这些特点？

2. 要想实现语篇上的对等,译者需要从哪些方面来考虑问题？

3. 为什么实现语篇对等比实现词汇和语法层面上的对等更加困难？

建议阅读书目
1. Baker, M. *In Other Words*: *A Coursebook on Translation*. London: Routledge, 1992.

2. Bell, R. T. *Translation and Translating*: *Theory and Practice*. London: Longman, 1991.

3. de Beaugrande, R. & W. U. Dressler. *Introduction to Text Linguistics*. London: Longman, 1981.

4. Hatim, B. & I. Mason. *Discourse and the Translator*. London: Longman, 1990.

5. Johnstone, B. *Discourse Analysis*, 2002. Second Edition. MA: Blackwell, 2008.

第九讲　翻译与语用学

导　读

随着翻译学科的不断发展,对翻译理论的研究也在日益深入。翻译研究的语言学途径已不再局限于结构主义语言学或对比语言学,而是紧随现代语言学研究的步伐,将翻译研究与语用学、语篇分析、功能文体学等语言研究紧密结合起来。

在我国,翻译与语用学相结合的研究始于 20 世纪 80 年代。语用学研究的是语言在具体语境中的使用,它关注的是语言与语言使用者之间的关系。语言的使用实际上就是在一系列可供选择的语言表达中做出选择,选出适合特定语境的语言表达。从语用的角度讲,翻译可谓是在翻译实践中追求语用等效的一种翻译观。本讲概要介绍语用翻译观的一些主要学术观点,并以指示词的翻译为例,来探讨在翻译实践中如何将语用学与翻译紧密结合起来。

一、语用翻译概述

语用学这个概念最早由美国哲学家莫里斯(Charles Morris)在其著作《符号理论基础》(1938)中提出,其主要研究对象是语言与其使用者之间的关系。语用学的最终确立是以《语用学杂志》1977 年开始发表为标志的。随之,语用学研究取得很大进展,并与其他学科,如翻译学、认知语言学、社会语言学等相互渗透。

翻译研究的语言学途径最早是在对比语言学的基础上进行的。通过分析译出语和译入语两种语言的结构特点,促使翻译达到最大限度的等值。实际上,要想使译文通顺得体,符合译入语的表达习惯,不仅要顾及语言结构上的表达差异,还必须考虑社交情景(如不同的文化背景,风俗习惯以及特定的语境等),这实际上就是所说的"语用翻译"。语用翻译这个概念的提出大概有 20 年的历史,相对来说是一个较新的翻译模式。

　　语用翻译,或者说"语用学研究翻译",是翻译研究的语言学派的延伸。翻译理论与语言学理论同步发展,语言学理论的发展为翻译研究自始至终提供着新的研究视角和途径。从 20 世纪索绪尔(Saussure)的普通语言学起,布龙菲尔德(Leonard Bloomfield)的结构语言学,乔姆斯基(Chomsky)的转换生成语法,韩礼德(Halliday)的系统功能语法都曾为翻译提供了理论依据,语言学家和翻译学家也纷纷从符号学、社会语言学、语篇分析等角度分析翻译问题。后期的翻译语言学派逐渐开始强调译者要具备"跨文化交际能力",即语用能力,并在翻译理论的研究中逐渐向文化靠拢。美国著名翻译家 Nida 就强调文化和社会语言学对翻译的重要性,曾出版《语言、文化和翻译》(*Language, Culture and Translating*,1993)、《跨语交际的社会语言学视角》(*The Socio-linguistics of Interlingual Communication*,1996)以及《语言与文化:翻译中的语境》(*Language and Culture:Contexts in Translating*,2001)。Nida 认为,对于真正成功的翻译而言,熟悉两种文化甚至比掌握两种语言更重要。因为词语只有在其作用的文化背景中才有意义。因此,译者必须具有跨文化交际意识和能力。这里奈达所说的熟悉两种文化,就是强调译者要具备语用知识和能力,能够在译出语和译入语之间自动切换,从而达到最大限度的对等。

　　语用翻译观重视语言交流中的语用意义,强调翻译要追求获得最大的语用等值。语用学的诸多理论对翻译研究具有很强的解释力。将语用学的理论运用到翻译研究中,扩大了翻译研究的视野,同时也为翻译研究提供了新的研究视角和理论范式。国内外在语用翻译研究方面都进行过大量的尝试,并出现了很多有意义的研究成果。

英国著名翻译家纽马克(Peter Newmark)在其成名之作《翻译研究途径》(*Approaches to Translation*,1981)中提出了"语义翻译"与"交际翻译"。他认为语义翻译强调的是原文信息的传递,主要关注作者本人,以原作者为服务对象,一定要有字面义准确的翻译;而交际翻译则强调的是译文对读者产生的一种效果,以读者为服务对象。如,Wet paint! 按语义翻译为:湿油漆! 而如果是交际翻译,则译为:油漆未干,请勿触摸!

哈提姆(Basil Hatim)和梅森(Ian Mason)将语篇与翻译紧密结合起来。他们的《语篇与译者》(*Discourse and the Translator*)重点讨论了韩礼德·哈桑(R. Hasan)的系统功能语言学、奥斯汀(John Langshaw Austin)的言语行为理论、格赖斯(H. P. Grice)的合作原则,他们将这些语言学思想注入到翻译中,例举了不同语言间翻译的很多实例。他们认为语篇都要达到一系列的修辞目的,这些目的是彼此相关的,其中有一个目的占主导地位,而其他目的也不能忽视。他们指出文本反映意识形态,对意识形态词语翻译的重要性尤为可见。译者必须清醒认识文本所依赖的社会语境,以保持译文词语所反映的意识形态内涵。

研究跨文化交际的语言学家格特(E. A. Gutt)在其论著《翻译与关联:认知与语境》(*Relevance and Translation*:*Cognition and Context*)中提出关联论翻译观。他将翻译和认知结合起来,认为关联理论的原则为翻译提供了很好的指导并进而指出译文的质量取决于在多大程度上能满足交际的心理需求。格特的关联翻译论是利用认知科学对翻译现象做出的一种解释,而不是对翻译活动提出任何规定或具体方法的"理论"。

由利奥·希金(Leo Hickey)主编的《语用学与翻译》(*The*

Pragmatics of Translation）搜集了 13 篇有关语用与翻译的论文。这些论文从多方面探讨了语用学对翻译实践的制约与影响。如言语行为与翻译，礼貌原则与翻译，关联理论与翻译，预设与翻译，政治语篇中的模糊限制语，新信息与旧信息等。希金认为，翻译中语用学原则有助于最大限度地获得与原文的语用对等。

我国也有不少学者将语用和翻译结合起来进行研究，比较突出的有何自然（1988；1992）①、曾宪才（1993）②、钱冠连（1997）③、曾文雄（2005，2007）④等。何自然的语用翻译理论认为，"翻译就是译意。这个'意'是指原文作者的意图。在原文和译文之间，首先要进行语用对比。当发觉两者因文化差异而出现不能通达的情况时，为了使读者有正确的认知，译文才考虑更换形象，甚至放弃形象，只求译意。从语用学的角度看，译文无论作什么样的处理，只要它能传达原作的用意，实现语言交际的目的，它就是一种可行的译法。"⑤

何自然进一步指出，语用翻译是从"语用语言等效和社交语用等效"来看待翻译。他认为："语用语言等效翻译近似奈达（Eugene A. Nida，1964）提倡的'动态对等翻译'（dynamic equivalent translation）。所谓动态对等，强调'最切近目的语信息的自然对等'（the closest natural equivalent in the target language）。具体地说，就是在词汇、语法、语义等语言学的不同层次上，不拘泥于原

①　何自然，段开诚：《汉英翻译中的语用对比研究》，《现代外语》，1988 年第 3 期。何自然：《汉英/英汉翻译与语用学》，《外语教学》，1992 年第 1 期。

②　曾宪才：《语义、语用与翻译》，《现代外语》，1993 年第 1 期。

③　钱冠连：《翻译的语用观——以《红楼梦》英译本为案例》，《现代外语》，1997 年第 2 期。

④　曾文雄：《中国语用翻译研究》，《解放军外国语学院学报》，2005 年第 3 期；《语用学翻译研究》，武汉：武汉大学出版社，2007 年出版。

⑤　何自然：《语用学与英语学习》，上海：上海外语教育出版社，1997 年，第 195、196 页。

文的形式,只求保存原作的内容,用译文中最切近而又最自然的对等语将这个内容表达出来,以求等效。至于社交语用的等效翻译,则是指为跨语言、跨文化的双语交际服务的等效翻译。这类语用翻译所采取的方法最不固定,译者遵循的原则可以是多方面的。"①由此看来,语用翻译的方法非常灵活,它基于语境,尽力平衡考虑各方面的因素,使翻译成为尽力追求对等的动态过程。

不同学者从不同角度对语用翻译所作的研究和探讨都对进一步加深和拓宽语用学的翻译研究具有较强的参考价值。

二、翻译与动态顺应

语用学的主要特征是研究特定语境中语言的恰当使用,也就是说在具体语境中如何得体有效地使用语言。关于如何有效地使用语言,实际上就是在各种可供选择的语言手段之间进行选择。选择的标准要顺应语境,而语境也不是一成不变的,它是随着交际的进行而不断变化的,因此对于语境的顺应也就是动态顺应的过程。

动态顺应(dynamic adaptability)是由比利时国际语用学会秘书长维索尔伦(Jef Verschueren)在他的著作《语用学新解》(*Understanding Pragmatics*)中提出的。他认为"顺应性就是人可以从一系列可能性中做出可商讨的(negotiable)语言选择以满足交际需求的语言特性"。②

顺应主要体现在以下三个方面,即语境关系的顺应、语言结构

---

① 何自然:《语用学与英语学习》,上海:上海外语教育出版社,1997年,第186页。

② J. Verschueren, *Understanding Pragmatics*, Edward Arnold Ltd. , London, 1999, p. 61.

的顺应和顺应的动态性。

1. 语境关系的顺应

语境顺应就是指语言选择要顺应交际语境的诸多因素。Verschueren 把语境分为交际语境和语言语境（见下图）。交际语境包括物理环境（physical world）、社交环境（social world）以及交际者的心理环境（mental world）。其中的物理环境主要包括时间和空间的指称关系以及交际者的身体姿势、手势、外表形象等；社交环境主要包括社交场合、社会环境以及文化规范等；心理环境主要包括交际者的性格、情感、信念、意图等心理因素。语言语境，即我们通常说的上下文，也称为语言信息通道，即信道（linguistic channel）。

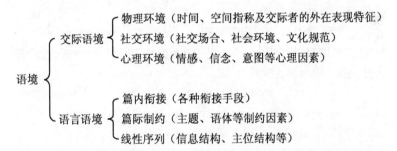

顺应理论可以很好地解决语言使用或语言选择过程的语用问题。语言使用的过程是集认知、社会、文化等因素于一身的语言选择过程，所以这个过程不可避免地要反映语言使用者的思想意识。

就翻译而言，翻译的过程即译者在目的语认知语境中进行语言选择阐释原文化的过程。翻译时，在理解了原文的意义之后，译者会有意识地在目的语认知语境的不同层面做出语言选择，来传达原文作者试图表达的意义。

翻译涉及两种语言，是两种文化间的交际。在翻译过程中，译者应该具有很强的跨文化意识,在发挥不同文化间交流的桥梁作用中充分发挥自己的主体作用。翻译过程中的顺应指的是,在使用目的语阐释源语文化的过程中,译者使自己的翻译活动及思维运作顺应源语和目的语双方的认知环境。这些认知环境包括不同文化的社会政治制度、历史渊源、意识形态、经济方式、时代背景、地域环境、人文地理环境、民族文化心理、思维方式、宗教信仰等。这些因素会成为语用制约成分,对译者的语言选择产生影响,在某种情况下这种影响还可能是决定性的。

我们比较杨宪益和霍克斯(David Hawks)的两个《红楼梦》译本中的一句话:

凤姐悄悄道:"放尊重些,别叫丫头们看了笑话。"贾瑞如听纶音佛语一般,忙往后退。

"Take care" she whispered. "What will the maids think?" He drew back instantly as if <u>obeying a decree or a mandate from Buddha</u>. (杨宪益 译)。

"Take care!" said Xifeng in a low tone. "The servants might see you!" <u>Obedient to his goddess's command</u>, Jia-Rui quickly drew back again. (霍克斯 译)

对比两种译法可以看出,杨宪益的译文保留了原文的宗教形象,而霍克斯的译文则放弃了原文的形象,取而代之的是西方的基督教形象。两个译文各有所长,很难说孰优孰劣。从文化交流的角度看,用异化法翻译能最大限度地传递源语的文化信息,是更为可取的译法。当然,从语用对等的角度看,用归化法更能顺应于目的语读者的认知环境,从而取得更大的认知效果,达到更好的语用对等。

当我们翻译"Our son must go to school, he must break out of the pot that holds us in"这句话时,就要考虑到中国文化及人们的认知心理,将其译为"我们的儿子一定得上学,一定要出人头地"就远比译为"我们的儿子一定要进学校,一定要打破束缚我们的罐子"更符合汉语的认知心理和表达习惯。

所以,在翻译实践中,我们要特别关注交际语境,根据具体情况,力争使译文与译入语或译出语达到最大限度的顺应,从而达到最佳的语用效果。

2. 语言结构的顺应

语言结构的顺应从宏观上讲,也属于语境关系的顺应,因为语言语境也属于语境的一部分(见上图)。交际中的语言选择发生在语言结构各个层面,因而顺应也就体现在语言的各个层面,包括语音、词汇、句子、语篇等。语言使用者可以根据实际情况选择适当的词语或句式。

例如,我们在翻译 The remedy may be worse than the disease 时,可以有不同的译法:医药有时使病更糟糕/ 治不得法,病更恶化/ 劣药猛于病。从意思来看,三种译法都忠实原文,但选取哪种译法要看具体的语篇语境,也就是说,译文要受语体的制约。再如,我们将 When things happen that you don't like, you have two choices：You get bitter or better 译成中文时,就要考虑到原文的言内因素:这里 better 和 bitter 从音韵上来讲,既押头韵又押尾韵,读起来既上口又易记。而如果把其中任何一个改成另外一个语义等价词,那修辞效果势必大打折扣。将之译为:当你不喜欢的事情发生时,你有两种选择:要么痛苦不堪,要么痛快依旧。[①]这里,将原文中的 bitter or better 译作"要么痛苦不堪,要么痛快依旧",仍然押头韵,在求神似的同时力求形似,译文比较妥帖。

当然,像"头韵"、"尾韵"等这样的言内因素在译成另外一种语言时,不是总能够得到最佳的语用等价词,我们所强调的是要强化

---

① 毛荣贵:《当代美国短文赏读》,上海:上海交通大学出版社,1998 年,第 235 页。

这种语用等价意识,在翻译实践中力求做到语用对等。再以小说《简·爱》中主人公 Jane 和 Rochester 的一段对白为例:

(1) ……

Rochester：This St. John, then, is your cousin?

Jane：Yes.

Rochester：You have spoken of him often：did you like him?

Jane：He was a very good man, sir, I could not help liking him.

Rochester：A good man? Does that mean a respectable, well-conducted man of fifty? Or what does it mean?

Jane：St. John was only twenty-nine, sir.

Rochester：Jeune encore, as the French say. Is he a person of low stature, phlegmatic, and plain? A person whose goodness consists rather in his guiltlessness of vice, than in his prowess in virtue?

Jane：He is untiringly active. Great and exalted deeds are what he lives to perform.

……

这段对话发生在 Jane 听到 Rochester 的心灵呼唤,从她表兄 St. John 身边重新回到桑菲尔德。在大火中双目失明的 Rochester 心情忧郁、绝望,Jane 在讲述她离开桑菲尔德后的经历时多次提到她表兄的名字,这使仍然深爱着她的 Rochester 妒意顿生,于是他选择了一些明显具有贬义的词来贬损 St. John,如:"身材矮小"(low stature)、"冷漠的"(phlegmatic)、"平庸的"(plain)等。同时,Rochester 还用了 jeune encore (法语词'还年轻')、...rather in guiltlessness of vice than in prowess in virtue(品行端正而无任何恶习)……,这是小说作者特意的语言选择。通过用外来词、头韵(vice　virtue)、尾韵(guiltlessness　prowess)的修辞手段,来显示 Rochester 受过的良好教育,具有积极的修辞效果。那我们在译文中就要力争体现出作者这种特意的用词选择,不妨译为:"与其说品行<u>不凡</u>,不如说无品行<u>不轨</u>"。

（2）I was filled with wonder when I consider the immeasurable contrast between the two lives which it connects.

从这一天开始,我的生活和以前迥然不同,一想到这一点,我就感到非常兴奋。

原文是一个典型的英文句式,先说个人感受,其后再说与感受有关的事件。而译成中文时,我们要顺应中文的表达习惯,即先叙述事件,然后表达个人感受。

以上两例说明,译文要受言内因素的制约,在顺应原文的修辞选择的同时,还要顺应译入语的表达习惯,从而最大限度地实现语用对等。

总之,翻译的过程是译者在译入语的认知语境中进行语言选择,阐释并表现源语文化的过程。译者的选择会受到目的语言外因素(交际语境)及言内因素(语言语境)的制约。这些选择会表现在译入语的各个层面,如语音、词汇、句子、篇章等。译者在这些方面的选择通常是同时进行的。译者不仅仅选择语言形式,还要选择具体的翻译策略。

另外,翻译中的语境是译者在利用目的语阐释和表现源语文化的过程中生成的,具有动态性,且随着翻译过程的变化而不断变化。译者必须使自己的翻译活动及思维运作顺应源语和译入语的认知语境,在翻译中,译者应该具有较强的跨文化意识,担负起使不同文化之间顺畅交流的责任。

三、指示语的翻译

总体而言,语用翻译主要是以语用学的视角,把语用学研究中的理论成果和有关讨论应用于翻译理论和实践。不同学者的研究视角各有侧重,有微观语用翻译研究和综观语用翻译研究。如前所述,微观语用学视野的翻译研究几乎包括微观语用学研究的各个议题,如指示语的翻译研究,语用预设的翻译研究,会话含义理论的翻译研究,言语行为理论的翻译研究,礼貌原则的翻译研究,关联理论的翻译研究,以及顺应理论关照下的翻译研究。而综观语用学视野的翻译研究则包括对比语用学翻译研究,语篇语用学翻译研究,认知语用学翻译研究,修辞语用学翻译研究,社会语用学翻译研究,跨文化语用学翻译研究,及应用文体(如商标,广告,旅游信息,论文标题及摘要等)的翻译研究等诸多方面。下面我们仅以指示语的翻译研究为例,来看看如何具体将语用学与翻译紧密结合起来。

指示语(deixis)是语用学一个重要的研究对象,这个术语源于希腊文,是"指向(pointing)"、"明示(indicating)"的意思。指示语的理解和使用非常依赖语境,不同语言(本文指英语和汉语)在指示语的使用上存在着一定差异。指示语除了在语义上的含义外,还包含了特定语言和特定语境中的语用含义。因此在翻译中了解这些差异及指示语的语用含义对译文的质量来说非常重要。

指示语一般分为人称的、处所的、时间的和语篇的四类。这里主要探讨英汉语在这四类指示语方面的一些不同之处及汉语某些指示语特定的语用含义,以期增强对英汉两种语言的敏感度,进而提高翻译的准确性。

1. 人称指示语方面

由于汉语人称代词"他"、"她"和"它"发音完全相同,在语流中容易造成误解,而英语的"he"、"she"和"it"之间则不存在由于发音相同而产生的指代关系的混淆,所以英语倾向于多用代词,特别是人称代词,汉语则倾向于重复名称、人名或称谓,避免在上下文中交替使用不同的代词而导致指代关系的混淆。如:

(3) She told them he never gave her any information about his address at Istanbul fearing that she would in one way or another leak it out.

她告诉警察(他们)乔治(他)从未向她透露他在伊斯坦布尔住址的信息,惟恐她会有意无意地(将它)泄露出去。

英文原文中人称代词的指代关系是很明确的,不会引起任何歧义。如果把这些代词直接译成括号中对应的中文,就难免会引起指代关系的混淆,在口译中尤其如此。

再如:

(4) We tender our sincere compliments and express our heartiest thanks and appreciation for the close cooperation and generous patronage you always render to our cooperation.

衷心感谢<u>贵国</u>对<u>本公司</u>一贯给予的密切合作和大力支持。

英文原文中用了五个人称代词,而译文只用了"贵国"和"本公司"两个名词就表达出了原文的意思。英语中常常以不同的人称代词来表达逻辑关系,传递信息;汉语则倾向于少用人称代词,通过重复名词或名称来传达逻辑信息。因此,在翻译时,英文原文中的一些代词在译文中往往要省略,同时通过重复名词或名称来传递信息。

英语和汉语在指示语方面的另一个区别是,英语中代词的使用既可以是复指式表达(anaphoric reference),也可以是预指式表达(cataphoric reference)。所谓"复指式"是指用代词来替代前面出现过的名词或名称,而预指式则是指代词出现在它所替代的名词或名称之前。汉语往往用复指式表达,而很少用预指式表达,这一点在翻译中要特别注意。如：

（5）Despite her heartache and the pain of unshed tears, a deep sense of quiet and peace fell upon Scarlett as it always did at this hour.

<u>斯佳丽</u>尽管伤心痛苦，强忍眼泪，<u>她</u>还是跟平时一样，深深感到平静和安宁。①

从上例可以看出，英文用预指式（her 出现在名称 Scarlett 之前），而符合中文表达习惯的说法却要用复指式（Scarlett 提前，后面用"她"来复指）。当然，也可以省去一个指示语，译成"尽管伤心痛苦，强忍眼泪，斯佳丽还是……"也是可以接受的中文。

2. 时间指示语方面

英语中时间的标记可以是直接的指示语，如"today, now, this Sunday"，也可以是动词的时态标志，如"-ed, -ing, will 等。对这些时间指示语的理解取决于"指示中心"（dictic center）及"指示语境"（Verschueren1999:18）。也就是说，不同的"着眼点"（anchoring point)决定着这些时间指示语的确切含义。如：

[Mother to her son：]

（6）What class will you have today?

（7）What class did you have today?

由于指示中心不同（上学前和放学后），"today"表述的确切信息也不同，因而句子动词的时态也不同。

时间指示语的确切含义取决于指示中心，这对于英语和汉语来说都是同样的情况。所不同的是，英语的时态变化在动词的形式上显现出来，而汉语则多是通过"着"、"了"、"过"等助词来表示时态。翻译中要注意的是，英语过去式动词并不总译为"曾经……"，（如 He went to Shenzhen last week，最好不译为"上星期

---

① 《乱世佳人》，陈廷良等译，上海：上海译文出版社，1990 年。

他曾经去过深圳。")而"will","shall"也不能总译为"将"。如果把 The weather forecast tells us we will have a cold evening 译为"……我们将有一个寒冷的晚间",将是很蹩脚的译文。

英汉语在时间指示语方面的不同还表现在近指和远指指示语 this 和 that 的使用上。据统计,英语中 that 作指示语的使用频率远高于 this,而汉语中"这"的使用频率则略高于"那"。① 换句话说,英语中的指示语"that"除译为"那"外,往往还可以译成"这",而反过来,汉语的"这"译成英文时,往往用"that"。②如:

(8)……过后,爷爷又把我叫到他的房里,问我是怎么回事。我据实说了。爷爷也流下泪来。他挥手叫我回去好好地服侍病人。这天晚上深夜爹把我叫到床前去笔记遗嘱,…… ——《家》

...Later, Grandpa called me to his room and questioned me in detail on what had happened. When I told him, he wept too. Finally he waved away, telling me to take good care of the patient. That night Dad summoned me to his bedside to write his will. ...

汉语原文的陈述者是在讲述几年前的事情,但这一幕对他来说历历在目,记忆犹新,所以用了"这天晚上",从而收到化远为近的生动效果,而这种情况在英语中则多用"that"。

3. 空间指示语方面

英语中的空间指示语可以是表示空间位置的介词(如 in,on,above 等),也可以是方位副词(here,there,away,down 等),还可以是具有方向性的动词(come,go 等)。和时间指示语一样,空

---

① 许余龙:"英汉远近称指示词的对译问题",《外国语》,1989 年第 4 期。

② 参见孙述宇、金圣华,《英译中:英汉翻译概论》,香港,1975 年。钱瑗,"A Comparison of Some Cohesive Devices In English and Chinese",《外国语》,1983 年第 1 期。

间指示语所表达的确切信息也离不开具体的语境,其中包含了说话人的个人视角(perspective),如:Come/ Go to my office tomorrow afternoon,究竟用 come 还是 go,一方面取决于说话人的实际处所,另一方面取决于说话人的心理视角。如果他以自己为指示中心,他可能会用 come,而如果以听话人为指示中心,则可能用 go。就翻译而言,一要考虑空间指示语使用的具体语境,二要考虑英汉在使用这些指示语时的一些差别。比如,英语中的介词在译成汉语时,往往要译成动词。例如,Einstein was beyond any pretension 中的介词"beyond"就可以译成动词。"爱因斯坦毫无矫饰、虚荣之心"。再如:

(9) Though many amateur athletes had played for pay under false names, Thorpe had used his own name.

尽管许多业余运动员使用假名参赛赚钱,但索普使用的是真名。

英汉指示语的另一个不同点表现在,汉语中用近指指示语"这里"(这儿)的地方,英语则往往用远指指示语"there 或"that"。另外,英语中,基于空间概念的"this"和"that"也内含说话人与指称对象的"心理距离"。例如:

(10) I hope she doesn't bring *that* husband of hers.

但愿她别把她**那位**先生带来。

这里 that 更多的传达的是一种"心理距离",而非实指意义上的空间距离,这种用法和汉语有相似的语用功能。

4. 语篇指示语方面

语篇指示语指一些把语篇联接起来的词或短语,如英文的"in the next Chapter","after all","to the contrary"等等。这里要特别指出的是,既可以指称时间、空间,又可表示语篇联系的 this 和 that 在英语和汉语中的用法略有不同,翻译时应特别注意。英语中常用 that 来指称对方刚说过的话或提到的事,而译成汉语时,往往要译成表近指的指示语"这"或"这些话"。如：

11)　——I know him very well.

　　——That makes it all the worse.

　　——我对他很了解。

　　——<u>这</u>就使事情更糟糕了。

反过来，汉语中常用近指词"这"，"这话"等来指代对方刚说过的话。如：

12)　——我并不傻。

　　——<u>这话</u>什么意思？

汉语的"这话"译成英文往往要用"that"— What do you mean by that?

结　语

以上从四个方面分析比较了英汉指示语的一些不同用法，以及在翻译中应注意的问题。其中人称指示语更常常具有特定的语用含义，翻译时更应把握其内涵，尽量体现出特定的语用含义。如大夫在查房时问病人："How are we feeling today?"这里"we"并不包括说话人医生自己。大夫这样运用人称指示语是想拉近与病人的距离，表明自己对患者亲人般的关切。如果译成"我们今天感觉如何？"就会使人莫名其妙，但如果把"我们"换成"咱们"，则显得亲切得多，也较为贴切地传达了原文的含义。再如，汉语的人称代词"人家"常用来作不定指的第三人称，但在特定语境中，也可用来自指。如："你让我给你借小说，人家借来了，你又不看。"[①]"人家

[①]　伍铁平：《论语言的类型对比》，《外语学刊》，1984 年第 4 期，第 7 页。

又没有说你,干吗那样沉不住气?"①(周流溪,2001:298)这两例中,"人家"都被借用来自指,而且附加了一定的语用含义,如略微的不满或其他情绪。在译成英文时,一定要注意这种语气的传达。

以上是从语用学的视角来讨论指示词的翻译问题。如前所述,前人已将微观语用学的各个议题与翻译结合起来进行研究,语用学的研究视角给翻译研究提供了新的研究范式和更广阔的研究领域。

关键词

语用翻译;顺应;动态对等

思考题

1. 语用翻译观的主要内容有哪些? 你如何看待语用学与翻译的关系?

2. 什么是动态顺应? 你如何理解顺应理论对翻译的意义?

3. 微观语用学和综观语用学视野的翻译研究分别包含哪些内容?

建议阅读书目

[1] Gutt, E. *Translation and Relevance: Cognition and Context*. Oxford: Blackwell, 1991.

[2] Hatim, B. & Jeremy Munday. *Translation, an Advanced Resource Book*. Routledge, 2004.

[3] Hickey, L. *The Pragmatics of Translation*. Shanghai Foreign Language Education Press, 2001.

---

① 周流溪:《指称词语的语用学地位及其使用准则》,《语言研究与语言教学》,香港,2001,第298页。

［4］ Newmark，P. *Approaches to Translation*. Shanghai Foreign Language Education Press，2001.

［5］ 李菁:《翻译研究的语用学转向》,上海:上海译文出版社,2009。

［6］ 曾文雄:《语用学翻译研究》,湖北:武汉大学出版社,2007。

第十讲 翻译与法律英语

导读

　　法律翻译是翻译中的高端服务,它主要服务于律师、外资企业、进出口公司等社会上层群体,质量要求和技术难度都相当高。作为一种特殊文本的翻译,法律语言的翻译在全世界乃至中国都有着悠久的历史。我国的法律翻译始于鸦片战争时期,历经五四运动、民国时期、建国后和改革开放等阶段。真正兴盛发展是在加入 WTO 后,中国法制现代化的进程突飞猛进,对外法律文化交流日益增多,每年都有大量的中外法律文献被译成中英文。尽管法律翻译活动非常活跃,但其在翻译学术界及法律研究领域都没有得到应有的重视。和国际社会每日大量的法律文本的翻译实践相比,中外学术界对法律翻译的理论研究却很滞后。目前的中国法律翻译理论领域,充斥的是大量文史哲翻译理论的争论,例如,"直译"和"意译"、"动态对等"和"形式对等"、"异化"和"归化"、"目的"和"功能"等的二元对立,①尚没有适合法律翻译的理论。本讲意在于探讨一个适合法律文体风格的翻译理论模式,把静态对等模式与系统功能语法相结合,以期较理想地完成法律英语语篇的中文翻译。

---

　　① 参阅《中国翻译》多篇论文(2000－2010)。

一、引言

法律翻译在国内、国际社会生活中将起日益重要的作用。法律翻译工作除了对译员及相关的条件提出较高的要求外,还受制于法律语言本身的特点。因此,法律翻译应有不同于文学、新闻或商贸等其他文体的翻译理论。理论建设对于法律翻译实践的指导有深远的意义,法律翻译者需要一个有章可循、前后一致的理论框架,在指导实践的同时,使新的研究者比较容易地找到自己的位置,选择合适的路子进行特定研究。理论的强弱与否在很大程度上决定着这一学科的发展空间和深度。首先,作为法律语言学主要研究内容之一的法律文本是一种特殊语篇,是用来规范社会和大众的行为范式的,不是用来欣赏的。它是一套规定权利义务及法律后果的行为规则,具有强制性和普遍约束力,具有权威性、严肃性和庄重性。因此,法律原文和法律译文最高的标准皆是用词精确、措辞严谨和文式规范统一,不需要行云流水,不能含混草率。并且原文和译文所指导的行为结果必须一致,否则后果不堪设想。精确翻译原文的前提是精确地理解原文。而精确地理解原文,就涉及对原文有正确的分析,就需要一个好的理论进行语篇分析。

分析了目前中国的法律英语翻译状况后,笔者认为韩礼德①(1973,1985)的系统功能语言学理论与李克兴②(2010)的"法律文本的静态对等翻译"相结合,可以比较理想地完成法律英语语篇的中文翻译。

---

① M. A. K. Halliday, *Explorations in the Function of Language*, London: Arnold, 1973; *An Introduction to Functional Grammar*, London: Arnold, 1985/1994.

② 李克兴:"论法律文本的静态对等翻译",《中国翻译》,2010年第1期。

二、理论背景

法律语言是一种特殊文体。文体主要指的是各种语言变体。语言因交际环境、交际对象等发生变化而产生变体,例如,商务领域的商务用语、新闻行业的新闻用语等,而在法律领域为法律工作者使用的语言则是法律语言。不同语言变体形成了自身的特点和风格,主要表现在语音、词汇、句式及语篇几个方面。翻译过程中,最好体现源语原貌。如果将用词准确、句式严谨规范的法律文体译成了务实的商贸文体风格或者吸引读者注意力的新闻语体风格,这种翻译就是不成功的。因此,在法律翻译过程中,译者需要把握译文的文体风格,从词汇、句式和语篇等层面上把握法律语言的风格。

(一)系统功能语言学与翻译实践

在语言学界,以韩礼德为代表的系统功能语言学是当今国际上最有影响的语言学理论之一。它在思想渊源上秉承了普罗塔哥拉和柏拉图以降的以人类学为本的语言学传统,着重语言的人本性和社会性;学术派别上弘扬了伦敦学派的研究成果,借鉴了布拉格学派、层次语法学派和法位学派的学术思想,吸取了信息论、系统论等学科的理论精髓。研究方法上,坚持弗思倡导的以意义而非形式分析语言的方针。因此,系统功能语言学与翻译理论的研究维度有着天然的联系。系统功能语言学从 20 世纪 60 年代起就开始从语篇和文体学角度探讨文体与翻译的关系,70 年代后系统功能语言学已普遍被认可为最适合语篇分析的理论,并且已广泛应用于翻译理论与实践。下面图示为系统功能语言学家 Hasan[①]所做的关于文化、语类和语言系统之间关系的详解：

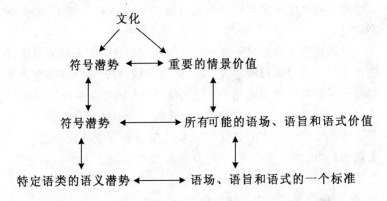

从图示中可以看出系统功能语言学对文化的重视，文化决定了语类符号的意义潜势和情景价值，特定意义潜势（即某种语言变体）和情景（即语场、语旨和语式）之间又互相决定。其中，把情境列入语言系统是系统功能学派关注语言的社会品性的体现，也是该学派与其他学派在理论基础上的重大差异。在这里，语场指的是正在发生的事情，包括语言发生的环境、谈话的话题以及参与讲话者的整个活动（如政治、科技和家庭事务等）；语旨指参与讲话者之间的角色关系，包括他们的社会地位以及说话者的态度和想要实施的意图等，体现在语篇中就是指语言的正式程度（如亲密体和随便体等，实际是双方关系的反映）；语式指的是语言的交际渠道以及语言所要达到的功能，包括修辞方式，可分为书面语体和口语体、正式语体和非正式语体等。系统功能学派的开拓者韩礼德多

① R. Hasan, Meaning, context and text: fifty years after Malinowski, in Benson, J. D. and Greaves, W. S. (Eds.), *Systemic Perspectives on Discourse*, Vol. 1: *Selected Theoretical Papers from the 9th International Systemic Workshop*, Norwood, NJ: Ablex. 1985, p. 100.

次指出,该理论对培养译员有指导意义。我国第一部较全面地介绍系统功能理论的专著①认为该理论可应用于翻译(包括机译)等实用性学科。中外多名学者在这方面做出过探索和验证,本文不再赘述。

翻译理论家奈达曾明确指出系统功能语言学是一种能对语言的各个层面做出解释的学说,他的话语结构分析、篇际性等理论都得益于系统功能学派的篇章语言学理论。②如果说系统功能语言学对奈达的影响只是局部的话,对贝尔的影响则是全方位的——贝尔的翻译学说基本上是建立在系统功能语言学的理论之上的。宏观而论,他的全书的理论思想(系统思想和意义为中心的思想)都源于系统功能语言理论,微观而论,系统功能语言学的理论成果、概念系统等在书中也随处可见。(ibid.)

国内语言学者如杨信彰③(1996)、黄国文④(2006)等都尝试过把系统功能语言理论运用于翻译实践,其中做得最详尽的是黄国文(2006)。不过,这些学者多数做的是文学文本的翻译实践,较少用于法律文本的实践。在本讲,笔者拟用系统功能语言理论探讨如何进行法律语篇翻译。

(二)法律语篇翻译的静态对等

就职于香港理工大学翻译研究中心的李克兴博士,多年来一直从事法律语篇的中英互译实践与理论探索。在多方比较了中外各种翻译理论和方法后,李博士提出了独具创新的静态对等原则(2010)。

---

① 胡壮麟,朱永生,张德禄:《系统功能语法概论》,长沙:湖南教育出版社,1989年。

② 杨莉藜:"系统功能翻译理论引论",《外语与外语教学》,1998年第3期。

③ 杨信彰:"从主位看英汉翻译中的意义等值问题",《解放军外语学院学报》,1996年第1期。

④ 黄国文:《翻译研究的语言学探索》,上海:上海外语教育出版社,2006年。

　　针对目前纷纷扰扰的各种翻译方法和理论,李克兴(ibid.)认为,奈达的动态对等原则为了创造出符合源语语义,同时又能体现源语文化特色的译作,不得不舍弃形式对等,这在文学、宗教、新闻、旅游等普通文类的翻译中是可以接受的,但在必须尽一切可能、全方位地忠实于原文法律文本的翻译中,这几乎是绝对不允许的。另外,李还认为,许多翻译者在用的异化和归化策略,在法律翻译活动中不能成立,因为异化的生硬,归化的不能回译。赖斯和维米尔提出的目的论在法律翻译中同样存在难以回译的问题,并且缺乏可操作性。纽马克的传意或交际翻译过于强调译文读者的反应和译文的顺畅,甚至为了达到宏观上的传意或交际目的,采用这一翻译策略时可以牺牲语义,这在法律翻译上是不允许的。纽马克的语义翻译策略为了语义可以牺牲实际效果,这一点在法律翻译中也是绝对不允许的。因为无论是一款法律条文还是一条合约规定,源文本和译文本执行的实际效果必须一致,否则,译文是失败的,后果可能不堪设想。(ibid.)

　　李克兴(ibid.)在对中外多种翻译策略比较和权衡后,认为静态对等是一个可用于法律翻译的极为合适的策略概念。在这里,静态对等相对于动态对等,要求深层意思、表层意思、语言结构、风格、格式与原文的这些方面完全对等,还要求译文最大程度地再现原文作者的写作意图。李(ibid.)认为,法律翻译之所以需要静态对等而不是动态对等,是由于法律文本的特殊使命和法律语言自身的特点为其提出并提供了一系列特别的要求或条件:1. 法律语言基本上是全静态的;2. 法律翻译的最高原则是完全忠实于源文,从而为静态翻译提供了客观的条件;3. 法律源本和译本的读者群都比较单一:两种文本主要都是为法律专业人士而制作;4. 主流法律文本的译本都是具有权威性的信息型文本,理想境界的译本与源文本的信息从质到量到型(风格和格式)都应该完全对等。最理想的翻译手段应该是机械性的,静态对等的翻译最适合;

法律语言虽然复杂,但句式比较单调,语言趋于模式化和格式化,翻译时最适合作静态处理。

尽管李克兴详细地论证了静态对等原则的合理性,遗憾的是,他在阐述完自己的理论策略之后,并没有给出法律翻译时如何实施静态对等原则的方法。

(三) 本研究的理论方法

若想翻译成功,首先要对目的语理解正确。而若想正确高效地理解目的语,就需要一个高效的语言理论和方法。笔者在比较了目前较流行的语言学方法论比如文体学、语用学等语言学方法后,认为系统功能语言学是唯一有完备方法并且能详尽分析和理解一个语篇的理论。首先,系统功能语言学早已被公认为是最适合语篇分析的理论;其次,文体学对语篇的描述多于解释,语用学更适合分析语篇交际策略,认知语言学远远达不到拿来做翻译方法模板的地步。所以,笔者认为,系统功能语言学作为方法,静态对等作为原则,二者结合,即可在现阶段成为法律翻译的颇为有效的策略。具体步骤为:

1. 了解目的语的文化语境。
2. 分解句子的逻辑结构。
3. 分析句中的人际功能和语篇功能。
4. 理解语言符号的意义潜势。
5. 静态对等地翻译原文。

限于篇幅,文中分析不能面面俱到。笔者在此仅就文化语境和逻辑功能分析与静态对等相结合,做一翻译尝试。

三、文化语境的静态对等翻译

语言学家与社会学家对文化的定义可谓是仁者见仁、智者见智。文化是较大的某一群体共享的知识体系,可以根据年龄、性别、种族、宗教、职业或地理位置划分为不同的次文化。而法律文化正是根据职业划分的一种次文化。语言是广义文化的组成部分，又是其载体之一。一种语言在某些方面的确反映了一个社会的文化，但主要表现在语言的可选择性特征方面，及某些词汇等级体系的选择和给予不同语篇类型在使用时的优先地位。然而，因为语音与句法在某种程度上的自动运作，语言并不在音位或句法方面反映文化。

从上文中的系统功能语言学语篇分析图示即可看出，文化语境处于语篇层次的顶端，决定着语言符号的性质、意义、系统和结构。若想正确地理解一个语篇，必须对宏观的文化语境有精确的把握，语际转换时不能忽视语言符号的信息承载传递功能，意义的转换必须包括语言文化信息所包含的尽可能完整的内容与特色。翻译法律语篇时更应该如此，运用静态原则翻译文化语境是最好的策略。否则，对其语境含义、法律文化不做深入分析，意义的语际转换必然是不完全的，从而使得译文的准确性与严谨性大打折扣，甚至导致误译。

法律的词汇翻译必然是置于具体的法律文化语境中的语际转换过程，法律文化首先是对法律作为一种文化现象的研究。法律一开始就不仅是法律问题，同时也是政治问题、社会问题、历史问题和文化问题。广义上的法律文化指与法律有关的历史、传统、习惯、制度和其他任何事物。就法律词汇在翻译中的词义确定而言，法律文化语境主要包括法系与法律部门。

我国与英美法律文化背景差别巨大，英美法律属于普通法系，中国法律属于欧洲大陆法系；英美历史上有独立的司法体系，中国古代是皇权代替法权；英美法律的象征物是天平，中国法律的象征物是独角兽。因此，汉英两种法律文本中的专业术语、措辞特点迥异，给译者带来了很大挑战。比如，中国的"法制"这个概念通常被英译为"legal system（法律体制）"，而实际上，"法制"在中国还包括"legality(合法性)"和"social justice(社会公正)"等含义。后两者的含义远非"legal system"所能完全包括。而英美法律环境中，表达"法制"这个概念时，用的通常是"rule of law"。①所以，在翻译时，要分析文化语境，运用静态翻译策略，把每个语言符号及其背后的潜势翻译出来。

又如，在英美法律体系中，law 是一个大概念，是一个描述性用语，泛指一切具有法律约束力的国家规范性文件。在英美法律实践中，几乎不用 law 为其具体的法律命名。英美国会制定的成文法，通常都以 Act 命名。中国属于大陆法系国家，一切法律法规均属制定法的范畴，所以通常用 law 翻译我们的具体法律名称。这也体现了中国与英美法系国家法律文化间的差异。②

再如，英美刑法中的"principal"常被翻译成"主犯"。"主犯"是中国大陆刑法中的术语，不能脱离"共同犯罪"的语境。而"principal"的定义是"one who commits or participates in a crime"，表明此概念绝不限于共同犯罪。所以，"principal"被翻译成"主犯"实属误译，"正犯"是一个恰当的对应词。③

类似的例子还有，"抓大放小"是我国特殊经济语境下使用的法律政策术语，若直译成"grasp the large and relieve the small"，肯定会让读者一头雾水。这个中文短语的真实意思是"管住管好大企业，放开放活小企业"，所以应该译成"keep a good control of large enterprises while allowing small enterprises to develop in their own way"才比较妥当。④再如，"双规"也是我国法律政策中特有的词。如果简单地把它译成"double regulations"或者"doub-

---

① 林巍:《比较法律文化与翻译》,《中国翻译》,2006 年第 3 期。
② 张法连:《法律英语翻译中的文化因素探析》,《中国翻译》,2006 年第 6 期。
③ 滕超,孔飞燕:《英汉法律互译:理论与实践》,杭州:浙江大学出版社,2008 年。
④ 谢燕鸿,《论功能翻译理论框架下的法律翻译质量评估》,《南昌高专学报》,2009 年第 5 期。

le punishment"，读者也是不知其意。"双规"在我国特指对贪污受贿的行政人员"规定时间规定地点交代问题"，所以应该翻译成"to tell sb. one's real intentions at a prescribed time and in a prescribed place"。同样，中文里的"怀孕妇女"在法律文本中不应译为"pregnant woman"，而应译为"expectant mother"；英语法律文本中的"children"不应简单翻译成"儿童"，而有可能根据语境翻译成"未成年人"。

从以上例子可以看出，法律英语翻译比一般语言的翻译更为复杂。基本术语译得不正确，整个法律文件是不可能译好的。专注文化语境的翻译的静态策略，才能确保法律翻译时符号潜势的正确译出。同时，平时要勤于积累语言点滴，加强母语和有关法律文化知识的学习，重视研究英汉两种语言和法律文化的特点，并对有关法学知识有一个更准确的理解把握，才能更准确、更有效地进行法律翻译。

四、逻辑功能的静态对等翻译

(一) 逻辑功能的意义及其分析

根据系统功能语言学，不管你如何特殊地使用语言来描述周围所发生的事件或情形，都要参照对世界的经验范畴：即事物之间有一种抽象的内部关系——逻辑功能。表现在系统功能语法中，逻辑功能表明小句与小句之间的关系机制。

根据系统功能语言学，逻辑功能的主要特征是其"递规性"，即语篇的内部抽象关系由并列关系(parataxis)和主从关系(hypotaxis)来体现，二者都是递归的。并列关系指两种类似成分之间的平等关系，这两个成分一个是起始成分，另一个是延续成分，在做句中分析时，用数字1，2，3……来表示；与此相对照的是，主从关系指依赖成分和支配成分之间的关系，在做句中分析时，用希腊字

母 α,β,γ……来表示。语言中所有的逻辑结构或为并列关系,或为主从关系。比如:

He would be punished if he did such a thing, but he did not do it.

1α 1β 2

与传统语法的句子结构分析相比,系统功能语言学的逻辑结构分析没有那么多主谓宾定状补的名称,没有主语从句、定语从句、状语从句等这么复杂的分类,区分了并列关系和主从关系,区分了起始成分和延续成分、依赖成分和支配成分,即可理解句中逻辑功能的配置。

(二)立法语言的逻辑功能发展史

立法文本是由国家立法机关正式颁布的各项法律法规,主要目的是规范公民的行为标准、公民的权利与义务等,具有很强的专业性、正式性、规范性、逻辑性和严谨性。因此,立法文本的语句常使用复杂句和完整句。对句子结构的分析,主要是要求译者准确地把握复杂语句的结构。

根据克里斯托尔和戴维①的观点,早期的法律文献,就格式而言,极少满足读者的理解和使用方便。它们通常为一整片文字,每一行在羊皮卷上占满从左至右的空间,没有任何退格或留白表明不同的段落或章节。这种不间断的格式,可能是为了节约羊皮卷,或者为了避免错误的语言或内容上的增减等。但这种格式导致的直接后果便是超长的句子,甚至有整篇法律文献仅用一个句子完成的现象;更为困难的是,几乎没有或即使有也是支零破碎的标点符号。因此,这种文献对专业法律人士来说都难以理解,更不用说外行人士。

---

① 杨敏,《立法语篇逻辑功能的权力意志剖析》,《外语与外语教学》,2007 年第 1 期。

当法律文献渐渐被印刷成册时,编写者受到惯例的影响,确认该传统与其"无间断"语法本质相一致,视觉上的连贯也应尽可能地少被标点符号和自然分段等语言的非必要性特征所影响。因此,这种传统延续至今。表现在英美法律文书中,则构成了一个鲜明的语言特点:叙述周详,结构复杂,巨细无遗,滴水不漏。但同时也给语言本身增加了沉重的负担,直接影响了语言的传导性、交流性,给法律外行人士和翻译工作造成了巨大困难。

试看法律界自嘲法律文书啰嗦特点的一段文字:如果一个朋友给您一只橘子,他只不过说:"Here,have an orange."但是,如果一位律师给你一只橘子,他则可能写出如下一段文字:①

"I hereby give you all and singular, my estate and interests, right, title, claim, and advantages of and in said orange, together with all of its rind, juice, pulp, pits and all rights and advantages with full power to bite, cut, and otherwise eat the same or give the same away with and without the rind, skin, juice, pulp, or pits, anything herein before or herein after or in any other deed or deeds, instruments of whatever nature or kind whatsoever to the contrary."

(三) 条件句的静态对等翻译

乔治·库德早在1848年即发现法条中有下列四个主要成分,对法律的制定做出了巨大贡献。②

任何一个骗子拒绝支付任何教堂税率,(案件)

如果任何一位教堂管理员对此有所抱怨,(条件)

一位治安法官,(人物)

可以传讯这个骗子。(行为)

---

① 李克兴:《法律翻译:理论与实践》,北京:北京大学出版社,2007年。
② V. Bhatia, *Analysing Genre*, NY: Longman Group UK Limited, 1993.

尽管库德对于法律句子的分析并未完全展示立法语篇的所有特征,尤其对那些具有多重复杂修饰成分的句子,但它的确体现了一定的价值,因为他毕竟注意到了法条的句子结构以及修饰句的"最佳"位置。

与库德的上述观察中的"条件"相仿,克里斯托尔和戴维[①]也论述道,大多数法条句子有一个潜在的逻辑结构,即"如果 X,则 Z 必须是 Y"或者"如果 X,则 Z 必须做 Y"。也许法条的语言特征会有改变,但"如果"成分是必须的。每一个法律行为或要求,都被一组条件影响,甚至依靠一系列条件方能成立。

就句子结构而言,"if X"最有可能通过状语从句实现,即条件或让步状语从句。由于这样的从句在句子结构上扩展句子基本要素,立法句子无一例外地是复杂的。用系统功能语法逻辑结构表示出来就是 α·β。

例如英国《高等教育法(2004)》[②],"If a body is designated under subsection (1) or (2) (β) the Secretary of State or the Assembly must, before the effective date, — (a) give the body notice of the designation, and (b) publish notice of the designation in such manner as he or the Assembly thinks fit (α)." (The Higher Education Act (2004), Section 13 (4))

如果用韩礼德的主从关系和并列关系表示,就是 α(1+2)β,用支配句和依赖句图示表示,就能看得更清楚。

支配句　依赖句

If a body is designated under subsection (1) or (2) (β)

①　杨敏,《立法语篇逻辑功能的权力意志剖析》,《外语与外语教学》,2007 年第 1 期。

②　The Higher Education Act (2004), http://www. legislation. gov. uk/ukpga/ 2004/8

the Secretary of State or the Assembly
must，before the effective date，
(a)give the body notice of the designation，
and
(b) publish notice of the designation in
such manner as he or the Assembly
thinks fit (α).

　　翻译这个法条时，首先了解英国《高等教育法(2004)》的文化语境。1992 年，英国政府制定了英国《高等教育法(1992)》，确认了英国各地大学外的高等教育机构——多科性技术学院更名为独立大学，并有学位授予权。2004 年的法案是对 1992 年法案的修订，明确法案意图是为人文艺术研究提供法律条款，为投诉提供高等教育的学院的学生提供条款，为接受高等教育的学生交得起学费提供条款，等等。由此可见，本法案是在制定法案的议会、学生和教师之间界定权利与义务的法律。

　　关于句子的逻辑结构，上面已经按照依赖和支配关系进行了分析。再根据语境，把每一个语符的意义潜势正确理解，接着按照分析出来的结构可把各小句翻译出来(笔者译)：

支配句　　依赖句
　　　　如果一个机构根据款(1)和(2)被任命，
部长或者议会必须，在生效日期前，
(a)给予该机构任命通知，
(b)以部长或者议会认为合适的方式，
公布任命通知。

　　法律语篇语言严肃规范，绝不会出现口语词。在本法条中，"a body"不指"人"或"躯体"，而指"团体"或"机构"。同时，为了避免语义模糊或者歧义，法律语篇会较少使用指示代词，而是不断重复使用名词。翻译时，不可图省事，要保持原文语义和结构，遵循静

态对等翻译的原则，该重复的地方要重复。如上面译文中"部长或议会"和"机构"都得到了有效的重复。如此一来，一个复杂的条件句就被翻译完成了。

（四）复杂句的静态对等翻译

法律语篇以长句、复杂句著称，如前面4.2所说，是为了叙述周详、语言精确、逻辑缜密，所以不惜以冗长晦涩的句子为代价。Bhatia[①]评述立法语篇中的句子平均长度为271个单词，而一个典型的科技语篇句子仅为27.6个单词。由此可见，法律语篇的句子长度远非一般语篇所能比拟。

为了理解法律语篇长且复杂的句子，许多语言学者和翻译学者进行了探索。在笔者看来，法律长句就像一串串葡萄，看上去复杂无比，但是都有一根主茎。抓到主茎，轻轻一提，这一串串葡萄整齐地立在眼前，旁支末茎及其上面的葡萄立刻清清楚楚。而抓主茎的方法，则非上文中的系统功能语法的逻辑功能分析莫属，即准确地把握复杂语句的支配结构和依赖结构，然后明确各结构中从句或短语结构。只有很好地分析和理解了原文的结构，才能提高译文的准确性。

比如，英国《雇佣法（1990）》[②]里的一个法条，"Where an advertisement is published which indicates, or might reasonably be understood as indicating— (a) that employment to which the advertisement relates is open only to a person who is, or is not, a member of a trade union, or (b) that any such requirement as is mentioned in subsection (1)(b) will be imposed in relation to employment to which the advertisement relates, a person who

---

① V. Bhatia, *Analysing Genre*, NY: Longman Group UK Limited, 1993.

② The Employment Act (1990), http://www. legislation. gov. uk/ukpga/1990/38

does not satisfy that condition or, as the case may be, is unwilling to accept that requirement, and who seeks and is refused employment to which the advertisement relates, shall be conclusively presumed to have been refused employment for that reason."
(The Employment Act (1990), Section 1(3))

用韩礼德的主从关系和并列关系表示，就是 β(αβ(1＋2)) α (1αβ＋2αβ)。

支配句　　　依赖句

Where an advertisement is published
↓
which indicates, or might reasonably
be understood as indicating—
↓
that employment
to which the advertisement relates
is open only to a person
who is, or is not, a member of a trade union,
↓
or that any such requirement
as is mentioned in subsection (1)(b)
will be imposed
in relation to employment
to which the advertisement relates,
↙
a person
↘
who does not satisfy that condition
or as the case may be,

is unwilling to
accept that requirement，

↓

and who seeks
and is refused employment
to which the advertisement relates，

↙

shall be conclusively presumed
to have been refused
employment for that reason.

翻译这个法条时，首先了解英国《雇佣法(1990)》的文化语境。英国作为工业革命起源国，对劳工的雇佣法等法案条例非常详尽周全，特别对雇员更是保障有加。雇员享有不被无理解雇的权利，如果雇主无故或用不公平合理的理由解雇劳工，劳工可将雇主告上法庭。由此可见，《雇佣法(1990)》是界定雇主和雇员之间的权利与义务的。

关于句子的逻辑结构，上面已经按照依赖和支配关系进行了分析。接着按照分析出来的结构把各小句翻译出来(笔者译)：

支配句　依赖句
如果广告登出，

↓

该广告表明，或者可能合理地被理解为该广告表明

↓

该广告所指的工作，
只对一种人开放，
这人是，或者不是，工会的成员，

↓

或者款(1)(b)里的要求

将被广告所指的相关工作,强行要求,

某人

不符合上述条件,
或者根据具体情况,
不愿意接受该要求,

该人谋求上述广告所指的工作,
被拒绝雇佣,

将会被确定地推定为,
因为上述原因而被拒绝雇佣。

和上文 4.3.1 中的翻译一样,本法条分析完句子的逻辑功能后,要理解句中语符的意义潜势,注意句中的重复部分,遵照静态对等原则,忠实地翻译原文。

法律语篇中长难句被公认是最难翻译的。如果运用传统语法的句子结构分析,就会陷入寻找句子的主谓宾定状补或者各种从句的复杂任务中,理解的过程即很困难,更何况翻译。而从上面的翻译实例可以看出,如果运用系统功能语法的逻辑功能分析方法,找出支配句和依赖句之后,就仿佛拿葡萄时提起葡萄串的主茎,整个句子架构豁然开朗,而用不着费时间去搞懂各个分句的传统语法功能。同时,再掌握了该句子的文化语境,理解了法律语篇的深层含义,按照源语句结构,静态地理解句中每个语言符号,用法律语言特有的庄重语体,正确地翻译该长句就不会是难事了。

结　语

　　法律翻译具有极强的目的性,即权威的法律信息交流。这要求源语言与目的语之间在信息、语义、句式、风格等方面严格对等,否则目的语和源语之间会出现法律效力偏差。立法文本的翻译是一项艰巨的工作,分析并掌握立法文本的类型、结构、语言特点是译者开展翻译工作的基础。系统功能语法视域下,文化语境帮助译者了解法律语篇的背景知识,逻辑功能分析帮助译者精确地掌握长难句结构,为静态对等分析策略提供了可行的方法,为顺利实现法律语篇的翻译目的提供了理论依据。在此基础上,译者还需要准确理解复杂语句的结构,精确把握立法文本中词语和语句的翻译方法。总之,系统功能语言学与静态对等原则相结合,是进行法律语篇翻译活动的良好方法与可靠保障。

关键词

　　法律翻译;系统功能语言学;静态对等原则

思考题

　　1. 系统功能语言学对翻译的贡献是什么?

　　2. 静态对等原则的条件是什么?

　　3. 怎样运用逻辑功能分析进行法律翻译?

建议阅读书目

　　[1] R. T, Bell. *Translation and Translating：Theory and Practice*. Harlow：Longman, 1991.

　　[2] M. A. K. Halliday. *An Introduction to Functional Grammar*. London：Arnold, 1985/ 1994.

　　〔3〕胡壮麟，朱永生，张德禄:《系统功能语法概论》,长沙:湖南教育出版社,1989。

　　〔4〕黄国文:《翻译研究的语言学探索》,上海:上海外语教育出版社,2006。

　　〔5〕李克兴:《法律翻译:理论与实践》,北京:北京大学出版社,2007。

　　〔6〕滕超,孔飞燕:《英汉法律互译:理论与实践》,杭州:浙江大学出版社,2008。

第十一讲　翻译与自主学习

导读

　　翻译,形式上通常分为口译和笔译,但从翻译行为的角度,二者都反映了一种译员以源语内容为对象,以语际转换为手段,以目标语传意为目的的社会现象。进入 21 世纪以来,翻译研究的一个重点是对翻译能力的研究。针对翻译能力的研究概括起来分为四部分,包含翻译能力的构成要素、翻译能力的发展阶段、翻译能力的培养模式以及培养翻译能力的影响因素。虽然弄清楚翻译能力的本质有助于有效地培养翻译人才,但是真正满足社会对翻译人才的需求,还需要培养自主的翻译人才。因为成功的译者一定是自主学习者,而自主学习者也必然会具备一定的翻译能力。

　　本讲旨在对翻译能力的内涵、发展阶段、培养模式,外语自主学习以及二者的关系进行阐述,探索如何针对翻译能力的特点,改善翻译教学,并提出构建自主的翻译教学模式,为翻译教学研究提供一个新的视角。

一、翻译能力的内涵、发展阶段及培养模式

　　译者的翻译能力决定了翻译活动的质量。然而"究竟什么是翻译能力"并不是一个简单的问题。在近三十年的研究与实践中,学者们不断试图揭示翻译能力的本质特点及发展规律,基本认同翻译能力不是简单的双语能力,它还包含语言以外的诸多要素。了解翻译能力的本质内涵及其发展规律有助于探索翻译人才的培

养模式和开展相关研究。

(一)翻译能力的内涵

在探讨翻译能力本质内涵的过程中,许多学者都从不同角度给出了解释(如图1所示):从初期的感性认识逐步过渡到有实证依据的界定;从单一的性质描述到对多种因素的考虑。

翻译能力的描述	代表人物	主要观点
天生的能力	Harris & Sherwood,1978[1]	翻译能力与生俱来,随双语能力的发展自然显现
交际能力	Toury, 1986[2];Nord, 1992[3]	翻译能力是在特定的情景下实现信息的传递,并实现交际的目的
建构能力	Shreve, 1997[4]	翻译能力是一套认知图式集合,它对由文化决定的形式——功能集合进行重新组织和建构

---

[1] Brian Harris & B. Sherwood, Translating as an innate skill in D. Gerver & H. W. Sinaiko, *Language Interpretation and Communication*, NewYork: Plenum, 1978, pp. 155—170.

[2] Gideon Toury, Monitoring discourse transfer: A test—case for developmental model of translation in J. House & S. Blum-Kulka, *Interlingual and Intercultural Communication: Discourse and Cognition in Translation and Second Language Acquisition Studies*, Tübingen: Gunter Narr Verlag, 1986, pp. 72—94.

[3] Christiane Nord, Text analysis in translator training in C. Dollerup & A. Loddegaard, *Teaching Translation and Interpreting, Training, Talent and Experience*, Amsterdam: John Benjamins, 1992, pp. 39—48.

[4] Gregory M. Shreve, Cognition and the Evaluation of Translation Competence, in J. H. Danks, G. M. Shreve, S. B. Fountain & M. . K. McBeath (eds.), *Cognitive Processes in Translation and Interpreting*, Thousand Oaks: Sage, 1997, pp. 120—136.

续表

翻译能力的描述	代表人物	主要观点
综合能力	Neubert,2000①	翻译能力包含语言能力、文本能力、主题能力、文化能力和转换能力
	PACTE, 2000②；2003③；Colina, 2003④；	翻译能力包括双语能力、语言外能力、翻译知识能力、工具能力、策略能力,这五项能力通过心理—生理机制起作用
	文军,2004a⑤	语言/文本能力、策略能力、自我评估能力
	苗菊, 2007⑥	翻译能力包含认知能力、语言能力、交际能力
	王树槐,王若维,2008⑦	翻译能力包含语言语篇语用能力,文化、策略、工具、思维、人格统协能力

图表 1　翻译能力的不同定义

---

① Albrecht Neubert, Competence in language, in languages, and in translation, in C. Schaffner & B. Adab(eds.), *Developing Translation Competence*, Amsterdam: John Benjamins, 2000, pp. 3—18.

② PACTE. Acquiring Translation Competence, Hypotheses and Methodological Problems of a Research Project, in A. Beeby, D. Ensinger & M. Presas(eds.), *Investigating Translation*, Amsterdam: John Benjamins, 2000, pp. 99—106.

③ PACTE. Building a Translation Competence Model, in F. Alves (ed.), *Triangulating Translation*, Amsterdam: John Benjamins, 2003, pp. 43—66.

④ Sonia Colina, *Translation Teaching: From Research to the Classroom: A Handbook for Teachers*, Boston Burr Ridge etc.: McGraw-Hill, 2003, p. 26.

⑤ 文军:《论翻译能力及其培养》,《上海科技翻译》,2004 年第 3 期,第 1—5 页。

⑥ 苗菊:《翻译能力研究:构建翻译教学模式的基础》,《外语与外语教学》,2007年第 4 期,第 47—50 页。

⑦ 王树槐,王若维:《翻译能力的构成因素和发展层次》,《外语研究》,2008 年第 5期,第 80—88 页。

　　早期学者们对翻译能力的探讨集中在翻译能力是某种特定的能力上。Harris & Sherwood（1978）依据对双语儿童的研究，提出翻译能力与生俱来，自然发展。儿童随着双语能力的增强，翻译能力自然就会发展。此种观点虽然指出了翻译能力的一个侧面，但不断遭到学者们的质疑。例如，Krings[①]就指出翻译过程中会遇到语际转换的问题，这已超出源语与目标语能力的范畴。Toury（1986；2001）同样指出，双语能力与个体的翻译能力是不同步的。虽然双语能力可以促进翻译能力的发展，但是翻译能力是对外部环境的反馈，需要译者考虑外部环境因素以及做出判断，这一点必须通过习得。针对译者需要对翻译所处的外部环境进行识别、判断，Shreve（1997）进一步提出了翻译能力实际上是一种建构能力。他认为虽然自然翻译者的翻译能力近似，然而不同的翻译经历可以使译者形成各自不同的认知图式，并随着情境的改变而不断地组合、建构，这种建构能力需要通过不断的实践来提高。

　　进入新世纪以来，翻译界学者们基本认同翻译能力是一种综合能力，虽然不同的学者在具体的细分上略有差异。比如 Neubert（2000）认为翻译能力包含语言能力、文本能力、主题能力、文化能力和转换能力。西班牙巴塞罗那自治大学的 PACTE（Process in the Acquisition of Translation Competence and Evaluation）小组提出翻译能力包括语言能力、语言外能力、工具操作能力、心理生理能力、转换能力和策略能力六项（PACTE，2000：101），后来又在此基础上把语言能力明确为双语能力，心理生理能力与转换能力更换为翻译知识能力（PACTE，2003）。

---

　　①　Hans-Peter Krings, Translation problems and translation strategies of advanced German learners of French, in J. House & S. Blum-Kulka (eds.), *Interlingual and Intercultural Communication*, Tübingen：Narr, 1986, pp. 263—276.

近年来,国内学者对上述观点进行了不同形式的归纳总结。比较有代表性的有文军提出的翻译能力为语言/文本能力、策略能力、自我评估能力;苗菊概括的翻译能力包含认知能力、语言能力、交际能力;王树槐、王若维总结的翻译能力包含语言语篇语用能力,文化、策略、工具、思维、人格统协能力等。这些总结虽然在名称上有些变化,但究其内涵依然未脱离 PACTE（2003）的框架。

值得一提的是,当今国内外对翻译能力的这种细化描述不仅能更深刻清晰地揭示翻译能力的内涵,而且为翻译能力的发展阶段与培养提供了针对性目标。

(二)翻译能力的发展阶段

基于对翻译能力的不同观点,学者们对翻译能力的发展阶段也进行了不同的描述。(如图表 2 所示)

代表人物	发展阶段趋势
Toury（1986）	双语的词、句转换能力;双语的语篇转换能力;规范、自如地使用双语
Presas（2000）①	机械对应译者;语篇理解译者;复合型译者;协同译者
Chesterman（2000）②	初学者;高级学习者;能力阶段;熟练阶段;专家水平
Kiraly（2003）③	合作性(个体、互动、合作);真实性(意识提高、建构反思);水平(新手、有经验、熟练)

---

① Marisa Presas, Bilingual Competence and Translation Competence, in C. Schaffner &.B. Adab(eds.), *Developing Translation Competence*, Amsterdam: John Benjamins, 2000, pp. 19－32.

② Andrew Chesterman, Teaching strategies for emancipatory translation, in C. Schaffner &. B. Adab(eds.), *Developing Translation Competence*, Amsterdam: John Benjamins, 2000, pp. 77－89.

③ C. Donald Kiraly, A passing fad or the promise of a paradigm shift in translator education? in B. James &. S. K. Geoffrey (eds.), *Beyond the Ivory Tower: Rethinking Translation Pedagogy*, Amsterdam: John Benjamins, 2003, pp. 3－32.

续表

代表人物	发展阶段趋势
PACTE（2003）	新手、专家
苗菊（2007）	入门阶段；发展阶段；运用阶段；职业阶段
王树槐、王若维（2008）	翻译技能（理论、技巧、意境、价值）；翻译策略（局部、整体、监控）；翻译思维（具体、形象、抽象）；创造性（普遍性、个性化）

图表 2　翻译能力的发展阶段

Toury 提出译者翻译能力的提升是以其双语间转换能力为参照的，在初始阶段，译者注重词语以及句子之间的转换，随后发展为对译语和源语间的转换，最后达到不用太多考虑如何转换，直接可以使用规范的目标语表达源语的意思。同样，Presas 也认同译者的翻译能力从词、句过渡到语篇。不过，他增加了一个对译者心理机制的描述，认为随后的阶段是译者除了注意源语的词句、语篇，还要联想到其他相关信息并在译语中寻找对应语阶段；其最高阶段的体现是译者可以做到源语和译语的相关信息几乎同步对应。其他几位学者（Chesterman，2000；Kiraly，2003；PACTE，2003）几乎都是从翻译能力发展水平的高低上描述译者的翻译能力，例如，从生手到专家的过渡。王树槐、王若维[①]认为翻译能力的不同层面具有不同的发展阶段，因而，培养学生的翻译能力也有不同的具体阶段性目标。比如，自下而上，翻译技能维度表现为翻译理论知识、翻译技巧、翻译意境和翻译价值；翻译策略维度表现为语篇的局部策略、整体策略和监控策略；翻译思维维度是从具体、形象发展到抽象；而译者个体的创造性从普遍性使用的原则方法最终摸索出个性化风格。

总体而言，学者们基本认同翻译能力呈由低至高，螺旋式上升

---

① 王树槐，王若维：《翻译能力的构成因素和发展层次》，《外语研究》，2008 年第 5 期，第 85 页。

的发展趋势。正如苗菊(2007:49)所做的归纳:译者"在入门阶段是掌握部分基本技能,应用单项技能的阶段。发展阶段是获取、重建翻译能力和完善已获得的翻译能力,在翻译中有意识地做出决策、应用技巧的阶段。在此之后,译者能够在翻译过程中发现问题、解决问题,熟练地运用翻译策略。职业专长阶段指译者在翻译中能够发挥特长、运用自如。"

明确翻译能力的发展阶段对培养译者的翻译能力有着重要意义,因为它可以为翻译人才的培养确立目标、培养方案以及评估教学效果。

(三)翻译能力的培养模式

Jean Delisle[①]将翻译能力的培养分为两类,即:教学翻译(pedagogical or academicals translation—translation as a teaching tool)和翻译教学(pedagogy of translation—teaching of translation proper)。前者通常采用双语对比的方式,提高学生的语言水平,而后者则旨在将学生培养成翻译人才。在翻译教学中,无论是西方还是国内,长期以来的翻译教学实践是前者。教师作为翻译教学的中心,设定翻译任务,学生完成翻译内容,最后教师给出参考译文(林克难[②])。文军[③]认为传统的翻译培养模式,即以翻译技巧为中心,翻译理论为中心,理论/技巧融合型,忽略了学生作为学习主体的中心地位。同样,苗菊指出这种模式以翻译结果主导翻译教学,以参考译文评估学生的翻译能力,方法枯燥,束缚了学生的主观能动性。

近年来,西方的翻译教学模式呈现出下列特点:注重翻译理论

---

① Jean-Delisle, *Translation: An Interpretive Approach*, Translated by P. Logan & M. Greery, London: University of Ottawa,1988.

② 林克难:《翻译教学在国外》,《中国翻译》,2000 年第 2 期,第 56—59 页。

③ 文军:《论以发展翻译能力为中心的课程模式》,《外语与外语教学》,2004 年第 8 期,第 49—52 页。

对翻译教学的指导;强调翻译市场对翻译教学的导向;提倡有声思维教学法;重视翻译规范的教学、学生在翻译过程中的社会化、学生的主体地位等。[①]而国内的学者们也在不断尝试克服传统教学模式的弊端,探索新的翻译教学模式。这些已有探索大致可以分为微观和宏观两类。从微观上,学者们着眼于具体的翻译教学模式。有代表性的比如周围杰[②]提出"过程教学法",即在教学中遵循翻译的三阶段:理解、表达和修改阶段。让学生以不同形式参与到这三个过程,从而促进学生的翻译兴趣和翻译能力的提高。同样,叶苗[③]、伍小君[④]提出的"交互式"翻译教学法也提倡学生参与到原文理解、双语转换以及表达这三个环节当中,既尊重了学生的个体差异,又培养了学生的翻译思维能力和翻译意识。胡朋志[⑤]从翻译评价的角度,也类似地表达出让学生充分参与翻译过程并规范翻译评价方式的观点。此外,文军主张在翻译教学中摒弃无针对性的翻译训练,而是让学生模仿真实情景,让学生增强翻译的目的性意识。王宇[⑥]尝试性地提出"以学习者为中心"的翻译教学模式。在此模式下,学生充分参与到翻译任务的决策当中,根据学生的兴趣选定翻译材料,并且组织多种形式的翻译活动,师生共同探讨翻译结果。

---

① 王树槐:《西方翻译教学研究:特点、范式与启示》,《上海翻译》,2009 年第 3 期,第 43—48 页。

② 周围杰:《过程教学法在翻译教学中的运用》,《四川外语学院学报》,2002 年第 1 期,第 148—149 页。

③ 叶苗:《翻译教学的交互式模式》,《外语界》,2007 年第 3 期,第 51—56 页。

④ 伍小君:《"交互式"英语翻译教学模式建构》,《外语学刊》,2007 年第 4 期,第 121—123 页。

⑤ 胡朋志:《以翻译评价为基础的翻译教学模式研究》,《外语界》,2009 年第 5 期,第 65—71 页。

⑥ 王宇:《关于本科翻译教学的再思考—探索以"学生为中心的翻译教学模式"的一次尝试》,《外语界》,2003 年第 2 期,第 17—25 页。

从宏观上,学者们立足于翻译教学学科并在此基础上规划翻译能力的培养模式。例如,文军指出在确定课程类型后实施"以发展翻译能力为中心的课程模式"。他强调分析翻译情景与需要、确定翻译目标、选材、确定方法以及进行评估。李宁①提出英语专业本科翻译教学首先应当有明确的培养目标和定位,然后通过先进的教学理念架构教学模式来实现培养目标。其中,以建构主义理论为指导的"学生为中心积极参与翻译过程"的模式得到推崇。

不难看出,翻译能力的培养模式已经在从传统的结果型向过程型转变。同时,建构主义理论为指导的"学生为中心"的翻译教学模式为广大学者们所认同。

二、自主学习

外语自主学习概念的提出充分体现了西方"学习者为中心"的教育改革理念,但同时又包含外语学习自身的特点。近年来,部分学者质疑西方"外语自主学习概念"的东方可移植性,对"外语自主学习概念"进行了本土化阐述。不同的观点也直接影响到培养外语自主学习者的教学实践。

(一)自主学习概念

从上世纪 70 年代 Faure② 向联合国教科文组织提交培养终身学习者的报告以来,以学生为中心的自主学习者迅速被中西方教育决策者列为教育培养目标。自主学习者的基本内涵是学习者根据自己的学习需求制定学习目标,积极主动地计划自己的学习内容、选择适当的方法完成学习任务。在外语教育领域,自主学习

---

① 李宁:《新形势下英语专业本科翻译教学探索:整体建构模式》,《外语教学理论与实践》,2010 年第 3 期,第 76—80 页。

② E. Faure, et al. , (UNESCO) *Learning to Be*, Paris: UNESCO. , 1972.

概念仅有短短三十年的历史,其主流发展轨迹可以归纳为以三个定义为代表的三个阶段:1. 1981－1990 年,基于法国 Centre de Recherches et d'Applications Pédagogiques En Langues (CRAPEL)一项针对成人外语自主学习中心的实验项目,Holec[①](1981:3)提出外语自主学习是学习者"对自己的学习拥有管理能力"并细化为有能力"确定学习目标,学习内容和进度,选择学习策略,监控学习过程和评估学习效果"五个方面;2. 1991－2000 年,Holec 的定义遭到部分学者的批评,认为此定义强调学习者的独立性而忽略了自主学习者在语言学习过程中的合作性不可或缺(Little,1991;Dam,1995)。在同时期的北欧外语自主学习年会上,Trebbi(1990, cited by Dam, 1995:1)提出的外语自主学习定义"学习者根据自己的需要和目标所表现出的一种对自己的学习的管理能力,它表明学习者有能力和意愿进行独立和合作学习"被许多学者接受;3. 2001－2011 年,Benson[②](2001:50)依据人文社科兴起的批判主义理论,认为前两种定义都没有强调自主学习的核心是学习者拥有足够的权利做出学习决策和安排,提出外语自主学习其实是"学习者对学习的一种掌控能力,包含对学习行为,学习心理及学习环境的控制力"。迄今为止,Holec 的定义最受学者推崇并被广泛引用。第二阶段的定义为教师作为建议者参与学生的自主学习过程提供了依据。Benson 的理念更强调学生应当拥有的自主决定权,因而为网络技术环境下的自主学习模式提供了理论支持。虽然这三个阶段对外语自主学习概念的阐述各有侧重,但学者们在"自主学习意味着对学习者自身具备学习管理

[①] Henry Holec, *Autonomy in Foreign Language Learning*, Oxford:Pergamon, 1981, p. 3.

[②] Phil Benson, *Teaching and Researching Autonomy in language Learning*, London:Pearson Education, 2001.

能力"这一点上高度一致。

然而,针对亚洲的教育实践,部分学者认为源自西方的外语自主学习概念需要特定补充。例如 Littlewood [1] (1999:75)提出在中国教育体制下的"反应性自主"概念,即学生根据教师的建议主动安排自己的外语学习。徐锦芬[2](2003)等学者也类似地指出"在教师的指导下"为自主学习概念的前提条件。笔者认为中西方对于自主学习概念的核心内涵是一致的,即"学习者对自身学习的管理能力"。即使部分学者强调在中国教育环境下教师的指导作用尤为重要,也同西方的自主学习概念没有本质上的冲突,因为自主学习不排斥教师的建议者作用。然而,由于文化以及具体教育实践的差异,教师如何能从指导者逐渐退居为建议者还有待深入研究。

(二)自主学习者的培养模式

Benson 对在外语教学实践中如何培养自主学习者进行了归纳,提出外语自主教学模式可以分为:资料型、技术型、学生型、课堂型、课程型、教师型。资料型模式是指给学生提供充分的学习资料,学生根据自身的学习需要自主选择学习材料,安排自己的学习。资料型模式的依据是学生存在个体差异,学习进度不同,为学生提供丰富的学习资料可以满足学生的不同学习需要,实现自主学习。技术型模式可以被看作是资料型模式的延伸。与现代网络信息技术的高速发展相适应,学生可以利用现代技术提供的学习软件和资料实现个性化的自主学习。学生型模式是教学依据学生的特点和学习需要而制定相应的教学方案。在这个过程中,学生

---

① Littlewood, W. Defining and Developing Autonomy in East Asian Contexts, *Applied Linguistics*, 1999: 20 (1), pp. 71—94.

② 徐锦芬,彭仁忠,吴卫平:《非英语专业大学生自主性英语学习能力调查分析》,《外语教学与研究》,2004 年第 1 期,第 64—68 页。

成为教学主体,制定学习目标与学习计划,教师退居其次,辅助学生自主完成学习任务。课堂型模式是在教学实践中有限度地开展学生自主学习活动。在宏观学习目标的框架下,一些特定学习任务由学生自己制定并自主完成。课程型模式是指课程完全由学生自主决定。学生依据自身情况制定近期和远期学习目标,独立或者与同学合作完成学习任务并反思评估自己的学习效果。教师只是在学生有问题时提供建议。教师型模式是指教师更多地参与到学生的自主学习过程。在学习活动开始前,教师帮助学生设计自主学习方案,确立合理的学习目标,监督学生的学习进度,对学生的学习效果给出评估。以上几种自主学习培养模式虽然来自学者或者教师的实践活动,但还没有哪种模式得到广泛认可。学者们依然在探索不同教育环境下的自主学习培养模式。

　　自 20 世纪初外语自主学习概念被介绍到中国以来,教育部颁布了《大学英语课程要求(试行)》,提倡课堂教学结合计算机网络自主学习模式。国内很多学者和教学实践者开始尝试并研究基于计算机网络环境的外语自主学习模式。除了利用计算机网络技术鼓励学生独立学习外,学者们还充分吸收了自主学习概念中的合作学习特点,通过开展小组活动提高学生学习的自主性。此外,也有部分学者尝试课堂型自主学习培养模式(例如,高鹏[①]、张学忠,2005)。然而,如前文所述,由于中国教育体制下对教师指导作用的强调,现有的自主学习培养模式通常局限于学生课后完成部分教师的指定任务(例如,刘延秀,孔宪辉[②],2008)。相对于西方文献中提及的不同外语自主学习培养模式,国内目前倡导的培养模

---

①　高鹏、张学忠:《大学生英语课堂中学习者学习自主性的培养:一份自主式课堂教学模式实验报告》,《外语界》,2005 年第 1 期,第 33—39 页。

②　刘延秀、孔宪辉:《计算机辅助自主学习＋课堂的模式探索与学习者研究》,《外语界》,2008 年第 1 期,第 64—71 页。

式似乎有些单一并存在局限性。这些还有待教育实践者和学者们继续深入研究。

三、翻译教学与自主学习

翻译人才的培养离不开翻译教学,而翻译教学又与培养自主学习者密不可分。以世界知名的翻译人才培养摇篮——蒙特雷翻译学院为例,在其十条通往成功的译者之路中,不仅每一条都和自主学习相关,而且在最后一条明确提出要成为终身学习者。由此可见,当前翻译教学模式的探索其实正好符合国际、国内外语教育理论所倡导的发展方向,即培养自主学习者和创新型人才。

在目前学者们探索的翻译教学模式中,无论是课程设置还是具体教学方法,都不约而同地提倡注重学生的主体地位,鼓励学生积极参与翻译过程,从而提高翻译能力。然而,值得一提的是,很少有学者明确提出在培养自主学习者的目标下培养学生的翻译能力。事实上,这两者是相辅相成的。从培养自主学习者的角度,翻译教学必须以此为目标才能充分发挥学生的潜能,使其不断提高自身的翻译能力。在此前提下,学生可以充分参与并逐渐驾驭培养翻译能力的各个环节:寻找翻译材料,积累语言知识和世界知识,使用恰当的翻译方法,讨论评价翻译结果,反思翻译行为并提高翻译质量(例如,PACTE、文军)。在这个过程当中,翻译能力的不同层面,如学生对语言/文本的理解能力、策略选择能力、表达能力都会得到不同程度的发展和提高。此外,翻译能力存在不同的发展阶段,作为翻译过程的主导者,学生可以根据自己的能力、水平和兴趣选择适合自己学习进度的材料,使得翻译教学更有针对性。尤需指出的是,自主学习理念并不排斥合作学习以及教师的建议者身份,教师因此可以充分发挥引导者作用。事实上,在教学初期,教师必须引导学生一起构建一个基于自主学习的翻译教学体系,明确各自角色,并在翻译教学过程中辅助决策、启发学生、帮助学生建立起完整的自主学习循环。反之亦然,从提高学生翻译能力的角度,学生翻译能力的提高是无止境的。受限于上课时间,课堂训练远不足以达到提高翻译能力的目标。如果想在翻译能力的各个层面:翻译技能、翻译策略、翻译思维以及翻译创新(例如,王树槐,2008)提高,学生必须依靠日积月累,主动提高自身的综合能力并寻找机会进行翻译实践,即成为一名自主的翻译学习者与实践者。

四、构建自主的翻译教学模式

虽然已有研究在探索新型翻译教学模式中多少都含有鼓励学生自主学习的因素(见以上所引周围杰、王宇、叶苗、伍小君、胡朋志、王树槐等的论述),然而这些主张缺乏一定的系统性,不足以全面反映自主的翻译教学模式。笔者认为,自主的翻译教学模式应当借鉴现有的外语自主学习教学模式,结合翻译能力培养这一具体目标进行建构,具体可以概括为:技术型、学生型、课程型和教师型。

技术型自主翻译教学模式,其特点是利用信息技术,如计算机技术、网络技术等实施翻译教学。通过建立课程网站论坛,发布课程教案、声像资料、补充材料,为师生提供互动的平台。在这方面,瑞士日内瓦大学的翻译课程网站值得借鉴。技术型自主翻译课堂的主要优势就是学生完全可以自主决定学习内容、学习进度、监测学习效果。然而,一些相关研究也指出这种模式存在问题。比如,网站的使用率不高,依然受制于传统的课堂教学模式,无法监控和评估学生的学习效果。①尽管有学者提出通过使用在线评价系统来促进网络翻译的自主学习效果,②但其实际的有效性还有待近一步研究论证。

学生型自主翻译教学模式,其特点是强调学生的积极主动性,让学生参加大部分翻译课堂活动的决策和评估,教师依然是课堂的具体实施者和引导者。这种模式的主要优势是既可以有效调动学生的积极性,使其在一定程度上拥有决定学习内容和方式的自主权;又能发挥教师的指导作用,满足学生对教师在翻译知识、翻译技能以及翻译实践等方面进行指导的期待。部分学者(如伍小君,2007)提出的"交互式"模式或者"翻译过程教学法"(如周围杰,2002)都在一定程度上体现了既发挥学生主体作用又重视教师的"专家"型引导的思想。学生拥有一定的自主选择权可以增强学生翻译的积极性和信心,逐步掌握自主提高翻译能力的方法。教师作为能力更强的译者在翻译过程中不断地发挥引导作用,帮助学生熟悉翻译过程的各个环节,促使他们逐渐提高翻译能力。需要指出的是,目前学者们(周围杰,2002;伍小君,2007)的尝试还需要在明确师生角色、教学任务分配、教学效果评估、学生自主学习能力培养等方面进一步完善。

课程型自主翻译教学模式,其特点是学生引导课堂教学,在专业培养目标的框架下制定翻译学习目标、决定翻译内容、翻译学习进度和翻译评价,教师仅作为学习顾问在学生需要帮助时发挥作用。这种模式的主要优势是学生真正自主掌控翻译学习过程,可以最大限度地发挥学生的潜能,根据自身的能力水平,制定出合理

① 章国英:《网络环境下远程低绩效现象成因及解决策略》,《中国电化教育》,2006年第6期,第35—38页。

② 王正,孙东云:《网络翻译自主学习中的在线评价研究》,《外语研究》,2009年第1期,第70—75页。

的学习方案并评价学习效果。实际上,学生自己规划了翻译课程。目前已有文献还没有学者提到这种模式,然而,课程型自主翻译教学模式可以让学生在学校教育阶段就获得自主学习的能力并形成自主学习的习惯,必然为学生成为终身的自主学习者奠定良好的基础。同样,课程型自主翻译教学模式需要教师在课程开始阶段的正确引导,确定学生掌握一定的翻译技能和策略,帮助学生制定合理的课程规划,并在教学中进行辅助监督和帮助。因为对学生具体翻译学习内容的不可预知性,这种模式无疑在放权给学生的同时,也对教师自身的能力提出了更大的挑战。

教师型自主翻译教学模式,其特点是教师本人一直是翻译的实践者,在教学过程中,结合实际的翻译经验,为教学提供素材,同时调动学生的主动性,让学生参与到翻译任务中,发现问题,解决问题,反思总结,形成基于具体案例的翻译能力。这种模式的主要优势是实际的翻译案例本身具有强大的吸引力,教师依然可以设计充分发挥学生主动性的课堂活动让学生参与到翻译过程当中,学生通过具体翻译经验的积累,可以不断形成图式结构(Shreve,1997),丰富世界知识,掌握具体的翻译策略。但是,因为教师的实际翻译经验可能存在局限性,这种教学模式也会一定程度上限制学生在翻译知识、翻译策略以及语言外知识方面的积累。

结　语

众所周知,翻译能力的提高不是一蹴而就的。一个成功的译者必然是一个自主学习者;而一个自主学习者一定能提升自身的翻译能力。当前广为接受的建构理论为指导的"学生为中心"的翻译教学模式实际上就是培养学生的自主学习能力,只有定位于自主的翻译学习者才能培养出创造性的翻译人才。本文尝试性提出构建自主的翻译教学模式,并初步分析了各自的优劣,希望为从事翻译教学和翻译研究的同仁提供一孔之见。

关键词

翻译能力；翻译教学；自主的翻译课堂

思考题

1. 你认为翻译能力的内涵是什么？
2. 翻译教学应当培养学生哪些方面的能力？为什么？
3. 翻译教学与自主学习的关系是什么？请举例说明。
4. 选择一种自主翻译课堂模式进行评价。

建议阅读书目

[1] Benson, Phil. *Teaching and Researching Autonomy in Language Learning*. London：Pearson Education, 2001.

[2] Gile, Danil. *Basic Concepts and Models for Interpreter and Translator Training*. Amsterdam：John Benjamins, 1995.

[3] Hatim, Basil. *Teaching and Researching Translation*. England：Harlow.

[4] Schaffner, Christiane. & Beverly. Adab(eds.). *Developing Translation Competence*. Amsterdam：John Benjamins, 2000.

[5] Toury, Gideon. *Descriptive Translation and Beyond*. Shanghai：SFLEP, 2001.

第十二讲　翻译与"词块"理论

导 读

　　词块理论在语言教学、中文信息处理和翻译等方面的研究中，取得了很好的研究成果，并已广为应用。语言学家指出，在母语交际中，语言使用者并不是基于开放选择原则，即依据语法规则，逐词填充式地选择词语，而是基于成语原则选择预制的合适的词语搭配来实现意义。[①]本族语者之所以能够进行流利的会话交际就是因为他们在交际中采用了一种链接策略，他们在说话时只需将大量词块链接起来，便可组成话语。

　　词块，即语言中成串的语言结构，在语言中大量存在。它们同时兼具形式与功能的性质，融合了语法、语义、语境的优势，使用起来十分方便，不仅提高了语言产出的效率，而且还能使语言更加地道、流畅自如，并且减少错误。

　　本讲概要介绍词汇研究的历史，词块理论的定义、分类、功能，以及在语言教学、语言学习、特殊用途英语、中文信息处理和翻译等方向所取得的研究成果，希冀以此来揭示词块对翻译实践的意义。

　　无论是承担口译还是笔译工作，扎实的语言基础和丰富的词汇知识都是必不可少的。很多研究表明词块理论对英语学习者和使用者提高语言应用能力是一种切实可行的方式，对外语教学和

[①]　J. Sinclair, *Corpus*, *Concordance*, *Collocation*, Oxford：Oxford University Press，1991.

双语翻译都具有很高的使用和研究前景。

一、词汇研究的历史演绎

词汇是语言的最基本的成分,也是传承信息的最基本的载体。一说到词汇,人们会想起一句耳熟能详的话,那就是语言学家 D. A. Wilkins 所说,"Without grammar little can be conveyed; without vocabulary nothing can be conveyed",没语法,人们能表达的事物寥寥无几;没词汇,则无法表达任何事物。词汇的重要性由此可见一斑。

词汇一直是困扰中国学生的一个大问题。在大学阶段,特别是在学生参加各种考试前,如:四六级、托福、GRE 等,这个问题更加突显。人们通常可以看到学生们拿着词汇书反复背诵,很多学生认为自己通不过英语考试,或者英语没学好,是词汇量太小的原因。此外,词汇问题除了表现在考试方面,还严重阻碍学生的运用。学生听不懂、说不出、写不来,依据学生自己的归纳,还是词汇问题。

依据一项涵盖 9 所城市、110 多所大学对中国学生英语词汇学习现状和问题所作的问卷调查,①有 70%多的学生反映学过的单词不会使用;73%的学生说单词背了一遍又一遍,怎么都背不下来;82.6%的学生认为单词是阻碍他们英语水平提高的最大障碍。

是什么原因造成中国学生总感觉词汇量不足和词汇学习的困难呢?

目前在词汇学习中普遍存在的问题是学习者把太多的注意力集中在单词上,而忽视了对词语搭配的学习。单独的词在很多情

---

① 田育英.《中国大学生英语词汇习得问题研究》,北京:石油工业出版社,2009年。

况下是没有意义或意义不完整的，只有把词连起来才能成为有意义的语言。由于没有掌握常用词的搭配，学生尽管具有一定的词汇量，但是不能正确地遣词造句，从而在写作中妨碍了思想的表达。

桂诗春[①]从认知的角度，将中国英语学习者的失误分为三个层次，即词汇感知层、词汇语法层和句法层，词汇搭配属于词汇语法层的第三个次层面。在词汇语法层中，词汇是此类失误的核心。中国学生往往能够写出符合语法的句子，但如果联系语境来辨认的话，便会发现这些句子尽管在语法上挑不出毛病，但本族语者绝不会这么表达，说明这些句子很不地道。

另外一个不能忽视的原因是，在语言教学史上，词汇从来未受到应有的重视。传统的语言学把研究的重点放在了语法和句法结构方面。这一点可以从不同的教学法得到验证。从沿袭数百年的语法翻译法到生命短暂的直接法，再到诞生于上世纪三四十年代并风行于五六十年代的听说法，以及 70 年代流行的 Community Language Learning，The Silent Way，Total Physical Response，Suggestopedia 和 The Natural Approach，强调的无一不是语法或者体现在句中的语法（又称句法）。听说法更是倡导根据上下文猜测词义，鼓励学生要允许和接纳模糊意义，不要刻意追求词义的准确无误。反应在教材上，学生们看到的只是按字母顺序排列的长长的词汇表。

历史上，语言学家对词汇的研究集中在短语学。这方面的研究主要体现在"结构完整的语言实体和普遍认可的固定词组和成

---

① 桂诗春：《以语料库为基础的中国学习者英语失误分析的认知模型》，《现代外语》，2004 年第 5 期，第 129－139 页。

语"①。这些研究都是通过语法的视角来研究词汇，因此，那些具有显性语法特征的词汇受到青睐。

首次明确指出词汇重要性的是 Wilkins②。他提出："语言学习对词汇的要求像对语法的要求一样。正如一种语言形式只是语法系统的一部分并能被其解释，任何一个词语也都在词汇体系中占有它的位置"。随后 Richards③和 Levenston ④ 也对忽视词汇教学的现象提出批评，他们指出外语或双语教学不重视词汇教学，这应归因于语言学理论研究只围绕语法和语音的影响。上世纪70年代后，随着计算机的普及以及因特网的应用和语料库的诞生，对词汇的研究翻开了新的一页。

二、词块的定义与理论研究

词块的定义是这一研究领域的根本问题，但一直存有争议。词块这一概念最先出现在20世纪50年代，由美国心理学家、认知心理学的奠基者之一 George A. Miller⑤ 提出。他发现人类大脑短时记忆的容量是 5—9 个单位，为了扩大记忆容量，他提出把有意义联系的独立单词连成一个更大的单位储存在长时记忆中，就

---

① 卫乃兴：《中国学生英语口语的短语学特征研究——COLSEC 语料库的词块证据分析》，《现代外语》，2007 年第 3 期。

② D. Wilkins, *Second-language learning and teaching*, London, Edward Arnold, 1974.

③ J. Richards, "The role of vocabulary teaching", *TESOL Quarterly*, 10 (1), 1976, pp. 77—89.

④ E. Levenston, "Second language lexical acquisition: Issues and problems", *English Teachers Journal*, 1979 (35), pp. 44—48.

⑤ George A. M., "The Magical Number Seven, Plus or Minus Two: Some Limits on our Capacity for Processing Information", *Psychological Review*, 1956(63), pp. 81—89.

可以加速短时记忆的信息处理。20 世纪 70 年代,Becker① 提出 "预制词块"(prefabricated chunk)概念。随着语料库语言学的问世,人们对词块的研究不断深入。研究人员通过计算机数据统计分析发现,英语语言交际并非通过使用单词、短语或句子来实现,自然言语中大部分是由那些处于单词和句子两极之间的半固定板块来实现的。②这个半固定板块就是词块。

关于词块的定义,还有很多学者给出解释。从词块大于一个词或由多词构成的特征来看不同学者给出的定义,Nattinger & DeCarrcor③ 这样描述:词块是"介于词汇和句子之间的模式化短语";此外,词块应被视为一个独立的使用单位,这是词块的第二个特征,如陆丙甫④表示词块是"人类信息处理能力的实际运用单位";王立非等⑤提出语言使用者有一个整体记忆和回忆的语块库,这种整体的处理方式在语言使用时是首选模式。段士平⑥的定义中除了"多词单位",还提出了"高频率出现":语块"是真实言语交际中以高频率出现的大于单个单词的整体的多词单位';词块在实际生活中高频率出现是词块的又一特点,如 Wray⑦ 提出词块是指出现频率高,可作为整体储存、提取和产出的型式语。再者,

---

① J. Becker, *The phrasal lexicon*, Cambridge. MA:Bolt Beranek Newmam, 1975.

② 杨玉晨:《英语词汇的"板块"性及其对英语教学的启示》,《外语界》,1999 年第 3 期。

③ J. Nattinger, J. DeCarrico, *Lexical Phrases and Language Teaching*, Oxford:Oxford University Press, 1992, p. 22, p. 23, p. 32.

④ 陆丙甫:《组块与语言结构难度》,《世界汉语教学》,2009 年第 1 期。

⑤ 王立非、张岩:《大学生英语作文中高频动词使用特点的语料库研究》,《外语教学与研究》,2007 年第 2 期。

⑥ 段士平:《词汇学习策略对词汇能力的影响》,《西安外国语大学学报》,2008 年第 4 期。

⑦ A. Wray, *Formulaic language and the lexicon*, Cambridge:Cambridge University Press, 2002.

词块还具有不同的功能，如王立非等[①]指出词块："是一种兼具词汇与语法特征的语言结构，通常有多个词构成，并具有特定的活动功能"。

多词、高频率出现、整体储存、提取和产出以及具有不同的语义功能是词块的典型特征。Lewis[②]的一句话更是精辟地道出了词块的基本原理："语言是由语法化的词汇构成，而不是由词汇化的语法组成"。这就是说语法更多地表现在词汇上，语言的规则通过词汇聚集的规律来体现。

Lewis 1993 年提出了词块法（lexical approach），他认为词汇是语言的基础，但是词汇的作用一直被误解、忽视。语言习得的一个重要部分是理解和产出作为不可分析的整体的词块的能力，这些词块才是人们理解语言模式的原始数据。他主张语言不是传统所说的语法和词汇的叠加，而是由大量的语法化的词汇块组成（grammaticalized lexis）。

词块还被语言学家赋予了不同名称——语块、词块、词串、预制板块等，即 chunks，lexical chunks，lexical bundles，prefabricated language，formulaic language。

还有一些研究者把词块现象称为 Collocation。

传统上 Collocation 通常理解为词项"搭配"，即某词项在长期使用过程中逐步形成的习惯搭配。如：

喝汤 eat soup　　　　　　（而不习惯说 drink soup）；
浓烟 heavy/dense smoke　（而不习惯说 strong smoke）；
红糖 brown sugar　　　　（而不习惯说 red sugar）；

---

① 王立非、张大凤：《国外二语预制语块习得研讨的方法停顿与启示》，《外语与外语教学》，2006 第 5 期。

② M. Lewis，*The Lexical Approach：The state of ELT and a way forward*，Hove：Language Teaching Publications，1993.

好票 good seats　　　　　　　（而不习惯用 good tickets）[1]

随着对语篇研究的深入和大型语料库的建立，语言学家和语言教师对 Collocation 的认识已不再局限于上述"习惯搭配"。Halliday 和 Hasan[2] 把 Collocation 看作词语衔接的词汇手段之一。他们的研究把对 Collocation 的理解从语义层面扩展到语篇层面，指出 Collocation 意指"词项同现"，是通过"经常共同出现的词项间的联系"来实现衔接功能的。他们关于"词项同现"的主要论点有助于对词块的理解。

首先，"词项同现"是一种结伴关系，它包括"同现"词项间的关系可以是横向组合关系，即习惯搭配关系；也可以是纵向聚合词（paradigmatic)关系，例如，下列每对"反义"项间都有同现关系。

hot：cold　　　　　　（antonymy 相对性反义关系）；

healthy：unhealthy　　（complementarity 互补性反义关系）；

catch：escape　　　　（reverseness 相逆性反义关系）；

host：guest　　　　　（converseness 换位反义关系）。

第二，"词项同现"既包括人们在长期使用语言过程中抽象出来的、不随语境变化而变化的固定的词汇关系，如：spare no effort（不遗余力）；也指在某一语篇中词项间的同现关系。例如，当我们说到 football，与之同现的词项除了我们会想到的 win, fail, score the goal, champion 等一些基本的表述外，还会有 club, Liverpool, Barcelona, buy big name players 等等。

第三，"词项同现"也是联句成篇的主要衔接手段。语篇中任

---

① 金惠康：《跨文化交际翻译》，北京：中国对外翻译出版社，2003 年。

② M. A. K. Halliday & R. Hasan, *Cohesion in English*, London：Longman, 1976.

何一个词项的出现都为另一个(些)词项创造了同现的语境。这类在实例中的词汇关系离开了具体语篇就不复存在,例如,Constant indulgence in bad habits brought about his ruin。Constant indulgence in bad habits 为后面 brought about his ruin 的出现创造了语境;Constant indulgence 也为解释 brought about his ruin 提供了线索。反过来,brought about his ruin 又帮助我们进一步理解 Constant indulgence 的内涵。①

　　有人把词块形象地比作建筑常用的预制板,其搭建的速度、效率和质量要远远超过一块块砖瓦。同样,词块在使用时要比单个词便捷的多。心理语言学家认为,语句的生成是非常复杂的,要经过从心理词典中选择提取所需的词汇,然后再根据语法规则组合成句这样的心理认知过程。而词块在形式和意义上是一体的,储存、记忆、提取、使用都可以作为一个整体来对待,因此可以最大限度地降低学习者的记忆负担,减少对语句的编码工作,从而提高语言的产出速度。同时,由于词块的构成成分之间受到语法结构和语义搭配的双重限制,人们在使用词块时比起全部由自己造句犯错误的几率要少得多,从而大大提高了语言使用的准确性。②

三、词块的分类与功能

　　由于研究视角不同,语言学家对词块的分类存有差异。Lewis③(1997)将词块划分为四类。他把单词和聚合词(word & poly-

　　① 钱瑗:《对 collocation 的再认识》,《外语教学与研究》,1997 年第 3 期。
　　② 邓联健:《基于网络的口头陈述实验与研究》,《外语电话教学》,2006 年第 1 期。
　　③ M. Lewis, *Implementing the Lexical Approach*:*Putting theory into practice*, Hove: LTP. Longman, 1997.

words)归为第一类,单词指传统意义上的词,如:door,bed;聚合词指由大于一个单词构成的、具有习语性质的固定多词组合,如better late than never,more often than not,for good,by chance,等等。

接下来是词项同现(collocation or word partnerships)。如前所述,词项同现是指在同一语境下,经常同时出现的词语,如涉及平板电脑时会有 tablet PC(平板电脑)、touch screen(触摸屏)、handwriting recognition(手写识别系统)等词或词块同现;谈及火灾(fire)时,与之同现的会有 kill people,fire fighting team,be e-vacuated,the building engulfed in flames,with plumes of smoke rising above the blaze 等。实际生活中,只有掌握了与"火灾"语境下有关的、能够连在一起表达完整意义的、一连串的且在语法结构上有逻辑关系的词汇群,才能完成交际任务。

第三是惯用表达式(institutionalized expressions),指形式固定或半固定的具有语用功能的单词组合。如:I'll think about it. I am sorry to let you down. It is nice to meet you. It's a pleasure to do sth ","Would you mind doing sth"等等。有的研究者举例说像"How do you do?"这样的惯用表达方式应视作一个单词来学。半固定是指在惯用法搭配中,部分位置的词语是可以被替换的,如 She would think about it.

第四是指句子框架结构和引语(sentence—frames and heads),这类词块指为整个句子提供框架的短语及引语,常作篇章组织的手段。如:The reasons for … are/go as follows;What the article aims at is …;The first evidence that surprises us is …;The paper focuses on…;on the one hand,on the other hand;for one thing 等。

有些研究者常引用 Nattinger(2000)的分类方法。虽然也分为四类,但是在名称上略有不同:(1)多词词块(polywords),指结构固定的短语，如 go hand in hand，at any rate 等。（2）习俗语词块(institutionalized expressions)，如 How do you do? Long time no see 等。（3）短语限制语词块(phrasal constraints)，一般指非连续体短语，如 a _____ ago，as far as _____ be concerned 等。（4）句子建构语(sentence builders)，如 Let me high-light...，It may not be easy，but things worth doing seldom are"等等。

从以上2种分类来看，词块理论研究拓展了人们对传统短语和固定搭配的理解，词块既包括传统意义的短语、固定搭配，也涵盖词与词之间的共现，后者所涉及的词汇面更宽，是更大的词汇单位，更利于输入和输出。借用 Lewis 的分析，词块就是词汇链。英国人正是因为记住了成千上万个这样的词汇链，才能在交际中做到流畅表达。[①]

关于词块的功能，Fernando[②] 将词块的功能分为概念功能、人际功能和语篇功能。Nattinger 和 DeCarrico[③] 将语块的功能划分为：（1）人际功能，即不传递信息而是维持会话和表达会话目的，前者描述会话如何开始、继续和结束，后者指的是各种语言行为或功能如请求、建议、恭维等；（2）必要的话题，指标示时间、地点、天气、自我介绍、购物、就餐等话题信息的短语；（3）话语组织语，指标示语篇中的逻辑、时空等关系的连接成分。具体实例详见成果综述部分。

---

① A. Pawley & F. Syder, "Two Puzzles for Linguistic Theory: native—like selection and native—like fluency," in J. C. Ricards & R. Schmidt (eds.), *Language and Communication*, London: Longman, 1983.

② C. Fernando, *Idioms and Idiomaticit*, Oxford: Oxford University Press, 1996.

③ J. Nattinger & J. DeCarrico, *Lexical Phrases and Language Teaching*, Oxford: Oxford University Press, 1992, p. 22, p. 23, p. 32.

四、成果综述

2000 年以来,研究者们利用语料库资源和语料库数据驱动等方法研究词语搭配,取得了丰硕的成果。本节主要从语言教学、语言学习、特殊用途英语、中文信息处理和翻译等方向介绍词块研究在这些领域里所取得的成果。

(一)词块理论在语言学和语言教学领域研究的研究成果

首先看语言学、语言教学的研究成果对提高翻译工作者的英语水平的借鉴意义。

在语言教学领域,刁琳琳[①]对"英语专业学生词块能力的一项实证性调查"结果表明:词块能力与语言综合能力及具体语言技能之间均具有显著的正相关。低年级与高年级的词块能力呈现显著差异,且高年级的词块能力与语言整体能力显著相关。这表明词块能力与语言水平密切相关。

毛澄怡[②]所得结果相同,他发现在测试环境下学习者使用的语块数量不多,趋于单一;高分组学习者和低分组学习者在语块的使用频度和多样性上呈现显著性差异,口语水平越高,其使用的语块数量和种类就越多;语块的使用频度同会话的流利程度呈中度正相关,即在一般情况下,学习者的语块使用越多,其话语的流利程度就越高。

王立非[③]等研究发现中国学生写作中存在过度使用 2、3 词语

---

① 刁琳琳:《英语本科生词块能力调查》,《解放军外国语学院学报》,2004 年第 4 期。

② 毛澄怡:《语块及其在英语学习者会话中的使用特征》,《解放军外国语学院学报》,2008 年第 2 期。

③ 王立非、陈功:《大学生英语写作语篇中分裂句的特征:基于语料库的考察》,《外语教学与研究》,2008 年第 5 期。

块,语块的种类较少;中国学生使用的语块与本族语者有较大差异,具有口语化倾向;中国学生使用被动句式构建语块比本族语者少,而使用主动句式多于本族语者,明显过度使用以 We 和 You 引导的主动结构形式。

丁言仁、戚焱,①周超英②和刘英健③在词块与外语学习者语言输出质量关系等的实证研究表明,学生在口笔译中的词块使用能力非常有限。故事复述中使用的词块仅为总数的 1/9,写作中每个学生仅平均使用 5.09 个以动词开头的词块,说明词块在学生使用中占很小的比例。此外,不同类型的词块对外语学习者语言输出的质量提高起到不同的促进作用,首先是句子框架结构,其次是聚合短语,约定俗成的表达方式,最后是限制性结构短语。

以上几项研究表明中国英语学习者运用词块的能力弱,词块学习意识还没有建立;词块使用的频率、长度和种类与英语水平显著相关。

接下来的几项研究成果揭示了中国英语学习者在词块使用时表现出的问题,这些问题值得教师和学生共同关注。

管博、郑树棠④在"中国大学生英文写作中的复现组合"表明我国学生相对于本族语使用者使用不足的组合主要呈 2 种结构类型:名词/代词+系动词句干和名词短语,前者多以第三人称代词或名词开头,后续被动语态结构,如 it should be(+过去分词),后者普遍为名词+后置修饰语的名词短语片断(the issue of, the

---

① 丁言仁、戚焱:《词块运用与英语口语和写作水平的相关性研究》,《解放军外国语学院学报》,2005 年第 3 期。

② 周超英,《词块与外语学习者语言输出质量关系的实证研究》,《湖南第一师范学报》,2008 年第 2 期。

③ 刘英健:《词块在大学英语写作中的作用》,《科技信息》,2008 年第 27 期。

④ 管博、郑树棠:《中国大学生英文写作中的复现组合》,《现代外语》,2005 年第 3 期。

risk of，the idea of the fact that），二者均是学术写作中最常用的组合结构。

马广惠[①]的"英语专业学生二语限时写作中的词块研究"显示动词为过去式的词块，无论是动词类词块还是从句类词块，在二语限时写作中的输出率很低。"名词短语＋介词短语片段"是英语专业学生输出性词块非常薄弱的一类。

王立非[②]等在"大学生英语议论文中高频动词使用的语料库研究"中发现，中国大学生在状态动词的使用上与外国二语学习者和本族语者相比存在显著差异，他们较多使用 get、know 和 think 等动词，较少使用 see、show、feel 和 believe 等动词，反映出其动词词汇知识的广度与深度不够和书面语中的口语化特征；中国大学生过多使用 get ＋宾语结构，而且存在动宾搭配不当现象，反映出独特性；经常运用 study、learn、develop 等意义不具体的动词。以上现象主要受到母语和英语教学方法的影响。

许家金、许宗瑞[③]在"中国大学生英语口语中的互动话语词块研究"中指出中国学生明显过度使用某些常见互动词块（如 I think）。这说明中国大学生的产出型话语结构匮乏，也表明中国学生在互动词块掌握有限的情况下，常采取最保险的做法（特别是在考试中），不断使用 I think。但这往往会让听话人觉得单调乏味甚至觉得很不地道。导致互动词块不够地道的另一个因素极可能是汉语影响。研究还发现很多互动词块都有汉语的痕迹。其中有很多正迁移的对译词块，如：I can give you an example，还有

---

① 马广惠：《英语专业学生二语限时写作中的词块研究》，《外语教学与研究》，2009 年第 1 期。

② 王立非、张岩：《大学生英语议论文中高频动词使用的语料库研究》，《外语教学与研究》，2007 年第 2 期。

③ 许家金、许宗瑞：《中国大学生英语口语中的互动话语词块研究》，《外语教学与研究》，2007 年第 6 期。

很多负迁移的对译词块,如:I also think,how to say,I should say,as we all know that。数据显示 COLSEC 中约有 40％是英语母语者不用或少用的词块。

卫乃兴[①]运用中英语料库分析中国学生英语口语的短语学特征,研究发现学习者用于表达命题内容的复现词块多于本族语者,而用于实施语用功能的复现词块则严重少于本族语者甚至完全缺失,由此影响到学习者话语的交互性、合作性、礼貌性与适切性等语用品质。文章认为,外语教学应更多地重视语用功能和话语品质。

史逢阳[②]的"基于 CLEC 语料库动/名搭配错误探究"表明学生过度使用非词语化词,如:make、get、have、take、do 等,较少使用语义具体的动词,动词语义混乱。另外,CLEC 库中还出现诸如 promote my reading skill,improve our talent,improve the thoughts of saving 的错误用法。实际上学生是想表达提高技巧、提高能力、提高意识。但是他们在使用 promote 和 improve 时,由于混淆二者的语义,造成错误搭配。Promote 意为促进,常与 development,growth,cooperation,(public) welfare 等表示发展、合作、(公众)福利等语义的词搭配使用。而表示提高之意的词很多,其中 improve 倾向于与表示经济概念的名词,如:economy,production,productivity,efficiency,competition 以及表示形象(image)、安全(safety)、能力(ability)、技能(skill)等词搭配。以上例子正确的搭配是 improve/ increase/ sharpen/ upgrade one's skill,improve/ enhance/ boost one's ability,

① 卫乃兴:《中国学生英语口语的短语学特征研究——COLSEC 语料库的词块证据分析》,《现代外语》,2007 年第 3 期。

② 史逢阳:《基于 CLEC 语料库动/名搭配错误探究词汇教学》,《天津外国语学院学报》,2007 年第 4 期。

heighten/ increase/ raise the awareness/ better oneself。

(二)词块理论在翻译领域的研究成果

目前词块理论在汉语教学和中文信息处理、翻译中,已广为运用,并获得了很好的成效。

贾光茂等人[①]的研究指出汉语中同样存在大量的词块。他们运用 Nattinger 和 DeCarrico 等人分析英语词块的方法,对汉语词块的结构和功能进行了分类描述和研究,该结果支持了当代认知心理学和语言学的有关假设,同时说明有必要加强汉语语块的教学与研究。

他们将汉语词块分为凝固结构和半凝固结构。凝固结构被定义为多词词组或程式性话语,结构不能变化,通常出现在日常用语、熟语、名言警句、诗词名篇、宣传语、广告词等。如:

日常用语:对不起、欢迎光临、后会有期、不见不散

熟语:谋事在人,成事在天;敲门砖、一刀切、个体工商户、吃大锅饭

名言警句:己所不欲,勿施于人;治则兴,乱则衰

诗词名篇:两情若是久长时,又岂在朝朝暮暮

宣传语/术语:五讲四美、三个代表、一国两制、八荣八耻、构建和谐社会、软着陆

半凝固结构相当于限制性短语和句型框架,框架结构中的部分内容可以变化。如:

爱 X 不 X:爱理不理、爱看不看;

没 X 没 X:没大没小、没心没肺;

不 X 不 X:不三不四、不上不下。

除了日常的会话中包含大量预制的语块以外,各种不同类型

---

① 贾光茂、杜英:《汉语语块的结构与功能研究》,《暨南大学华文学院学报》,2008年第 2 期。

的语篇中程式化的短语也很普遍。如:新年快乐、大吉大利等。信件往来中常用语:来信收到、很高兴收到你的来信、万事如意、盼回信、此致敬礼等。学术性语篇中常可看到这样的句式:本文探讨/研究了、本次研究的目的是、从图表中可以看出、以上论述表明、综上所述、本次研究得出以下结论等等。

贾光茂等还依据 Nattinger 和 DeCarrico 三种划分词块功能的方法,指出汉语中也具有这三种功能的例子。

首先是人际功能,这是指维持会话和表达会话目的的短语,如:

你好、你早、上哪儿去、吃过了吗、一向可好等;

人际功能词块还表现在话题转换方面,如:顺便说一下、想起来了、打断一下、我插一句/插一下嘴;结束话题:就这样、我得走了、我还有事、下次再说、以后再聊等。

其次是必要的话题,包括时间、地点、天气、自我介绍、购物、就餐等话题信息的短语,如:

我叫/是、我来自、哪位、贵姓、请问尊姓大名、欢迎光临、开个价吧、还要点什么吗、找你钱、下次照顾生意、欢迎再来、几点了、多少号、日子过得真快、请问……怎么走、在哪里、什么地方等。

第三是话语组织语,指语篇中的逻辑、时空等关系的连接成分。如:尽管如此、紧接着、接下来、换句话说、比如说、坦白地说、严格地说、说实话、我们知道、大家想一想、你看、总之、长话短说、一句话、总的来说等。

与贾光茂等划分汉语语块略有不同的是周健[①]的研究。周健依据词块理论把汉语语块分为三类:

第一类为词语常见组合搭配,如:

---

① 周健:《语块在对外汉语教学中的价值与作用》,《暨南学报》,2007 年第 1 期,第 100 页。

共商－国是、繁荣－经济、可持续－发展、避免－无谓牺牲(争论)。

引起(产生)强烈的－共鸣、挑战与机遇－并存、尽了最大的－努力。

第二类是习用短语,包括习惯用语、熟语等,含固定形式和半固定形式。尤其是那些平时常说的、词典里又多半查找不到的短语,如:

撒腿就跑、没完没了、吓我一大跳、千不该万不该、公事公办、老大不高兴、桥归桥,路归路、墙里开花墙外香、话又说回来等等,还可以包括常用的短句。

第三类指句子中连接成分等类固定结构,如复句的关联词:

既不是……也不是……、不仅……而且……、要么……要么……、除非……否则……、即使……也……、与其……不如……、宁可……也不……、既然……就……、非但……反而……等等。

周健认为词块在第二语言习得中有重要价值,它有助于产出规范和习惯的汉语表达,形成汉语语感;在对外汉语教学中有助于克服中介语及词语搭配错误,避免语用失误,提高语用水平。对外汉语教学中应从培养语块意识入手,将语块训练法贯穿于语法、口语、书面语教学之中,提高教学效率。

以上两项研究是词块理论在汉语中的体现。下面的研究力求证明如何利用词块理论减少或降低翻译过程中的误译现象。

李昌标、于善志①的研究针对商务英语翻译过程中存在的词块误译现象,从韩礼德的三大元功能理论和费南多的英语习语分类视角,界定了商务英语文体的词块体系。作者认为,就商务英语文体而言,商务英语词块是指结构相对完整、出现频率较高、文体

---

① 李昌标、于善志:《商务英语文体的词块体系与功能等值翻译》,《宁波大学学报》,2010 年第 1 期,第 31 页。

特色明显、两词以上的连续商务词语聚合体,按词块来翻译会避免误译。作者将商务英语词块划分为三大类:即表意词块、人际交流词块和联接词块(在每类中作者还有更详细的划分,请参看原文)。现将三类词块简单介绍如下。

表意词块信息量大,重在信息传递,如:

withdraw an offer(撤回报价),documentary credit(跟单信用证),

inflammable and fragile(易燃易碎),in bulk(散装),

without recourse(无追索权),physical delivery(实际交货),

terms and conditions(条款),consigner and consignee(出货人和收货人),

tone of the market(市场走向),pump priming(政府注资)。

人际交流词块多为话语交际术语,力求创造亲和(conviviality)交流氛围,如:

To whom it may concern(敬启者),

This is to certify that...(兹证明……),

It is hereby agreed that...(双方特此同意……),

in accordance with your request(按你方要求),

unless otherwise stipulated in...(除非在……另有规定)。

联接词块衔接短语之间、句内句际之间以及段落之间,使各个部分紧密连接成一个整体。如:

We hereby confirm(兹确认),

hereafter referred to as(以下简称),

in witness whereof(特此为证),

unless otherwise stated herein(除本协议另有规定外),

the license herein granted(在这里授予的许可证),

as hereinafter provided(按下文)。

　　文章指出表意词块重在达意,人际交流词块贵在传情,联接词块则为粘合剂,共同促使商务英语文本语义明确、语用得体、语篇衔接。

　　接下来,作者借助等值翻译理论讨论了商务英语词块功能对等翻译问题。作者提出在对这些词块进行翻译时,要注意语义成分的细微差别,做到指称意义对等、表达严谨流畅,如:reorganization and renovation(改组改造),mergers and acquisitions(合并收购或并购),这样的对称翻译既符合汉语表达习惯,又再现原文含义。

　　内涵等值体现于商务英语表意词块类的隐喻词块中。对隐喻词块进行翻译时,译者需要比较源语和译语使用者对本体和喻体的认同感和联想度。一个贴切、形象的隐喻译文能使词块富有生命力和表达力。隐喻词块表意准确、幽默传神、耐人寻味。在翻译时,译者要牢牢把握指称意义和内涵意义的双重对等,充分体现其表意功能。下列词块就做到了表意功能的等值翻译:

　　market collapse(revival,relaxation,fluctuation)市场崩溃(复苏、疲软、波动),

　　set the ball rolling(打开僵局),

　　umbrella fund(境外基金),

　　package plan(一揽子计划),

　　cut deposit and lending rates(下调存贷款利率),

　　economic meltdown / slowdown /downturn(经济崩溃/下滑/低迷),

　　capital flight(资本外逃)。

　　商务英语的人际交流词块以动词名词化、惯用语程式化、长话简略化、句式被动化等形式来表达其特殊的语用功能,因而其翻译重在语用等值。在翻译中,英汉的静动转换被赋予一定的语用效果。商务英语中名词化词块的大量运用显得庄重而强势,增加了语用的表达功能,如:(be) in conformity with(符合;与……一致)可还原为 conform to,但书面表达效果不如名词结构,名词结构表达的是一种状态,且更富严肃性。

正式的商务英语文体中,被动式词块的使用有助于明确受事者,使说明显得客观可信,不带个人口吻。请看三个被动式词块:

except as expressly provided herein(除在本合同中有明确规定),

is granted to (授予),

it is agreed that...(双方同意)

前两个为短语类词块,后者为惯用句式。在翻译这类被动语块时,要遵循语用对等原则,若选用主动结构来阐释,较能符合汉语习惯,表达简洁、自然而有力。

在体系翻译方面,三类词块均可以商务英语文体的交际功能为基点,在语义、语用、语篇联接层次上寻求最佳等值翻译,表现商务英语词块翻译的行业规范和文体特色。因此,交际功能既是词块体系自身的形成标准,又是等值翻译的目标所在。牢牢把握商务英语词块的专业特点和交际目的以及汉译的言语规律,就能减少误解或错译,更好地促进商务文体的英汉交流。

金惠康[①]在他的《跨文化交际翻译》第三章汉文明礼貌语言、第四章中国文化、第五章有中国特色的社会架构及文化和第六章现代社会有现代的说法中举了大量的例子,这些汉英或英汉互译的例子都可以被视为词块,如若被视为词块,记忆负担会减轻,使用起来也就更加便捷。如:

家谱 family tree

中国结 Chinese knots

猜酒拳 finger guessing game

---

① 金惠康:《跨文化交际翻译》,北京:中国对外翻译出版社,2003 年。

扶贫县 Anti-poverty counties

《孟子》The Works of Mencius

《五经》The 'Five Classics'

团圆饭 family reunion dinner

元宵节 The Lantern Festival

文明礼貌月 the Civil Virtues Month

和平统一，一国两制 peaceful reunification; one China, two systems

同根同源，休戚与共 having the same roots and sharing weal and woe

三通 direct exchanges of mail service, trade and shipping

民主党派（China's）non-communist parties or democratic parties

独生子女证 one or single-child certificate

十五计划 the 10th Five-Year Plan

经济耐用 durable service

手感舒适 comfortable feel

瑰丽多彩 colorful patterns

久享盛名 with a long standing reputation

驰名中外 popular both at home and abroad

设计新颖 novel design

做工精细 fine workmanship

款式多样 great varieties

穿着大方 graceful style

语言信息处理的基础研究需要语言学、尤其是语言学应用性研究的支持。对于语言研究来说，计算机能帮助人们认识到一些在旧的参照物下难以揭示出来的语言现象和规律，帮助验证语言规则是否正确和相互兼容，有助于提高规则的精确程度。近年来信息处理研究和语言学本体研究两个领域的沟通越来越多,有许多语法学家从信息处理的角度研究英语和汉语,促进了语言信息处理基础研究的发展。其中基于词块的处理方法是语料标注的一条新思路。

姜柄圭[①]等指出在翻译过程中,单词会有很多义项,有时候很难找到合适的对译词。但是多词语块作为一个整体来进行翻译,歧义现象比较少,找出相应的译文也容易。例如:汉语词"打"有很多意思,取出语块"打乒乓球"、"打个电话"、"打一件毛衣",每一个语块都有一个明确的意思。又如汉语语块"酝酿着新的突破"、"取得突破性进展",do something with a promising breakthrough、have made a significant breakthrough,这些汉英语块如果按词翻译,那就不可能有正确的翻译结果。基于语块的翻译方法有利于避免机器翻译中的歧义现象,提高翻译的工作效率。

程葳等[②]在"一种面向汉英口语翻译的双语语块处理方法"一文中在已有单语语块定义的基础上,根据中英文差异和口语翻译性,从句法和语义两个层次提出了一种汉英双语语块概念,并对其特点进行了分析。同时,针对中英文并行语料库,建立了一套计算机自动划分与人工校对相结合的双语语块加工方法。应用该方法,对汉英句子级对齐的口语语料进行双语语块划分和对整,并以此为基础进行了基于双语语块的口语统计机器实验。结果表明,这项研究提出的双语语块定义符合口语翻译的实际需要,使用基于双语语块的语料处理方法,能有效地提高口语系统的翻译性能。此外,双语语块还可用于提取翻译模板和建立双语语块库。同单

---

① 姜柄圭等:《面向机器辅助翻译的汉语语块自动抽取研究》,《中文信息报》,2007年第1期。

② 程葳、赵军、徐波、刘非凡:《一种面向汉英口语翻译的双语语块处理方法》,《计算机学报》,2004年第8期。

语语块库一样,大规模的双语语块库将成为机器翻译中的一种重要资源。因此,双语语块处理方法具有十分广阔的应用前景。

张春祥等①提出了一种短语翻译对获取方法。短语翻译对是指互为翻译的源语言与目标语短语对,通常是从双语句对中获取的。该方法使用完全基于词典的对齐结果来确定源语言短语的译文中心语块,依据完全基于词典和多策略相融合的对齐结果的并集来确定其译文最大边界。从中心语块出发,结合译文最大边界生成源语言短语的所有候选译文。同时对其进行评价,从中选出对应的目标语译文。实验结果表明,在开放测试中,这种方法的正确率达到了81.53%,性能好于其他方法。

五、词块研究的主要方法

目前词块研究的方法主要有语法学方法、语料库语言学方法和心理语言学方法。②这3种研究方法彼此互补。语法学的研究方法是3种方法中最传统的一种③,该方法强调对预制语块进行界定,④不关注语块的频率和使用。

语料库语言学通过对大规模语料库中的出现频率识别短语、固定搭配和其他反复出现的语块,使用"语串"、"词组"、"统计短语"、"多词项"、"词丛"、"语链"等其他纯描写性的术语,以一个语

①　张春祥、李生、赵铁军:《基于中心语块扩展的短语翻译对自动获取》,《高技术通讯》,2006年第9期。

②　王立非、张大凤:《国外二语预制语块习得研究的方法进展与启示》,《外语与外语教学》,2006年第5期。

③　A. P. Cowie, *Phraseology: Theory, Analysis, and Applications*, Oxford: Oxford University Press, 1998.

④　A. Wray, *Formulaic language and the lexicon*, Cambridge: Cambridge University Press, 2002.

料库中的出现频率为基础来界定词丛和语束,根据频率再加上一些常识判断就可决定哪些是词串,哪些是某个语言群体整体保留和记忆的惯用法,但频率原则存在一定的不合理因素。

心理语言学认为,预制语块的一般定义是作为整体记忆和提取的一串词。这个定义实际上是从语言使用者的角度下的,是不是预制语块既不是由语法学家规定的,也不是根据出现的频率决定的,而是要看个体语言使用者或学习者是否将其视为一个语块,是否整体记忆保留和提取。

每个人都有自己的预制语块库,会随着时间的推移和不断接触新的会话语境而不断扩展。因此,判断语块的标准是因人而异的,同一个人在不同的时间也不一样。每个人又会因为年龄、性别、阶层、文化和个人经历的不同而出现差异。

陆俭明[①]的研究是非常值得借鉴的。他认为对语块需从构式(construction)的角度来认识,语块是构式的有机的组成成分。从语块的角度看,每个构式都由语块构成。换句话说,语块是构式的构成单位。陆俭明从宏观的角度将句法平面所存在的构式分为五类:一是所有语言共有的构式;二是某概念化范畴及其框架全人类都有,但投射到各个具体的语言,所形成的构式并不相同;三是某个语言所特有的但非熟语的构式;四是某个语言所特有的、类似熟语,但能类推的固定构式。五是某个语言所特有的、不能类推的、纯熟语性的固定短语,这类构式只含有一个语块,如:汉语:三个臭皮匠顶一个诸葛亮,黑箱操作,总而言之;英语:by the way。构式内部语义配置的每一部分语义都以一个语块的形式来承担。他认为这是所有语言共有的构式,既可以用构式和语块的概念去解读,也可以用主、谓、宾、补等这一套传统的概念去解读,其他的都适宜

---

① 陆俭明,《从构式看语块》,首届全国语言语块教学与研究学术研讨会发言,2009 年 5 月 17 号。

用构式和语块的概念去解读。在构式基础上分析所得的语块,还可以从不同角度对其进行分类——口语、书面语,高频、低频,不同的语用需求。

结　语

　　词块既区别于习语,又不同于自由搭配。习语的结构不容许任何变动,因而无创造的空间。自由搭配属临时的组合,缺少预测性,不利于掌握。而语块正好是介于二者之间的半固定搭配,如果某个词语序列经常以同现的形式频繁出现,在结构上有相对稳定的形式,在语用功能和意义上也有比较特定的范围,最终就会被当作约定俗成的语块来使用。

　　已有的研究表明,词块融合了语法、语义和语境的优势,可以促进语言产出的地道性和流利性。词汇是语言学习的基础,词块理论为语言学习者开拓了新的视角。Widdowson[1] 1989 年就提出学习词块比学习语法重要。他认为语言知识在相当程度上是词块的知识。英语的语法并不复杂,而关键的语法知识很可能存在于词的具体使用中。[2] Lewis 更是使用 life and death 这样的修辞来表达词块对语言学习者的重要意义。词块的重要性对外语学习者或者翻译工作者来说是不言而喻的。因此,翻译工作者关注和研究词块的使用和规律具有十分重要的意义。

关键词

　　词块;词块分类与功能;词块与翻译

---

　　[1]　H. Widdowson, "Knowledge of language and ability for use, in *Applied Linguistics* ," 1989(10), pp. 128—137.

　　[2]　濮建忠、卫乃兴:《词汇和语法》,《解放军外国语学院学报》,2000 年第 2 期。

思考题

1. 如何定义词块？词块具有哪些特点？如何看待词块与翻译的关系？

2. 英汉词块的特征对比差异有哪些？如何理解汉英词块对语言学习的意义？

3. 如何通过词块学习提高翻译水平？

建议阅读书目

[1] Ellis, N. C., Simpson-Vlach, R. & Maynard, C. *Formulaic language in native and second language speakers: psycholinguistics*, 2008.

[2] Lewis, M. *The Lexical Approach: The state of ELT and a way forward*. Hove: Language Teaching Publications, 1993.

[3] Goldberg, A. E. Constructions: a new theoretical approach to language. *Trends in Cognitive Sciences*. 2003, 7 (5): 219—224.

[4] Sinclair, J. *Corpus, Concordance, Collocation*. Oxford: Ox ford University Press, 1991.

[5] Wray, A., *Formulaic Language and the Lexicon*. Cambridge: Cambridge University Press, 2002.

[6] Wray, A., Formulaic sequences and language disorders. In Ball, M., Perkins, M., Müller, N. & Howard, S. (eds.), *Handbook of Clinical Linguistics*. Oxford: Blackwell, 2008, pp. 184—197.

第十三讲 翻译与心理学

导 读

翻译研究包括口译和笔译两大研究领域,在每个领域中,翻译研究的发展都与心理学研究的进展有着密切的关系。翻译研究从直译和意译之争到动态对等理论的提出,从文化转向研究到社会翻译学概念界定,从文本内翻译理论到文本外翻译理论的讨论和应用,经历了翻译研究的方法应用和理论指导的认知革命。从翻译理论的演变历程不难看出最初的翻译理论是以文本为中心的研究,这种传统翻译理论集中于译作和原作研究,翻译理论重在研究产品,重点研究翻译方法、翻译规约和与译作相关的翻译功能,所以传统翻译理论为规范翻译学。当前的翻译理论研究在经过文化转向之后,重点在于译者和与译者相关的社会环境研究,翻译理论研究涉及到翻译过程、产物和功能的研究,称为描述翻译学。随着心理学的发展,对翻译过程中译者的心理研究也将成为描述翻译学的主要研究对象。①翻译心理学研究的主要内容包括译者在翻译过程中翻译策略选择与取舍的心理过程、译者在翻译过程中注意力的分配和理解以及对翻译内容的理解和记忆加工等。

一、学科精要

翻译的心理过程研究与语言学的发展密切相关,并受其制约。

---

① 董明:《翻译学的哲学视野》,北京:国防工业出版社,2011年,第56、59、69页。

20 世纪 50 年代之前心理学始终未能有效地进入语言学研究。直到 50 年代中后期乔姆斯基对行为主义展开批判,建立了转换生成语法理论,这才使得心理学进入语言学领域成为可能。随之产生了大量的交叉学科,如语言心理学、心理语言学、认知语言学等。[①]

翻译的心理过程的研究也受心理学自身发展的制约。认知心理学的历史仅有四十多年,进入我国才二十多年的历史。这种状况直接影响了我国翻译领域对翻译心理过程的研究。[②]另外,翻译研究中的心理过程研究滞后与翻译学自身的发展有关。翻译学无论在国内或是国外,都是一门新兴的学科,以往的研究多停留在结构和功能等方面,还没有很好地开展过程上的研究,因此心理学的研究成果将会为翻译研究提供新的视角和新的方法。最后,翻译研究队伍的自身素质也是制约其发展的因素。目前,我国翻译研究界以外语人士为主,他们精通外语,但缺乏心理学基础知识和心理学的研究方法,对心理学较为熟悉的语言学界人士又往往不愿走到交叉研究上来,这也是制约翻译与心理学结缘的重要原因。尽管翻译的心理过程研究有以上诸多方面的障碍,但是研究仍然取得了不少的成果。

翻译研究大致分为过程研究和结果(产品)研究两大方面,与其对应的则有心理语言学取向的翻译过程研究和语言学取向的翻译结果(产品)研究。前者主要关注源语与目的语之间的动态关系,关注翻译主体的动态思维过程。而后者的兴趣焦点则在源语和目的语本身,如对译文的评析,译文与原文的比较等。这两种取向的翻译研究是一种互补的关系,缺一不可,而不是相互替代的关系。而且,如果要把翻译研究推向深入,揭示翻译的本质,

---

① 桂诗春:《心理语言学》,上海:上海外语教育出版社,1991 年。
② 王晓新:《语言与认知》,北京:中国人民大学出版社,1994 年。

就非对翻译过程进行描述和解释不可。①从这个意义上讲，本文要讨论的翻译过程的研究显得更为重要。

二、成果综述

关于翻译过程的研究大体分为两类。首先，翻译过程的描述性研究。自 20 世纪 70 年代初以来，国外有不少学者如奈达（Nida）、斯坦纳（Steiner）、图瑞（Toury）等进行过有关翻译过程的研究，并提出了若干理论模式。这些研究强调了语境的重要性，即"谁在何种情况下为谁翻译什么内容、何时翻译、怎样翻译、为什么要翻译以及有何后果。"②这些理论模式基于语言学知识对翻译过程进行描述和解释进行了尝试，是理论思辨式的，而非实验式的，因而蒋素华（1998）认为这些模式对翻译过程的描述是理想化的。其次，翻译过程心理学研究。在认知心理学的影响下，国外诸多学者引入心理学的研究方法对口译过程展开相关研究。

Mann（1982）、③Gerloff（1986）、Krings（1987）以及 Seguinot（1991）等人将心理学的口语报告法引入翻译过程的研究，用以考察译者在翻译过程中的具体思维活动，取得了较大的成效。对于口译的注意力分配问题，吉尔基于认知心理学理论进行了任务

---

① R. T. Bell, *Translation and Translating*：*Theory and Practice*，London：Longman，1991，p. 22.

② 廖七一：《当代英国翻译理论》，武汉：湖北教育出版社，2001 年，第 307—308 页。

③ S. Mann, Verbal reports as data：a focus on retrospection，in Dingwall and Mann（eds.），*Methods and Problems in Doing Applied Linguistic Research*，Lancaster：University of Lancaster Department of Linguistics and Modern English Language，1982.

分配的层次模型设计,为口译的心理过程研究提供了框架指导。[①]
再看国内译学界,虽然在 20 世纪 80 年代有学者前瞻性地指出
"深入研究翻译中的思维活动将是译学研究的突破口"(董史良,
1988),虽然有刘宓庆(1985)、阎德胜(1989)、杨自俭(1994)、吴义
城(1997)、鲍刚(1998)、蒋素华(1998)等一些学者直接或间接关
注翻译过程的研究,但是从总体上看,国内对翻译动态思维过程
的实质性研究尚处于起步阶段。因此,有必要从翻译心理学主要
研究内容和主要研究方法两个方面对此学科分支进行总结和讨
论,为推动翻译心理过程研究的进一步发展提供一些方法指导。

三、研究内容和研究方法

翻译的心理过程研究从学科分类上看应是认知心理学的一个
分支学科,而从另一方面来看又是翻译研究的重要组成部分。它
是应用性质的研究,是将认知心理学的理论成果应用于翻译研究
领域的一个部分,以翻译过程中译者心理活动为研究对象,揭示在
这一过程中译者的内部心理机制和心理活动的规律和特点,并将
其研究成果用来指导翻译实践,同时为翻译学科的研究提供心理
学基础。要建立这样一门新的学科研究,有两个方面的理论是必
不可少的,一是认知心理学的理论基础。[②]认知心理学的核心就是
揭示认知过程的内部心理机制,研究信息是如何获得、贮存、加工
和使用的。翻译是一种更为复杂的信息解码和再编码过程,因此,
它应遵循认知心理学的一般原则和方法,又要有其特殊之处,有别

---

① Daniel Gile, *Basic Concepts and Models for Interpreter and Translator Training*, Amsterdam/ Philadelphia: John Benjamins Publishing Company, 2009, pp. 157-190.

② 桂诗春:《实验心理语言学纲要》,长沙:湖南教育出版社,1991 年。

于其他在单一文化背景中的同一语符内的解码和编码。这种特殊之处应是这门学科的研究重点,而认知心理学应是这种研究的基础。①

语言学理论是这门学科的另一个主要理论基础。近年来语言学各领域的研究进展为翻译心理过程的研究提供了十分有利的条件,如心理语言学就是明显的一例。此外,乔姆斯基的理论不仅为这一学科提供了哲学依据,也为它提供了语言学基础。语言学其他领域的研究,如语义学、句法学、语用学、对比语言学等分支学科,都从不同的角度为这一学科提供了理论基础。认知语言学已将这些学科的成果转化为自身的理论成分来指导对语言活动的研究。应当看到,无论是从心理学的研究结论中引出语言事实,还是通过心理分析获得对语言更深的认识,都会为翻译心理过程研究提供丰富的营养。②

(一)翻译的心理过程主要研究内容

1. 注意力分配

在口译研究中,注意力分配研究是重要内容。在语言认知任务中,语言的理解和语言的产生均依赖于人有限的认知加工能力,认知心理学认为保持短时记忆对人的加工能力造成极大的影响。因此,吉尔提出注意力分配模式来解决人有限的加工能力的问题。吉尔模式对于同传的听力-理解-分析-记忆-重新组合-表达进行了很好的协调,突出记忆的重要性,提出了一个中心、多个任务协调原则。在吉尔模式中,训练和经验得到高度重视,吉尔认为译员的最大加工能力效应可以通过不断的训练和经验得到提

---

① 王甦、汪安圣:《认知心理学》,北京:北京大学出版社,1996年。
② 朱纯:《外语教学心理学》,上海:上海外语教育出版社,1997年。

升。① 基于对同传过程的剖析,吉尔创立了同声传译的吉尔工作模式,即脑力分配模式。吉尔模式把口译同传操作过程分为三项基本任务。首先,听力理解。包括对译员所听到携带源语信息的声波进行分析,到确认字词,再到最终决定句子的意思,在脑中形成源语所表达的思想内容或概念的全过程。其次,翻译。即在获得原文思想内容或概念后用译入语重新组织安排句子,直至述出译文。最后,短时记忆。即译员在接受原文信息到输出译文之间的时间差内将听到的信息储存在短期记忆中,直到相应译文的输出。在同声传译过程中,译员必须协调处理好这三项任务,即合理分配其注意力,才可能使口译顺利进行。它的认知理解运作包括:(1)启动词库功能,吸收、筛选、提取听觉搜集的言语及非言语信息;(2)启动语意系统以词构句,以句表意;(3)启动逻辑思维系统以便整合理解素材,并通过调整、加工、校正,以构建内部言语的雏形;(4)启动音位反应的缓冲机制,对音、义两个系统的整体加工整合进行译语表述前的调节,包括概念、判断、推理,摆脱内部言语的芜杂、无序和不稳定等雏形状态,期待实现表达。② 从前文的分析可以看出,注意力分配是建立在认知概念基础上的,一个人的注意力是有限的,同一时间内不可能处理太多的事。如果一项任务分配的处理能力太多,分配到其他任务上的处理能力就相应减少,从而可能影响口译的顺利进行。因此,能否有效协调处理能力在各项任务上的分配直接影响口译的成败。

2. 翻译的选择获取与理解

① Daniel Gile, *Basic Concepts and Models for Interpreter and Translator Training*, Amsterdam/ Philadelphia: John Benjamins Publishing Company,2009, pp. 157—190.

② Daniel Gile, *Basic Concepts and Models for Interpreter and Translator Training*, Amsterdam/ Philadelphia: John Benjamins Publishing Company, 2009,pp. 157—190.

翻译实践的过程包括翻译由解码—推理过程以及编码—选择过程两个动态过程,其中涉及到作者、译者以及目标读者三方。译文是这三方相互作用的产物,而译者的认知环境是作者和目标读者成功交流的关键。

首先是关联性导向中的解码—推理过程,Wilson 在关联与交流关系论述中明确指出,关联理论是语用学的新方法,试图解答关于交流本质的哲学问题,以及听话者如何进行解读的心理学问题。关于交流中话语的解码,威尔逊(Wilson)指出,语言编码只是需要理解的输入内容中的一部分。输入内容的另一个重要部分是听话者的语境假设。威尔逊(Wilson)的这些表述说明了 Sperber 和 Wilson 的"关联性"概念,作为认知语用学的理论基础,关注的主要是话语解读的研究。这完全符合翻译过程中需要首先满足的条件,即对源文本的理解,或者说对作者意图的解读。[①]认知心理学认为,听话者能否按照说话者预设的方向处理话语,取决于两者之间共有的语境或认知环境。

A：A)：You are going out to the beach?

B)：It is raining. [②]

在上例中,对于 A 说话者的问题,B 说话者没有给出直接"yes"或者"no"的答案。相反,他/她的回答是"it is raining"。

显然,B 的翻译心理过程以关联性为认知导向,他/她要搜索"the beach"和"rain"之间的关联,以满足自身对关联性的预期。他/她运用自己可用的认知语境知识,做出推理,开始搜索。他/她做出对 B 话语的种种假设:B 喜欢雨天;B 喜欢看到雨,因为很久

---

① D. Wilson,《关联与交流》("Relevance and Communication"),《现代外语》,2000 年第 2 期,第 212 页。

② D. Sperber, and D. Wilson, *Relevance: Cognition and Communication*. Beijing: Foreign Language Teaching and Research Press, 2001.

没下雨了;因为下雨,所以 B 不去海滩了;B 想让 A 知道正在下雨。在这些假设中,B 选定了一个:因为下雨,所以 B 不去海滩了。因为这是和所提的问题关联最大的。因而,较佳的翻译是:

A:A):你要去海滩吗?

B):天在下雨,不去了。

其次,关联性包括编码-选择过程的研究。编码-选择是指译者在使用目的语生产文本的过程中,译者必须从手头已有的可用的翻译中作出选择。选择的依据是顺应理论,出于语言自身和语言之外的各种原因,语言沟通包含了不断的选择。顺应理论强调,作出选择应当与交际环境、相关交际者和交际目的相符合。为了实现成功交际,译者在翻译时必须考虑语言差异,更重要的是要考虑文化差异。文化差异使得我们在处理翻译材料时要遵循基于文化的语境顺应和翻译策略。这点在翻译谚语、具有文化特色的表达和隐喻时尤为明显。当然,在翻译特定文化表达时,不可能存在只有一种翻译策略。

B:A):Our blood boils.

B):Fortune smiled on us.

在这个例子中,载体和隐喻意义在英语和汉语中相同,因此译者可以采用直译的方式,以顺应源语文化和目标文化。

B:A):我们热血沸腾。

B):命运向着我们微笑。

在翻译这两个谚语的整个过程中,译者作为交际活动的唯一可见的参与者,需要充分重视作者和目标读者的认知环境和文化。从认知心理学的研究方法入手,此处可以通过口头报告法考察译者的心理选择过程。

本部分以 Sperber 和 Wilson 的关联理论和 Verschuren 的顺应理论作为出发点,展开了对翻译学习的认知语用模型详细但初步的探讨。①我们发现,译者在翻译时应当意识到认知和文化问题,由于目标文本的接收者和源语文本的读者分属于不同的文化领域,译者必须对目标读者的社会和文化语境作出顺应。此选择的心理过程通过问卷法和观察法可以确定译者的认知心理过程。

3. 记忆存储研究

交替传译和同声传译都需要译员在短时间内听懂、快速记忆并理解给定信息,重新组合信息,最后用目的语将意思表达出来。在实际操作中,刚入门的译者通常会发现如何处理记忆是个棘手的问题。

根据罗德里克·琼斯(Roderick Jones)的研究,传译的过程可分为理解、分析和重述三个基本的阶段。此处的分析是指在积极地听和记的基础上,分析讲话的类型,依靠记忆去回忆和寻找主要意思;重述是指依靠记忆的分配处理把经过理解和分析的讲话内容用目的语表达出来,这些记忆分配包括短时记忆和笔记记忆,主要记取讲话主要内容和信息与信息之间的连接点。② 从罗德里克·琼斯的传译阶段分析可以看出,记忆技能是口译技能训练的重要内容。

记忆按内容可分为四种:形象记忆、逻辑记忆、情绪记忆和运动记忆。刘和平认为译员的逻辑思维、形象思维和灵感思维能力是记忆的基础和保证。Sperling认为感觉记忆已由实验结果所证实,它虽然短暂,但容量很大,而且信息内容如果受到注意就会转入短时记忆。

短时记忆的内容主要包括信息容量、信息解码、信息提取、信

---

① J. Verschueren, *Understanding Pragmatics*, Beijing: Foreign Language Teaching and Research Press, 2000.

② J. Roderick, *Conference Interpreting Explained*, Shanghai: Shanghai Foreign Language Education Press, 2008, pp. 11—37.

息遗忘、短时记忆与翻译记忆心理五个方面。①短时记忆在口译中担负着"来料加工场"或"中央处理器"的角色。对于瞬时记忆的信息经过加工和过滤筛选进入到短时记忆成为口译质量的保证。同时,短时记忆的信息在经过不断刺激之后转为长时记忆,成为知识的一部分,长时记忆反过来又对短时记忆起到激活的作用,所以,要不断加强译员的短时记忆能力训练,从而提高译员的短时记忆能力。提高短时记忆的研究包括复述训练法、数字法和摘要提取法等。②

研究证明短时记忆在不同口译模式的某些阶段或者某些时期都起作用。在谈及口译者必需的素质时,费兰说道:"口译者不但需要有良好的短时记忆能力以便记住刚刚听到的信息,还需要有良好的长时记忆能力,这样才能把信息整合成语篇。短时记忆是口译中一个必不可少的元素,在口译过程中起着非常重要的作用,它的重要性通过影响口译者的记忆能力、信息保存时间和源语言的特征表现出来。"③

(二)翻译心理过程的主要研究方法

翻译心理学是一个交叉性学科,组成这一交叉学科的原学科的方法大都适用于这一学科。如认知心理学的方法已经运用和证明行之有效,这包括在言语理解过程中的系列模型与交互作用模型,言语理解的几种策略,信息整合模式,推理的几种主要方法等。④对口译及其相关领域的研究还应诉诸于心理学的许多分支领域,包括认知心理学、心理语言学以及神经语言学等。随着口译研究界越来越重视采用科学的研究方法,认知科学和语言学都在

---

① 杨治良:《记忆心理学》,上海:华东师范大学出版社,1999年,第43—61页。
② 王建华:《同传记忆的实验研究》,《中国翻译》,2009年第6期,第25页。
③ M. Phelan, *The Interpreter's Resource*, Clevedon, Buffalo, Toronto, Sydney: Multilingual Matters Ltd., 2001.
④ 张掌然:《交际思维学》,武汉:华中理工大学出版社,1997年。

一定程度上为口译研究的发展做出了贡献。

从上面的分析可以看出,口译心理学的研究经历了从"认识事物本质"到"进行科学研究"的过程。在这一过程中,研究方法作为认识事物本质的途径,也不断得到了提高和完善。当前在口译心理学的研究中使用最多的研究方法有实验法、观察法、测量法以及口语报告法等多种方法。具体研究时应根据既定的研究目标、研究对象及研究领域进行选择,以下便对各种主要方法做简要介绍。①

1. 观察法概述

观察法是收集事实和各种心理活动资料的基本方法,是研究者通过感官或借助于一定的科学仪器,在一定时间内有目的、有计划地考察和描述客观对象的各种心理活动和行为表现等,并收集研究资料的一种方法。

在实际的科学研究中,研究者一般是在自然条件下,即在对观察对象不加控制和干预的状态下进行观察和记录,这即为自然观察。观察法具有以下一些特点:

首先,观察是根据研究需要,为解决一定的问题而进行的,是一种有目的、有意识的收集资料的活动。

其次,观察的对象是当前正在发生的事实现象,具有直接性。观察者和观察对象共处于一个研究体系当中,这使得观察者能够直接、准确地了解观察客体发生、发展的过程,获得真实而详细的资料。

还有,观察是在一定的理论体系指导下进行的,对于结果的解释也是以相关理论为前提。观察既是一个感知过程,又是一个思维过程,研究者的认知水平和个人感情色彩会影响观察的结果。

---

① 王建华:《英汉口译记忆的认知心理学研究》,北京:外文出版社,2009年,第61—116页。

最后，观察所借助的观察工具主要有两类，一类是人的感觉器官，另一类则是科学的观察仪器与装置，后者可以克服人类感官的生理局限性，提高观察的精确度和感官的反应速度。

作为科学研究的基本方法以及收集个体心理活动和行为表现的基本途径，观察法在口译及口译心理学中的使用十分广泛。在口译培训与教学中，教师可以通过观察记录学生进行口译时的表现找出学生经常出现或有代表性的错误，并根据这些记录改进教学方法。

随着现代科学技术的发展和深入，观察技术和手段的现代化水平不断提高，观察程序日趋完善，观察法在口译和口译心理学中的应用也将发挥着越来越重要的作用。

2. 测量法概述

测量法是通过观察和测量少数有代表性的行为或现象，来推论和量化分析总体规律的一种科学手段。测量法通过事先设计的标准化题目，按规定化程序，通过测量的方法来收集数据资料。测量法无论是编制、施测，还是评分、解释，都依据一套系统的程序，不是凭主观经验进行的，相较于问卷法而言，测量法更加标准。

当前，测量法在口译及口译心理学方面的应用主要体现在以下两大方面，一是译员的测试和选拔，二是口译质量的评定与诊断。

译员的测试和选拔主要应用于口译的教育、培训领域，同时也逐渐应用于口译的行业实践中。测量法作为一种科学选拔人才的方法在人才选拔上可以得到广泛的应用，可以预测一个译员从事口译实践的适当性，确定出最有可能成功的方向，提高人才选拔的效率与正确性。

测量法在口译研究中的第二大类应用是对口译质量的测量和评估，整体来看，当前对口译质量的评估包括口译成果评估和口译过程评估两类。成果评估主要包括对译员的译语质量以及口译服务对象对口译效果的客观反馈等；口译的过程评估主要是指对译员工作中的心理语言运用、心理因素影响、认知活动的了解。

由于测量法所具有的上述功能，目前在口译和口译心理科学相关领域中，越来越多的研究者开始采用测量法开展研究，取得了丰硕的成果，同时也丰富和发展了测验理论和测验技术，进一步完善了测量方法。

3. 口语报告法概述

口语报告法就是通过分析研究对象对自己心理活动的口头陈述，收集有关数据资料的一种方法。它的基本做法是，让被试在从事某种活动（如口译）的同时或刚刚完成之后，将自己在头脑中进行的思维活动的过程、各种心理操作等用口头方式报告出来，记录他们的口头陈述，按一定程序对其进行分析，然后据此揭示被试心理活动的过程和规律。

口语报告法可追溯到 19 世纪末 20 世纪初著名心理学家威廉·冯特（Wundt）提出的内省法。冯特的作法是，给被试一个明确的指示，要求被试报告自己头脑中的活动、形象或心理状态。如今，具有内省性质的口语报告法有了很大的发展，在理论基础、实施程序、分析方法等若干方面都有了很大的提高。首先，它采用了现代化的录音技术，对被试的口语报告进行了完整的记录。转换为文字以后，研究者就可能根据课题的需要，分析心理过程的任何一个部分，同时也能系统地考察口语报告数据的可靠性程度；其次，认知信息加工理论模型的提出，为口语报告数据的采集、加工、编码和分析提供了充分的理论依据；第三，根据口语报告的分析数据，可以进行计算机模拟研究，看其能否再现人类的信息加工过程，这样，就有了检验口语报告法的可靠性、有效性的手段和方法。

近二三十年的大量研究结果一致表明，由于具有上述特点，口语报告法是客观的和有效的。它既可以用于对被试的认知过程进行探索性的研究，寻找有关规律，也可用于对其他数据进行补充、说明,还可用于检验有关假设,建立口译认知加工过程的心理模型。口语报告法已被广泛用于认知心理学和心理语言的研究,可有效地探索被试认知活动的实际过程、特点,而且被认为是研究侧重策略运用的口译任务的一种有效方法。

当前,众多的研究者都认识到口语报告法在研究口译机制方面的重要性和可行性。口译任务是一项非常复杂的信息处理过程,它包括信息接受、存储、信息转述和信息传送等诸多环节。因此,很多重要的研究都涉及人类信息处理系统的处理能力,对不同任务注意力分配的可能性以及记忆过程的主要结构和功能等问题,为了对这些复杂的问题进行试验研究,学者们对语言信息处理过程进行了细分,如音节和单词辨认、陌生词语辨认、句子结构处理及以知识为基础的推论等。通过对研究任务的细分,便可以采用口语报告法对这些复杂的口译信息加工过程进行深入研究。

另外,在口译的意义传达与语篇产出方面,口语报告法也有着极为重要的应用。口译任务是听觉输入与话语表达的结合,即理解源语的含义,以另外一种语言向目标听众对信息含义进行表达。以意义为基础的研究取向特别强调已有知识的重要性,认为理解是建立在接受信息并与已有的知识相结合的基础上。此外,由于口译是一项目标性很强的活动,如何以科学的方法分析译员的译语输出是一个很重要的问题,而这些话语信息处理与输出的问题都可以通过设计精当的口语报告法进行深入的研究。

4. 问卷法

问卷法是心理与教育科学研究中最常用的收集资料的方法之一。问卷法是研究者用统一、严格设计的问卷来收集与研究对象有关的心理特征和行为数据资料的一种研究方法。根据问卷中问题的答案,可分为封闭式问卷和开放式问卷。根据使用方式或填答方式的不同,可分为自填问卷和访问问卷。基于问卷法的上述优点,很多研究者在英语学习和教学等相关的研究中采用问卷法。

以下介绍一些问卷法的应用实例。

比如有研究者希望考察中国高校口译教学的现状。通常而言,现状调查往往需要较大的样本量,以保证调查结果具有代表性。因此,问卷法是一个方便而快捷的研究途径,可用于大范围施测,且标准化程度较高,易于进行不同地区、不同高校的对比研究。

研究者的问卷题目为《口译课堂教学调查问卷》,该题目清晰而明确地表明了研究内容的指向性。在基本信息部分,研究者考察了以下几方面内容。

A:毕业学校:_____　　　性别:_____

　工作时间:_____　　　专业:_____

基本信息部分的设计通常用以区分不同类型的被试,如性别、年龄等。研究者也可以根据自己所关注的内容而定让被试填写相关的内容,如所在地区、学习英语年限等。一些信息可以让被试自己填写,也可以给出一定的选项由被试选择(见例子 A 和 B)。

A:年龄:_____　　　所在地区:_____

B:年龄:□15 岁以下 □15—20 岁□20—25 岁□25 岁以上

　地区:□大城市 □中小城市□乡镇农村

在问题部分,研究者根据所要考察的内容提出问题,被试可以在备选答案中进行单项或多项选择(见例1～例3),或进行等级评分(见例4)。在设计多项选择的备选答案时,研究者要尽可能使备选答案涵盖被试可能回答的所有方面,以免出现调查的偏差。如果研究者不能确定在备选答案中是否涵盖了所有方面,可以在备选答案中加入"其他"这一选项,并让被试补充填写"其他"的具体内容。

1. 口译课上进行口译操练时,您面临的最大困难是_____。

A.听不懂　　B.记不住　　C.译不出　　D.反应慢

2. 在以下语言技能中,目前您感到最困难的是_____,最擅长的是_____。

　　A. 听　　　　B. 说　　　　　C. 读　　　　　D. 写　　E. 译

3. 在口译课堂上，您所学到的主要内容有：_____。（多选）

　　A. 语言技能　B. 笔记技能　C. 口译技能

　　D. 口译理论　　　　　　　E. 社会文化背景知识

　　F. 语言与非语言交际能力　G. 译员素质和职业道德

4. 学口译对我是一种乐趣。_____

　　A. 非常符合　B. 基本符合　C. 不确定　　D. 基本不符合

E. 非常不符合

在研究中，为了全面地了解被试的想法和感受，不局限被试的思维，研究者也可以提出一些开放性的问题。

　　A1：在口译中，您认为最困难的部分是什么？为什么？

　　_____

　　A2：请您谈谈对目前口译课堂教学的看法。

　　_____

　　除大范围的调查研究外，在一些实验性的研究中，也会采用问卷法。此时采用问卷法除了用于了解被试的基本信息、观点、态度外，也可用于考察教学或实验干预的效果。如有些问卷可以在实验的前、后分别对同一批被试施测，两次测量结果的一致性和差异性可以作为教学效果的评估指标。

　　A：您目前的笔记速记能力如何？

　　弱 1———2———3———4———5———6———7 强

　　为方便研究者设计问卷，以上列出一些实际研究中的问卷范例，供广大研究人员参考。

　　目前问卷法在心理与教育学的各种研究中应用得越来越广泛。其具有标准化程度高、应用范围广、统计分析方便、节省时间和人力等优点。为了保证问卷法研究的有效性，研究者应首先明确所要研究的目的和内容,并选用或编制适合该项研究的问卷。在施测时,研究者也应注意考察被试在作答时的态度,尽量减少各种心理干扰以及环境干扰等。

5. 实验法

实验法指在观察和调查的基础上,对研究的某些变量进行操纵或控制,创设一定的情境,以探求心理、教育现象的原因、发展规律的研究方法,其基本目的在于研究并揭示变量间的因果关系。实验研究有多种分类方法。根据研究的目的不同,可分为探索性实验和验证性实验。根据实验情境的不同,可分为实验室实验和现场实验。根据实验中控制和操纵的自变量的数量的多少,可分为单因素实验和多因素实验。根据实验设计的不同,可分为前实验、真实验和准实验。

实验设计是实验法的核心内容。不同的实验设计类型适用于不同的研究需要。以下简单介绍真实验、准实验以及多因素实验的设计方法。

真实验设计按被试接受实验处理的情况可分为被试间设计、被试内设计和混合设计。被试间设计即指每个被试只接受一种自变量水平或多个自变量水平组合中的一种实验处理。如果实验组和控制组的结果差异显著,就表明实验处理有效。以下是两个被试间设计的例子,A1为后测设计,A2为前测后测设计。

A1:实验组:随机取样——实验处理——后测
  控制组:随机取样——————后测
A2:实验组:随机取样——前测——实验处理——后测
  控制组:随机取样——前测——————后测

综上所述,实验研究主要通过操纵或控制变量,揭示变量之间的因果关系。实验研究有严格的研究设计,包括被试选择、研究的材料和工具、实验程序、设计分析方法等,以保证实验结果的科学性。研究者应根据研究目的和内容,选择适合的实验设计方法,并尽量对无关变量加以控制。

四、潜在的问题

在翻译研究中,认知心理学研究方法的引入对翻译过程的心理机制研究提供了有效的研究手段。无论是口译还是笔译,翻译过程都包含材料的选择、理解、记忆和目的语表达等环节。认知心理学强调信息的加工和处理,翻译的过程是信息加工和处理的连续过程,笔译和口译都在信息加工处理中展开和完成。因此,翻译和心理学的交叉研究必将催生一门新的学科,即翻译心理学。

当前的翻译研究,特别是口译研究,更注重量化研究,积极引入统计学的处理方法。近年来,一些主要的翻译刊物都刊登了一些基于数据处理和统计结果的翻译研究成果,使翻译的心理过程研究有了可喜的变化。但是,可以看出既有心理学背景又有翻译研究经历的复合型研究人才还很缺乏,翻译心理过程研究的质量还有待于提高。未来应加强对研究人员心理实验设计能力的培养和数据处理方法的训练。另外,目前的翻译心理过程研究的点还比较散乱,所以,我们应该集中研究的力量,理顺研究的脉络,使翻译的心理过程研究更加体系化。

关键词
翻译研究;心理过程;认知心理学

思考题
1. 认知心理学应用于翻译过程研究有哪些优势?
2. 翻译的心理过程研究包括哪几个方面?
3. 翻译的心理过程研究常用的研究方法有哪些?

建议阅读书目

［1］Baddeley，A. D. ，*Human memory：theory and practice*. Hove：Erlbaum Associates，1990.

［2］Gile，D. ，*Basic Concepts and Models for Interpreter and Translator Training*. Amsterdam/ Philadelphia：John Benjamins Publishing Company，2009.

［3］鲍刚:《口译理论概述》,北京:中国对外翻译出版公司,2005。

［4］张厚粲:《心理与教育统计学》,北京:北京师范大学出版社,1993。

第十四讲 翻译与诗歌研究

导 读

飞白先生用英、法、德、俄、意、拉丁等多种语言,从事世界诗歌翻译和评论。他60年如一日,译诗品诗不辍,践行了飞白式的"我诗故我在"。飞白译诗,多以外译中行世,力求体现原作风格,得到学界和读者的广泛认可。

近来,飞白又陆续将汉语和法、西、俄、荷等外语名诗译成英语,正拟汇编成集。中国诗人从中国诗歌理念出发英译世界诗歌,这是飞白对中国诗和世界诗的又一贡献。

飞白的风格译,以形写神,超出了对翻译技巧的考量,其创意翻译,突破了传统的校勘式翻译。理论上,飞白的诗歌翻译以原作为中心,他认为译作的判断标尺是原作,高手的译笔功力"必须力求与原作相似。"①本文以风格译为命题,展开对飞白的诗歌翻译研究。现在,翻译研究理论呈一边倒的态势,倾向于解构忠实,视"翻译即创造性叛逆"。此时重提作者和原作的权威,具有重大意义。

一、飞白的诗歌翻译理论

(一)译诗方针——风格译(译者的透明度)

在《论风格译——谈译者的透明度》中,飞白明确提出了其翻

---

① 飞白:《关于〈世界诗库〉的批评》,《书屋》,1996年第6期。

译思想的核心概念——风格译。风格译不是技巧，而是译诗方针；"舍此没有他法"。如果说翻译的最高标准是忠实于原作，风格译（译者的透明度）则是最大程度的忠实。

风格（style），源于拉丁语 *stylus*，意为钢笔、笔，泛指与书写、写作相关的笔触、笔体、笔势、笔调、笔力、笔法等。《牛津文学术语词典》将风格定义为风格是语言运用的任何独特方式，是区别不同作家、不同流派、不同时期、不同类型的重要特征。[①] 简言之，风格即作家、作品的个性与特色。

飞白认为，风格译即个性译，诗歌翻译应个人化、透明化，更细腻地感受和传达诗人的个性风格。

风格译要求译者自己应该透明，磨去自己的棱角及性格，不当本色演员，而要拓宽戏路、改当性格演员。在译者的消极才能和积极（表现自己的）才能之间，需要努力向前者倾斜。"译者在演原作者的角色，而不是演自己的角色"。这就是译者透明度（transparency of the translator）。[②]

风格译要求去标准化。标准化的"常规"翻译对一切诗人作了"一刀切"的机械式处理，而没有考虑到诗人是有个人风格的活人。"风格译"的要求与此相反，不是"标准化"而是（诗人）个人化的。

风格译是诗翻译的最自然形态，是"最忠实的"，其实质是诗歌审美对译者提出的天然要求。审美要求忘我，要求进入与诗的风格美同一的境界。

飞白提出的风格译就是力求淡化译者的风格，努力让作者的光得以通过。因此风格译也同样针对"译语优势"的自觉或不自觉

---

① 转引自姜倩、何刚强：《翻译概论》，上海：上海外语教育出版社，2008 年，第 217 页。
② 飞白：《论风格译——谈译者的透明度》，《中国翻译》，1995 年第 3 期，第 13—16 页。

的译者风格翻译。

风格译属于翻译学的本体研究,强调判断译作的绝对标尺为原作及其风格。当代翻译研究(文化学派、解构学派)"解构忠实",将传统翻译学和翻译学语言学派的翻译标准视为"一个历史性的概念"。① 中国版文化派在引入西方翻译理论的同时,对中国翻译理论传统存在一定程度的矫枉过正。在此情形下,重提飞白的风格译,充分尊重作者和原作,在理论和实践上均有指导意义。

(二)风格译与直译、意译

长期以来,我国译界就翻译原则争论不休,直译、意译、异化、归化更是热点。风格译避开了这些聚讼之地。

飞白不赞成诗的直译。诗"抗拒"直译、抠字眼。在《诗的信息与忠实的标准》中,他说,一个普普通通的字眼,在词典里本来只有简单的释义,可是一经诗人提炼,它就像镭一样具有了放射性,能够拨动人的心弦;一个词儿的音响本来没有特殊意义,可是一进入诗的行列,它立即和其他字音互相呼应,形成了情感的和弦,具有了色彩、联想、言外意、画外音……这,就是诗之所以"抗拒"直译的原因。至于小说、散文中最难译的部分、不能直译的部分,也正是其中含有的诗的成分。

飞白认为,翻译涉及词级、词组或短语级、句级、超句级或文本级等层次,直译以词级翻译为基本立足点,通病是"忽视其上下文中的意义和互文意义,对诗的音韵、节奏、内涵、暗示、风格、肌理则一概不屑顾及"。② 诗的直译,如同"只见石头而不见维纳斯,结果就会把艺术家塑造的美神译成一堆大理石的残渣碎块"。③ 直译

---

① 胡显耀:《高级文学翻译》,北京:外语教学与研究出版社,2009 年,第 11 页。

② 飞白:《关于〈世界诗库〉的批评》,《书屋》,1996 年第 6 期。

③ 飞白:《"逼近原作的形式"——再论译者的透明度》,吴秀明主编《浙江大学中文系教师学术论文选》,杭州:浙江大学出版社,2007 年。

之词"本"，非失不可。此"本"不失，便不成翻译。

在上世纪 80 年代早期的一场"忠实的标准"论争中，直译论者批评飞白译诗在字面上"往往与原文不符"，不同意飞白将马雅可夫斯基《魏尔伦和塞尚》诗中的"火鸡"改译成"画眉"。[①]"火鸡与画眉"的得失，稍后详论。

至于意译，飞白认为根本不存在一个统一的"意译派"，不同意别人把他简单地划归意译派。其晚近对"意译"的思考如下：

"意译"这个词是无法定义的，"意"的概念或英语"free"的概念可作多种解释：

1. 要求译出原作的 meaning——"语意"或"语义"，根据"语义"的所指还可分三种类型：

A. 要求译出 semantic meaning 即 Peter Newmark 倡导的"语义译"中的"语义"，这是在直译基础上稍加微调的方案，free 程度不大，只是 free from 原文的语法形式和词序（按：凡是翻译总得离开原文，常言道"得意忘形"，要得"语义"就得稍微"忘形"——忘掉原文语法形式和词序）；

B. 要求译出 contextual meaning 即联系上下文而得出的"语境意义"（这是 John Catford 的定义里说到的），因此要 free from 原文词级、短语级的孤立意义；

C. 要求译出 associative meaning 即"联想意义"，因此就要或多或少地 free from 原文的 denotative meaning 即指称意义或直译派坚持的字面意义；

2. 要求译出原作的"大意"（general idea），不仅是 free from

---

① 余振：《读飞白〈译诗漫笔〉漫笔》，《外国文学研究》，1982 年第 3 期；《读飞白第二篇〈译诗漫笔〉漫笔》，《外国文学研究》，1984 年第 1 期；智量：《火鸡与画眉——〈译诗艺术的成年〉和〈译诗漫笔〉读后》，《读书》，1982 年第 9 期。魏荒弩：《栎斋余墨》，南京师范大学出版社，2008 年。

原文的 grammar，而且 free from 原文的句级 meaning，而形成
paraphrase（改述）；

3. 要求译出原作者的"用意"（intention）或"真意"，假设作者
的"意"在言外，译者就可以 free from 作者之言，"得意而忘言"；

4. 如果译的是诗，还可以要求主要译原作的"诗意"、"意境"
或"神韵"，问题在于"意境"、"神韵"等提法过于空灵，难以把握；

5. "意译"还可理解为"写意"式翻译，——所写之"意"主要在
于译者的领会和感受（feeling），据此大笔挥洒，如作写意的水墨
画，含有译者的借题发挥，而 free from 原文的文本；

6. 再进一步也可以是译者的"任意"（at one's will），"意者，
志也"，有少数译者随"意"之所欲，主观任意，完全 free from 作者
之意（meaning and intention）；

7. 此外，另一种类型的转"意"或"得意忘形"，是 free from 原
文的文化因素或艺术形式因素，译文全盘归化，形象大变，例如把
莎士比亚搬上京剧舞台，让奥瑟罗唱花脸，属于这一类型。[①]

飞白主张的译诗方法是"形神兼顾，把诗译成诗"。对诗的全
部信息全面权衡选择，保留尽可能多的主要信息，重新创造无法保
留的次要信息（重点号为笔者所加），从而重建诗的形与神的结晶，
使其综合效应最大限度地接近原诗。尽管飞白译诗有不少"free"
因素，包括不少上面列举的因素（不包括第 5、6、7 条，不过局部的
归化因素也不可免），但"这些'free'因素不是飞白追求的目的，而
是贴近原作的代价"。[②]

风格译既不是直译，也不是意译，它重在对原诗风格、诗意的
"整体把握和表达"[③]，即追求诗翻译的"最佳近似度"（辜正坤）。

<hr>

① 根据飞白《翻译学》课程所讲授。
② 根据飞白《翻译学》课程所讲授。
③ 飞白：《译诗漫笔——谈谈诗感》，《翻译通讯》，1984 年第 2 期。

(三)风格译与译者主体性

飞白于 1995 年提出风格译、译者的透明度翻译方针。同年，美国解构主义翻译理论家韦努蒂出版《译者的隐身》一书。飞白所说的"译者的透明度"，与韦努蒂的"译文透明"概念不同，含义甚至是相反的。韦努蒂在《译者的隐身》中说由于英语的强势，当代英美译者翻译外语原著时，都会消除其本来语言和风格的特色，译成完全归化式的英语，使得译文看起来很透明，看不见翻译的痕迹，出版者和读者也都习惯于以这样的标准来要求译者。韦努蒂所说的"译文透明"指的是一种假象，仿佛是作者在用英语写作，而译者则"隐身"了。不过，尽管说法不同，"透明"的概念含义不同，韦努蒂批评翻译过滤掉原文特色的做法，其实与飞白的立场非常相似，均着眼于译者主体性及其限度。

(四)风格译、诗感与情、理、美、非理性四极张力场

风格译需要选择诗中的关键信息，把握神韵。飞白认为诗的关键信息是"诗感"，这是诗之所以为诗的根本。它不仅仅局限于字面信息的认识，还必须包括情感信息和美感信息领悟，即情、理、美、非理性四极。

飞白译诗从诗感开始，而他的诗感又与他的诗评关系密切。飞白提出了以"情、理、美"为三极、以"非理性"为深层第四极的诗歌张力场模型，为各时代、各流派的诗和诗学定位。在他看来，传统诗主要为情、理、美三极平面张力场模式，现代诗主要为四极鼎立的立体张力场模式。正是四极相互牵引又相互拒斥的张力，形成了世界诗歌奇谲多变又井然有序的丰富局面。①

---

① 　飞白:《诗海·现代卷》，桂林:漓江出版社，1989 年，第 799 页;马谦:《意义的世界与世界的意义——评〈诗海〉的文化价值》，《杭州大学学报》，1991 年第 3 期，第 141 页。

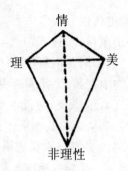

(五)风格译,全息译

风格译,译可译,非常译。风格译是全息译,风格标记包括语言、音律、神韵三大部分。诗之"全息图"①:

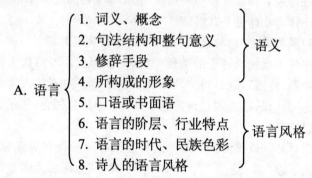

由于诗的多义性,诗歌翻译中风格通常无法量化。诗的全息图使风格标记的量化成为可能。随着计算机技术的日新月异、统计应用软件的不断完善,风格译越来越有可操作性。有论者已尝试用 5 种标记,即词语、意境、音韵、形象、语言生动等,进行风格的

---

① 飞白:《译诗漫笔——诗的信息与忠实的标准》,《外国文学研究》,1983 年第 2 期。

量化分析。①

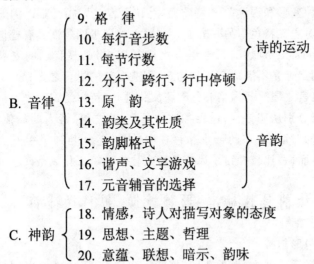

B. 音律
- 9. 格　律
- 10. 每行音步数
- 11. 每节行数
- 12. 分行、跨行、行中停顿

诗的运动

- 13. 原　韵
- 14. 韵类及其性质
- 15. 韵脚格式
- 16. 谐声、文字游戏
- 17. 元音辅音的选择

音韵

C. 神韵
- 18. 情感，诗人对描写对象的态度
- 19. 思想、主题、哲理
- 20. 意蕴、联想、暗示、韵味

（六）风格译的语言哲学层面

语言是存在的家园。我们降生时并不是白板一块，我们怎样感知周围的世界，也不是个人行为，而是被语言先在地规定好了。语言世代相传，每个人都从属自己的"语言之屋"或曰"语言的囚牢"，受其利，亦受其囿。

翻译就是要充分认识和修复语言之屋，把语言的囚牢、存在的囹圄修复为存在的家园。飞白在《诗海游踪·中西诗比较讲稿》（2011）代前言中明确表示："诗不可译"。"语言之屋"，在飞白看来，规约着人们的视野，"人们在生活中的所见，其实只是语言之屋的内部而已，就连通过墙上开的窗所看到的，实际上也只是窗玻璃而已，而且还是有色的花式窗玻璃，它折射一切客观物象，把它们

---

① 林玉鹏：《标记理论和文学翻译的风格标记》，《中国翻译》，2002年第5期，第72页。

改造成语言——文化形象。这造成跨语言、跨文化交际的复杂化，导致各种变形和误读"。① 诗歌翻译因"语言之屋相互难以沟通而呈现相对主义特色"，另一方面，它"因人都属于同类而具有普世主义（universalism）基础"。② 语言之屋是囚牢，又是我们的安身之地，突围之道是不断地言说与构筑，创造出新的语言之光。③

"语言之屋"中，风格亦具有跨文化性。《诗海游踪·中西诗比较讲稿》分别从望星空、世界各地的月亮、花之语、诗人的孤独感、山与海的对话、存在的苦难和存在中的爱、迷狂与禅境等八大方面，具体而微，比较探讨了风格的跨文化性和跨文化风格译。

二、翻译的具体标准：形神兼顾，把诗译成诗

（一）形与神

风格译表现为"形神兼顾，把诗译成诗"。飞白译诗以遵循原作的形式为主，在"加添或减去些原有的文字"方面，相当拘谨。然而其译诗又因诗而异，尽量保留原文的丰采，故而灵活多变，因为风格翻译确实是译可译，非常译。

在内容与形式上，中国译界长期存在神似与形似之争。飞白主张将二者结合起来，兼顾形神，以"逼近原作的形式"为突破口，以形写神，神与形同在。"形"就是全息图中 A、B 两类的总和。"神"主要指的是 C 类，但又不限于 C 类，还常常包含 A、B 两类的某些成分。神通过形表现出来，正如宝石的奇幻光彩通过巧匠琢磨的无数个晶面闪现出来一样。

---

① 飞白：《诗海游踪·中西诗比较讲稿》，杭州：浙江工商大学出版社，2011 年，第 65 页。

② 同上，第 69 页。

③ 同上，第 39 页。

他认为翻译的困难在于：原作的形式是用源语（作者的语言）的材质塑造的，与源语血肉相连，剥离源语的同时也就剥离了原作形式，所以不可能要求译者"传达"原作形式，至多只能要求译者模仿原作的形式，在译入语的屋子里，用新的材质重新塑造一个雕像。"这种翻译必须克服最大的阻力，因为译者和原文靠得紧了，就多少要舍弃本国语言的特色，群众的口味必须逐渐提高和适应，才能接受。"①

（二）译诗的自由与不自由

译诗是不自由的，又是自由的："译诗时要受到意境、音韵的制约，常常顾此失彼，左右为难，似乎极不自由。但从另一个角度讲，诗歌译者却又享有散文译者所没有的自由——更大程度的重新创作的自由。正因译诗不能照搬原文，就不得不在融会原诗的基础上，酝酿新的韵脚，新的排列，甚至新的形象。"②风格译不是"形式至上论"。译诗"尽可能遵守原诗的行数，但行与句的关系、行中停顿与跨行，是不可能照搬不误的；就连行数，也不一定在任何情况下都机械不变。"③

三、风格译与前理解

飞白的译诗"融人生于学问、化学问为人生"。④飞白是怎样做到风格译及形神兼顾的呢？这涉及风格译的基础——文本之外的前理解。

---

① 飞白：《"逼近原作的形式"——再论译者的透明度》，吴秀明主编《浙江大学中文系教师学术论文选》，杭州：浙江大学出版社，2007年。
② 飞白：《译诗漫笔——谈谈诗感》，《翻译通讯》，1984年第2期。
③ 同上。
④ 马谦：《意义的世界与世界的意义——评〈诗海〉的文化价值》，《杭州大学学报》，1991年第3期，第143页。

(一)诗与人生的张力

"最大的压力造成金刚石,最大的压力造成作品"。[①] 飞白丰富的人生阅历,造就了其译诗的金刚石品质。这是飞白译荷尔德林诗:

> 在可爱的蔚蓝中闪烁(片断)[德] 荷尔德林
> 假如人生纯属劳役,
> 人是否能抬眼向天说:即便如此
> 我也愿意生存? 能。
> 只要人心尚与仁爱纯真共存,
> 人就会乐意用神性
> 来衡量自身。
> 神不可知吗?
> 还是昭然如苍穹?
> 我宁肯相信后者。
> 这是人的标准。
> 尽管一生劳绩,
> 人诗意地栖居在大地上。
> 但(假如我能这样说)幽幽星夜
> 其纯真也超不过人,
> 因为人被称作是神性的影像。
> 地上有衡量标准么?
> 地上无标准。
> (飞白 译)

生命的可贵和生存的艰难具有普遍意义,人以痛苦和黑暗的

---

① 汪静之:《诗歌原理》,飞白、方素平编,杭州:西泠印社出版社,2006 年,环衬。

死为代价，才换来诗意的栖居、激情和魅力。① 飞白译诗透出的风格，正是这种存在中的沉重，沉重中的栖居，栖居中的诗意。他这样概括自己的写作与人生："我在指挥车上写作，在轮船和驳船上写作，伴着火车轮磕碰的韵律写作……只有'文革'非常时期，只有洞庭西湖集中营——片纸不存滴水不漏的地方，是个例外。"②

"他毕生执拗地'寻求'着：当过兵，种过地、坐过牢……才'逼近诗自身'，进入了诗海——人的意义世界。"③

（二）语言上的前理解

飞白主持编译的《诗海》、《世界诗库》都是包罗万象的世界诗歌史。飞白翻译过 16 种语言的诗，一些小语种如丹麦语、希腊语的诗，均从原作译来。飞白学贯中西，格致境远，见人所未见，发人所未言。略举三例：

飞白还原了古希腊著名女诗人萨芙诗中的古希腊宇宙观和星空神谱。

萨芙《黄昏星》：

黄昏星啊，你把灿烂的曙光女神所散布四方的，全都收回家去，

叫绵羊归栏，叫山羊归厩，

把孩子送回到母亲怀里。

（飞白 译）

飞白纠正的另一文艺史公案，是法国雕塑家罗丹的雕塑——

---

① 飞白：《诗海游踪·中西诗比较讲稿》，杭州：浙江工商大学出版社，2011 年，第 270 页。

② 飞白：《诗海·传统卷》，桂林：漓江出版社，1989 年，序言，第 38 页。

③ 马谦：《意义的世界与世界的意义——评〈诗海〉的文化价值》，《杭州大学学报》，1991 年第 3 期，第 143 页。

《美丽的制盔女》的译名。罗丹的这件著名雕塑在我国许多书刊中的译名都不正确,总被称为《老娼妇》、《老妓》、《鸨婆》、《美丽的欧米哀尔》等。飞白点出罗丹雕塑的灵感源头,是四百多年前中世纪法国诗人维庸的同名诗《美丽的制盔女》。他进而指出,误译的原因"在于罗丹雕塑所依据的原诗从未介绍到中国来,所以无法弄清题意"。[①] 原题中的主人公 hëaumière 是中古法语拼法,现代法语应作 heaumière,系"制盔者"的阴性名词,在中世纪欧洲,制盔甲的手工业盛行。

飞白还曾从语源出发,为意大利著名诗歌流派——"奥秘主义"正名。奥秘主义(Ermetismo)为两次世界大战之间重要的意大利现代诗派,通行的译名为"隐逸派",实为一大误,直接关涉读者对这个流派的理解。飞白指出:Ermetismo(奥秘主义)与ermita(隐士、隐逸)词形虽略相似,实则并无干系。[②] 赫耳梅斯(希腊语 Ἑσμης,意大利语 Ermes,英语 Hermes)与埃及神话中的 Thoth(托特),在希腊化时期混同了,产生了"三倍最伟大的赫耳梅斯"的神话形象,有"最最最"的味道,[③]遂成为众多奥秘学科,如神学、占星术、炼金术等的佑护神。(笔者:对应的英文为 hermetic, hermit)

(三)文艺母题和世界诗歌史的前理解

1. 文艺母题及艺术的互文。

在艺术内部,飞白力图打通诗书画乐的学科界限和时空分野。诗中有画,诗中有歌,艺术内部的互文使他的译诗颇具通感。

飞白看到"在诗的长河中,同一主题在不同时代不同诗人手中

---

① 飞白:《诗海·传统卷》,桂林:漓江出版社,1989 年,第 139 页。
② 飞白:《诗海·现代卷》,桂林:漓江出版社,1989 年,第 1371 页。
③ 飞白:《意大利奥秘主义辨析——兼对"隐逸派"译名提出商榷》,《外国文学评论》,1988 年第 4 期。

画出的轨迹"。①

　　西方诗的田园和鬼魅气氛,祖述古希腊罗马的牧歌和中世纪的哥特艺术:"从原型和文化角度看,豪斯曼诗中的田园气氛是以古希腊古罗马的牧歌为原型的,在此类牧歌里,牧童和少女们对唱恋歌,其背景是阿卡狄亚,古希腊的'桃花源'……豪斯曼的诗中又有欧洲中世纪谣曲里的'鬼情人'的影子,这类谣曲讲的是骑士的鬼魂回来找昔日情人结婚……"②

　　文艺复兴时期,法国七星诗社的龙萨提出了"生活吧"(Vivez)的口号,这可溯源到古罗马卡图卢斯的"生活吧,爱吧"(Vivamus, amemus);而龙萨"蹲在火边的婆婆"的形象,则可溯源到法国中世纪维庸的"美丽的制盔女"。同一母题的叠唱,随后还有英国叶芝的著名仿作《当你老了》,美国弗罗斯特诗《准备吧,趁早》。③

　　法国象征派诗人马拉美的诗《牧神的午后》启发了作曲家德彪西,后者谱写了同名交响诗前奏曲,遂成为印象主义音乐的奠基之作。"德彪西也像马拉美一样,不用叙述法而用暗示法,以朦胧恍惚的音乐形象表现光、色、情绪的像梦一般的起伏变幻……"。如今,《牧神的午后》——诗与交响诗,已经一齐成为"传世的双璧"。④

　　从古到今,从中到西,这种跨时空的文艺母题前理解,赋予风格译别样的结构感和纵深感。

　　2. 世界诗歌史的前理解。

　　飞白译诗注重拾遗补缺,"采撷世界诗歌精华,填补我国译介空白"。古典文化是西方文明的源头。罗马文学在中国院校是次

----

①　飞白:《诗海·传统卷》,桂林:漓江出版社,1989年,第177页。
②　飞白:《诗海游踪·中西诗比较讲稿》,杭州:浙江工商大学出版社,2011年,第245页。
③　同上;及飞白:《诗海·传统卷》,桂林:漓江出版社,1989年,第177页。
④　飞白:《诗海·现代卷》,桂林:漓江出版社,1989年,第955—956页。

点,一句带过,可有可无,在欧美院校却是重点,精耕细作。如果不涉猎罗马诗,我们也难以领会西方文学中数不胜数的典故和意象。例如,若不读维吉尔在他描写的地狱场景中把鬼魂之群比作秋风中的落叶,我们就不知雪莱何以把西风中的落叶比作鬼魂之群;若不读埃涅阿斯在女先知指引下摘取金枝的故事,也就不会明白弗雷泽的人类学名著《金枝》诗意的书名和研究的出发点。飞白的《古罗马诗选》直接从拉丁文原文翻译古罗马诗,填补了我国诗歌译介领域重大空白,在丝绸之路的两大文明古国之间,用诗歌架起了一条诗之路。[①]

此外,他还重点译介了英国大诗人勃朗宁的戏剧独白诗(合译)、英国维多利亚时代诗等。

四、飞白的翻译理论与实践对中国新诗的贡献

中国"新诗有三大诗体源流:外国诗歌、古代汉诗和民间诗歌",其中"外国诗歌占主导地位,为新诗提供了大量诗体资源,极大地影响了中国的新诗革命和新诗的诗体建设……"。[②]

新诗起初师法译诗,在一般人的心目中,外国诗歌一律为自由诗,因此新诗就成了自由诗的代名词。如今,我国流行的自由体、半自由体新诗,往往拖沓、松散;众多的外国诗译者,对此难辞其咎。[③]

飞白的"风格译",不是那种千人一面、千调一腔的"独白型"翻

---

① 《古罗马诗选》最后特意增加了一个附录,详尽列出迄今我国译介出版的古罗马诗作,该书的尾页即是,但目录漏收了。这是我国学者研究古罗马诗的基本文献目录。飞白:《古罗马诗选》,广州:花城出版社,2001 年。

② 王珂,转引自颜桂堤:新诗的形式资源何在? http://blog.sina.com.cn/s/blog _4fc8ae7701008ylo.html 访问时间:2011-9-14

③ 卞之琳:《译诗艺术的成年》,《读书》,1982 年第 3 期。

译,而是犹如性格演员般"入乎其内,出乎其中"的"复调型"翻译。①作为千面译者,飞白译出了霍普金斯的弹跳律、狄金森的电报体、弗罗斯特的现代格律诗、惠特曼的排浪体、勃朗宁的戏剧独白诗、松尾芭蕉的俳句、美国意象派中的东方韵味、俄国白银时代象征诗、意大利的奥秘主义……②这样多的风格译诗进入汉语,现代汉语丰富了,新诗艺术发展了。

"九叶派"诗人唐湜写道,"这些译诗读起来就像是飞白自己抒写的柔美的新诗,哪儿是译来的诗?""世界诗歌的海洋是那么广阔,历史是那么长长的上下六千年,飞白给我开启了一扇扇的大门,叫我大开眼界。我觉得自己再下笔时就会有更辽阔的视野,也会有更深沉的灵思飞绕自己的笔尖"。③

由于风格译体现出原作的主要标识,许多飞白译诗已成为经典,他翻译的马雅可夫斯基诗曾被卞之琳先生誉为"译诗艺术的成年"的标志之一。在读者心中,飞白的风格就是原作的风格。我们已无法将原作者的风格与飞白的风格截然分割开来。

(一)飞白风格译之音乐性

诗与歌原初就结下不解之缘。飞白译诗注重诗的音乐性,略举三例:

海涅的诗《趁着歌声的双翼》,因门德尔松为之谱曲,最广为人知。诗的通行译名为《趁着歌声的翅膀》。但"翅膀"的声调为仄仄,过于沉重,和诗中与心上人一道飞向恒河岸边的欢快心境不符。飞白改译"双翼",则声调为平入,短促斩截。④飞往之迅,心境之轻松欢畅,无拘无束,呼之欲出。

---

① 张德明:《会通与契合:飞白诗歌翻译艺术管窥》,《铜陵职业技术学院学报》,2008年第4期。

② 飞白:《诗海·传统卷》,桂林:漓江出版社,1989年,序言。

③ 唐湜:《翠羽集》,山东友谊出版社,1998年,第187页。

④ 徐培钧:《序》,龙榆生《词学十讲》,北京:北京出版社,2005年,第6页。

　　韵是诗中最音乐化的因素。相对诗中的语音的量的结构——格律而言,韵是质的结构,是诗行的情感聚焦点和连接剂。"第一个韵唤起对再次出现的韵的期待和悬念,再次出现的韵唤起对前一个韵的回忆。许多诗行的多种多样的情感联系,往往就是通过韵实现的"。[①] 飞白译雪莱的音诗《致云雀》,以回环往复的行中韵,体现云雀的婉转欢歌。

> Hail to thee, blithe Spirit!
>
> Bird thou never wert
>
> That from Heaven, or near it,
>
> Pourest thy full heart,
>
> In profuse strains of unpremeditated art.
>
> ...

> 你好,欢乐的精灵!
>
> 你决不是一只鸟,
>
> 你从天廷或天门,
>
> 倾吐你的怀抱,
>
> 倾吐出无穷无尽不假雕琢的曲调。
>
> ......

> Like a Poet hidden
>
> In the light of thought
>
> Singing hymns unbidden.
>
> Till the world is wrought
>
> To sympathy with hopes and fears it heeded not
>
> ...

> 恰似一个诗人

---

① 飞白:《诗律学》,见《诗海·现代卷》,桂林:漓江出版社,1989 年,附录。

沉浸于思想之光，
用自发的歌吟，
感动世人心肠，
激起世人从未注意的忧虑和希望。
……

Better than all measures
Of delightful sound—
Better than all treasures
That in books are found—
Thy skill to poet were, thou scorner of ground!
一切悦耳的绝响
都不及你的韵律，
一切书中的宝藏，
都不能同你相比，
蔑视地面的你呀，诗人慕你的诗艺！
（飞白 译）

（二）飞白风格译之归化、异化优雅平衡

Il pleure dans mon Coeur Paul Verlaine
泪水流在我的心底 魏尔伦

Il pleure dans mon coeur
Comme il pleut sur la ville ;
Quelle est cette langueur
Qui pénètre mon coeur ?

Ô bruit doux de la pluie

Par terre et sur les toits !
Pour un coeur qui s'ennuie,
Ô le chant de la pluie !

Il pleure sans raison
Dans ce coeur qui s'écoeure.
Quoi ! nulle trahison ?
Ce deuil est sans raison.

C'est bien la pire peine
De ne savoir pourquoi,
Sans amour et sans haine,
Mon coeur a tant de peine !

泪水流在我的心底，
恰似那满城秋雨。
一股无名的愁绪
浸透到我的心底。

嘈杂而柔和的雨，
在地上、在瓦上絮语！
啊，为一颗柔和的心
而轻轻吟唱的雨！

泪水流得不合情理，
这颗心啊厌烦自己。
怎么？并没有人负心？
这悲哀说不出情理。

这是最沉重的痛苦，
当你不知它的缘故。
既没有爱，也没有恨，
我心中有这么多痛苦！
（飞白 译）

张德明对此译的专门论述如下：

飞白的翻译既有异化的因素，又有归化的因素，两者之间达成
了一种优雅的平衡。秋雨的意象，在中国古典诗歌中可以是说比
比皆是，但魏尔伦的这首诗对秋雨的阐述和理解是独特的，尤其是
其回环的韵律节奏是中国古典诗歌中所少见的。这恐怕主要得归
因于法语独特的"富韵"。可喜的是，飞白以最大的可能将这种独
特的韵律传达出来了。让我们看到了法语诗与汉语诗相"异"的方
面。与此同时，飞白又广泛地借用了中国古典诗歌中的词语意象，
如"恰似"、"愁绪"、"絮语"，使读者产生丰富的联想，从而扩充了原
诗的容量（而且这些词语的尾音［u,i］恰好与原诗中的关键语词
"雨"（pluie）的尾音［yi］相似，形成一种情感和韵律上的"应和"或
"契合"）。所以，读这首诗的时候，我们的感觉是既熟悉又陌生，熟
悉的是它与中国古典诗歌中的情感相通性，陌生的是它所采用的
独特的回环式的韵律节奏感。①

（三）飞白风格译之现代敏感

现代诗的非理性（诗歌的第四极），经诗人的理性表现出来，就

---

① 张德明：《会通与契合：飞白诗歌翻译艺术管窥》，《铜陵职业技术学院学报》，
2008 年第 4 期。

是"极端自由的涂鸦和极端严谨的晦涩"。[①] 飞白对此有很强的感受力，着力表现其与传统诗的疏离和陌生化风格。他在两卷《诗海》中，将现代卷单列为整整一卷。他翻译的马雅可夫斯基诗，被卞之琳先生誉为"译诗艺术的成年"的标志之一，原因也在于此。

现代敏感，除词语取舍方面，还体现于"诗行的排列和节奏的移植……"。[②] 以马雅可夫斯基的楼梯诗[③]为例，这"是一种现代格律诗，但在音步上较为自由"，形式特点异常突出；"复合韵"尤其对译者构成极大的挑战。这种复合韵在英诗中很罕见，只有 Byron 和 Browning 喜欢用一些，如《唐璜》中的："Don Juan"押"the true one"，"Agamemnon"押"I condemn none"，"ladies intellectual"押"hen－pecked you all"等，而在马氏则是他的看家本领，他尤其喜欢用人名地名和外语名词来押韵。[④]

马氏形成自己的音韵特色和他充分开发俄语的音响"资源"有关。俄语是词尾变化最复杂的语言之一，它的音节较多，辅音连缀较多，还有一个特点是句子倒装的可塑性特别大。[⑤]

因为汉语不是拼音语言，汉语的音节比欧洲语言单纯得多。在汉译中根本无法仿制马式韵。飞白译马诗，不满足于仅仅能押上韵，还分别不同场合，采用了平仄、四声、四呼等谐音手法，特别是按照马诗特点，重视声母的音响效果，以加强韵脚的声音形

---

　　① 树人：《译诗：不可能的可能》，见海岸选编《中西诗歌翻译百年论集》，上海：上海外语教育出版社，2007年，第659页。

　　② 黄灿然：《译诗中的现代敏感》，见海岸选编《中西诗歌翻译百年论集》，上海：上海外语教育出版社，2007年，第652页。

　　③ 楼梯诗，又称波形诗（undulated lines），19世纪阿波里奈尔首先创用，庞德、威廉斯等人都写过这样的诗。赵毅衡：《中国诗与自由诗》，见海岸选编：《中西诗歌翻译百年论集》，同上，第588页。

　　④ 飞白：《诗律学》，见《诗海·现代卷》，桂林：漓江出版社，1989年，附录。

　　⑤ 飞白：《译诗漫笔——马雅可夫斯基诗的音韵和意境》，《外国文学研究》，1981年第3期。

象。即便如此,飞白说,马氏"史无前例"的奇句险韵,在译文中表达得比较传神的,不过十之一二而已。① 具体而言:

从韵的方面看,马雅可夫斯基坚持用韵,而且做诗把重点和力气都放在押韵上,下的工夫堪比杜甫做七律,这显然不同于根本不押韵的自由诗作者。不过他坚决不用别人"用俗用滥"了的韵,每韵都要求创新,他爱用的韵是拜伦式的复合韵,但比拜伦更复杂,同时又带点狄金森式的"半韵"成分,所以很新颖,很"反传统"。

从节奏方面看,马雅可夫斯基用的诗律丰富多样,但以重音诗律为主,亦可称为可变音步,所用音步以 trochee(扬抑)为主……但除早期诗外,他不再以同一诗律贯串全诗,而有意地作种种音步变化……这说明,马雅可夫斯基的诗律是有意与传统格律诗拉开距离,造成反差,音步的变化有时已经自由到可称"自由诗"了。(飞白按:惠特曼的自由诗与此类似,也有可变音步,而以抑扬为主。但因惠特曼的诗无韵,而马雅可夫斯基的诗严格押韵,故仍不能算自由诗,只是含自由诗成分。)

在外译中时,原文多样化的音步形式难以表达,所以我把力气都放在押韵上,而在节奏方面只讲究重音突出,有可诵性,而放弃音步形式的传达。这样一来,楼梯诗译文就比俄语原文显得更像自由诗了。②

如马氏《魏尔伦和塞尚》中的一节,飞白译:
思想
　　可不能
　　　　掺水。

---

① 飞白:《译诗漫笔——马雅可夫斯基诗的音韵和意境》,《外国文学研究》,1981 年第 3 期。
② 根据飞白《翻译学》课程所讲授。

> 掺了水
>> 就会受潮发霉。
> 没有思想
>> 诗人
>>> 从来就不能活，
> 难道我
>> 是鹦鹉？
>>> 是画眉？

"火鸡"（Индейка）这个形象，是和已经变形为贬义词的"思想"（Идейка）一词谐音。可是汉语不能靠词尾变化表示褒贬，译者只得加上"发霉"一词来表现贬义色彩，同时也把"火鸡"这一韵脚改成"画眉"，与"发霉"谐音，用来指代没有思想的学舌之人。十几斤的火鸡就这样翻译成了二两重的画眉。

"火鸡变画眉"，或跨文化（跨语言之屋）造成的意象变形，中外翻译史上并不鲜见。以菲兹杰拉德译波斯诗哲海亚姆的《鲁拜集》①第 19 首为例：

هـر جـا کـه گـلـی و لالـه‌زاری بوده: ست
از سـرخیٔ خون شهریاری بوده ست
هـر جـا کـه بنفشه رسته بر روی زمین
خـالی است کـه بـر روی نـگاری بوده ست

---

① 黄杲炘的译本名为《柔巴依集》，"Ruba'i 这种诗体本就是我国维吾尔、乌孜别克、哈萨克等少数民族文学中的传统诗体，在汉语中约定俗成的译名为'柔巴依'"，黄杲炘《译诗的进化：英语诗汉译百年回眸》，见海岸选编《中西诗歌翻译百年论集》，上海：上海外语教育出版社，2007 年，第 XVI 页。

玫瑰和郁金香的艳姿，
想必长自帝王的血渍。
哪儿有紫罗兰开在地面，
想必发自美人颊上的黑痣。

　　三处出入是："郁金香在波斯诗中的地位甚至高于玫瑰，在英译中却被略去；美人痣是波斯美女的标志……，菲氏反'紫罗兰发自美人痣'改为'风信子发自美人头上'；而据菲诗本译出的各家中译文，却又不约而同地把'风信子'改成了'玉簪'"。①

玫瑰开得最鲜红的地方，
想必是埋着流血的君王；
装点花园的每枝玉簪，
想必都落自美人头上。
（飞白译）

　　其次，在诗行排列方面，飞白作了必要的调整，如马氏横渡大西洋时写的《大西洋》中的一节，原句较长，主语直到末尾才出现，汉语没有这样的倒装句式，而且原文一个"洋"字就有三个音节，拆成两行。译文保留"大西洋"作为韵脚的位置不变，调整如下：
一连几星期，
　　　　它鼓起大力士的胸膛，
有时轻轻叹息，
　　　　有时隆隆轰响，
有时勤恳工作，

---

　　①　飞白：《诗海·传统卷》，桂林：漓江出版社，1989 年，第 105 页。

> 有时醉得
>
> 　　　　不像样，
>
> 啊，
>
> 　　　大西洋！

飞白译诗还注重风格内部的细微差异。马诗本身也并不是千诗一腔，而是"有从粗犷到隽永的各种情趣"。① 因此飞白的译诗风格都不尽相同。

五、风格译之创意翻译——飞白的外诗英译

创意翻译，几近创作，是一种最大胆的风格译。这通常是在与原诗差距过大的情况下，重新创造无法保留的某些信息，"以意逆志，是为得之"。不过，其所本仍然为原作，仍然是追求与原作的"最佳近似度"。否则，创意翻译极易走向译者中心，以译者的创意取代作者的原意，代作者立言。

翻译史上著名的创意翻译之一是菲兹杰拉德译《鲁拜集》。菲氏改写、合并以及掺进他人诗句，在原作抄本芜杂，真伪难辨的情况下，进行必要的抉择取舍。"经菲氏翻译，在原诗哲理性的基础上加强了形象性和抒情性"。② 菲氏翻译使海亚姆一跃成为世界大诗人，菲氏自己也因为这一百零一首成为英国著名诗人之一，其译作也已被收入英诗名作。

飞白译诗，以原诗为本，"远远不如菲氏那样自由"。尽管如此，风格译之译者隐身，也同样要求译者能动创意，方能透显原作

---

① 飞白：《译诗漫笔——马雅可夫斯基诗的音韵和意境》，《外国文学研究》，1981 年第 3 期。

② 同上，第 105 页。

风格。飞白译诗，多以外译中行世。从 20 世纪 90 年代初在美任教时起，飞白就已开始将汉语和法、西、俄、荷等外语名诗译成英语，目前正拟汇编成集。中国诗人从中国诗歌理念出发，英译世界诗歌，中国视角，英语语言，确是别开生面。这也是飞白对中国诗和世界诗的又一贡献。

（一）中诗英译

以英译李清照《声声慢》为例。

> 寻寻觅觅，冷冷清清，
> 凄凄惨惨戚戚。
> 乍暖还寒时候，最难将息。
> 三杯两盏淡酒，
> 怎敌他晚来风急？
> 雁过也，正伤心，
> 却是旧时相识。
>
> 满地黄花堆积。
> 憔悴损，如今有谁堪摘？
> 守着窗儿，独自怎生得黑？
> 梧桐更兼细雨，
> 到黄昏，点点滴滴。
> 这次第，怎一个愁字了得？

I seek and search, seek and search,

Desolate, cold, desolate, cold,

Disconsolate and soul－sick.

In a season that now warms and now chills,

All rest and peace you can but forsake.

With a few cups of light wine, how can I
Stand the outburst of an evening gust?
O it's bitter to recognize
Old acquaintance of mine—
Flocks of geese passing the sky of frost!

Chrysanthemums yellow—
In withered piles now—
That nobody has the heart to pluck.
Time stagnates at my lonely window
As if it would never get dark.

Dripping under the rain, wutong leaves
All the evening ceaselessly have wept.
At this moment
Even the poet's word 'Grief'
Loses its weightiness and is inept!
（飞白 译）

　　词首 14 字,道尽凄清,极尽汉语叠词之美,索为译者之难事。飞白译:"I seek and search, seek and search, / Desolate, cold, desolate, cold, /Disconsolate and soul－sick",以头韵、尾韵、行中韵和词组重复,译汉语叠词,3 行译 3 行,14 字译 14 字,几近完美。
　　"守着窗儿,独自怎生得黑?"飞白译:"Time stagnates at my lonely window/ As if it would never get dark"。译文将原文的隐含主语"我",转换为"时光"(Time),视角别具一格。

词尾,"这次第,怎一个愁字了得?"飞白译:"Even the poet's
word 'Grief' / Loses its weightiness and is inept"。此处,"愁"字
原是李清照的词人自道,译文理解极为恰切。Grief 的词源为拉丁
语 gravis,即下行中的 weighty。当 Grief loses its weightiness,
"愁"字自然就无法形容"这次第"(inept)。译诗的情、景、语与原
词仿佛合为一体,毫无隔阂。

原词为长短句 20 行,英译亦 20 行。略有出入的是,原词之上
下两阙,英译分为四节,这可能是因为英译文需要有点英诗体裁之
故。

《声声慢》挑战译者的功力,在众多译诗中,飞白此译最大限度
逼近原作的风格,相信会受到读者的认可。

(二)其他外诗英译

以马雅可夫斯基俄诗英译为例。汉语不是拼音语言,汉译根
本无法仿制马式韵,飞白对此一直引以为憾。这种憾事如今在其
俄诗英译中得到一定补偿。因为英俄同属欧洲拼音文字,马诗英
译中的复合韵,"比汉译来得要成功,例如《最好的诗》中的
'Guangdong'押'poetical tone','Shanghai' 押'shout I','Yaro-
slavl'押'grows lava'和另一处'Yaroslavl'押'glorious laurel',
《给塔姬雅娜的信》中的'Barcelona' 押'sparse & lonely'……朗
诵效果大约可与原文相比"。①

笔者有幸先睹为快的其他飞白外诗英译,还有俄国的吉皮乌
斯、丘特切夫;法国的兰波、瓦雷里;西班牙的洛尔迦、安·马查多;
丹麦的荷尔斯坦;中国的陶渊明、穆旦等诗人的诗。②

----

① 飞白:《译诗漫笔——马雅可夫斯基诗的音韵和意境》,《外国文学研究》,
1981 年第 3 期。
② 《飞白译诗一束》,2008 年"世界文学经典传播与研究暨飞白、宋兆霖翻译艺
术研讨会"资料。

结语　风格译，无为而无不为

风格译追求译者的透明度和消极才能，要求译者隐去自我、译者千面、游刃有余。

套用老子的话就是"原作日益，译作日损。损之又损，以至于无为。无为而无不为"。

受语言所限，大多数读者无法直接感受外国原作的风格。在一般读者看来，译本中的语言就是原作者的语言，而事实上，当我们谈奥斯特洛夫斯基的风格时，我们看到的实际是戈宝权先生的风格；当我们谈村上春树的风格时，我们看到的实际是林少华的风格。因此，译者必须能动地隐身，透显原作风格，这是译者的最高追求。"大地的诗永远不会停"，飞白提出的风格译是一个永无止境的追求过程，翻译的忠实透明召唤着译者，走在无限逼近原作形式的途中。

关键词

飞白；诗翻译；风格译；译者的透明度；逼近原作的形式

思考题

1. 什么是文学翻译的风格标记？风格标记包括哪些具体内涵？为什么说"风格译"是全息译？

2. "风格译"与"逼近原作的形式"之间是一种什么关系？为什么说"风格译，无为而无不为"？请举例说明什么是"跨文化风格译"。

建议阅读书目

[1] 飞白：《诗海——世界诗歌史纲（2 卷）》，桂林：漓江出版

社,1989。

[2] 飞白:《世界诗库(10 卷)》,广州:花城出版社,1994。

[3] 飞白:《诗海游踪·中西诗比较讲稿》,杭州:浙江工商大学出版社,2011。

[4] 汪静之:《诗歌原理》,飞白、方素平编,杭州:西泠印社出版社,2006。

[5] 海岸选编:《中西诗歌翻译百年论集》,上海:上海外语教育出版社,2007。

下 编　翻译与文化研究

第十五讲 翻译与译论比较

导读

中西方翻译理论都源远流长,译论家针对翻译现象总结出一定共通的规律,但由于不同语言文化的各自特点,以及译论家本人的生活背景与个性的不同,对翻译的评述也呈现出很大的区别。本讲以中英两国翻译理论从古典向现代转型的重要代表人物严复与德莱顿为例,探讨中外译论比较的可能性、基本范畴,以及对于翻译理论研究的启示。本讲在明确两者具体译论文本特征的基础上,重点比较分析两者在翻译标准与原则、翻译功能、译者素养以及译论文体本身的特性等四个方面所呈现的异同,以探求中外翻译理论共同的内在规律,同时还严复与德莱顿在翻译理论上的本来面目。

引言

严复(1854—1921)以启蒙思想家、翻译家、教育家以及时政评论家的身份,确立了自己在中国近代史上的地位;德莱顿(John Dryden,1631—1700) 则以戏剧家、诗人、文学批评家、翻译家的头衔显赫于 17 世纪的英国。而在翻译界,两人都以"翻译理论家"著称,并且其核心翻译思想至今仍被学界所津津乐道。严复在中国翻译界被称为"近代中国最杰出的翻译理论家"①、"中国近代'译学'之父"②,其"翻译标准三原则"被奉为翻译界的金科玉律;德莱顿早在 18 世纪就被英国学界泰斗塞缪尔·约翰逊(Samuel Johnson)称为"第一位重要翻译理论家"(first major theorist of translation)③,其"翻译方法三原则"常被英语国家翻译界称为"西方系统翻译理论之首"④。但同时,中西方对两人翻译理论地位呈现出复杂的质疑。梳理与厘定各自的翻译理念、比较其中的异同,对于揭示翻译本身的复杂性和探讨其中的某些规律都具有重要意义。

一、严复与德莱顿翻译思想在翻译理论史中的争议

严复与德莱顿在中西翻译理论史中的突出地位与影响似乎毋庸置疑,但仔细探究起来,对他们的主要翻译原则以及他们的理论地位的评价颇有争议。对于严复翻译思想的评价,沈苏儒、黄忠廉⑤都做了较为完整、系统的评述。其中现代最杰出的文化名人梁启超、胡适、郭沫若、矛盾等,对严复的翻译思想给予了充分的肯定;有保留地肯定者有鲁迅、林语堂、钱钟书、朱光潜等;持否定意见或提出质疑的有陈西滢、瞿秋白、董秋斯、周兆祥、劳陇等。对严复翻译思想的质疑主要集中在其翻译标准"信、达、雅"。责难之一

---

① 陈福康:《中国译学理论史稿》,上海:上海外语教育出版社,2000 年,第 105 页。

② 许钧:《在继承中发展——纪念严复〈天演论译例言〉刊行一百周年》,《中国翻译》,1998 年第 2 期。

③ Mona Baker, ed., *Routledge Encyclopedia of Translation Studies*, Shanghai: Shanghai Foreign Language Education Press, 2004, p. 345.

④ Robinson, Douglas, *Western Translation Theory from Herodotus to Nietzsche*, Beijing: Foreign Language Teaching and Research Press, 2006, p. 171.

⑤ 参见沈苏儒,《论信达雅:严复翻译理论研究》,北京:商务印书馆,1998;黄忠廉,《严复翻译思想研究百年回眸》,《福建外语》,1998 年第 3 期。

是否定翻译中"雅"的标准,反对将文言文作为译语。责难之二是认为严氏翻译思想无体系可言,称不上翻译理论,他本人也无意做理论家。前者取决于对"雅"的理解,而将文言文作为译语则是由作者本人的教育背景以及当时的历史所限,事实上却完成了其特殊的历史使命,即对于中国士大夫阶层读书人的现代思想启蒙。后者则需要确定、甄别其译论文本,追本溯源,明确其具体内容与本质特征。

英语国家翻译界对德莱顿的争议主要在其"翻译方法三原则",即直译(metaphrase)、意译(paraphrase)、仿作(imitation)的原创性问题上。持异议者认为,德莱顿并非这些原则的原创者。西塞罗(Marcus Tullius Cicero,106—43 BC)早在《论演说家》(*De oratore*,55 BC)和《论最优秀演说家》(*De optimo genere oratorum*,46 BC)中就提出"imitation"之法;犹达欧斯(Philo Judaeus,c. 15 BC—c. 50 AD)早在《摩西生平》(*De vita Mosis*,20 BC)中就提出了"metaphrase"和"paraphrase"。之后在欧洲文艺复兴时期,这些方法与原则被重新发现,不断加强①,一直到17世纪末由德莱顿进一步清晰、条理化,使西方翻译界对这三原则家喻户晓。因此,德莱顿实际上是一位西方译论集大成者与推广者。严复翻译标准"信、达、雅"的形成也经历了颇为类似的过程。钱锺书追溯了这一标准的最早来源②为支谦的《法句经序》(约公元300)③。可见,每一种有影响的翻译思想或理论都是在前人的学术探索基础上不断积累、深化与系统化。但除此之外,衡量理论家的标准还应包括以下几项:1.对该领域的专题性论述,即有专著或专论;2.

---

① Douglas, Robinson, *Western Translation Theory from Herodotus to Nietzsche*, Beijing: Foreign Language Teaching and Research Press, 2006, p.172.
② 钱锺书:《管锥编》(第三册),北京:中华书局,1986,第1106页。
③ 罗新璋:《翻译论集》,北京:商务印书馆,1984,第22页。

专著与专论的原创性与系统性;3.对于该学问或学科认识的自觉性与专业性。要客观地比较与评价严复与德莱顿在翻译理论方面的贡献与地位,首先需要以文本为依据,澄清严复与德莱顿翻译思想的主要内容与特性。

二、严复与德莱顿翻译思想主要文本与要目

严复与德莱顿的翻译思想直接来源于他们各自的翻译实践。严复译著有 11 种,占其作品总量的主要部分,涉及的领域包括哲学、经济学、法学、逻辑学、社会学、政治、教育等,其中最著名的有"八大名著":《天演论》(*Evolution and Ethics*)、《原富》(*Inquiry into the Nature and Cause of the Wealth of Nations*)、《法意》(*Spirit of Law*)、《穆勒名学》(*System of Logic*)、《群学肄言》(*Study of Sociology*)、《群己权界论》(*On Liberty*)、《社会通诠》(*History of Politics*)、《名学浅说》(*Elementary Lessons in Logic*)。德莱顿主要是翻译文学诗歌,译诗占其诗歌总量的三分之二[①],主要包括古罗马诗人作品,如:贺拉斯(Horace)、卢克莱修(Lucretius)、尤维纳利斯与佩尔西厄斯(the Juvenal and Persius)、维吉尔(Virgil)、奥维德(Ovid)等诗人的作品,另外还有古希腊的荷马(Homer)、意大利的卜伽丘(Boccaccio)以及中古英语时期乔叟(Chaucer)的部分作品,其中最著名的是维吉尔的《埃涅伊德》(*Aeneid*)和乔叟的《坎特伯雷故事集》(*The Canterbury Tales*)。由此可见,翻译作品在严复与德莱顿的作品中都占有重要地位,其翻译家的地位毋庸置疑。

那么两位翻译家对翻译的评论又如何呢?事实上,两人都没有翻译专论,其译论仅穿插在译作的"译例言"或"序"中。严复涉

---

① William Frost, *Dryden and the Art of Translation*, Archon Books, 1969.

及翻译的文字主要有 5 篇①，其中对翻译的评说总共只有约 2000字。《〈天演论〉译例言》(1898)中译论最集中、最多，探讨了翻译标准"信、达、雅"、翻译方法、翻译之难、针对原文增加的附录与案语的必要性，以及翻译前的准备。《〈原富〉译事例言》(1901)联系该书内容主要讲学科名称的翻译，如"经济学"与"计学"的取舍、版本的选择，其中只有一小段说明翻译方法，即该书译文趋向于"直译"，但译文对原文仍有概括、删节。《〈群己权界论〉译凡例》(1903)主要辨析英语 liberty 与 justice，汉语"自由"、"自然"、"自在"、"自主"等词的含义，解释穆勒的自由观，其中只有一段四行说明"原书文理颇深，意繁句重"，中西文法迥殊，译文"不得不略为颠倒"。《〈名学浅说〉译者自序》(1908)只用很短一段解释译书成因，只有寥寥几句说明该书翻译方法几为改写，即："义悉取原书，而例子则己意更易。"《与梁任公论所译〈原富〉书》(1902)解释译书所针对的读者以及目的性：读者为读中国古书之士大夫，目的为"播文明思想于国民"。中国学术全盛期为战国隋唐，因而此二代的古文体应为翻译经典作品之文体。

德莱顿的译论主要包括在其 5 篇译作序中②，其中直接论翻译的文字共约 4000 个单词。第一篇 "Preface to *Ovid's Epistles Translated by Several Hands* (1680)"的前半部分评介原作，后半部分论翻译，是德莱顿最集中、最重要的译论。其中论述了著名的"翻译方法三原则"、不同方法对于不同作家与作品的适宜度、翻译之难、译者的素养、翻译中的灵活度与底线、翻译中的取舍、补偿法、译者的待遇问题、翻译原则与实践之距离等。第二篇 "Preface to *Sylvae, or The Second Part of Poetical Miscellanies*" (1685)

① 参见罗新璋：《翻译论集》，北京：商务印书馆，1984。

② 参见 John. Dryden, *John Dryden: Selected Criticism*, ed. James Kinsley and George Parfitt, Oxford: Oxford U P, 1970.

中译论与对原作的评介比为 2（页）∶12（页），并且两者交错进行。译论强调"神似"重于"形似"、母语与原语对于译者的重要性、译者的素养、翻译秘诀，即译文能传达与保存原作者独一无二的个性。第三篇"A Discourse Concerning the Original and Progress of Satire"（prefixed to *The Satires of Decimus Junius Juvenalis... Together with the Satires of Aulus Persius Flaccus*，1693）主要论述讽刺文学在西方的发展与演变，译论甚少，与其比例仅为 3∶68。其中的译论包括译诗的条件，即译者必须也是诗人、翻译中实际常见的方法介于"意译"与"仿作"之间、翻译的目的、翻译标准以保存"意思"为要务、归化与异化的关系。第四篇"Dedication of the *Aeneis*"（1697）突出最佳的翻译方法应该介于"直译"与"意译"之间，还包括：译 Virgil 的修辞之难是由于语言差异与 Virgil 词汇惊人的丰富性、对 Virgil 的归化、翻译风格的成功标准、翻译词语与含义的同样难度、因意害形的不可避免性、拉丁语词汇的丰富与典雅相对于英语词汇的贫乏与粗鄙、英语译文措辞的困难、译文中词语的拉丁化原因、借用外来词丰富英语词汇与文学表达的必要性等。第五篇"Preface to *Fables，Ancient and Modern*"（1700）中译论与原著评介比例只有 1∶19。其中只透露了对于翻译乔叟所采取的改写、增减、补偿等更自由的译法。

在梳理、厘定了严复与德莱顿的主要翻译思想及其文本特征之后可以看出，两者显然并不能称为纯粹意义上的翻译理论家，实际上他们也无意当理论家。然而，他们所提出并阐释的翻译中的基本问题给后人以极大启发，并成为翻译学中不可回避的重大论题。从两者的译论中选取彼此相关的范畴进行比较，有利于明确中西对于翻译中基本问题的异同，探讨其中的基本规律。

三、德莱顿的"翻译方法三原则"与严复的"翻译标准三原则"：殊途同归

德莱顿以大量的古典诗歌翻译经验为基础,综合、完善了西方自古以来的翻译方法,奠定了英语世界探讨翻译问题的标准与纲要①。他在第一篇译论(1680)中,以"三元组合"(triad)这种最常见的分析概括复杂现象的逻辑思维形式②,明确提出"翻译方法三原则"：直译、意译、仿作,并逐项进行了阐释。"直译"指"词对词"、"行对行"将原作者的语言转成另一种语言,本·琼生(Ben Jonson)翻译贺拉斯的《诗艺》就用了此法。"意译"指以一定的"宽限度"翻译,不拘泥于原作者的用词,但不悖其意,也不能"变更"其意,只能"增强"其意,沃勒(Waller)翻译维吉尔的《埃涅伊德》用此法。"仿作"已不是完全的翻译,此法不但可以变更而且可以舍弃原作的"词"与"意",只是取其大意,然后可以任意"铺陈"开去,考利(Cowley)译品达和贺拉斯的"颂诗"即为此法。事实上,不同的方法适用于不同的作家与作品。德莱顿指出,像对品达这样"放荡不羁"的诗人只能用"仿作"；对语言更规范的诗人如维吉尔和奥维德可用"意译"。"仿作"是由于原作语言的难度与不可译性,但要求"仿作"者要有原作者同样的才气才能达到类似的效果。德莱顿认为文学经典翻译家的任务是传达"美"和"崇高",因此原文中缺乏此特性的部分可以省略不译,但真正的翻译不会丢失原文的"思想",作者的"意思"神圣不可侵犯。他对于由于语言转换造成的缺失而新增"美"的"补偿"方法持保留意见。然而,德莱顿在最后一篇译论(1700)谈翻译乔叟作品时却坦言,他为了弥补原作的不足

---

① George Steiner, *Aspects of Language and Translation*, Shanghai：Shanghai Foreign Language Education Press, 2001, p. 267.

② Ibid. , p. 266.

和改进英语诗歌,对原作进行了加减,包括使用了补偿法。实际上,德莱顿在三篇不同的翻译序言中表达了他以此三原则为参照标准,在翻译实践中所采取的不同方法和偏好,反映了他依照不同的翻译对象和随着译者翻译技能的不断提高,对翻译方法所采取的动态策略。在其首篇译论(1680)中,德莱顿认为"仿作"与"直译"是翻译方法的两极(imitation and verbal version are two extremes),他本人倾向于翻译方法的中庸之策"意译"。到了第三篇(1693),德莱顿提出翻译"通常"的方法是介于"意译"与"仿作"之间(between a paraphrase and imitation, not too close to the author in translation)。在最后一篇中(1697),德莱顿提出翻译需掌控于"意译"与"直译"之间(Steering between two extremes of paraphrase and literal translation)。最后一种翻译方法更靠近"全译",也更符合当今严格意义上的专业翻译。同时也说明德莱顿对翻译方法与能力的要求经历了不断提升的过程。德莱顿的翻译方法论强调翻译实践的过程,通过中间环节的过程与方法,以达到最终最大限度地靠近原语文本的效果。

作为社会科学经典著作翻译家,严复论翻译的认识方式不同于德莱顿。他在《〈天演论〉译例言》中侧重探讨的是翻译结果的评判标准:"信、达、雅"。为达到这一标准,严复在此也提出了自己的翻译方法,具体为:"译文取明深义,故词句之间,时有所颠倒附益,不斤斤于字比句次,而意义则不倍本文。"这接近与德莱顿的"意译"与"仿作"之间。由于中西句法的巨大差异,译者必须"全文神理,融会于心",然后才能"下笔抒词,自善互备"。对于原文语言复杂、原理深奥之处,"则当前后引衬,以显其意。"这一切皆为"达旨",最终以靠近"信"的标准。"为达,即所以为信也。"由此可以看出,严复明确表示翻译标准的中心是"信","达"和"雅"皆为此服务。学术界对此多有误解。严复的翻译标准源于先秦古籍中的"文章正轨":"修辞立诚"、"辞达而已"、"言之无文,行之不远"。支谦所议论的标准也直接源于老子与孔子有关"言"与"意"关系的论述。由于历史与传统的局限,严复以自己文辞所长,针对特定的读文言文出身的"士大夫"阶层读者,选择"汉以前字法句法"作为译语,具有明确的目的性、功利性与现实性,事实证明也达到了其历史上的思想启蒙作用。他在给梁启超的信(1902)中对自己所选的译文文体的必要性作了进一步的辩解。严复的《原富》则采用了近似于德莱顿的"意译"方法,他在《〈原富〉译文例言》中明确指出:"是译与《天演论》不同,下笔之顷。虽于全节文理不能不融会贯通为之,然于辞义之间无所颠倒附益。"他同时还表明只有一处概括译之,有二处删削,以及此做法原因。《〈名学浅说〉译者自序》说明该书翻译的方法已经是改写,即靠近德莱顿的"仿作"。严复在此解释道:"中间意恉,则承用原书;而所引喻设譬,则多用己意更易。盖吾之为书,取足喻人而已,谨合原文与否,所不论也。"黄忠廉将严复的实际翻译方法(1998)概括为 6 种[①]:摘译、编译、译述、译评、综译、译写等,并认为"信、达、雅"是严复翻译思想的高度,起明确方向作用,而其"达旨术"或翻译变体是其翻译思想的低度,起脚踏实地地完成翻译实践的作用,对于最有效地利用外国信息具有特别重要的意义。严复首先关注翻译的标准与结果,通过最终的标准与结果,衡量与要求翻译过程各个环节的具体操作,以达到"信"的标准。由以上分析可见,严复所论的翻译方法也经历了三个阶段:"意译"与"仿作"之间;主要为"意译";"仿作"。严复自认为第二阶段更靠近"笔译",其他"实非正法",并引什法师曰:"学我者病"。德莱顿在第一篇译论中也坦言:"我承认自己逾越了所定的原则,超过了翻译所允许的自由度。"可见翻译之难,同时也说明两者对翻译工作的严肃性与自觉性的认识,而对翻译理论与翻译学科本身的认识以及现代严格意义上的专业翻译实践还要有待于

---

① 黄忠廉:《严复翻译思想的另一面》,《中国科技翻译》,1998 年第 11 期。

20世纪中外翻译家与翻译研究学者的努力。

德莱顿的"翻译方法三原则"强调翻译的过程与方法,通过中间环节的过程与方法,达到最终预期的效果。严复的"翻译标准三原则"注重翻译结果。通过最终的标准与结果,反过来衡量与要求翻译过程各个环节的具体操作。因而两者实际上对于翻译的总体目标是共同的,即译文从型、意、神三个方面都尽量靠近原文,如有冲突则按照翻译的功用取舍。

四、严复论翻译的社会功用与德莱顿论翻译的美学功用:异同之由

严复的翻译从开始就有启迪民众心智与改良社会现状的明确目的,同时按照古代文章学的标准兼顾"尔雅"。其《〈天演论〉自序》主张广泛吸收具有普遍意义的理论和各国文化科学成果,学习"归纳"与"演绎"两种近代的科学方法,批判了抱残守缺、因循守旧的思想,并指出他翻译该书的目的就是为了"自强保种之事"[1]。该书的译例言也指出,对于代表了西方"人心民智"的希腊以来学派中的"名硕"、"绪论",讲西学者不可不知。严复在《与梁任公论所译〈原富〉书》中申明,"夫著译之业,何一非以播文明思想于国民?"但他认为传播文明、启迪心志的语言必须是"尔雅"之文辞,因为文辞"载理想之羽翼""达情感之声音";"是故理之精者不能载以粗犷之词,而情之正者不可达以鄙倍之气"。严复为传播文明、学术,改造社会而译书的目的性更多地表达于他自己为其译著所写的大量"按语"与"书评"之中[2]。这些按语与书评是对所译内容精当的注释与阐发。抱着这种社会功利性,严复自然会更有针对性、灵活性地选择最需要、最要紧的内容去翻译,因此造就了严复对选

① 参见伍界杰:《严复书评》,石家庄:河北人民出版社,2001。
② 同上。

择原书有关内容的谨慎态度，并形成了他所采取的上一节所论述的那些形形色色的翻译方法。然而除了翻译的社会功能之外，严复还有一种传统文人的"文章情结"，即中国古典文论传统中曹丕在《典论·论文》中所谓的文章乃"经国之大业，不朽之盛事"。这里既包括"文以载道"的效用，也包含文章的美学价值。严复译文风格的文学价值是公认的，并得到了"桐城派"大师吴汝纶的大加赞赏。因此，严复在社会科学典籍翻译中在相当大的程度上运用了文学翻译的风格，其中还直接翻译了原文中所引的诗歌，如《天演论》中对朴柏(Pope)的长诗《论人类》(*Essay on Man*)与丁尼生(Tennyson)的长诗《尤利西斯》(*Ulysses*)片段的翻译。这些英语诗歌的翻译显示出严复对于诗歌内涵精准的把握与对汉语文学语言娴熟的掌控。事实上，中国先秦诸子散文在内容上包含人文、社科的各个领域，许多在语言风格上充满了文学韵味，其中格物论理与描述抒情浑然一体，成为后代文人竞相模仿的对象。严复的翻译以先秦诸子散文风格为楷模，必然也带有浓重的文学语言的风格。

　　与严复相比照，德莱顿除了翻译过历史、传记、绘画艺术各一部作品外，其绝大部分的翻译是诗歌。这就决定了他对译文中美学价值与意义的强调。德莱顿在第三篇译论(1693)中探讨了诗歌翻译的目的与功用在于最大限度地为读者提供愉悦与美的享受。他认为这些"绅士与女士"读者们虽然并非专家、学者，但具有较高的文化修养与品位，能够在译文中辨别出与原作者声望相符的才情、性格、言辞与巧智。德莱顿嘲讽了为学术研究与道德说教而翻译诗歌的同代文人霍利戴(Holyday)与斯特普尔顿(Staplyton)，分析了他们失败的原因是翻译诗歌的目的与动机不对，因而导致方法上"亦步亦趋"，跟原诗人太近，因而损伤了其"神韵"。德莱顿认为，伟大而崇高的作家不允许译者追逐得太近。当译者认为抓到了原作者"身体"之时，却丧失了其"精神"；此时只有"皮毛"依存，而其"神韵"早已随着崇高的思想、精当的语言、巧妙的措辞而

"魂飞魄散"。这一比喻显然借用于其同代诗人、翻译家约翰·丹海姆爵士(Sir John Denham,1615—1669)有关诗歌翻译的著名比喻："Poetry is of so subtle a spirit, that in pouring out of one language into another, it will all evaporate; and if a new spirit be not added in the transfusion, there will remain nothing but a *caput mortuum*."[①]18 世纪英国翻译理论家泰特勒(Alexander Fraser Tytler, 1747—1814)论诗歌翻译时也引用了这一比喻[②]。可见英国译论传统的连续性。为了愉悦与陶冶性情这一美学目的,德莱顿努力使原作者就像当地英国人一样,讲"当时、当地"的英语。这就相当于其第一篇译论(1680)所描绘的"仿作",即:译者就同样题材按某个前辈诗人的模式,同时设想该诗人与其生活在同时代和同一个国家,从而完成译作。最终的目的都是取得最大的愉悦效果。同时,德莱顿也告诫(1693):不同民族与不同时代的特点在翻译中不可混淆,"我们应该要么使其英国化,要么保持其罗马特性。"这与后来德国学者施莱尔马赫所提出的有关"归化"与"异化"的翻译思想雏形密切相关[③]。按照此翻译美学思想,相对于"形似"的翻译方法,德莱顿更倾向于"神似";他在第二篇译论(1685)中揭示出文学翻译的秘密:保持原作者的性格,翻译出其独一无二的特点;译者如果将不同风格的作品翻译出来后文风都一脉相承即为败笔。这一翻译标准符合经典文学文本本身的特性,即其文风的独特与唯一性。在文学传统与语言方面,德莱顿赞叹古罗马拉丁语词汇的丰富与典雅,为了丰富英语文学语言的丰富

---

① John Dryden, *John Dryden: Selected Criticism*, ed. James Kinsley and George Parfitt,Oxford: Oxford U P, 1970, p. 187.

② Alexander Frazer Tytler, *Essay on the Principles of Translation*, Beijing: Foreign Language Teaching and Research Press, 2007, p. 205.

③ Douglas, Robinson, *Western Translation Theory from Herodotus to Nietzsche*, Beijing: Foreign Language Teaching and Research Press, 2006, p. 229.

性与精雅性,他在译诗中直接借用了许多拉丁词语,用以弥补英语词汇中表达某些概念的缺失与情感的粗鄙。他在其诗论中也表达了同样的看法,并在自己的诗歌创作中时有体现。

事实上,胸怀报国之志的严复除了翻译与仕途的兴趣之外,自己也是个文人与诗人,留存有大量的诗文,可见其中国古代"文人情结"犹存。德莱顿是个多才多艺、见多识广之人,他在英国政坛几上几下,仕途坎坷,最终归于创作与翻译,他对于英国的政治、文化与文学语言的发展都有自己独到的见解。严复与德莱顿由于其各自的立命之本不同,前者主要是思想家,后者主要是诗人;所翻译的内容与题材不同,前者为人文、社科类翻译,后者主要是诗歌翻译。因而他们各自对翻译的功用与文体提出了不同的要求,但他们对于各自民族的社会与文化的远见,对于翻译语言与风格的精益求精,以及对于"达旨"与"尔雅","意译"与"神韵"的追求上,具有相通之处。

五、德莱顿与严复对译者素养的要求:语言与学识并驾齐驱

德莱顿在第一篇译论(1680)中声明:不掌握原作语言与母语的人不能译诗,除此之外,译诗者还要对诗艺有天赋(No man is capable of translating poetry, who besides a genius to that art, is not a master both of his author's languages, and of his own.)[①]。译者不光要懂诗人的语言,还要领会其思绪与表达方式的变化,然后将自己的天赋顺应原诗人的天赋,保持原意,调整措辞。最后他感叹,好的译文少而又少,原因就是太缺乏这样全才的译者,而对需要这么大学识的行当却没有多少褒奖与鼓励。德莱顿在第二篇

---

① John Dryden, *John Dryden: Selected Criticism*, ed., James Kinsley and George Parfitt, Oxford: Oxford University Press, 1970, p. 187.

译论(1685)中进一步强调了译者母语水平的重要性,要求译者要有判别母语使用好坏、纯洁与否的敏锐眼光,同时还要掌握母语的用词与风格,最后也是最难的是要对原诗人的禀性心领神会。除了语言之外,译者还要有广博的知识面(liberal education)[①]、大量阅读、精读经典、了解人情百态、熟悉绅士女士们的言谈举止等。在此,德莱顿又进一步明确与强调文学诗歌译者的必备条件:他必须完全理解原作者的母语,而且绝对掌握自己的母语。如此说来,要做精湛的译者,他必须是精湛的诗人。(He must perfectly understand his author's tongue, and absolutely command his own, so that to be a thorough translator, he must be a thorough poet.)[②]显然,德莱顿对诗歌译者提出了很高的要求。106 年后,英国翻译理论家泰特勒对"译才"进行了进一步的阐释:译者只有具备与原作者类似的天赋才能完全胜任翻译的职责(虽然他不必实际真有原作者,如西塞罗那样的辩才与哲学天赋),译者必须能洞察原作的全部精华、敏锐地注意到其推理的全过程、同时以极大的热情与精力充分领略其作品之美。(... he only is perfectly accomplished for the duty of a translator who possesses a genius akin to that of the original author.... he must have a mind capable of discerning the full merits of his original, of attending with an acute perception to the whole of his reasoning, and of entering with warmth and energy of feeling into all the beauties of his composition.)[③]泰特勒继而要求译者"译诗必要有诗才",同时还

---

① John Dryden, *John Dryden: Selected Criticism*, ed., James Kinsley and George Parfitt, Oxford: Oxford University Press, 1970, p. 195.

② John Dryden, *John Dryden: Selected Criticism*, ed., James Kinsley and George Parfitt, Oxford: Oxford University Press, 1970, p. 196.

③ Alexander Frazer Tytler, *Essay on the Principles of Translation*, Beijing: Foreign Language Teaching and Research Press, 2007, pp. 204−205.

特别要有所译诗体风格的"特别诗才",才能做到精湛。比如,伏尔泰(Voltaire)与莎士比亚皆为大诗人和剧作家,但伏尔泰所翻译的莎氏诗作却很失败,因为两人的气质与风格截然不同①。同理,译者只适合于符合自己禀赋的翻译,没有全能的翻译。

严复直接论述译者素养之言很少,只在《〈天演论〉译例言》中抱怨"象寄之才"虽多,但译文能达到"信、达"标准的极少,其原因是译者"浅尝"、"偏至"、"辩之者少"。因此译者必须对原文认真反复研读,全面了解有关情况,真正透彻地理解原文。任何典籍翻译的前提必然是首先对其研究与阐释,彻底弄清其中的"蛛丝马迹"、"微言大义"。这种译者的准备和阐释往往会产生普通读者、甚至该领域专家所忽略或者意想不到的发现,结果是明辨了其"真意",增加了原文本内容的丰富性,也激活了其文本的生命力。按照严复的"信、达、雅"翻译标准,对译者的高语言文化素养、广博的知识面以及对所译学科的精通都是基本的要求。我们从严复本人译著的学科门类的跨越性、语言的难度与文化背景的复杂性,可以看出,他本人正像梁启超所评价的那样,"于中学西学皆第一流人物"②。严复的同代人马建忠对于译才的标准则更具体、更高。在《拟设翻译书院议》中,他首先也与严复一样感叹翻译之难、译才之缺乏,其中最突出的问题是:"通洋文者不达汉文,通汉文者又不达洋文,"因而"所译之书皆驳杂迁讹,为天下识者所鄙夷而讪笑也。"马建忠要求译者不但要兼通两国文字,还要通晓多种外文,包括欧洲语言文字之祖拉丁语与希腊语,同时还要熟悉文史哲、数理化等基本知识③。梁启超则称:"然译者之所学与著书者之所学相去不

---

① Alexander Frazer Tytler, *Essay on the Principles of Translation*, Beijing: Foreign Language Teaching and Research Press, 2007, pp. 206-209.

② 罗新璋:《翻译论集》,北京:商务印书馆,1984,第 140 页。

③ 罗新璋:《翻译论集》,北京:商务印书馆,1984,第 126-127 页。

远乃可以语于是"①。德莱顿与泰特勒对于文学翻译者则是以美学的角度从语言技能与风格到译者与原作者的性格禀赋是否吻合来高标准、严要求。但是否译什么文类就必须是该文类的原创作家，或译哪个学科的作品就必须是那个学科的专家，却不能绝对化。由于译者个人的人生经历、精力、才智以及秉性的区别，现实中成功的译者的个人素养与背景也呈现出复杂性。中国古代佛经的翻译大家显然并不是佛法的制定者，而是研究与阐释专家。中国著名的文学翻译家中既有专业作家、诗人，也有几乎没有突出创作作品而同样取得辉煌翻译成就之人。前者有郭沫若、戴望舒、查良铮等，后者有朱生豪、傅雷、方平等。因此从现实来看，只能说译者应具备诗人或小说家的素养和潜质，对所译文本"心领神会"，或者是熟悉和透彻了解所译内容所属学科之人，而不一定是诗人或小说家，或者是该领域的专家。

六、严复与德莱顿译论的写作风格：直朴的理性与生动的想象

严复的译论依从其例言、自序本身所固有的直朴、理性的写作风格。译者在其中解释、分辨了翻译中所遇到的难题，对翻译的感想，特别阐释了所译内容的某些要点。严复的译论写作风格平铺直叙、简明扼要、条理清楚，但时而也用一些骈散句式、引经据典、融汇贯通、纵横比附，略显先秦诸子论说文之遗风与译者本人的博学。其中在译界广为流传的词句有《〈天演论〉译例言》中的："译事三难：信、达、雅"；"用汉以前字法句法，则为达易；用近世利俗文字，则求达难"；"一名之立，旬月踯躅"；还有他自己称为"达旨"的译法；"为达，即所以为信也"等。但与其译作相比，其译论不加雕饰、无甚文采，并不形成一气呵成的文章，而只是将要点分门别类，

---

① 罗新璋：《翻译论集》，北京：商务印书馆，1984，第 130 页。

一条一条地说明。这自然是因为所述内容与篇幅以及文类特性使然，无铺陈、生发的必要和余地。而严复那封致梁任公书则有所不同。其中的第一段在大加赞誉梁启超的抱负与才华之后，表达了他本人极为谦卑的姿态。无独有偶，德莱顿在其几乎所有译著或剧本序言中也用大量篇幅同样表达了对作为他的"赞助人"（patron）的"达官贵人"的颂扬和对自己的贬抑与谦卑。客套与谦卑在中外古代、近代类似的文体中普遍存在。该信的第二段则洋洋洒洒、引经据典、雄辩其用"尔雅"之辞的理据；虽然其中所用的典故与比喻，如"陵迟"、"若蜉蝣旦暮"、"若巨蛇之蜕蚹"等并无新意，但其行文、句式彰显出古文、汉赋之气韵，如："声之眇者不可同于众人之耳，型之美者不可混于世俗之目，辞之衍者不可回于庸夫之听。非不欲其喻诸人人也，势不可耳。"整封书信形成了一篇结构较为完整，气韵流畅，内容充实的文章。

德莱顿的译论风格与严复的迥然不同。作为诗人、文人的德莱顿每篇译论皆包含在篇幅较长、内容相对完整的序言或献词中，其文笔生动、优雅、流畅，比喻丰富，一切皆娓娓道来，充分显示出诗人生动的想象力。其中有许多为翻译界津津乐道的有关翻译的比喻，如：

形容翻译之难："（翻译）就像戴着脚镣在绳索上跳舞。舞者靠小心翼翼或许能避免跌落，但要指望其动作优雅则不可能，充其量那也只能是吃力不讨好之举，因为无审慎之人会只为了博得掌声而冒断颈之险。"（It is much like dancing on ropes with fettered legs. A man may shun a fall by using caution, but the gracefulness of motion is not to be expected, and when we have said the best of it, it is but a foolish task; for no sober man would put himself into a danger for the applause of escaping without breaking his neck.）（1680）

论不同翻译方法的利弊："当某人希望讨回自己的债时，他一般并不会因为得到的是礼物而满足。说句公道话,仿译原作者最有利于译者显示自己,而对逝者的纪念与名誉却是最大的不公。"(And it is not always that a man will be contented to have a present made him, when he expects the payment of a debt. To state it fairly, imitation of an author is the most advantageous way for a translator to show himself, but the greatest wrong which can be done to the memory and reputation of the dead.)显然德莱顿是倾向于保全原文的"真意"而不是"仿译"。(1680)

译论与翻译实践的差距:"诗歌(翻译)中许多规则就像证明数学题一样,在图中精准无比,但一落实到实际操作就不灵了。"(For many a fair precept in poetry, is like a seeming demonstration in the mathematics; very specious in the diagram, but failing in the mechanic operation.)(1685)

翻译如绘画:"画家写生之时,我想他没有特权去改变一个人的面貌与轮廓,装作要让他画的肖像更好看。假如改变眼睛和鼻子,也许他画的脸会更精确,但画家的任务是使作品更像原型。"(When a painter copies from the life, I suppose he has no privilege to alter features, and lineaments, under pretence that his picture will look better. Perhaps the face which he has drawn would be more exact, if the eyes, or nose were altered, but it is his business to make it resemble the original.)(1680)

对翻译如绘画的进一步阐释:"翻译如写生,人人都知道其中有两种相似性:好的与糟的。外形画的真、面容画的像、比例精准、用色尚可是一回事,而要通过姿态、色彩的明暗特别是能激活整体的神韵使这一切都优美无比,那可就是另一回事了。"(Translation is a kind of drawing after the life; where everyone will acknowledge there is a double sort of likeness, a good one and a bad. It is one thing to draw the outlines true, the features like, the proportion exact, the colouring itself perhaps tolerable, and another thing to make all these graceful, by the posture, the shadowings, and chiefly by the spirit which animates the whole.)(1685)

如何把握译文与原文之间的尺度:"大作家不愿意被译者追得太近。我们以为抓住了其体,但却失了其魂。其中的皮毛存留下来,但灵魂却随着高雅的文辞或微妙的思想不翼而飞。"(A noble author would not be pursued too close by a translator. We lose his spirit, when we think to take his body. The grosser part remains with us, but the soul is flown away, in some noble expression or some delicate turn of words, or thought.)(1693)

为娱乐与易读而采取归化译法:"实际上我们的译文比以往的英译本更响亮、更文雅,我们尽力使原作者就像他生活在英国一样说英语,写的也是同一时代的英文。"(We have actually made him more sounding, and more elegant, than he was before in English; and have endeavoured to make him speak that kind of English, which he would have spoken had he lived in England, and had written to this age.)(1693)

可见,针对翻译的不同类型与功用以及译论者本人的特点,严复平铺直叙,显示出思想家理性、直朴的表述风格,德莱顿则生动形象,表现出诗人富于想象比喻的表现力。同时作为文人,两者都彰显出娴熟的语言驱驾能力。

结　语

综上所述,严复与德莱顿皆为中英各自古代与传统翻译评论集大成者,现代译论的开拓者,但并非现代意义上的翻译理论家。然而两人在翻译标准与方法、翻译功能、译者的资质等诸多方面为现当代中外译论奠定了坚实的基础。后人对翻译的基本问题的探讨几乎都离不开他们的议论范畴。然而,对翻译本质的哲学思考、对翻译理论的系统研究、对翻译的跨学科性质的探讨以及对翻译研究的学科意识,都需要之后的翻译学者们不断拓展与深化。

关键词

译论比较;严复;德莱顿

思考题

1.中外译论比较可分为哪几个范畴?

2.严复与德莱顿在各自译论传统中的地位如何,主要观点是什么?

3.如何界定翻译理论家,评价的主要标准是什么?

4.古典译论与现当代译论的言说方式有何不同?

5.古典译论对当代译论有何启示?

建议阅读书目

[1]陈福康:《中国译学理论史稿》,上海:上海外语教育出版社,2000。

[2]罗新璋:《翻译论集》,北京;商务印书馆,1984。

[3]王宏印:《新译学论稿》,北京:中国人民大学出版社,2011。

[4] Robinson, Douglas. *Western Translation Theory from Herodotus to Nietzsche*. Beijing: Foreign Language Teaching and Research Press, 2006.

[5] Steiner, George. *Aspects of Language and Translation*. Shanghai: Shanghai Foreign Language Education Press, 2001.

第十六讲　翻译与西方名著汉译

导读

　　我国是当之无愧的翻译大国。其成果和影响都绝不逊于本国作家的创作,是我们民族走向富强,实现现代化历史进程中一个不可或缺的重要组成部分。但长期以来,翻译研究所关注的不外是两种语言文字在技术层面的转换问题,未能从更为宏大的文化层面上去审视和研究翻译。它不仅将译作视为"改写的一种形式",甚至不再是原作决定翻译,而是"翻译创作了原文、原作者、原文的文学和文化形象",从而使译作获得独立研究的价值,将翻译研究的"原著中心论"模式转向以译入语文化和文学系统为中心的文化整合范式。

　　我国对西方文学名著不断重译而形成的漫长而丰富的翻译史,无疑放大了汉译版本问题的重要性和复杂性,为研究提供了一个有待整理、发掘和认识的学术领域。对这一领域的研究与其说是翻译文学研究,不如说是汉译文学研究更为准确。首先,我们需要着手搞清楚的一个最基本的问题,就是将西方文学名著在各个不同时期的不同译本搞清楚,由谁翻译? 为何翻译? 受到谁的赞助? 怎样翻译? 通过个案的一个个考察,辨析西方文学思想资源是如何被翻译、挪用和占有的,厘清翻译生产和翻译活动是如何与译入语不同历史时期的政治、社会、经济、制度和主流观念产生关联,翻译与不同阶段的意识形态和诗学之间的错综影响作用,以勾勒出文学名著在百年的跨度中,不断被翻译所形成的庞大文学现象的历史纠结和流变的轮廓。

其次，对不同译本进行比较研究。传统的译学理论，在把翻译看作是一对一的语词转换的观念中，否定了译者的主体性，似乎译者不过是个"透明的载体"，越处于"清空"状态，越能准确无误地传达原作的本真。但实际上，人都是生活在社会现实中的人，译者也不例外。翻译研究的"文化转向"，正是从这点出发，对翻译进行了新的定位，从而使译者的主体性得以诞生。不管译者如何忠于原作，翻译的实践和理论都说明，作为个体的译者的翻译不可能与作为个体的作者的意图完全等同。译者作为联系两种语言和两种文化的纽带，最能体现两种不同文化遭遇中的两难困境，通过不同译本的比较，不仅可以凸现不同译者对原作的不同理解、解读和处理，甚至能够在同一译者对译作的不断修改中，发现同一译者在不同时期对原作的不同理解、解读和处理，从而彰显出中国人在接受现代思想和文化过程中的精神历程。

另外，翻译文体不仅是白话取代文言，也是我国现代汉语发展完善过程中的一个积极的重要的影响源，通过对同一名著跨越百年，在修辞、语法、逻辑上的不同翻译的比较，可以更清楚地考察和勾勒翻译文体对于现代汉语的影响作用及其不断进化完善的线索。

下面尝试通过分析笛福的 *THE LIFE AND STRANGE SUPRIZING ADVENTURES OF ROBINSON CRUSOE* 第一个汉译本沈祖芬译《绝岛漂流记》，以体现上述思路之一二。

一、概 述

笛福的《鲁滨孙漂流记》虽然算不上是最早，但说得上是不断重译得最多的英国经典长篇小说之一，自钱塘跛少年沈祖芬于上上个世纪末 1898 年译毕，题为《绝岛漂流记》，1902 年由杭州惠兰学堂印刷，上海开明书店发行以来，在整个 20 世纪出版了不下四十种译本、节译本、缩写本、改编本和英汉对照本,从而构成了一个庞大的鲁滨孙汉译系列。

不过,综观它的译介史,《鲁滨孙漂流记》虽然在中国家喻户晓,但人们恐怕还是很难像在欧洲那样,把它与《堂·吉诃德》、《哈姆雷特》、《浮士德》、《唐璜》等量齐观,看作是影响人类历史不多的几个伟大神话之一。在中国,除清末一个时期以外,《鲁滨孙漂流记》基本上是以知识性的"西方经典名著"和教育性的"少年读物"、"英文读物"的形象在世,虽然被一译再译,但似乎无论怎样都是中国的"身外之物"。然而,随着近来后殖民理论和批评的兴起,《鲁滨孙漂流记》又一次被置于国际学界关注的中心,成为萨义德分析作为文化形态的小说与西方,特别是英、法殖民扩张社会之间关系的典型例证,由此也引发了中国学界的研究热情。但汉译《鲁滨孙漂流记》并不等于源文本,无论译者是否采取忠实原作的翻译策略,实际上都是一种显在的或潜在的改写,所以,我们首先不能不面对这样先在的问题:《鲁滨孙漂流记》是如何被选中、汉译、阐释,甚至被改写的? 我们什么时候开始谈论鲁滨孙? 谈论什么?

一、汉译鲁滨孙的民族政治

据目前发现的资料,在 20 世纪初的十年中,《鲁滨孙漂流记》一下子有五种汉译本面世。沈祖芬本:《绝岛漂流记》(1902)、英国传教士英(宾?)为霖的粤语本:《辜苏历程》(1902)、《大陆报》本(1902—1903,译者匿名):《鲁滨孙漂流记演义》(此为初刊目录题,正文为《鲁滨孙漂流记》)、林纾、曾宗鞏本:《鲁滨孙漂流记》(1905)

及《鲁滨孙漂流续记》(1906)、汤红绂本:《无人岛大王》(1909)。①

这种情况,按照萨义德的说法似乎有些匪夷所思,因为《鲁滨孙漂流记》"并非偶然地讲述了一个欧洲人在一块遥远的、非欧洲的岛屿上建立了一个自己的封地"的故事,假如没有西方"在非洲、太平洋和大西洋荒野之地创造它自己的新世界的殖民事业,出现鲁滨孙·克鲁索这样的人几乎是不可想象的"。②如果说,这一观点对于西方知识分子也许有着振聋发聩的作用,但经历过帝国主义瓜分惨痛的中国,对于这部即使没有萨义德的提醒或揭露,也不难确认其帝国话语倾向,③换句话说,其殖民意识形态与当时中华民族处于被殖民命运的危急关头正相天然敌对的小说,为什么还会在举国控诉"西人之侮我甚矣"④的激愤中被选中?而且是如此密集地在不到十年的时间里就推出五种译本?

这个"为何"的问题,不妨从"如何"来解答。

晚清时期,面对帝国列强的不断入侵,中国不断地"见败于他国",由梁启超、康有为领导的晚清维新运动将中国向西方学习的路程,从坚船利炮、科学技术推进到政法体制的阶段,特别在戊戌失败,维新派企图利用皇帝的权力来推行变法行不通以后,更自觉地进行了由君向民,进而重教育,开始将"新民"作为中国"第一急务"的战略调整。梁启超的《新民说》用优胜劣败之理,博考民族自

---

① 可进一步参阅崔文东:《晚清 Robinson Crusoe 中译本考略》,《清末小说から(通讯)》第 98 期(2010 年 7 月);姚达兑:《Robinson Crusoe 粤语译本〈辜苏历程〉考略》,《清末小说から(通讯)》第 100 期(2011 年 1 月)。还有袁妙娟本《荒岛英雄》似乎未能面世。仅见三篇序言:赵韦侠《冒险白话小说〈荒岛英雄〉》、张弼臣《〈荒岛英雄〉小说序》、有虞《〈荒岛英雄〉序》刊载于《祖国文明报》第 80—81 册,1909 年 7 月 2,17 日。

② 萨义德著、李琨译:《文化与帝国主义》,北京:三联书店,2003 年,第 86 页。

③ 林纾就曾把西人之称为英雄的哥伦布、鲁滨孙之流看作是"行劫者","灭种之盗",见吴俊标校《林琴南书话》,杭州:浙江人民出版社,1999 年,第 45—46 页。

④ 梁启超:《论中国之将强》,《饮冰室合集》(1),中华书局影印版,1989 年(下同),第 11 页。

立之道。认为"白种人所以雄飞于全球者非天幸也,其民族之优胜使然也"。因而,他"审敌自镜",所列论公德、论国家思想、论进取冒险、论权力思想、论自由、论自治等"吾国民所当自新之大纲小目"都援取求诸白人,尤其是"扬其国旗于日所出入处,巩其权力于五洲四海冲要咽喉之地,而天下莫之能敌"①的英人。为能有效实现这一"汇择其长""补我所未及者",维新派不约而同地将此大任赋予小说,将其看作是"使民开化"、"改良群治"之一巨端。这不仅因为他们看到"欧美东瀛,其开化之时,往往得小说之助"的经验,小说浅而易解,乐而多趣的文体特征,更为重要的是,他们认为小说具有熏、浸、刺、提的"不可思议之力"。"凡读小说者,必常若自化其身焉,入于书中"。如果"主人翁而华盛顿,则读者将化身为华盛顿;主人翁而拿破仑,则读者将化身为拿破仑",久而久之,此小说之境界,就能遂入其灵台而据之,"成为一特别之原质之种子"。②出于这样的逻辑,具有冒险家性质的鲁滨孙,就成为以梁启超为代表的维新派所要"取法乎上"——独立自助之风最盛,权利思想最强,体力最壮,最爱冒险,最坚忍,最讲实际的英国人之典型,也即他们新民的理想。梁启超主持《新小说》时,就专辟"冒险小说"栏目,最早计划翻译的即《鲁滨孙漂流记》之流,"以激励国民远游冒险精神为主"。③由此可知,为什么近代翻译英国小说最多,而冒险小说竟能成为一大文类的因缘。所以,尽管在鲁迅看来,"包探,冒险家,英国姑娘,非洲野蛮的故事,是只能当醉饱之后,在发胀的身体上搔瘙痒的",④但它们在被译介之初,却是与"保国"、"保种"与"自强"、"新民"这样的严肃目的联系在一起的。

---

① 梁启超:《新民说》,《饮冰室合集》(6),第10,11页。

② 梁启超:《论小说与群治之关系》,《饮冰室合集》(2),第6页。

③ 新小说报社:《中国唯一之文学报》,陈平原、夏晓虹编:《二十世纪中国小说理论资料》,北京:北京大学出版社,1989年,第45页。

④ 鲁迅:《鲁迅全集》(4),北京:人民文学出版社,1981年,第460页。

　　《鲁滨孙漂流记》所以能够被选中,一时成为翻译热点,还体现在它的海上冒险故事迎合了时人对于西方所以"骤强之由"的想象。在 19 世纪中叶以前,中国最为关心的是北方游牧地区和亚洲腹地边疆上的事务,但随着西方从东南沿海的入侵,西方形象就与"海"和"船"联系到了一起。外国人所以被称为"洋人",就因为国人以为"君处大洋,寡人处大陆",外国也被称之曰"海国"。^① 魏源编撰的关于西方第一部重要中文著作《海国图志》,也是把西方命名为"海国"。他甚至建议朝廷亟待晋升那些能够造船和驾驶船只的人,认为西洋"专以造舶、驾舶,造火器、奇器,取士抡官",中国试取也应增设水师一科。^②直到 1895 年康有为在《公车上书》里,还向皇上进谏:"尝考欧洲所以骤强之由,自嘉庆十二年英人始制轮船,道光十二年即犯我广州,遂开诸洲属地四万里"。^③ 顾燮光在《译书经眼录》中也谈到:"西人以商立国,视海若户庭,涉险探奇列为专学,若教士,若舆地家,均以此为要事。科仑布、古克等其名固昭昭在天壤也。"^④海上冒险与西方的殖民开拓紧密相连,致使有人探究冒险小说"所以西有而中无者,自缘起西人注意于航海,而中国人则否。一则感其趣味;一则不感其趣味也。"认为此类小说出现于译界,"可藉以鼓励国民勇往之性质,而引起其世界之观念"。^⑤

　　这也就难怪,一直被误认为是《鲁滨孙漂流记》另一译本的《绝

　　① 《大陆发刊辞》,《大陆报》创刊号,1902 年,第 1 页。
　　② 魏源:《海国图志》,河南:中州古籍出版社,1999 年,第 101 页。
　　③ 康有为等:《公车上书》,《中国近代史资料选辑》,上海:三联书店,1954 年,第416—417 页。
　　④ 顾燮光:《译书经眼录》,《近代译书目》,北京:北京图书馆出版社,2003 年,第612—613 页。
　　⑤ 成:《小说丛话》,1914 年《中华小说界》,第 1 卷第 5 期。

岛英雄》[①]译者从龛，在《序》里会这样谆谆教导国人："自海通以来，国民皆当有海事思想。故教育之始，必以有关海事者，使先系诸童子之脑蒂。无论为家庭，为学校；或间接，或直接，总宜扶植此海事思想。尤筑垣者之固其基，播种者之浸其种也。""我国方力图奋发，伸长海权。则任教育之责者，于此尤不可不加之意。"[②]把"海事思想"的重要性提得如此之高，的确只能是那个特殊时代的产物。

二、汉译鲁滨孙的文化排斥和改写

《鲁滨孙漂流记》第一个汉译本《绝岛漂流记》在封面显赫突出译者为"钱塘跛少年"，其励志之意不言而喻。高梦旦在序中更把作者狄福（原译）"忘其系囚之身，著为文章，激发其国人冒险进取之志气"的精神与译者"不恤呻楚，勤事此书，以觉吾四万万之众"，"不以病废学"之举相提并论。序末，其病废者如此，四体皆备之完人者当何以自处的扪心自问，将这一诉求推向极致。

笛福的鲁滨孙故事实际上由三部曲[③]组成，沈祖芬翻译的是第一、二部，他题为《绝岛漂流记》沿用的是日译本译名，据英文译出，并经嵊城夏子弹八（显然是化名）斧削。所以严格说来，该译本

---

①　阿英编《晚清戏曲小说目》、陈鸣树主编《二十世纪中国文学大典》、［日］樽本照雄《新编增补清末民初小说目录》等都误认为是笛福的《鲁滨孙漂流记》。

②　从龛：《绝岛英雄・序》，广益书局，1906年，第1—2页。它还有另一译本，徐念慈译，东海觉我（也即徐念慈，这一笔名也大有寓意，"东海"显然代表西方）评，海虞图书馆于1903年出版的《海外天》。

③　笛福这三卷书的英文原名分别为 THE LIFE AND STRANGE SUPRIZING ADVENTURES OF ROBINSON CRUSOE, Of YORK, MARINER；THE FARTHER ADVENTURES OF ROBINSON CRUSOE；Serious Reflections DURING THE LIFE And surprifing ADVENTURES OF ROBINSON CRUSOE：WITH HIS VISION OF THE Angelick WORLD. 大小写与拼写与原文封面书写同。

当为他和夏子弹八合作。据 2001 年上海译文出版社出版黄杲炘译《鲁滨孙历险记》第一、二部全译本统计,约有四十三万字之多。而沈译本只有二万多字,不足黄译本的零头。即使考虑到文言与无标点符号的因素,其删节之大也令人乍舌,称缩译本更为合适。

从沈祖芬的译者志可以看出,他认同卢梭的举荐:"谓教科书中能实施教育者首推是书",[①]也就是说,他对这部小说之意义看重的是类似教科书的教育功能,而且他自陈其翻译目的是"用以激励少年",这就意味着他将译本定位为少年读物。

晚清时期维新派为动员整个国民参与社会变革,抗敌御侮,把兵丁市侩、妇女童孺也列为启蒙的对象。梁启超更是身体力行,在自己主编的《新小说》上连续发表海上冒险的儿童小说,[②]他本人也自日译本重译了法国作家焦士威尔奴(儒勒·凡尔纳)讲述十五个少年漂流到一个荒岛上,"殖民俨辟新土,赫赫国旗辉南极"[③]的故事《十五小豪杰》。就这样,西方翻译小说特别是冒险小说被选中,成为"以辅教育之不足"的有效利器。如时任上海平民时化小学教授管理的李廷翰在《报告校友会述办学情形书》中就提到,为拔除学生"畏葸之性质",培养其"独立坚忍"之性格,"复以《十五小

---

① 沈祖芬:"译者志",《绝岛漂流记》,上海:上海开明书店,1902 年,第 1 页。

② 如肖鲁士(儒勒·凡尔纳)著、南海卢籍东译意、东越红溪生润文的《海底旅行》;南野浣白子述译的《二勇少年》、新庵(周桂笙)述译的《水底渡节》等。

③ 梁启超:《十五小豪杰》,《饮冰室合集》(11),第 1 页。不能不指出的是,尽管"殖民"一词在早期不过是"移民"的中性意义,但当它与"蓄奴"和"征服"搅在一起不可剥离时,这一词语早已被历史赋予了负面意涵,更何况中国正深受殖民侵略,但从这句和当时的一些文章可以看出,"物竞天择,适者生存"的公理,竟使"殖民"一词并非贬义。另如孙毓修虽然读出《鲁滨孙漂流记》的殖民倾向,却是将其作为殖民事业的开创者来称颂。他在《欧美小说丛谈》中就认为《鲁滨孙漂流记》是作者"郁郁不得志于宗邦,乃思辟一新天地于不可知之乡"的产物,甚至把美国的诞生也归功于其影响力。认为后来所以"百有二人航海至美洲,争信仰之自由,开殖民之风气,溯其渊源,实基于此。"由是大发感慨:"弟福(笛福)之理想竟得实行。其书之有功于人心世道如此。"见《小说月报》第 4 卷第 2 号,第 11 页。

豪杰》、《绝岛漂流记》等书作课书而授之。"①由此我们也就不难理解沈祖芬将此书定位为少年教育读物，他和夏子弹八的所为了。在维新派的倡导下晚清文坛不仅涌现了一大批"冒险小说"，成为一大小说文类，而且大都与"海"相关。②

沈祖芬在译者志中，虽然阐明他是因卢梭推崇此书为最好的教科书而为中国少年翻译的，但其译本显示，他大量删节的恰恰是卢梭大力倡导，能够体现其"自然教育"思想的方面。

《鲁滨孙漂流记》是"很憎恨书"的卢梭，为他"想象的学生"爱弥儿在他人生的第三阶段十二至十五岁时所选择的最早，也是在很长的一个时期里，唯一读的一本书。因为卢梭认为只有真正有益于我们幸福的知识、有用的知识，才是值得一个聪明人去寻求，从而也才值得一个孩子去寻求的。这就要求"我们要把学习的范围限制于我们的本能促使我们去寻求的知识"。③

鲁滨孙漂流到荒岛与世隔绝的境遇，正为卢梭根据自然，实施教育的思想，提供了一个可以在其中"把人的一切自然需要都明显地显示给孩子，同时把满足这种需要的办法也巧妙地展现出来"④的理想环境。对于卢梭来说，鲁滨孙的故事就是从遭遇船难开始，

---

① 《宣统元年(1909)李廷翰〈报告校友会述办学情形书〉》，朱有瓛主编：《中国近代学制史料》，第二辑上册，上海：华东师范大学出版社，1983年，第297—298页。

② 除前文提到的以外，还有一批被冠以"冒险小说"的译作，如英谷德译，钱楷重译：《航海述奇》(1903)；英国斯蒂文生著，商务印书馆编译所译：《金银岛》(1904)；戈特尔芬美兰女史著、商务印书馆译：《小仙源》(1904)；奥国爱孙孟著、商务印书馆编译所译：《环瀛志险》(1905)；英国某原著、日本樱井彦一郎日译、商务印书馆编译所重译：《航海少年》(1907)；李伯元译：《冰山雪海》(被标为"殖民小说"，科学会社，1906)；日本渡边著、商务印书馆编译所译：《世界一周》(1907)；英国经司顿著、商务印书馆编译所译述：《冰天渔乐记》；英国马理溢德著、无闷居士译：《荒岛孤童记》(广益书局，1909)等。

③ 卢梭著、李平沤译：《爱弥儿》，北京：商务印书馆，1983年，第216页。

④ 同上，第244页。

到离开荒岛结束,在没有任何人的帮助下,他如何保卫自己的生存?如何获得食物?如何建造安全可靠的住宅?如何驯牧羊群?如何学会自然的技术?才是他希望爱弥儿能够最感兴趣的问题,最值得爱弥儿去模仿和实践的事务,其他都是"杂七杂八的叙述"。① 他希望爱弥儿能够从鲁滨孙的故事自然懂得,人与物(自然之物和人造物)的关系,是根据它们对人的用处以及他的安全、生存和舒适程度来估价其价值的。在这方面,大量充斥于书中做木排、造船、选择驻地、盖屋、猎驯山羊、建木栅、种庄稼、治病、晒葡萄干、烤面包、酿酒、编藤品、烧陶器、做桌椅锅碗瓢盆伞等生活用具的步骤、方法和过程,的确可以让卢梭感到满意,因此,甚至有人将这部小说称为"自己动手做"(do-it-yourself)的说明书。② 除了创作上的问题,也许由于卢梭巨大的影响力,在西方,鲁滨孙的经典故事向来指的是第一卷,而鲁滨孙的岛上生活则被看作是重中之重。

　　显然沈译本对于这些如何生存的自然教育细节毫无兴趣,根据黄杲炘全译本的统计,鲁滨孙在岛上生活的篇幅占第一部的四分之三,而在沈译本中仅占一半。这就是说,即使是缩写本,删节最重的也是岛上生活的部分。特别是原文本不分章节,而且第一、二部书名也不同,这样出版加强了第一部的主体性和独立性,第二部不过是它的续集,可有可无。沈译本的《绝岛漂流记》虽然是第一、二部的节译本,但他并未做任何标注,而且以把这两卷分章连排的方式统一为一体,从而突出了鲁滨孙的"漂流"或者说是历险,而削弱了"绝岛生活"的教育意义,甚至可以说在某种程度上抹杀

---

① 卢梭著、李平沤译:《爱弥儿》,北京:商务印书馆,1983年,第245页。
② Louis James," Unwrapping Crusoe: Retrospective and Prospective Views ", ed. , Lieve Spaas and Brian Stimpson, *Robinson Crusoe: Myths and Metamorphoses*, Macmillan Press Ltd 1996, p. 1.

了"绝岛"这一空间的象征性。

沈译本删节最彻底的是对宗教叙事的摒弃。尽管《鲁滨孙漂流记》在西方也不排除被解读为历险的儿童故事,但就作者的意图及其在文本中的呈现来说,宗教内容贯穿始终,引领全篇。这正是清教文学所特有的"引导者"传统的标志之一。[①] 笛福本人创作了不少阐释和普及神学和道德观念的指导性用书。鲁滨孙的故事是他作为宗教寓言来创作的,第三卷的题名即"宗教沉思录",宗教道德主题的超结构是这类文体的一大特征。无怪笛福在序中宣称:现在要呈现给读者的这一卷"与其说是前两卷的产物,或许不如将前两卷称为是这一卷的产物:寓言总是为道德而作,而不是相反。"[②]

有西方研究者甚至认为,作者是按照清教文学传统的另一标志,即精神传记的模式建构鲁滨孙历险故事的。它的情节继承了精神传记的寓言传统:反叛—惩罚—忏悔—拯救。实际上,原文本里的鲁滨孙并非如时人所想象建构的那样独立、自主、爱冒险,反而自始至终都是以忏悔的语调来叙述自己的这类行为的,也就是说,时人所赞誉的,恰是他所反悔的。从他私自逃走,遇上第一次风浪,他就反省:"我开始严肃地想到我所做下的事情,想到上天罚得我多么公平,因为我私离了我父亲的家,放弃了我的责任。"[③]鲁滨孙的罪违反的不是社会法律,而是宗教戒律,他破了摩西十戒中

① 关于清教文学的三个标志性传统:"引导者"、"神迹"、"精神传记",参阅 J. Paul Hunter: "The Puritan Emblematic Tradition", Michael Shinagel ed. , *A Norton Critical Edition / Daniel Defoe / Robinson Crusoe*, Harvard University, W. W. Norton & Company, New York, London, 1994, pp. 246—254.

② 笛福:《鲁滨孙卷三序》,Michael Shinagel, *A Norton Critical Edition / Daniel Defoe / Robinson Crusoe*, Harvard University, W. W. Norton & Company, New York, London, 1994, p. 240.

③ 徐霞村译:《鲁滨孙漂流记》,北京:商务印书馆,1937 年 3 月,第 5 页。

的第五条诫命："当孝敬父母"。所以，作者让鲁滨孙意识到，违抗父亲的忠告是他的原罪，他的所有遭难都是上帝在人间的代理父亲预言的应验；他的所有幸事和得救都是造物的怜悯和恩赐。由此，一个不知敬畏上帝的人，真心忏悔，虔诚皈依，树立起感激"已经得到的一切"的人生态度。通过每天诵读圣经，体会着上帝"时时和我的灵魂交通"的幸福，从而将漂流荒岛的绝望境地一变而为"蒙恩"的生活，获得新生。特别是礼拜五的出现，更使鲁滨孙的身份从一个被拯救者转变为一个能够代上帝执行其旨意的拯救者。因而，沈译本将宗教主题清除，甚至把鲁滨孙在荒岛上每日展读《圣经》解释成是，因偶见"圣经一册，展而诵之，津津有味，自是每日必披诵数次。"[①]将信仰行为改写为世俗兴趣，至少也违背了作者的本意，抹杀了鲁滨孙故事的基本精神倾向。

三、汉译鲁滨孙的文化转换和抵抗

尽管沈译本的字数不足全译本的一个零头，但译者还是做了一定的加增，这集中表现在对鲁滨孙形象的归化式重塑上。鲁滨孙的一次次冒险活动虽然符合了时人对不同于己的西方人，特别是英国国民性的想象，但他不辞而别，在外漂流 35 年，不养父母，不得为双亲送终的经历，又极大地破坏了这一形象的正面性。在将"孝"看作是"至德要道"，"人之行，莫大于孝"的国人眼中，无异于是天下莫大之罪的悖德悖礼之举，很难为国人接受。因此，沈译本在出走前加了一段心理情感描写：

> 幸余年方富，暂离膝下。罔极之恩，图报将来，犹未为晚。
> 惟亲年垂老，恝置远游，悲从中来，不觉流涕，父亦黯然。而行

---

① 狄福著、沈祖芬译：《绝岛漂流记》，杭州惠兰学堂出版，开明书店印刷，1902 年，第 8 页。

期迫近,数礼拜后,即拟束装就道。不能聆父母训矣,静言思之,不觉抚膺浩叹。①

以图报将来的志向和渲染悲痛的心情使不孝行为合理化,以求得到谅解。在第二章还添加了鲁滨孙把他第一次做生意的获利,"金砂五磅九两寄家,藉慰父母之心"②的尽孝作为。而实际在原作中,这五磅九两金砂全部让他在伦敦换来三百镑的钱,留作资本。最后,鲁滨孙获救,回到家乡约克郡时,原作不过陈述了"我父亲已经去世,母亲也已经去世",没给他留出什么财产的处境,而无任何描述亲情的情感场面,但这却成为沈译本极度强烈表现之处。对于夫妻关系,原作不管结婚,还是家庭生活,甚至妻子去世都是一笔带过,而沈译本可是抓住机会竭力渲染"抑郁自悲","一无所事,终日彷徨,形容枯槁,众皆呼余为废物。"③一个缠绵悱恻的中国白面书生形象跃然纸上。经过这样的重塑,鲁滨孙冷静自制的缺乏人情味的品格得到相当程度的弥补,甚至是整个形象面貌的改写,也就是说,译者用本土文化价值观涂饰了原作中不被认同的异质因素。

鲁滨孙形象的另一异质因素体现在他的自我中心,功利主义精神和以工作为天职的清教徒式的枯燥生活,不符合国人的审美理想。韦伯关于清教伦理与资本主义精神的观点已为学界所熟知,在他看来,资本主义之所以能够在清教国家迅速发展,是因为清教伦理和生活准则产生了资本主义精神,即把职业劳动看作是"上帝安排下的任务"。这一教义勉励所有清教徒"获得一切能够得到的东西,节省一切能够得到的东西","人仅仅是经由上帝恩宠

①　狄福著、沈祖芬译:《绝岛漂流记》,杭州惠兰学堂出版,开明书店印刷,1902年,第1页。
②　同上,第2页。
③　同上,第21页。

赐予他的物品的受托人",他如果"为了一个人自己的享受而非为了上帝的荣耀花掉了哪怕一个便士",也是不应该的。① 这种被称为入世的清教的禁欲主义,与超世的天主教的禁欲主义的区别是显而易见的,其对资本主义发展的重要性也是不言而喻的。

鲁滨孙形象正体现了这样的清教伦理和生活准则,因而,西方的一种现代阐释是把《鲁滨孙漂流记》看作清教徒工作伦理的诞生。所以,浪漫主义代表作家卢梭虽然把《鲁滨孙漂流记》视作他实施自然教育的最好教材,但鲁滨孙的岛实际上一点也不浪漫,正如马克思所尖锐指出的,尽管鲁滨孙一直被18世纪的预言家们看作是"合乎自然"的理想典型,但他并非是"自然界所赋予的",而是"在历史中产生的",是"'市民社会'底先声"②。就鲁滨孙在岛上的所作所为,显然也不是与自然和谐交融,而是要占有自然,开发自然。他认为"这种生活处境是全知全能的仁慈上帝为我选定的",独自一人,勤勤恳恳,兢兢业业,每天从早工作到晚,岛不是他的审美对象、享乐对象,而是他的生产对象、工作对象,根本无暇注意它们也构成了一种景色。这也就难怪狄更斯读了这部小说后断定,作者本人一定就是"一件异常枯燥而又讨厌的商品。"③这样的人物性格无论对于崇尚建功立业,还是无为逍遥,或荣华富贵的国人来说,都是缺乏吸引力的。

为此,沈译本特别添加了鲁滨孙对自然景观的审美描写,甚至不惜与情节悖谬。原作鲁滨孙的择居标准,全部围绕着有益于健康、确保安全、方便适用的现实生存问题,而沈译本除此之外,描写

① 马克斯·韦伯著,彭强和黄晓京译:《新教伦理与资本主义精神》,西安:陕西师范大学出版社,2002年,第55、168、162、163页。
② 马克思著,刘潇然译:《政治经济学批判大纲》(第一分册),北京:人民出版社,1962年,第4页。
③ 伊恩·P.瓦特著,高原等译:《小说的兴起》,上海:三联书店,1992年,第73、71页。

鲁滨孙找到一处理想居地的决定因素却是缘于："有一洞可通，如曲径。然余喜其幽闲，爱不忍去。遂于此地搭帐为室。"①汉译鲁滨孙在岛上表现出的"悠游自得"、"逡巡岛上，抚景流连赏玩不置"②的生活姿态，正是清教徒式的生活准则所批判的。对于鲁滨孙来说，他最厌恶的就是"无所事事的生活"，他认为在上帝创造的万物中，游手好闲之徒"是最最没有用处的"，是"生活中的糟粕"。③ 这种体现了梁启超倡导的"以实业为主，不尚虚荣，人皆务有职业，不问高下"的英国国民精神，虽然是他力主新民要"采补其所本无而新之"④的品格之一，但显然中国传统"万般皆下品，唯有读书高"的价值观更根深蒂固，不为深受其影响的译者所认同，因而沈译本把鲁滨孙反省在巴西经营种植园的生活与自己的性格和志向格格不入，改写为："余居住数年，初合伙种甘蔗，虽能获利，自思执业如此，一身已流入下等矣。若安居家中，岂作此微贱之事？回念父训，不觉怅然。"⑤沈译本以本土的价值理想取向对原作的"侵入"，显然在很大程度上改写了鲁滨孙与自然的占有与被占有、利用与被利用的对立关系，以及鲁滨孙刻板、理性、枯燥和实用的异质性格特征。

如果说鲁滨孙在荒岛上的"冥思"和生活，从灵魂与生存两个方面涉及了人与上帝、人与自然的关系，他与食人的人和礼拜五的遭遇则反映了他对人与人，具体地说，选民与弃民、文明人与野蛮人不同种族之间关系图式的建构。也正是在这点上，最为后殖民批评所诟病，他们认为："殖民主义文化宰制的要害之处，正是从建

---

① 沈祖芬译本，第 7 页。

② 同上，第 9 页。

③ 笛福著，黄杲炘译：《鲁滨孙历险记》，上海：上海译文出版社，2001 年，第 264—265 页。

④ 梁启超：《新民说》，河南：中州古籍出版社，1998 年，第 60、55 页。

⑤ 沈祖芬译本，第 5 页。

构自我与他者的关系开始。"①

如果我们像萨义德那样,把《鲁滨孙漂流记》当作英国建立海外殖民地的"文化表述"、"欧洲扩张的复调伴奏"②来读,那么它便是对帝国殖民行为所创造的第一个合法化叙述,即我们所殖民的地区是无人居住的荒岛(地)。这与英帝国政府从18世纪开始发起对南半球的探险,指令探险队如果发现无人居住的地区,要建立起适当的标志,铭刻最早发现并占领的碑文,以大不列颠国王陛下的名义占领这块土地③的殖民扩张步骤相一致。鲁滨孙的故事的确不是偶然的。当鲁滨孙经过详细的勘察,确认他劫后余生的荒岛"人类的脚过去从来不曾踏上这片土地"后,④马上想到"这全都归我所有,我是这里至高无上的君主,对这岛国拥有主权;如果我有后代,我可以毫无问题地把这主权传下去,就像任何一个英国的领主把他的采邑原封不动地传下去一样。"⑤从而把殖民主义意识形态自然转化为不必论证、"毫无问题"的国际公约。所以马克曼·埃里斯在《鲁滨孙、食人肉者和帝国》一文中,经过对历史的考察就断言:"探险、商业和政治是一个帝国行动的组成部分"。⑥ 皮特·赫尔姆则把《鲁滨孙漂流记》的前部分称作是"欧洲'发现的历

---

① 罗永生:《导言:解殖与(后)殖民研究》,许宝强、罗永生选编:《解殖与民族主义》,北京:中央编译出版社,2004年,第12页。

② 爱德华·W·萨义德著,李琨译:《文化与帝国主义》,上海:三联书店,2003年,第81页。

③ 参阅 Markman Ellis, "Crusoe, Cannibalism and Empire", ed. , Lieve Spaas、Brian Stimpson, *Robinson Crusoe: Myths and Metamorphoses*, New York: Macmillan Press, 1996, pp.50—51.

④ 黄杲炘译本,第82页。

⑤ 同上,第83—84页。

⑥ Markman Ellis, "Crusoe, Cannibalism and Empire", Lieve Spaas、Brian Stimpson, *Robinson Crusoe: Myths and Metamorphoses*, New York: Macmillan Press, 1996, p.51.

史'的缩影"。①

但荒岛（地）毕竟是有限的，而且也是能够被任意命名和指认的，香港总督在占领香港后就曾宣布"香港只是一个空无一人的荒岛"。②鲁滨孙后来也发现他并不是第一个踏上这荒岛的人。殖民者和原住民的关系是帝国扩张无法回避的真实遭遇。笛福对于鲁滨孙和食人肉者、礼拜五关系的设置为殖民侵略建构起第二个合法化叙述。

书中描写鲁滨孙漂流到的荒岛属于加勒比海地区，小说通过对吃人肉场景的一再渲染，以及鲁滨孙面对这些吃人肉的生番一再展开的宗教思考——全知全能的上帝"怎么能够容忍，怎么竟听任他所创造的人这么惨无人道？"③，实际上是把英国殖民者和加勒比土著的现实种族身份，以文学的修辞置换为基督徒和食人肉者、文明和野蛮的区分，从而使鲁滨孙能够以正义的名义，对原住民进行殖民史上一再重演的血腥大屠杀。这是笛福无法回避的历史问题，通过分析鲁滨孙如何把自己屠杀原住民的行为合理化的思考，可以更清楚地显示出这一置换的逻辑。

小说描述鲁滨孙第一次见到吃人留下的场景，惊魂稍定，做的第一件事就是"心里满怀着敬爱，眼睛里包含着热泪，仰起头来感谢上帝，因为他当初让我降生在世界的另一片地方，使我同这些可怕的土著有了区别"。④但笛福并没有简单地仅以食人和不食人建构与他者的区分，他描写鲁滨孙日思夜虑地策划"惊人的壮举"，准

---

① Peter Hulme, "Frome ' Robinson Crusoe and Friday'", ed., Peter Childs, *Post-colonial Theory and English Literature*: A Reader, Edinburgh University Press, 1999, p.109.

② 参阅赵稀方：《小说香港》，上海：三联书店，2003年，第20页。参阅赵稀方：《小说香港》，上海：三联书店，2003年，第20页。

③ 黄杲炘译本，第164页。

④ 同上，第139页。

备袭击食人者的冲动冷静下来后,首先意识到生番的食人肉是当地把吃战俘的肉作为一种庆祝胜利的象征性仪式,是一种风俗习惯。其次,鲁滨孙想到这些生番并没有伤害他,如果因为他们吃人的习俗而屠杀他们是对的,那么西班牙人因为美洲原住民用活人向偶像献祭而"杀掉千千万万个当地土著的做法也就是对的了"。①当然还有对自己安全的最终权衡,都使鲁滨孙做出结论:"不管从原则上还是从策略上考虑,我都不该以任何方式去管这件事","除非他们先来攻击我"。②那么,最终是什么理由,让鲁滨孙破了自己的戒律呢? 那是因为鲁滨孙还"给自己立下了一条规矩":"凡是我心里出现那种说不清道不明的提示,要我做或是不做某件事,要我去走这条或者那条路时,我一定遵从种看来是没根没由的提示"。③他一再用自己的经验说明心灵与神灵之间存在着这种神秘的沟通和交流,深信这是"来自上天的指点",是上帝做出的"种种安排"。④所以,鲁滨孙两次对土著大开杀戒:为救礼拜五的一次,作者通过梦与现实应验显示的神迹,让自己,也让读者确信"上帝在清楚明白地召唤我,要我去救这可怜虫的性命"⑤;第二次为救西班牙人的大屠杀,鲁滨孙则干脆理直气壮地命令礼拜五:"凭上帝之名,开枪!"⑥

在历史上,食人肉者的发现总是和屠杀与侵略联系在一起的。在18世纪英国获得广阔的海外殖民地时期,有关食人肉的话语通过小说和探险报告的宣扬也正成为最广泛讨论的话题,《鲁滨孙漂流记》就是其中的一个核心文本。伴随着殖民地扩张的进展,虽然

---

① 黄杲炘译本,第144页。
② 同上,第145、144页。
③ 同上,第147页。
④ 同上,第146页。
⑤ 同上,第169页。
⑥ 同上,第195页。

建构野蛮与文明、落后与先进的区分的表征不断变化,但其帝国扩张逻辑并未改变。作为被侵略的国家都深受其害。梁启超就曾揭露说,西人之将灭人种也,"必上之于议院,下之于报章,日日言其种族之犷悍、教化之废坠、风俗之糜烂,……夫然后因众人之欲,一举再举而墟其国,奴其种,而偪然犹以仁义之师自居。斯道也,昔施诸印度,又施诸土耳其",今"乃更明目张胆,昌言华种之野悍、华民之愚诈、华教之虚伪。其意若谓苟不灭此朝食,则为逆天,为辱国,为悖理。一唱百和,举国若狂。"① 更有甚者,法农甚至认为只有"通过制造出奴隶与魔鬼,欧洲人才能成为人。"② 不过建构在社会与世俗道德"区分"上的优越感还是相对的,从《鲁滨孙漂流记》可以看出,绝对的优越感来自上帝。

本来礼拜五也属于食人肉者一群,但经过鲁滨孙的教化,他可以穿上衣服,改变食人的习俗,可以掌握西方文明的物质制造工艺,包括学会使用当初让他魂飞魄散的火枪,可以学会英语,甚至成为一位虔诚的基督徒,但他不是上帝的选民。而鲁滨孙通过一系列的神迹和自己心灵对上帝意旨的神秘感应和交流,竭力证实了上帝对他的眷顾,自己是蒙受恩典者,是上帝的选民。它反映了英国清教运动所信奉的加尔文宗的典型信条。加尔文认为人皆陷于原罪之中,根本无力自救。上帝为了彰显自己的荣耀,对世上每个人都作了永恒的判决,能得救者为"选民",反之则是"弃民"。为拯救"选民",上帝派耶稣基督降世为人,替人赎罪,将恩典施予选民,使他们得以信靠基督的救赎,并能悔改。因而"上帝的话的种子,只在那些主通过永远的拣选已预定了成为天国的儿女和继承

---

① 梁启超:《论中国之将强》,《饮冰室合集》(1),第12页。
② 转引自萨义德著、李琨译:《文化与帝国主义》,上海:三联书店,2003年,第280页。

者的人那里生根结果。"①所以,鲁滨孙感到他能够引导礼拜五认识上帝的存在,但要让他"对耶稣有所了解,要认识到为了拯救我们而付出的代价,认识到上帝和人之间新的约定中的这位中保,……那就非有神启不可。"只有"来自上天的启示,才能在人的心灵中形成这种观念。"②鲁滨孙和礼拜五之间的这种具有绝对性质的区别,不仅是无法抗拒的,也不是领受者可以凭一己之力"挣"来的。当鲁滨孙因礼拜五与他具有同样的能力,同样的理性,同样的感情,对善意和恩惠有同样的感受,对凌辱和残害,抱有同样的愤慨,同样懂得知恩图报而对上帝的公正产生疑虑时,其中蕴含的优越感却是无以复加的。鲁滨孙的表层故事讲述的似乎是他漂流荒岛而"被弃"的命运,其深层展示的实际上是"被选"的"蒙恩"的状态。

鲁滨孙与食人者、礼拜五的不同关系反映了殖民者对于受殖者的两种不同塑像。前者以贬低化(妖魔化)的修辞,而为赶尽杀绝提供合理化的依据;后者则以理想化的修辞,呼唤臣服的主体。前者与帝国主义以力量(火枪)掠夺和捍卫殖民地利益的行径紧密相关;后者则通过在殖民者与被殖民者之间建构拯救与被拯救的关系而确立一种自发臣服的权威等级秩序。正像圣经以 Creator 和 Creature 来定位上帝与人的关系一样,鲁滨孙也是以称呼礼拜五为"Creature"来定位他与礼拜五的关系,是类比上帝与人的同构关系。帝国强权不仅需要"力量"获取,也是需要"由服从者所赋予的"。这是帝国主义意识形态的两个十分不同但相辅相成的方面。

需要指出的是,笛福所塑造的鲁滨孙形象并不是一个国家主

---

① 卓新平主编:《中国基督教基础知识》,北京:宗教文化出版社,2005 年,第 163 页。

② 黄杲炘译本,第 182 页。

义者,他不是以英帝国的名义,而是以个人的名义、上帝的名义去占领荒岛的。他虽然不断地质疑屠杀与上帝的公正和仁爱原则相悖,但他同样是个"臣服的主体"。最终,即使不能把自己行为合理化,也要"全盘服从上帝的旨意"。在这里,鲁滨孙和上帝、礼拜五和鲁滨孙之间的绝对臣服与绝对权威的关系,说明宗教文化和帝国意识形态具有同样的等级秩序和思想逻辑,上帝的神圣使命可以轻而易举地置换为帝国的神圣使命。而且,上帝创世说的一体化宇宙观遮蔽的也恰恰是领土主权意识。在历史上,西方传教活动正与殖民进程相伴相生。这也是为何中国近代"教案"事件频发、反洋教运动声势浩大的根本原因所在。沈译本对《鲁滨孙漂流记》宗教内容的删减,的确可以看作是一种文化抵抗行为。

译者将鲁滨孙引导礼拜五学习《圣经》的灵魂拯救者与被拯救者的宗教关系,转变为"余因勿赖代(即礼拜五音译)性虽驯熟,惜无学问,于是教以文字"①的师生间传授知识的世俗关系;把鲁滨孙与礼拜五"我要他去死,他就愿意去死"②的主奴关系,简约为"彼此相依,此间之人,当无有若余与彼之相得也"③的朋友关系。这些改写,即使不是全部,也极大削弱了原作在宗教和帝国意识形态方面的文化建构。

在小说第二部沈祖芬完全违背原意,不惜无中生有,让鲁滨孙直抒胸臆:

甚愿此船由勃腊西尔回英国再经该岛,在岛整顿一番,使岛中诸务兴盛为英国外府,余得拟可伦布之列,亦不愧为开创之人。④

可见,沈译本是把鲁滨孙作为在当时社会同样流行的哥伦布

---

① 沈祖芬译本,第13页。
② 黄杲炘译本,第193页。
③ 沈祖芬译本,第13页。
④ 同上,第23页。

式的英雄,出于"激励少年"的目的翻译塑造的,译者对这一形象的定位和认同,决定了他对于原文本的翻译策略和改写取向。不仅在主题上删除了原作者的宗教寓意,从情节上突出了"冒险"经历,对主人公形象更是进行了归化式的改造。①从而简约了原文本丰富而复杂的内涵。这种出于中国当时社会政治语境的自觉与不自觉的选择,在一定程度上改写了原文本渗透的殖民叙述话语、意象和心理。沈译本作为第一个汉译鲁滨孙,作为中国最早的仿效殖民者、"审敌自镜"而输入的文学形象之一,并不是简单的复制和追随,而是中西文化理想价值观相互调和与改造的产物,体现了殖民叙述与民族叙述的内在纠结和张力。

结　语

通过诸多译作的比较,能够考察译者——中国的知识精英在翻译时,如何处置两种文化的遭遇。他们不仅要把西方价值观与本民族传统中可相容的价值观相结合,以被本土人民所理解和接受;还要对本民族的文化资源进行反省、质疑或重新进行诠释,以促成全新现代意识的转化。他们的翻译和评介不仅是对西方文化形象最直接的塑造和回应,也是对本民族现代文化形象、现代道德意识和现代价值观最直接的建构和传承。特别要关注的是,面对西方霸权文化对中国文化的渗透和排挤,他们是否掺入了本土异质,有意无意地使其殖民意识变质走样,成为抗拒殖民主义的文化力量。或者是相反,对经过文化和文学的转换而再现出来的殖民

---

①　这也可以解释为什么晚清时期鲁滨孙三个汉译本的标题都为"漂流记",并将第一、二部都翻译出来,因为中国对鲁滨孙的拿来强调的是他敢于冒险的精神品格,如果只是翻译第一部,叙述的主要是鲁滨孙的岛上自然与宗教生活,这一特质就难以得到充分的体现,而西方仅将第一部作为经典名著。

主义意识形态缺乏警觉。

总之,西方文学名著汉译研究是一个跨文化、跨学科的题目,不仅涉及中西文学、历史和文化,也可以属于中国现代文学史、比较文学和外国文学任何一个学科的研究对象。对 20 世纪汉译名著版本进行系统研究,无论就哪一个学科而言,都开拓了一个新的研究领域和新的研究思路。而且版本研究无论在西方和中国都源远流长,对同一名著不同译作的研究在对这一古老方法创造性挪用的基础上,进一步与最新的后殖民理论相结合,不仅可以将理论的翻新与翻译文学实践和历史有机地结合起来,也可以为翻译文学实践和历史提供新的视野和阐释,使我国丰厚的翻译文学资源和面貌获得具有深度的梳理和描述,并在国际学术界重读和重构文学经典中,呈现我们民族历史的解读,做出我们应有的贡献。

关键词

汉译鲁滨孙;文化改写;后殖民批评

思考题

1.西方文学名著是否具有普世精神和价值?
2.文化西方与殖民西方有什么关系?
3.如何体会和发现译者的主体性?

建议阅读书目

[1] 爱德华·W.萨义德著、李琨译:《文化与帝国主义》,上海:三联书店,2003。

[2] 李今:《晚清语境中的汉译鲁滨孙——〈大陆报〉本对鲁滨孙形象的革命化改写》,《中国现代文学研究丛刊》,2009 年第 2期。

[3] 李今:《从"冒险"鲁滨孙到"中庸"鲁滨孙——林纾译介

〈鲁滨孙漂流记的文化改写与融通〉》,《中国现代文学研究丛刊》,2011年第1期。

　　［4］刘禾:《跨语际实践——文学,民族文化与被译介的现代性》,上海:三联书店,2002。

　　［5］钱锺书:《七缀集》,上海:上海古籍出版社,1985。

　　［6］王宏志编:《翻译与创作——中国近代翻译小说论》,北京:北京大学出版社,2000。

第十七讲 翻译与中国典籍传播^①

导 读

众所周知,日本、朝鲜和越南等汉字文化圈国家,他们的语言文化都深受中华文明的洗礼,并在此基础之上逐步发展起本国的独特文化。以日本为例,虽然日本有本民族的语言,但是作为语言载体的标记文字则是在其接受汉字文化以后得以产生形成的,并受到汉文化的巨大影响。本文着重以汉字文化圈中的日本为例,从翻译的视角探讨中国古代典籍在日本的传播与接受问题。本讲拟从以下几个方面展开论述:第一,训读与中国典籍的传播;第二,日本说话文学中的翻译与典籍传承;第三,日本近世以来中国白话文学等的翻译。最后,综述近年来东南亚的汉籍传播研究情况。

一 训读与中国典籍的传播

根据考古史料推测,大约在公元 1 世纪左右,日本列岛就已经接触到了汉字。其后,随着大陆和朝鲜半岛的汉人及其汉人后代的迁入,汉字和汉字文化在日本不断得到传播。大约在公元 4 至 5 世纪左右,日本人逐渐熟知并掌握了汉字的使用。日本人现在所使用的日语假名文字,就是他们在学习和使用汉文的过程中产生并逐步完善的结果。

据《日本书记》记载,在公元 5 世纪前后,《论语》、《千字文》等

---

① 本文为国家社科基金项目 09BWW007 阶段性成果。

中国书籍已经由朝鲜半岛传入日本。593年推古朝建立,607年小野妹子出使隋朝,随船派出的八名留学生和留学僧一起到达中国,开启了日本人直接向中国寻求知识的新篇章。继此之后,舒明天皇于630年第一次派出了遣唐使。截至894年第20次遣唐使废止,在长达两个半世纪之间,共有15次派遣成功实施。遣唐使在唐主要学习中国的典章制度以及佛教艺术文化,以备回国后推动日本社会制度改革以及文化建设。他们回国时,将"所得锡赉,尽市文籍,泛海而还"(《旧唐书·日本国传》)。故此,以书籍文献为载体的中国文化被大量输入到日本列岛,遣唐使对推动日本社会的发展和传播中国文化做出了巨大贡献。

日本自"大化革新"(645年)之后,逐步走向中央集权制社会,仿效唐朝建立起律令制国家。按照当时的学令,培养政府官员的"大学寮"设置"明经道(儒学)"、"明法道(律令)"、"算道(算术)",后来又设立了"纪传道"(历史与文学),教授学生学习中国的"四书五经"等儒学经典和《史记》、《汉书》、《后汉书》、《晋书》、《文选》、《三国志》、《尔雅》等历史文学,以及律令法规、天文历算等。另外,平安时期(794—1192),贵族藤原家设立的"劝学院",亦向贵族子弟传授中国启蒙文化。同时,对于作为日本文化主要构成部分之一的佛学而言,僧侣们学习和传承的则是汉译佛典。中世(1192—1603)以来,日本僧侣成为这一时期的文化主导者。他们不仅学习佛教,对于汉诗文等中国传统文化亦有很深的造诣。五山文学汉诗文的隆兴即是一个最好的例子。江户时代(1604—1867),朱子学被定为官学,儒学成为日本近世的主流文化。

由此可见,以儒释等典籍为载体的汉字文化始终占据了日本政治文化的核心地位。那么,如此浩瀚的中国文化典籍传到日本之后,它们又是怎样被吸收和消化的呢?在这一过程之中,翻译扮演了一个怎样的角色呢?

汉字传入日本后,日本人首先使用固有的日语词汇来解读汉语，称之为"倭训"或"和训"，而遇到无法与之对应的汉语词汇则采用直接音读的形式来读出，称之为"音读"。由于汉语和日本属于两种不同语系的语言，日本人在学习汉语中，往往要先把与之语序不同的汉语句按照日语的习惯变换成符合日语句法的形式加以理解和记忆。这种方法，日本人称之为"日语训读法"。概而言之，日语训读法，即是在不改变汉文语序和标记形式的情况下，按照日语的语法句式，颠倒汉文句子的主谓次序，并借助添加一些表示助词、助动词、副词以及动词与形容词词尾变化的假名等辅助性的手段，将汉文大致调整成日文的句法，进而把相互对应的汉字词义置换成日语词义，来把握整个句子的意思。在此略加举例加以说明。比如说，"有朋自远方来，不亦乐乎。"按照日语的句法结构，应该为："朋有－远方自－来，亦－乐不－乎"。要是不改变原有汉文的语序，那就需要添加一些表记符号来调整语序和表示助词、助动词以及词尾变化，这些符号统称为"训点"。其中，用于表示调整训读次序的符号，称之为"返点"。"返点"依照具体情况又细分为："レ点"、"一、二、三……点"、"甲乙丙丁……点"等。比如上句中"有朋"两个单字词紧挨，可以在两字的左边中间处加一个"レ"的符号来表示前后语序颠倒，即变成"朋有"，用日语读作「友有り」；"自远方"这一组，因为"远方"是一个双字词，不能直接在"自"和"远方"之间用"レ"的符号，则须用"一、二、三……"符号，即在"远方"的左下角加"一"，在"自"的左下角加"二"，表示先读"远方"，次读"自"，读作「遠方より」；"来"在句中无需调整语序；"不"属否定词，在日语里要接续到动词或形容词的否定活用变化形之后，所以要排在"乐"字之后读，又因为虽然两个都是单字词，但因为不是前后相邻，故不能用"レ"符号，可在"乐"字左下角加"一"，在"不"字左下角加"二"。需要提醒的一点是，日语传统的书写方式袭自中国，即自右而左，自上而下的竖排式书写。如上所说，左边是用于书写调整语序的符号的，而右边则要添加一些表示词尾变化或接续的假

名,通常用片假名表记。如"来"可在其右下角用片假名标出其词尾「タル」;"乐"在接续否定词"不"时要发生词尾的活用变化,可在"乐"右下角加注「シカラ」。而遇到需要特别提示的单词读音时,则亦可用平假名在相应单词的右边标出。如「乎」在句中表示感叹,当读作「ゃ」,即在其右边加注。经过这样的注释之后,汉文无需改变书写的语序即被译作日文了。如果将它写出来的话,即是:友有リ遠方より来タル、楽シカラ不(ズ)乎(や)。又如:"学而时习之,不亦说乎",用日语的句法,应当调整为"学而时之习,亦说不乎",加上训读符号,可以读作:学ビ而(テ)時ニ之ヲ習フ、亦タ説シカラ不(ズ)乎(ヤ)"。

这种日语训读法,只是用于读解汉文时使用,最初阶段并没有具体的标注符号,师徒之间只是口口相传。后来到了奈良时代末期或平安初期,才出现了在汉文原文之中用于标注训读的符号。这种标注符号,称作"训点"或"倭点"、"和点""等。训点主要包括句读点、返点、假名和"乎古止(をこと)点"。"乎古止(をこと)点"主要是加在汉字四边角或内部中间、上下边中间等不同位置的各种各样的点和线,表注出将汉文转变成日文时所需附加的助词、助动词以及词尾变化等,比如,「行」(去)这个动词,在其左下加一个点,读作「行きて」;在其左上角加一个点,读作「行くに」;在其右上则读作「行くを」,在其右下则读作「行くは」。据称它起源于中国的汉字四声标注法。古代训点的具体内容大致有如下几点:

(1)加注假名,表示动词和形容词等的词尾变化以及整个汉字或汉字的部分训读。

(2)加注假名,表示需在原汉文中添加的日语助动词和助词等的读音。

(3)加注符号,区别汉字是用汉字读音读出还是日语训译词读音读出。

(4)连音读符(指由两个汉字组成的双音词该用汉字音连续读

出还是将其训译成一个日语词读出)。

(5)声点符(在汉字四角用圆圈标注出汉字的音调和入音。因为读音不同,同一汉字的语义会有变化)。

(6)句读符号。

(7)返点(用于调整汉字先后读出的顺序)。

(8)区别地名、人名、书名、国名等的符号。

"乎古止(をこと)点"符号,主要用于平安时代,汉学界与佛教界的使用方法不甚相同,两家各自内部又有不同的流派,而且"乎古止点"中的点线符号大都是约定俗成的用法,需要传承记忆,所以到了镰仓时代以后,点线符号便较少使用了。后来多采用假名和返点等符号来标注。上面所举例子中使用的便是近世以来沿用至今的训读标记法①。

汉籍文献的训读法,想必在日本人接受汉文学习的早期阶段就已经使用了。比如,《续日本纪》中收录了62篇记录奈良时代以及以前的用于宣读天皇诏令的口语文"宣命",由于当时作为日语标记的假名文字尚未产生,这种口语文就只能设法使用汉文来记录。在这些"宣命"文中,相当于日语文中体言(名词、代词等)和用言(动词和形容词等)的主干部分,使用相应语义的汉文作标记(这中间含有一个自日语语义译成汉文的思维过程),用大字书写;而相当于助词、助动词以及动词和形容词词尾变化的部分则是汉文语法中所没有的,无法译作相应的汉文表记,于是他们便借助汉字的读音来表示这些成分(一字一音),使用较小的字体书写,以示与表意的汉字相区别。在宣读时,被翻译成汉文作标记的部分则全部还原成日文,与表音的文字部分一起连缀成日语文句读出。这种文体,可以说就是汉文训读的一个结果。因此,通过这种"宣命"

---

① 橋本進吉:「乎古止点」,藤村作編「日本文学大辞典」増補改訂第一卷,新潮社,1950年,第389－390页。

文,我们可以推知,日语训读法在奈良时期之前就已经使用了。

但是,由于正式标注训点的资料只能上溯到奈良时代末期,所以我们要考察汉文的日语训读法的特征,只能依靠标注了训点符号的资料。被标注了训点符号的文献,被称为"训点资料"。之所以称作"资料",是因为从事这方面研究的大都是日语史专家,这些带有训读符号的文献恰恰正是他们研究日本语史的最好"资料"。根据他们对于不同时期的训点资料的考察研究,可以描绘出日语训读法沿革变化的基本轨迹。

大致而言,平安时代初期,汉文学隆兴,汉文的训读日趋广泛,这一时期的汉文阅读注重文章的整体理解。训读文比较自由和个性化,训点符号多起备忘的辅助作用,样式不一。对于汉字词语的训译亦多含有口语文的成分。尤其是语助词和助动词等的译法或用法呈现得流动性程度较大。

从平安中期到平安后期,遣唐使派遣已经停止,朝廷与唐的直接交流中断,日本汉文学的创作日渐衰落,汉文典籍训读的师承化明显,训读趋向固定化。同时,当时的学问中心大学寮当中,教官出现了世袭化,汉籍文献的训读亦形成不同的流派,"纪传道"有"菅原家训点"、"藤原家训点","明经道"有"清原家训点"、"中原家训点",各有所差异。同时,佛教界各宗派亦有天台宗、真言宗、南都古宗等不同的训读法。后来,这些儒释不同流派在各自的内部出现了相互交流与融合的现象。这一时期的训读较之平安前期,总的趋势呈现出追求对每个汉字进而对整篇汉文进行即字式训译的特征。同时,助词和助动词等的使用种类和数量减少,显示出统一化和固定化的趋势。

镰仓时代(1192—1333)继续沿用平安时代后期的方法,致使这一时期的训读文与当代口语形成了较大的差异。室町时代(1336—1573)以后,宋学传入并盛行,由于朱子儒学是对旧式儒学经典进行的重新诠释,因而日文的训读势必会有所新的改变。以五山学问僧侣为学术中心的室町时代,训读的主体自然落到了僧侣阶层。这一时期的训读对于传统的训读法有较大的改变,重视和讲求与汉文整体字面尽量保持一致的训读方法。过去在训读中忽略不读的语助词部分,亦附加一定的读法,使训读照顾到文章的每一个字词。

进入江户时代(1603—1868),平安时代以来传统的汉籍训读法与当代语言相去甚远,加之朱子学成为当代的官学,汉学讲学之风日盛,重视文面解读和排斥"和嗅(日语调汉文)"的诉求愈加强烈,传统的训读法大多消失,训读日趋简明,成为现代汉文训读的源流。

总而言之,截至平安时代中期的训点资料中,其用语基本能反映出当时的口语体,汉文的训译也多少能看出汉语特有的语义。平安时代后期以后,随着训读的固定化,训读语的性格明显突出:直译语增多,固定统一的读法更加明确。室町时代以后,朱子新注的训读法打破了传统的汉文训读法,使固有的训读法呈现出了紊乱的局面。明治维新以后,汉文训读基本上秉承江户时期的训读法。现在的专家学者对于古典汉籍的学习和接受,基本上还是沿用汉文训读的方法①。

平安时代以来加注训点的资料,大致可分为佛典关系资料和佛典以外的汉籍资料。其中,佛典关系训点资料的出现要早于儒学典籍,可以上溯到奈良时代末期。佛典关系的训点资料之中,包括《妙法莲华经》、《大波若波罗蜜心经》、《金光明最胜王经》等经典资料;《成实论》、《成唯识论》、《大日经疏》等论疏资料;《大唐西域记》、《大慈恩寺三藏法师传》、《南海寄归内法传》等史传资料;《辨

---

① 小林芳規:「訓読」,『日本古典文学大辞典』第二卷,岩波書店,1984 年,第 322—323 页。橋本進吉:「訓讀」,藤村作編『日本文学大辞典』増補改訂第二卷,新潮社,1950 年,第 337—338 页。

证论》、《金刚波若经集验记》等护法宣教资料等。而一般汉籍的训点资料则以宇多天皇(967—931)宸笔抄写的《周易抄》为最早。十世纪初期以后,《毛诗》、《古文尚书》、《汉书杨雄传》等汉籍训点本相继出现①。根据小林芳规的研究,平安时代和镰仓时代所存的训点资料中中国经典文献主要有《周易抄》、《尚书》、《毛诗》、《汉书》、《蒙求》、《史记》、《白氏文集》、《文选》、《出师表》、《春秋经传集解》、《黄帝内经》、《礼记》、《古文孝经》、《御注孝经》、《中庸章句》、《论语》、《孟子》、《后汉书》、《三国志》、《晋书》、《贞观政要》、《帝王略论》、《孔子家语》、《帝范臣轨》、《三略》、《群书治要》、《游仙窟》、《老子》、《庄子》等②。

以上所列举的只是部分带有训点的资料,而大量没有标注训点的资料其实大都在训读的范畴内。编撰于9世纪末期的《日本国见在书目录》,作为日本最古的汉籍书目,共著录了中国文献1579部(17340余卷),其中有的文献则未见于《隋书》、《旧唐书·经籍志》和《新唐书·艺文志》。通过此书目即可窥见日本平安时代初期大量汉籍传入日本的实际状况。

自奈良时代以来,汉文典籍传入日本列岛后,训读法成为日本人学习和理解中国古典文化的主要方法和手段。以浩瀚的汉籍文献为载体的中国语言、文学、文化、思想等,正是主要通过这种训读的方法为日本民族所接受、吸收和融合,成为日本语言文学、文化思想中的重要组成部分。因此说,汉文训读对于日本接受中华文明发挥了巨大的作用,研究日本的汉文训读有着重要的意义。

通过对训点资料的研究,我们可以了解和掌握日本文字语言

---

① 築島裕:『訓點語彙集成』第一卷·「訓點語彙総観」·Ⅰ「資料篇」·六「漢籍訓讀と仏典訓讀」,2007年,汲古書院,第10—13页。

② 小林芳規:『平安鎌倉時代における漢籍訓讀の国語史的研究』序章第二節「平安鎌倉時代における漢籍の訓読」,東京大学出版会,1967年,第23—81页。

的产生和发展的轨迹,阐明日本语言、文学、思想、文化等形成过程与接受外来文化影响的关系。比如,日语的标记文字主要有假名和汉字两大元素,而假名文字是在大量学习使用汉字的过程中借助汉字的草书以及汉字的部分笔画产生的。尤其是片假名,它直接就是汉字作为标音文字用于训读标记符号而被使用的过程中不断简化形成的。而日语中所融汇的大量的汉字词,更雄辩地证明了日本接受汉文化的巨大影响。其中,在现在看来所谓日语中称之为"和语"(日本固有的语义)词的语汇中,其实含有大量来自训读的词语。另外,训读的悠久历史,对于日语语法和文体也都产生的很大的影响。汉文训读的一些习惯用法融入到一般的日语表达之中,成为至今使用的固有文法。比如:"决非"、"全然"等的表达等。而至今使用的汉和混交文体,便是平安时代末期以来训读文体与和文体交流的结果。

二 "说话文学"与中国典籍的翻译传播

一种新文化的移入,一种新宗教的传播,抑或一个新朝代的更替,往往需要一些启蒙性和普及性的宣传和引导。儒教文化中的启蒙知识读本,佛教传教中的唱导用书等都是为了满足这样的需要应运而生的东西。日本自平安时代初期出现的说话集,大都是基于这样的情况而编撰的作品。在这些说话集作品之中,含有大量的汉籍文献的引用与翻译,这些翻译虽然所使用的是古典文体,但语言浅近,颇多意译,已经有很多成分脱离了一般意义上的训译法,更趋向于现代意义的翻译。就佛教和儒教基本知识在庶民中的普及与传播而言,说话文学从中所起的作用可谓"功莫大焉"。以下拟对日本说话文学中的翻译与汉文典籍的传播进行较为详细的论述。

汉文典籍传入日本,接受层主要是贵族和僧侣阶级,对于一般的庶民阶层,则大多是无条件接受教育,自然亦无力解读汉文。同时,汉文主要为贵族男性或僧侣使用,女性则主要学习和文。为了向一般大众、妇幼阶层等普及基本的汉文化知识,提高他们的素养,就需要用浅近的和文体来翻译汉文典籍;佛教传入日本以后,僧侣需要用浅显的宣教形式如"唱导"等手段化导俗众,扩大信仰对象,赢得信徒。平安时代末期和镰仓时代初期,贵族文化衰落,新兴武士阶级壮大,新的佛教宗派次第出现,为了向武士阶级普及他们所向往的贵族知识,向一般庶众宣传新的佛教知识,这一时期产生了大批的"说话集"。

1. 说话与说话文学及其特征

日语中"说话"一词泛指简洁叙述某事件的短小故事。广义上讲,史书中的史话、笔记小说、诗话、佛典中的佛本生故事、缘起故事、僧传、口承的神话、传说、灵验传奇故事、杂谈等等,皆可称之为"说话"。狭义上则主要指日本古代文学史上以故事集的形式编撰的作品集中收录的短篇故事。这些收录短篇故事的集子称之为"说话集"。日本说话集多冠以"……物语"、"……记"、"……抄"等题目,大致相当于中国的古代小说集、笔记小说等。按时期来说,主要是指平安时期(794—1192)至室町时期(1333—1573)之间出现的同类作品。按照内容来分,一般分为佛教说话集和世俗说话集。概括起来,它有如下几个特点:第一,与佛教的布教宣传和信仰有着密切的关系。例如平安时代初期产生的日本说话文学的滥觞之作《日本灵异记》一书,就是药师寺僧人景戒出于宣传佛教因果报应的动机而编撰的。此外,像《三宝绘》、《日本往生极乐记》、《本朝法华验记》等说话集都是反映佛教这一主题的作品。平安末期出现的《今昔物语集》是收录说话最多的一部巨作,它基本上也属于佛教说话。镰仓时代(1192—1333)以后出现的《发心集》、《撰集抄》、《闲居友》、《私聚百因缘集》、《宝物集》、《沙石集》、《杂谈集》、《神道集》、《三国伝记》等说话集亦同属于这一系谱之作。第二,镰仓时代是说话文学最繁荣的时代。当时正值社会意识发生巨变的历史时期,说话作品为宣传新兴佛教、传授贵族文化、抒发怀古情调等发挥着有力的作用。除了上面列举的佛教说话集之外,这一时期还产生了《宇治拾遗物语》、《古本说话集》、《古事谈》、《续古事谈》、《古今著闻集》等大量的非佛教内容的一般说话集,其中《宇治拾遗物语》是一部具有代表性的杰作。室町时期的说话作品,如《直谈因缘集》等,近年来也多有发现和介绍,说明说话集的编纂一直延续到近世。第三,说话文学区别于其他文学的显著特征之一是,它是由许多富有传承特点的短小的说话故事构成,而这些说话以及各则说话构成的说话集有着明显的说示意图。其中表现最突出的则为佛教说话集,宣传佛教的因果灵验或表达自我信仰之心是这些作品的中心主题。第四,在编纂动机、方法、素材等诸方面都受到汉文学的影响。例如《今昔物语集》中「天竺」「震旦」两部分的材料都是直接或间接采自汉籍作品和汉译佛典等。《唐物语》、《蒙求和歌》、《百咏和歌》等则属于翻译中国的故事外加相应的和歌编成的和歌说话集①。

2.说话文学中的翻译

在第一节中谈到,日本古代对于中国典籍文化的吸收和理解,最初主要依据汉文训读的方法来实现的。但是这种方法只是按照日语句法标注训点符号,通过颠倒变换汉文的语序来粗浅地读解汉文的一种手段。因为其中有大量的汉字词只采用直读的方法读出而无对应的和语词翻译,还不能说它是一种在两种语言对等意义上的翻译。但是,说话集中所引用的中国故事则不然,在这些故事集当中,被收录的中国故事往往被翻译成通俗浅显的和文语体文。从这一点上可以说,它们更接近近代意义上的日语翻译作品。

---

① 李铭敬:《说话文学》,《日本古典文学大辞典》,北京:人民文学出版社,2005年,第550－552页。

那么,在众多的汉文训读文体中,为何唯独说话集中会有此现象呢? 关于这个问题,可以从"说话"、"说话集"的功用和产生原因中找到答案:"说话"类似中国古典中"小说"一语,属于俚俗浅语式的简短故事,常常通过口头传播的形式传达某种信息和宣传某种言论思想。上面列举的日本古代说话文学集的特征中的第一和第二个特征告诉我们,说话文学主要的功用在于启蒙。佛教在宣教过程中,要使用卑浅通俗的故事化导俗众,运用志怪灵验故事宣讲因果佛理,吸收信徒。敦煌文献中的"变文"、"讲唱文",也都是缘于这种目的而出现的启蒙文学。比如,平安末期编撰的日本最大的说话集《今昔物语集》中收录的《冥报记》、《三宝感应要略录》、《孝子传》等作品,分别为宣传佛教因果报应、三宝灵验的佛教灵验故事集和儒教孝道的经典启蒙书。因为是宣教和启蒙,语言要求明白如话,所以收录到说话集中的这些汉文故事也要按照这样的要求翻译成通俗的日文,才能让一般的人阅读时看得懂,从而达到宣传的目的。下面试举例说明:

(A)釋含照畵寫千佛像感應第三十一出寺記

唐興善寺釋含照,發願畵千佛像,纔畵七佛像,不知九百九十三佛威儀手印,精誠祈請,流淚悔過,夢見九百九十三佛現木葉,歡喜畵寫,流布傳世矣①。

(B)釈含照、千仏像を図写せる感応第三十一〈寺記に出づ〉

唐の興善寺の釈含照、発願して千仏像を図せんとす。纔に七仏の像を写して九百九十三仏の威儀手印を知らざれば、精誠に祈請して涙を流して悔過す。夢に九百九十三仏の木葉に現はるるを見、歓喜して図写す。流布して世に伝はれり②。

---

① 小林保治・李銘敬:『日本仏教説話集の源流』資料編,勉誠出版,2007 年,第 71 頁。

② 同上;第 303－304 頁。

（C）震旦興善寺ノ含照、礼千佛語（センブツヲライセルコト）第廿八

今（ハ）昔、震旦（シンダン）ノ唐（タウノ）代ニ興善寺（コウゼンジ）ト云フ寺有リ。其（ソノ）寺ニ一人ノ僧住（ヂウ）ス、名ヲバ含照（ガンセウ）ト云フ。願（ネガヒ）ヲ発（オコ）シテ千佛ノ像ヲ圖繪（ヅエ）シ奉ラムト為（ス）ルニ、纔（ワヅカ）ニ七佛ノ像許（バカリ）ヲ圖繪（ヅエ）シ奉テ、今九百九十三佛ノ威儀（ヰギ）・手印（シユイン）ヲ不知（シラ）ズ。

其ノ時ニ、含照、涙ヲ流シテ罪ヲ懺悔（サングエ）シテ、誠ノ心ヲ至シテ、九百九十三佛ノ威儀（ヰギ）・手印（シユイン）ヲ知ラムト祈請（キシヤウ）ス。其ノ時ニ、含照、夢ニ「九百九十三佛、木（コ）ノ葉ニ現ジ給フ」、如此（カクノゴト）ク見テ夢覺（サメ）ヌ。

其ノ後（ノチ）、含照、歡喜礼拜（クワンギライハイ）シテ千佛ノ像ヲ圖繪（ヅエ）シ奉テ世ニ流布（ルフ）シ傳ヘタル也トナム語リ傳ヘタルトヤ①。

如上所引资料（A）是辽代高僧非浊编撰的《三宝感应要略录》上卷所收的一则佛像灵验故事：唐代兴善寺的含照和尚发愿要图写一千尊佛像，可是刚刚图画了七尊，就不知其余九百九十三尊佛像的威仪和手印该如何画了。这时他便虔诚忏悔祈祷，结果那九百九十三尊佛像就出现在梦中的树叶上。醒来后，他很高兴地完成了九百九十三尊佛像的图写，成就了自己的愿望。（B）是按照日语训读法而写出的（A）的训读文。（C）则是《今昔物语集》第六卷中所收录的（A）的译文。将原文（A）分别与训读文（B）和《今昔物语集》中的翻译文（C）比较一下，我们会发现有许多不同之处：首先，原文（A）中的某些词汇在训读文（B）中都是音译，而在（C）却

---

① 日本古典文学大系23『今昔物語集』二，岩波書店，1960年，第95—96页。

翻译成了和文,如:發願(A)→発願(B)→願(ネガヒ)ヲ発(オコ)シテ(C)、精誠(A)→精誠(B)→誠ノ心ヲ至シテ(C)。其次,与训读文不做任何增减的直译法不同,说话文体要求语言通俗易懂。试比较下面两处:

1)唐興善寺釋含照(A)

唐の興善寺の釈含照(B)

今(ハ)昔、震旦(シンダン)ノ唐(タウノ)代ニ興善寺(コウゼンジ)ト云フ寺有リ。其(ソノ)寺ニ一人ノ僧住(ヂウ)ス、名ヲバ含照(ガンセウ)ト云フ。(C)

2)精誠祈請、流涙悔過、夢見九百九十三佛現木葉(A)

精誠に祈請して涙を流して悔過す。夢に九百九十三仏の木葉に現はるるを見(B)

其ノ時ニ、含照、涙ヲ流シテ罪ヲ懺悔(サングエ)シテ、誠ノ心ヲ至シテ、九百九十三佛ノ威儀(ヰギ)・手印(シユイン)ヲ知ラムト祈請(キシヤウ)ス。其ノ時ニ、含照、夢ニ「九百九十三佛、木(コ)ノ葉ニ現ジ給フ」、如此(カクノゴト)ク見テ夢覺(サメ)ヌ。(C)

第一处的训读文,它只是分别在"唐"和"兴善寺"后面添加了两个表示连体修饰格的助词"の",除此之外无任何变化,而(C)的翻译则把原文的七字短语变成了一则长文,改用中文就是:"很久以前,震旦国唐代的时候,有一个叫做兴善寺的寺院,在那个寺院里住着一位僧人,名字叫含照。"这种类似于解说性的通俗浅显的翻译法,适合于用于讲故事的说话文学体裁。

第二处的训读文大致是将原文按日语的句法调整了语序,"精诚"、"祈请"、"悔过"均原样直读,无汉文素养者较难理解。而(C)中,"精诚"译作和文"誠ノ心ヲ至シテ(竭尽诚心)"、"悔过"译作和文"罪ヲ懺悔(サングエ)シテ(忏悔罪过)"、"祈请"虽然采取直译,但却将汉文原文中省略的祈请内容"九百九十三佛ノ威儀(ヰ

ギ)・手印(シユイン)ヲ知ラムト(欲知九百九十三尊佛的威仪和手印)"补足了。这样一来,原文之意就远比训读文容易理解了。更加值得注意的是,在(C)的翻译当中,这句话不仅补足了"祈请"的内容,还调整了原文中"精誠祈請"和"流淚悔過"的前后顺序,多处添加了表示动作前后变化的时间副词"其ノ時ニ"(此时)和表示动作主体的主语"含照",并且还在表示佛出现的动词"现"后添加了表示对佛崇敬的敬语辞"給フ"。这些处理,都是基于对原文深入理解的基础上,为了符合日语的习惯和遵循说话文学需要明白如话的原则而加以处理的。通过这样的翻译处理,原文所要达到的宣传佛像灵验的意图,便借助译文恰如其分地传达出来了。这在训读文中是不可能实现的,因为按照训读文的规定,它不可能根据翻译的需要随意添加或改变原文。

　　另外,在(C)的译文中,除了添加表示对佛崇敬的敬语辞之外,还添加了表示图佛像时的恭敬心情的自谦辞"(圖繪シ)奉テ",同时添加了表示强调的副助词"許(バカリ)"。如上所指出的这些改变,在现代意义上的汉日翻译中也是常常出现的现象,这一点也正说明了在古代日本汉文典籍传播普遍借助汉文训读法这一手段的大环境中,在说话文学领域里较早地实现了真正意义上的汉日翻译。而之所以能够如此,是说话文学的说示功用和通俗性特征所决定的。

　　从翻译的视点来审视,除了上述翻译题材与说话文学功用特征的关联之外,就其翻译本身来说,通俗浅显是其主要的文体特征。具体而言,尽量使用和式日语而非汉文训读法进行翻译,翻译文中多采用解说性的语句,或将原典中的陈述性语言改译为会话体、内心活动式描写句等。

　　说话文学作为一种文学体裁,其最显著的特征之一乃说话故事的传承性和"集"的形态。故事集中所收录的各则故事,往往是编撰者根据某种编撰目的和需要从别的文献中采录或转录的,个别则是根据口承故事直接采录的，因此，每则故事都富有传承性。当一则故事被收录到具有某种特定目的或意义的故事集当中，它自然就被赋予了某种特定的意义。另外，编撰者为了强调表达某种说示意义，则往往会对所采录的故事本身进行某些或添加或删略的篡改。这样一来，同样一则故事，收录到不同的故事集当中，又经过不同的人多次传承，就会产生这样或那样的改变。因此，考察说话文学（或故事集）中的翻译，我们首先需要注意弄清楚这些翻译故事的出典文献问题。比如，《今昔物语集》中翻译收录了大量的中国佛教故事，而这些故事则往往见之于不同的汉文典籍。那么到底哪种文献是该翻译故事的直接典据文献，哪种属于间接参考文献？搞不清楚这个问题，就无法谈论《今昔物语集》中中国故事的翻译问题。又如，许多佛典故事，虽然在翻译文中注出了相关佛典的名字，但实际上它并非翻译时直接使用的文献资料，而只是依据佛教类书进行翻译并袭用类书中注出的佛典名称而已。这种情况有别于一般意义上的翻译，在考察说话文学之中的翻译问题时需要特别加以注意。

3.说话文学中翻译的中国典籍作品及佚失文献

日本说话文学集的发端之作，乃平安初期用汉文撰述的《日本灵异记》，其书上卷序文中曰："昔汉地造《冥报记》，大唐国作《般若验记》，何唯慎乎他国传录，弗信恐乎自土奇事。"文中所云《冥报记》和《般若验记》皆为我国唐初佛教灵验故事集，前者为唐临所撰宣扬佛教因果报应之作，后者全称为《金刚般若集验记》或《金刚经般若集验记》，乃唐武则天时代孟献忠所撰，是一部称颂《金刚般若经》神奇灵验的"释氏辅教之书"。通过日本说话文学发轫之作的序文可以看出，日本说话文学最初是在中国同类故事集的启蒙和影响下产生的。其实这也是日本说话文学的特征之一。

日本说话文学按照其内容，大致可以分为佛教说话集和世俗说话集。无论是佛教说话集还是世俗说话集，都收录了大量源自汉籍文献的翻译故事。在佛教说话集中,中古时代(即平安时代,794—1192)的《东大寺讽诵文稿》、《百座法谈闻书抄》、《打闻集》、《今昔物语集》、《金言类聚抄》、《注好选》,中世时代(1192—1573)的《宝物集》、《言泉集》、《私聚百因缘集》、《真言传》、《沙石集》、《地藏菩萨灵验记》等都收录了许多中国故事。其中《东大寺讽诵文稿》是目前所见最早的使用汉字假名混合文体翻译中国故事的佛教教化故事集,收录了许多中国孝养故事。

《百座法谈闻书抄》①是佛教法谈的记录文稿,收有取自《法苑珠林》、《经律异相》、《法华经传记》、《三宝感应要略录》等中国典籍中有关印度和中国的佛教故事。

《打闻集》②采用汉字片假名文体,记录了在佛教法会上讲谈的 27 则印度、中国和日本的佛教故事,其中包括龙树菩萨和达磨和尚、鸠摩罗焰、宝志、玄奘、不空等著名高僧在内的 13 则根据汉译佛教文献(如《法苑珠林》、《佛祖统记》、《景德传灯录》、《高僧传》、《续高僧传》、《神僧传》、《法华传记》、《大唐大慈恩寺三藏法师传》、《冥报记》、《三宝感应要略录》以及《撰集百缘经》、《大悲经》等)翻录的佛教故事。因为是法谈的记录文本,因此这些故事不可能是来自汉文典籍的直接翻译,但是它们作为考察汉译佛典翻译故事的传承流变却有着重要的意义。

《今昔物语集》③是平安时代末期成立的最大的说话集,分为天竺、震旦、本朝三编,共收录一千一百余则故事,其中天竺、震旦两编中所收录的故事大都取自汉文典籍:辽时期非浊编撰的佛教灵验故事集《三宝感应要略录》和唐初唐临编撰的佛教因果报应故

---

① 　小林芳規:『校註法華百座聞書抄』,武藏野書院,1976 年。
② 　中島悦次:『宇治拾遺物語·打聞集全註解』,有精堂,1970 年。
③ 　日本古典文学大系『今昔物語集』一一五,岩波書店,1959 年—1963 年。新日本古典文学大系『今昔物語集』一一五,岩波書店,1993 年—1999 年。

事集《冥报记》、唐惠祥撰《弘赞法华传》、慧立·彦悰著《大唐大慈恩寺三藏法师传》、日本船桥家藏本系统的《孝子传》等作品集都被大量地翻译收录。如《三宝感应要略录》共 164 则故事中有 66 则、前田家本《冥报记》共 57 则故事中有 48 则均直接翻译收录到此两编之中。

《金言类聚抄》①是一部佛教类书,大约编撰于镰仓时代初期,现仅存卷 22"禽类部"和卷 23"兽类部"两卷,收录佛教经典中有关动物的故事 47 则,其内容多为佛本生故事、譬喻、教训、报恩、往生、报应等佛教故事,这些故事多引自《大唐西域记》、《僧祇律》、《法苑珠林》、《贤愚经》、《戒珠往生传》以及《晋书》、《后汉书》、《论语疏》等文献,翻译文体为汉字片假名宣命体。

《注好选》②是平安时代末期的启蒙用书,共三卷,上卷所收录的主要为有关中国的三皇五帝故事、唐代以前的劝学故事、孝养故事、史话、逸话等,中卷主要为来自佛典的佛菩萨、佛弟子以及与佛法相关的佛教故事,下卷则为节选于佛典和汉籍的一些佛教、俗家故事,其中主要为动物故事。现存本共收 210 余则短小故事,书中所引文献见诸作品名字的有《抱朴子》、《白虎通》、《易》、《河图括》、《黄帝书》、《京房易妖占》、《论衡》、《山海经》、《淮南子》、《史记》、《西国传》、《大唐西域记》、《文场秀句》、《应验传》(《观世音应验记》)《太宗贞观录》、《文选》、《仲尼游方问录》、《玉篇》、《广雅》、《乐府》(《白氏文集·新乐府》)以及大量的佛典。这些故事的出典文献虽皆有所本,但大都非直接引用。文体为汉文加训点的训译。

《宝物集》③成书于镰仓初期,有一卷本、两卷本、三卷本、七卷本等,围绕佛法是人生最大的宝物这一中心主题收录了大量的佛

① 『真福寺善本叢刊』第五卷所収,临川书店,2000 年。
② 新日本古典文学大系『三宝絵·注好選』,岩波书店,1997 年。
③ 吉田幸一·小泉弘共:『宝物集』,古典文库,1969 年。

教故事。除了日本著作《往生要集》之外，中国的《法苑珠林》和《诸经要集》、《经律异相》等佛教著作以及诗文史传等亦是其重要的资料来源。

《言泉集》①是镰仓初期建久年间（1190－1199）的佛教唱导用书，现存诸本共收录 29 帖，引用汉译佛典和汉文书籍超过 150 部，如《孝子传》、《蒙求注》、《颜氏家训》、《烈女传》、《幽明录》、《搜神记》、《文场》（《文场秀句》）、《白居易传》、《慈恩传》、《南岳大师法门传》、《金光明经灭罪传》、《戒珠往生传》、《三宝感应要略录》、《地藏验记》、《经律异相》、《诸经要集》、《法苑珠林》、《大唐西域记》、《毛诗》、《周易》、《礼记》、《列子》、《晋书》、《梁记》、《史记》、《东观汉记》、《后汉书》、《贞元录》、《乐天诗》以及大量的佛教经论疏等汉文文献，使用文体为汉文加训点的训译。

《私聚百因缘集》②为净土宗教系住信于正嘉元年（1257）所撰，分天竺、唐土、和朝三编，共收 147 则故事，其中天竺和唐土两编收录的 109 则印度佛教故事和中国高僧故事、孝养故事、动物故事等都直接或间接来自汉译佛典和中国的《诸经要集》、《法苑珠林》以及《孝子传》故事等文献典籍。据考证，本书所收的这些故事与《注好选》一书具有文献传承的渊源关系。

另外，镰仓时代至室町时代所编撰的《真言传》、《沙石集》、《三国因缘地藏菩萨灵验记》、《三国传记》等说话集也收录了许多出自汉译佛典的佛教故事和汉籍文献中的中国故事。此外，《古典文库》所收冈雅彦翻刻的日本近世的《法华经利益物语》一书 12 卷，则基本上是唐僧祥撰《法华经传记》的翻译版。

相对于佛教说话集来说，世俗说话集就是以非佛教内容为主的故事集。在这些说话集中，平安时代的《唐物语》、镰仓时代的

---

① 畑中栄：『言泉集』，古典文库，2000 年。
② 吉田幸一：『私聚百因緣集』上中下，古典文库，1969 年。

《蒙求和歌》、《唐镜》等被称之为中国故事的"翻译说话集"。另外，《今昔物语集》第 10 卷"震旦付国史"、《宇治拾遗物语》、《十训抄》等平安时代的世俗说话集中亦收录了部分中国题材的故事。

《唐物语》[①]大致成书于 12 世纪中后期，共收载 27 则中国短篇故事，皆翻译成流畅的日文，并在每则故事中穿插一至数则和歌，用于表达和寄托故事中人物的心情和编撰者的感想。有的学者将其称之为"和歌故事集"。27 则故事大都是与女性相关的题材，如《琵琶行》、举案齐眉、绿珠坠楼、文君当垆、萧史弄玉、娥皇女英、望夫石、陵园妾、汉武帝李夫人、西王母、杨贵妃、买妻耻醮、楚庄绝缨、阴瑜妻、上阳白发人、王昭君等故事。出典文献为《白氏文集》、《史记》、《蒙求》、《汉书》、《后汉书》、《晋书》、《文选》、《本事诗》、《幽明录》、《古列女传》、《博物志》等，据称是为当时的上层阶级妇女编撰的中国故事启蒙书。

《蒙求和歌》[②]乃源光行于 1204 年从《蒙求》中选取 251 则注释故事（《古注蒙求》），翻成日文并在每则故事后依其主题附上一首和歌，按类分成 14 部而撰成的，它与《唐物语》一样，是一部名副其实的中日文学的珠联璧合之作。

《唐镜》[③]是一部中国历史的启蒙读本。原书 10 卷，以编年史的形式，记述了上启伏羲、下至宋朝初年的历史。现存 6 卷，内容为自伏羲至晋恭帝时期的历史。现存 6 卷的史料主要来源于《史记》、《汉书》、《后汉书》、《三国志》、《晋书》等正史，亦有见之于《蒙求》、《珊玉集》、《古列女传》等书的逸话。著者将这些著名历史故事或记事忠实地改译成日文训读文，通俗易懂，饶有趣味。

《今昔物语集》第 10 卷"震旦付国史"，收录 40 则故事，内容为

---

① 小林保治：「全訳注唐物語」，講談社，2003 年。
② 続群書類従第 15 輯上所収，続群書類従完成会，1925 年。
③ 「唐鏡」校異篇，古典文庫，1967 年。

秦汉以来的王朝历史故事和一般世俗故事，主要有秦始皇、汉高祖、汉武帝以及王昭君、上阳人、杨贵妃等历代皇帝故事和后宫故事，孔子与庄子、费长房、养由基、李广、霍去病等历史名人故事，以及技艺趣闻、奇人异事等故事。第 10 卷中所收录的这些故事，虽然皆为中国故事，但是其依据的资料大都是和文系统的资料。这与卷 6 至卷 9 所收录的故事皆出自汉文文献形成了鲜明的对比。

《宇治拾遗物语》①镰仓时代前期说集，由序文和 197 则说话构成，主要为佛教故事、遗闻、民间故事、怪谈等，在文体上近似于王朝物语文体，故事中保留了很多口头语调，会话语句丰富，非常贴近于读者。出自汉语文调的故事亦改写为比较通俗流畅的日文调。中世以来深受人们的欢迎。所收中国题材或出自汉籍文献的故事有 19 则：《易占取金故事》（《艺文类聚》卷 83、《太平御览》卷 728、卷 811 引《录异传》晋书/艺术传/隗炤传》、《太平广记》卷 216 引《国史补遗》、《搜神记》20 卷本卷 3）、《唐卒都婆沾血故事》（《初学记》卷 7、《太平御览》卷 66 等引作《搜神录》，见《搜神记》20 卷本第 13《由拳县》，本事见《淮南子/俶真》及训，《太平寰宇记》22 和《方舆胜览》卷 3 引《神异传》、《太平广记》卷 468 引《鬼神传》、《述异记》上、《独异志》上）、《绘留志长者像故事》（《卢志长者因缘经》，《法苑珠林》卷 77）、《帽叟与孔子问答故事》（《庄子/杂篇/渔父》，《淮南子》9、《说苑》17）、《僧伽多赴罗刹国故事》（《大唐西域记》11，《法苑珠林》31，《经律异相》43）、《五色鹿故事》（《佛说九色鹿经》，《法苑珠林》63，《经律异相》11）、《宝志和尚像》（《梁高僧传》10，《景德传灯录》27）、《达摩所见天竺僧修行故事》（《法苑珠林》34，《贤愚经》13）、《提婆菩萨参拜龙树菩萨故事》（《大唐西域记》10）、《八岁童子与孔子问答故事》（《列子/汤问篇》，《世说新语/夙慧篇》）、《郑

_____

① 小林保治・増古和子：新编日本古典文学全集 50『宇治拾遺物語』，小学馆，1996 年。新日本古典文学大系 42『宇治拾遺物語・古本説話集』，岩波书店，1990 年。

太尉故事》(《后汉书/郑弘传注》),《买龟放生故事》(《冥报记》上,《法苑珠林》18,《法华传记》),《某唐人昧杀托生为羊之女故事》(《冥报记》下,《法苑珠林》74),《渡天竺之僧随牛入洞穴故事》(《大慈恩寺三藏法师传》,《法苑珠林》5),《优婆崛多弟子的故事》(《阿育王经》14),《海云比丘之童弟子故事》(《古清凉传》下,《法华传记》5,《宋高僧传》),《秦始皇狱禁天竺来僧故事》(《法苑珠林》12,《佛祖统记》34),《后千金的故事》(《庄子/外物篇》,《说苑》11),《盗跖与孔子问答故事》(《庄子/盗跖篇》)。这19篇故事,与先其成书的《今昔物语集》有着直接或间接的共同话源,其文体表现等已脱离了训读语调的汉和混交语体,形成了表述自如的和文体。这些故事与括号内所附的汉文文献并不具有直接对等的出典关系,应该说它们从汉语文献的训读直译到收录于《宇治拾遗物语》之中,中间经过了数度的传承和变异。因此,在从翻译的角度探讨这些故事时,最不容忽视的问题即是故事的传承问题。

《十训抄》[①]是镰仓时代前期的说话集,出于劝善诫恶并启蒙少年精神之目的,定名为"十训抄",共分3卷10编。作品中所收的中国故事,大都来自源于源光行的《蒙求和歌》、《百咏和歌》以及中国的《史记》、《汉书》、《贞观要治》、《帝范》等书,但撰者在收录这些说话的时候,为了符合各编的主题,对它们进行了适当的修改或概括。这个问题,也是我们在研究说话文学与翻译时应该特别注意的一点。

从上面以佛教内容为主的佛教说话集所翻译收录的故事题材来看,汉译佛典和《经律异相》、《诸经要集》、《法苑珠林》等佛教类书;《观世音应验记》、《冥报记》、《三宝感应要略录》、《弘赞法华传》、《法华经传记》、《戒珠往生传》等佛教灵验和往生故事集;《大唐大慈恩寺三藏法师传》等僧传;《孝子传》、《蒙求》等所收孝养故

---

① 浅见和彦:新编日本古典文学全集 51『十訓抄』,小学館,1997 年。

事是构成其主要内容的源泉文献。而世俗说话集,往往取材于中国史话和具有文学色彩或教训功用的逸闻趣事,多源于中国的《史记》、《汉书》、《后汉书》等正史以及《蒙求》、《列女传》、《白氏文集》等幼学启蒙书和文学著述。

上述说话文学中的汉文典籍,有的通过汉文外加训点的训译,更多的情况下是通过浅近通俗的语言翻译成日文。正是借助说话集中的这些翻译作品,佛教等宗教基本知识和中国传统文化才得以普及到庶民阶层。也就是说,在日本这样的汉文化圈国家中,在古代贵族阶层和高级知识分子精通汉文并且可以直接通过汉文接受中国文化的背景下,翻译的功用主要是对于妇幼子弟和庶民阶层的汉文化的启蒙教育或用于佛教等宗教的普及宣传。而说话文学,正是基于这种需要下产生的一种文艺形式。所以,真正意思上的汉文典籍的翻译最初出现在说话文学当中的原因也就不言而喻了。

但是值得注意的是,在探讨和研究说话文学与翻译问题时,一定不能忘记说话文学中故事的传承与变异这一特性,以及务必考究故事的出典文献和传承路径等问题。当然,并非所有的说话文学作品皆为通俗浅近的和文语体,其中亦杂有诸多汉文训读语调的作品。上述特征只是就大概而言,不可一概而论。

在这些被引用和翻译的典籍中,包含许多现已散佚的文献,如六朝时期的《观世音应验记》、唐初唐临编撰的佛教因果报应故事集《冥报记》、辽代高僧非浊编撰的三宝灵验故事集《三宝感应要略录》、非浊撰《新编随愿往生集》的遗存资料《戒珠往生传》、唐法藏撰《弘赞法华传》、唐僧祥撰《法华经传记》等都是在中国久成佚篇而独存于日本的弥足珍贵的资料,如此大量的佛教灵验和往生故事集等佛教文献遗珍,不仅大大丰富了我国古代文化典籍的内涵,对于考察研究佛教在我国民间的传播与信仰以及中国文化典籍的对外传播与影响等亦有着十分可贵的价值。

三 近世以来白话文学及古代典籍的翻译

说话文学作品中大量汉文典籍的翻译,不仅丰富了翻译的内涵,同时亦将日语语境中的翻译向近代意义上的翻译推进了一步。但是,它毕竟仅局限于说话文学这一体裁之中,未能广泛开来。

同样,汉文训读法,由于必须遵循固定的规则,一些细腻的语气往往省去,只是粗线条的大致上的翻译。近世以后,随着汉文训读的改革,大量的汉语词采用直接音译,没有一定的汉文知识和素养很难读懂。应该说它是以知识阶层为对象学习和使用汉文文献的一种翻译方法,并不具有普及性意义。

江户时代,明清白话小说和戏曲等作品广为盛行。《剪灯新话》、《棠阴比事》等短篇故事集以及《三国志通俗演义》等翻刻并翻译出来。随着冈岛冠山(1675－1728)、荻生徂徕(1666－1728)等兴起的中国俗语研究会,通俗小说、戏曲和笑话等作品的翻译日渐流行。《水浒传》、《醉菩提》、《隋炀帝外传》、《金翘传》、《孝肃传》、《女仙外史》、《醒世恒言》、《平妖传》、《西湖佳话》、《西游记》、《古今奇观》等白话通俗作品,《笑府》、《笑林广记》等笑话以及李渔的作品等被翻刻或翻译成日文[1]。

明治(1868－1912)20年代,以二叶亭四迷(1860－1909)为首的"言文一致"运动,坪内逍遥(1859－1935)和森欧外(1862－1922)等人的翻译实践活动和对于翻译理论的争鸣等,促进了日本近代翻译理念的形成。到了明治50年代以后,近代意义上的口语体翻译基本固定下来。江户时代翻译过的通俗小说等作品,近代大都进行了重译,如《红楼梦》的松枝茂夫译本、伊藤漱平译本,《西

---

[1] 青木正儿:「シナ文学の影響」,「日本文学大辞典」第三卷,新潮社,1950年,第422－424页。

游记》的太田辰夫·鸟居久靖译本、小野忍和中野美代子译本,《三国演义》的小川环树·金田纯一郎译本、立间祥介译本、井波律子译本,《水浒传》的吉川幸次郎·清水茂译本、驹田信二译本、村上知行译本等,都是比较有代表性的翻译作品。大正年间(1912—1926),盐谷温等人又将《还魂记》、《西厢记》、《桃花扇》、《长生殿》、《燕子笺》等戏曲甚至元杂剧等一并译出。进入昭和(1926—1989)以后,鲁迅等现代小说家的作品开始被翻译介绍①。

另外,现代文人学者阅读或研究所使用的中国古典文本,不外乎是原文之后附加日语训读文,并辅以日文注释和现代语翻译的所谓"译解汉文丛书"。这些系列丛书主要有:《汉文大系》②,共22册;《(先哲遗著)汉籍国字解全书》③,全45册;《国译汉文大成》④,全40册,经史子部20册,文学部20册;《续国译汉文大成》⑤,全48册,经史子部24册,文学部24册。以上三种为第二次大战之前的日本国内具有代表性的翻译作品,多次增印或改版发行。《新释汉文大系》⑥,预计刊行115册,既刊103册。《中国古典新书》⑦,全100册附索引。《中国古典新书续编》⑧,全50卷,既刊28册。《新订中国古典选》⑨全20册。《中国文明选》⑩全15册。《中

---

① 青木正児,「シナ文学の影響」,「日本文学大辞典」第三卷,新潮社,1950年,第422—424頁。

② 富山房,1909—1918年。増補版,1972—1978年。

③ 早稲田大学編集部編,早稲田大学出版部,1909—1917年。

④ 国民文庫刊行会編,同刊,1921—1924年。新版,東洋文化協会,1955—1957年。

⑤ 国民文庫刊行会編,同刊,1928—1931年。新版,東洋文化協会,1957—1958年。

⑥ 明治書院,1960年— 。

⑦ 宇野精一·鈴木由次郎責任編輯,明徳出版社,1967—1985年。

⑧ 明徳出版社,1985年— 。

⑨ 吉川幸次郎監修,朝日新聞社,1964—1967年。

⑩ 吉川幸次郎·小川環樹監修,朝日新聞社,1971—1976年。

国诗文选》①全 23 册（内含两册未完成）。《全释汉文大系》②全 33 册。《中国的古典》③，全 33 册。《中国的古典》④，全 22 册。以上为战后的八种代表性系列丛书，所收录的作品以唐宋之前为主。《中国古典文学全集》⑤，全 33 册。《中国古典文学大系》⑥，全 60 册。此两种侧重于收录元明以后的作品⑦。总之，以上诸种大型系列日译汉文丛书，囊括了四书五经、诸子百家、古典诗词小说、历史名著等在内的中国古典基本文献，可谓琳琅满目。除了对原作的训读和翻译之外，对于原文的注释等，亦多有发明之处，可为国内学者研究国学和历史等提供一定的借鉴或参考。

结　语

汉字作为中日共同的标记文字之一，在翻译过程中有许多有别于中西翻译之处，比如同一汉字词在中日之间所表达的语义有时会不尽相同等。基于中日不同的语言体系而产生的日语训读法，丰富了中国古代典籍翻译传播研究的内容，亦为中西翻译提供了不同的参照系。

说话文学中传承与变异等特征所带来的翻译与文献原典等问题，为一般意义上的翻译学研究提出了新问题。出典资料的探索与翻译文本的真实性追求成为说话文学翻译研究中至关重要的问

---

① 吉川幸次郎・小川環樹監修，筑摩書房，1973－1984 年。

② 宇野精一・平岡武夫編，集英社，1973－1980 年。

③ 藤堂明保監修，学習研究社，1981－1986 年。

④ 金谷治・荒木見悟監修，講談社，1986－1989 年。

⑤ 奥野信太郎・小野忍・倉石武四郎・増田渉・松枝茂夫監修，平凡社，1958－1960 年。

⑥ 入谷義高・倉石武四郎・松枝茂夫・小野忍・増田渉監修，平凡社，1967－1975 年。

⑦ 池田温：「日本古代史を学ぶための漢文入門」，吉川弘文館，2006 年。

题。

　　清嘉庆年间(日本宽政至文化年间 1799—1810),日人林衡编《佚存丛书》,收录中国散佚文献 17 种 110 卷,开整理国外汉籍遗珍风气之先,国人杨守敬于光绪年间协助黎庶昌编刻《古逸丛书》,收录珍贵汉籍文献 26 种 200 卷,继踵其后。杨守敬另著《日本访书志》16 卷,记录在日所购古籍文献,凡 237 篇。近年来,域外汉籍的传播研究可谓方兴未艾,其中海外所存汉籍遗珍的研究与整理尤为突出。近年整理出版的有王庆三等主编《日本汉文小说丛刊 第一辑》(台湾学生局,2003 年)、《越南汉文小说丛刊》第一辑(1987 年 4 月)、第二辑(1992 年 11 月)、张伯伟编校《稀见本宋人诗话四种》(江苏古籍出版社,2002 年)、《域外汉文小说大系·越南汉文小说集成》(全 20 册)(上海古籍出版社出版,2011 年)等。这些珍贵资料整理结集或印制为系列丛书,作为文献学成果保存下来。同时亦为我们从翻译的角度研究中国传统文化在域外的传播与接受等问题提供了有力的条件。同时,随着近年来《中华大藏经》等以佛教大藏经为载体的汉译佛教经典以及敦煌资料等的整理出版,为研究和探讨中国、日本、朝鲜半岛等汉文化圈内佛教典籍传播与接受过程中翻译所发挥的作用等课题奠定了基本资料基础。

关键词

　　汉字文化圈;训读;说话文学;翻译;典籍传播

思考题

　　1.日本汉文训读法的历史概况如何?

　　2.汉文训读法与翻译的关系如何?

　　3.汉文训读法对于中国典籍的传播产生的作用如何?

　　4.说话文学中的翻译与一般意义上的翻译有何不同?

5.说话文学对于中国典籍传播的贡献如何？

建议阅读书目

［1］築島裕：『平安時代の漢文訓読語につきての研究』，東京大学出版会，1963 年。

［2］小林芳規：『平安鎌倉時代における漢籍訓読の国語史的研究』，東京大学出版会，1967 年。

［3］麻生磯次：『江戸文学と中国文学』，三省堂，1972 年，初版 1946 年。

第十八讲　翻译与中国古典小说英译

导读

　　世界文化交流的理想模式应当是双向的输入与输出,就中西文化交流而言,这种输入与输出是极度不平衡的。有数据表明,在20世纪的100年间,中国翻译西方的书籍近十万种,而西方翻译中国的书籍种类还不到五百种,中国文化走向世界任重而道远。汉籍外译是中国文化对外传播中举足轻重的一个方面,这项任务的完成一要依靠外国汉学家的努力,二要依靠本土的翻译力量。两股翻译力量在历史上是怎样运作的、各自存在怎样的优势和劣势、我们应该探索怎样的翻译模式以期推出更优秀的翻译成果。要回答这些问题,单纯地研究独立的译本是远远不够的,我们必须站在历史的高度,考察一个历史时期出现的各种译本,挖掘它们产生的背景,合理地评价各自的价值,发现其中的规律和趋势,为未来的翻译活动提供借鉴,这些属于翻译史研究的范畴。"如何治翻译史"这是本文尝试回答的主要问题。下文以《三国演义》为例,就古典小说英译史的研究方法进行探讨,对安东尼·皮姆在他的《翻译史研究方法》一书中提出的翻译史研究四原则和三层面进行了实例展示和理论修正。

一、古典小说英译概述

　　19世纪以来,西方与中国的交往日趋深入,西方学者希望加强对中国的了解,于是汉学在西方应运而生。从这一学科初创之日起,对中国古典作品的翻译就一直是汉学家们工作的重要组成部分。在全球化的今天,中国学者逐渐意识到我们从西方"拿来"的远比我们"送去"的多,中国对西方的了解远甚于西方对中国的了解,于是尝试着把中华民族文化的精华部分推向世界。古典名著的翻译与推广自然成为工作重点。尽管中国古籍的译介工作在中国与西方都已构成人类翻译史上的盛事,然而相形之下,这方面的研究工作却显得有些寂寥,对古典小说的翻译研究尤其如此。在四大名著当中,《红楼梦》的译介研究近年来引起了越来越多的学者的兴趣,渐渐形成规模。①而其他三种名著的翻译研究则门庭冷落。以《三国演义》为例,中国期刊全文数据库收录的 1979 至 2009 年 30 年间关于《三国演义》翻译研究的论文不足 20 篇。

《三国演义》不仅是中国较早的一部历史小说,而且代表着中国古代历史小说的最高成就。在中国大陆,相关研究无论从广度还是从深度上来说都非常可观。据《三国演义》研究专家沈伯俊调查,在 1980 至 2000 年间,中国大陆公开出版《三国演义》研究专著、专书(含论文集)大约 100 余部,发表研究文章 1600 余篇②。笔者近日检索中国期刊全文数据库发现 2001 年至今又有近千篇研究论文发表。由此可见,《三国演义》翻译研究的广度和深度都与这部小说的整体研究状况形成了强烈的反差。

1820 年英国人汤姆斯在《亚洲杂志》上发表了《三国演义》的节译文"著名丞相董卓之死",从此拉开了该小说英译史的序幕。迄今为止,《三国演义》的英译已经有 190 年的历史,这一宏大翻译事业中蕴含了怎样的翻译现象?对翻译研究有何启发?这一努力

---

① 2002 年 10 月南开大学外国语学院和《中国翻译》编辑部联合举办了"全国《红楼梦》翻译研讨会",并且推出《红楼译评——〈红楼梦〉翻译研究论文集》。2006 年冯庆华主编的《红楼艺坛——〈红楼梦〉翻译艺术研究》由上海外语教育出版社出版。

② 沈伯俊:"面向新世纪的《三国演义》研究",《四川师范学院学报(哲学社会科学版)》,2001 年第 6 期,第 1 页。

对中国未来的经典作品对外传播事业有何启迪？要回答这些问题有必要对这一长达190年的英译历程进行全面的描述性研究。

二、研究方法

安东尼·皮姆在他的《翻译史研究方法》一书中指出翻译史研究有四条原则[①]：1. 翻译史研究需要解释译作为什么会在特定的社会时代和地点出现，即翻译史应该解释翻译的社会起因问题；2. 翻译史研究的主要对象不是译本，不是与译本相关的各种背景因素，也不是译本的语言特征，而只能是作为人的译者；3. 翻译史的重点在于译者，故翻译史的写作需围绕译者生活及其经历过的社会环境展开；4. 翻译史研究应表达、讨论或解决影响我们当前的实际问题，在此过程中，研究者个人的主观介入不可、也不应避免，反而需大力发扬。

同时，皮姆认为翻译史研究应当包括三个层面：[②]翻译考古、历史批评与解释。其中翻译考古旨在回答"谁在何时、何地、为谁、以何种方式翻译了什么？取得了何种效果？"这部分研究既涉及到整理译本目录，还包括对译者生平的考证。历史批评要求参照译本在当时所取得的效果来评论过往译本的价值，而不是以现今的标准来考量。解释则试图探索译本为何在某个时期某个地点出现，某种翻译现象缘何而来等问题。

笔者认为，翻译史研究当中人的因素很多，作为译本创造者的译者固然是最重要的因素之一，但我们不能忽视读者群体。读者——尤其是译本的批评者们——留下来的译评为我们探究过往

① Anthony Pym, *Method in Translation History*, Manchester: St. Jerome, 1998, xxiii—xxiv.

② Ibid. p. 5.

译本的价值,从而做出较为客观的历史批评和解释具有举足轻重的作用。出版商是另一个值得注意的因素。他们往往从商业利益出发对翻译进行操纵。因此,本研究中的人的因素包括译者、读者、出版商等。

对于历史久远的译本,我们只能从现有的文字资料出发,广泛阅读副文本(paratext),还原它的原始面貌,考察它在当时的流传接受情况。而对于现代的新译本,我们甚至可以方便地和译者沟通,分析译本产生的境况。

三、《三国演义》英译历史述略①

早在 19 世纪上半叶,用英文译介《三国演义》的尝试就已出现。汤姆斯(P. P. Thoms)翻译的《著名丞相董卓之死》(The Death of the Celebrated Minister Tung-cho)载于 1820 年版《亚洲杂志》(The Asiatic Journal)第一辑卷 10 及 1821 年版《亚洲杂志》第一辑卷 11,内容是《三国演义》第八回和第九回的节译。

此后,美国第一位汉学教授卫三畏②(S. W. Williams)摘译《三国演义》第一回,题为《三结义》(Oath Taken by Members of the Triad Society),并对"桃园三结义"的起因作了注释,载于《中国丛报》(The Chinese Repository) 1849 年版第 18 期。卫三畏在其最具影响的著作《中国总论》(The Middle Kingdom)里将《三国

---

① 本节内容除特别注明外,源自下列参考文献:1)王丽娜编著:《中国古典小说戏曲名著在国外》,上海:学林出版社,1988 年;2)王丽娜:"《三国演义》的外文译文",《明清小说研究》,2006 年第 4 期,第 70—85 页;3)宋柏年:《中国古典文学在国外》,北京:北京语言学院出版社,1994 年;4)黄鸣奋:《英语世界中国古典文学之传播》,上海:学林出版社,1997 年;5)马祖毅、任荣珍:《汉籍外译史》,武汉:湖北教育出版社,2003 年。

② 关于卫三畏的生平,参见张宏生:"卫三畏与美国汉学的起源",李国章、赵昌平主编:《中华文史论丛》(总第八十辑),上海:上海古籍出版社,2005 年,第 53—82 页。

演义》和《三国志》混为一谈,认为"中国文学中没有几部著作比陈寿在公元 350 年左右写的历史小说《三国志》更受人欢迎,……这一作品有其双重性质,时间跨度很长,必然缺少一部小说所应有的整体性。对于中国人,它的魅力在于栩栩如生地描绘阴谋与反阴谋,战斗中的相互关系、围攻、退却。书中描绘的人物有着令人钦佩的风度,他们的行为夹杂着有趣的插曲。"①该书第十二章《中国的雅文学》收入《三国演义》第八回"王司徒巧使连环计,董太师大闹凤仪亭"中董卓廷宴诛张温、王允谋定连环计这一部分的译文。

署名 X. Z. 译《三国志》(San Kuo Chih),载香港出版的《中国评论》(China Review)第 3 卷,内容为《三国演义》第一至九回(即从桃园三结义到董卓之死)的译文。前有译者小序,对陈寿《三国志》和小说《三国演义》及其作者罗贯中都作了简单介绍。

斯滕特(G. C Stent)节译的《孔明的一生》(Brief Sketches from the Life of Kung—ming),连载于《中国评论》第 5 卷(1876—77)、第 6 卷(1877—78)、第 7 卷(1878—79)、第 8 卷(1879—80)。内容即《三国演义》中诸葛亮一生的故事。译者在此译文之前附有序言,大意是中国自古以来的官吏或将领很少有像孔明这样被普遍崇敬的人物。他聪明、忠实、勇敢、机智,他的名字成为优良品德的代称,他以初出茅庐对夏侯惇的一战建立起极大威信,其军事学一直到今天仍具有参考价值。

英国著名汉学家、中国文学翻译家翟理思(H. A. Giles,1845—1933)所译《三国演义》的片段译文,最早发表于 1882 年伦敦 T. 德拉律出版公司出版的《历史上的中国及其他概述》(Historic China and Other Sketches),原文未见。他的两篇选译《宦官挟持皇帝》(Eunuchs Kidnap an Emperor)和《战神》(The God of

---

① 〔美〕卫三畏:《中国总论》(上),陈俱译,上海:上海古籍出版社,2005 年,第 471 页。

War)，收入翟理思的译著《古文选珍》(Gems of Chinese Litera-ture)一书（192－195 页）。此书由上海别发洋行出版，初版于1884 年，再版于 1922 年（今所见者为再版本）。这两篇译文，一篇是摘译《三国演义》第二、三回"十常侍"专权的故事，另一篇是摘译《三国演义》有关关羽的故事。翟理思译《华医生》(Dr. Hua)，见1923 年纽约 D·阿普尔顿出版社出版的翟理思著作《中国文学史》(A History of Chinese Literature)。此书初版于 1897 年，[①]列为"世界文学简史"第十种。译文内容是《三国演义》第七十八回"治风疾神医身死"的摘译，即华陀的故事。

阿伦特(C. Arendt)选译的《三国演义》第四十一回、第四十二回、第一百零八回，载《北京东方学会杂志》(JPOS) 1886 年第 1 期及第 2 期。此译文总题为《希腊与中国文学的相同之处》(Parallels in Greek and Chinese Literature)。

邓罗(C. H. Brewitt－Taylor)译《深谋的计策与爱情的一幕》(A deep－laid plot and a love scene from the San Kou)，载《中国评论》第 20 卷(1891－1892)。内容为《三国演义》第八回"王司徒巧使连环计，董太师大闹凤仪亭"节译。

卜舫济(F. L. Hawks Pott)译《三国选》(Selections from 'The Three Kingdoms')，载《亚东杂志》(East of Asia Magazine)创刊号(1902)。内容是《三国演义》第二十九回"小霸王怒斩于吉"、第四十一回"赵子龙单骑救主"、第四十六回"用奇谋孔明借箭"的节译。每段译文中附插图一幅。译者在简短"说明"中说："《三国演义》在中国是拥有广大读者的一部通俗小说，它在中国所受到的欢迎就象西方儿童欢迎韦弗利(Waverley)的有趣的作品一

---

① 王文作 1900 年，实为 1897 年。参见郭延礼（刊印时作者名误为"郭廷礼"）："19 世纪末 20 世纪初东西洋《中国文学史》的撰写"，《中华读书报》，2001 年 9 月 19 日，第 022 版。

样。我的译文除节去的部分以外,是逐字忠实于原作的。"

约翰·斯蒂尔(Rev. J. Steele)译《第一才子书三国演义第四十三回》(The 43rd Chapter of the Three Kingdoms Novel),副题为《舌战》(Logomachy),1905 年由上海长老会出版社印刷出版。此单行本是为外国人学习中文用的,书中附录《三国演义》第四十三回"诸葛亮舌战群儒 鲁子敬力排众议"汉字全文,并附有出版导言、译者序、人物索引、地图以及对人名、地名、朝代、专有名词的注释等。

弗雷德里克·H·马滕斯(Frederick H. Martens)译《战神》(The God of War,即关羽的故事),收入马滕斯的英译本《中国神话故事集》(Chinese Fairy Book)。此英译本 1921 年在纽约斯托科斯出版社出版,是由德国汉学家卫礼贤编译的《中国民间故事集》转译的。

杰米森(C. A. Jamieson)译《诸葛亮与箭》(Chu-goh Leang and the Arrows),载于 1923 年上海出版的《皇家亚洲学会华北分会杂志》(Journal of the North China Branch of RAS)NS 54,内容为"草船借箭"故事的摘译。

潘子延(Z. Q. Parker)译《三国志:赤壁鏖兵》(The Story of Three Kingdoms,the Battle of Red Cliff),全文共有四篇,连载于 1925 年上海艺术与技术有限公司出版的《中国科学美术集志》(China Journal of Science and Arts)第三卷第 5、6、7、8 号。第一篇题作《刘备联合孙权》(Liu Pei's Alliance with Sun Chuan);第二篇题作《刘备会周瑜》(The Meeting of Liu Pei and Chou yu);第三篇题作《孔明周瑜定立破敌之计》(Kong ming and Chou yu Deciding Upon the Means of Counter Plotting the Enemy);第四篇题作《借东风》(How to Obtain the South East Wind)。内容为《三国演义》第四十二回至第五十回故事的节译。此四篇译文,1926 年由上海商务印书馆出版了单行本(附有出版导言、译者序,

并附诸葛亮《前出师表》)。

邓罗译两卷本《三国志演义》(Romance of the Three Kingdoms),1925 年由上海别发洋行出版。邓罗的译本是一部《三国演义》的英文全译本,在东西方影响较大,有美国拉特兰佛蒙特查尔斯 E. 塔特尔公司重印本(1959)、日本东京塔特尔重印本(1959)。塔特尔公司重印本增加罗伊·安德鲁·米勒(Roy Andrew Miller)所作《导言》一篇。西方评论界一般认为米勒的《导言》对读者很有帮助,同时认为邓罗的译文不确切以至错误的地方不少,且原文中的诗多半被删去了,不能使读者顺利地全面理解原文。

倭讷(E. C. Werner)所译英文版《中国宗教信仰与哲学观点通史》(A History of the Religious Beliefs and Philosophical Opinions),1927 年由河北献县出版社出版,书中第 77 课是《三国演义》中涉及星象、法术、哲理与宗教的五段文字,包括"左慈掷杯戏曹操"、"五丈原诸葛禳星"等。此书原为法文,由戴遂良(Leo Wieger)编著,河北献县出版社 1922 年出版。

袁家骅与石民选编的《三国演义与西游记》(Romance of Three Kingdoms and a Mission to Heaven)1931 年由上海北新书局出版,其中《三国演义》部分为邓罗译文的节选。

叶女士(E. D. Edwards)编译的《龙》(The Dragon Book)一书,选有邓罗的《三国演义》全译本中的八段节译文,包括刘备托孤遗诏、孟获银坑洞蛮俗、张飞夜战马超、关公刮骨疗毒、华佗入狱身死、曹操传遗命等内容。《龙》由伦敦威廉·霍奇有限公司出版,有1938、1943、1944、1945、1946 等各版。

翟林奈(L. Giles)译《华陀传》(Biography of Hua To),收入他编译的 Gallery of Immortals 一书,伦敦约翰默里出版社 1938 年出版。内容为《三国演义》中华陀故事的摘译。

杨宪益、戴乃迭合译的《赤壁之战》(The Battle of the Red Cliff),载北京外文出版社出版的《中国文学》1962 年 1、2 月号,内容为《三国演义》第四十三回至第五十回的全译文,是据作家出版社 1952 年版本译出的,附有两衡堂刊本木刻插图。

翟楚(Chu Chai)与翟文伯(Winberg Chai)编译的《中国文学宝库》(A Treasury of Chinese Literature)一书,1965 年由纽约阿普尔顿世纪出版社出版,收有《三国演义》的两回译文。

张亦文(Cheung Yik-man)译《三国演义精华》,1972 年由香港文心出版社出版。这是《三国演义》第四十三至第五十回(赤壁之战)的英译本,译文较忠实于原作。中国友谊出版公司于 1985 年出版了《三国志演义第四十三至五十回》的汉英对照版。

罗慕士(Moss Roberts)译《三国:中国的壮丽戏剧》(Three Kingdoms:China's Epic Drama),1976 年由纽约梅林因书局出版。这是一个选译本,根据北京人民文学出版社 1973 年版《三国演义》整理本选译。全书共选译了原书一百二十回中的四十六回,即第 1 回、第 20－29 回、第 34－44 回、第 46－52 回、第 60 回、第 63 回、第 73－78 回、第 80－81 回、第 83－85 回、第 95 回、第 103－104 回。因选译文对原文还有所节略,故此选译本的全部译文约相当于原书全文的四分之一。译本中附有地图四幅和普林斯顿大学所藏清初刻本的插图四十四幅。译者罗慕士写有《导言》,对《三国演义》的时代背景、作者情况、思想内容、艺术成就分别作了介绍和评论。罗慕士认为《三国演义》成书早在六个世纪之前,其中的人物和故事之所以一直在中国人民中间流传不衰,就因为这些人物和故事所表现的精神与中国的传统文化是密不可分的。如果说莎士比亚是把英国的编年史编成了戏剧,那么,罗贯中则是把流传于中国几个世纪之久的许多故事组成了一部高超的、包罗万象的演义小说。罗慕士在《导言》中还说明,译本的选译原则是突出小说的重点,尽量把小说的精彩部分介绍给西方的读者。西方评论界一般认为,罗慕士这个选译本是易于阅读的较好译本。《三国演义》英文一百二十回全译本,仍由罗慕士翻译,1991 年由美国加利福尼亚大学出版社及北京外文出版社联合出版。哈佛大学教授韩南(Patrick Hanan)为该书撰写了题为《战争是天国》(War is heaven)的书评,认为罗慕士已把《三国演义》译成"活泼的英语","取代了"邓罗的旧译本。[①] 1999 年加州大学出版社又出版了新的《三国演义》罗慕士节译本。

《三国演义》的英译历史表明,旅华西方文化界人士很早就对这部在中国脍炙人口的小说产生了兴趣,并把它作为中国文化的代表加以译介。时至 20 世纪,出现了两部里程碑式的译作:其一为邓罗完成的第一部全译本,在大半个世纪中再版多次,读者众多;其二为罗慕士全译本,生动流畅,其翔实的注释为中国古典文学研究者所欢迎。

四、《三国演义》英译史的分期

本研究把《三国演义》英译史划分为三个时期:早期(1820－1924)、中期(1925－1975)和后期(1976－)。在研究各时期翻译活动时,参考了译本中的各类副文本(序跋、致谢、注释、标题等),以及该时期英语世界评介《三国演义》的各类文献(书评、译评、百科全书、文学选集、文献纲目等)。

早期译介活动的主体为在华外籍人士,他们大多以业余爱好者的身份对该小说进行编译、摘译和节译,旨在帮助在华的英语读者和对中国感兴趣的欧美读者加深对中国的了解。译本以消遣性读物、语言学习材料、研究之组成部分三种形式出现,篇幅大多短小,主要刊登于当时外籍人士在华开办的各类英文期刊上。中期的译介活动在翻译主体、翻译动机、读者对象等方面较为多样化。

---

① Patrick Hanan, "War is heaven," *New York Times Book Review*, New York: January 17, 1993, p. 77.

译本篇幅较前一时期大为加长,主要出版形式为单行本,还出现了该小说英译史上第一个全译本。后期的译介活动呈现出明显的学术转向,翻译主体为纽约大学的汉语教授罗慕士,并有中美出版社和学术机构联合作赞助人,为英语世界中国古典小说的教学研究提供全译本和缩译本,译本带有学术含量很高的副文本。

纵观整个《三国演义》英译史,翻译主体由业余向专业过渡,读者群体不断扩大,译者的文化翻译策略体现出由归化向异化、由简化向增述的转变。笔者发现,译者和读者的语言能力和交互文化水平是文化翻译策略的主要决定因素。

从历史上多种译本的接受状况可以总结出不同的翻译形式和出版形式的优缺点,从而对当今汉籍外译工作有所启示。

五、邓罗及其译本

这部分以邓罗及其译本为例说明翻译史研究中如何考察人的因素在译本生成过程中的作用。

1. 邓罗其人

邓罗①(本名为 Charles Henry Brewitt Taylor)出生于 1857年,其父是海员,祖上均出身劳动阶层。邓罗于 1880 年来到中国,在福州船政学堂教授数学和航海术。来到中国不久他便开始使用加了连字符的姓氏 Brewitt-Taylor,Brewitt 是他母亲的姓氏。这或许是由于邓罗想与自己卑微的出身拉开距离,从而更容易融入到他的工作圈子里,因为在中国工作的英国人有自己的交际圈,他们的出身通常比邓罗好。1891 年他开始在中国海关工作,直到

---

① 参见 Isidore Cyril, Cannon, *Public Success*, *Private Sorrow*: *The Life and Times of Charles Henry Brewitt-Taylor*, *China Customs Commissioner and Translator* (1857—1938), Hong Kong: Hong Kong University Press, 2009.

1920 年退休。其间他翻译过两次《三国演义》,第一次的手稿毁于 1900 年义和团运动,我们现在所看到的是他后来重译的版本。

2. 翻译动机

邓罗从来没有明确告诉他的读者为何要翻译《三国演义》,这似乎很符合他一贯的作风。从邓罗的写作中可以看出他具有很好的驾取文字表达自己观点的能力,但他却很少表达自己的观点,很少对自己的观点作出详尽的解释。他很少评论时政,也几乎从不评论出现在自己生活中的同时代人。更为有趣的是,他的这种超脱使他成为别人眼中的隐身人,他的熟人也很少在私人写作(比如日记)中提到他。

没有直接的文字记录表明邓罗的翻译动机,我们只能做一些推断。笔者认为邓罗的翻译动机可以从四个方面来解释。

首先,《三国演义》是中国最有影响力的历史小说,确实应该拥有一部英文全译本,仅此一点已经算得上是很充分的理由了。事实上,邓罗的很多同时代外国人已经意识到这部小说在中国人中的受欢迎程度,他们认为自己阅读该书会受益匪浅。E. Mengel[①] 在《三国演义》评论中写道,"英语读者能够由此理解中国最有意思的一段历史时期中发生的激动人心的事件。不了解这些事件就无法理解充斥大众头脑的传奇故事。这些事件为说书者提供了素材……阅读这些皇皇巨著可以让他了解一些中国史实,可以帮助他理解中国书籍中的很多典故。"

其次,邓罗可能受到前辈汉学家的影响。在其 1925 年译本前言中,邓罗大段引用了伟烈亚力(Alexander Wylie)在《中国文学札记》中对《三国演义》的评论。伟烈亚力写道,"中国人不把优秀

---

① E. M., "Review of recent books: *San Kuo, or Romance of the Three Kingdoms.*" *Journal of the North China Branch of the Royal Asiatic Society*, 1926, 57: 205.

的小说看作是本国文学的一部分。那些受到过欧洲思想影响的学者却认为小说和传奇很重要。尽管中国人对小说怀有偏见，但这种题材的作品对各个时代风俗习惯的洞察和对语言流变的反应，小说是很大一部分人获得历史知识的唯一渠道，以及它们对历史人物形象塑造的影响等因素都使小说不容忽视。而在众多作品中最受推崇的要数《三国演义》。"①也许邓罗正是受到伟烈亚力的影响，认识到该小说的重要性，从而产生了将其翻译成英文的念头。

　　再次，邓罗自身的成长经历可能是一个因素。邓罗的父亲在他十岁的时候自杀身亡。卑微的家境、父亲的自杀，这些使他希望与这个家庭拉开距离，希望自己能出人头地。当他的祖国不能给他美好前程的时候，他选择来到中国探索充满冒险的生活。《三国演义》这本充满英雄气概的作品或许能够让他从中找到榜样。书中对英雄人物的抱负和他们为实现这些抱负所做的努力的描写，以及对英雄主义、忠义之举的刻画可能会在邓罗心中产生某种共鸣。简言之，他对该小说的欣赏使他的翻译行为具有特殊的个人意义。

　　最后，他的翻译或许受到了同时代汉学家的鼓励。曾经翻译过《三国演义》的一些章节的著名汉学家翟理斯在对邓罗1925年译本的译评中写道，"1882年我在塔锚地任副领事，在那里结识了邓罗，他时任附近福州船政学堂的数学（天文学和航海术）教员。其文学和科学才赋令我印像颇深，我劝其学习中文，以便在中国长期任职。长话短说，他积极采纳了我的建议，并且很快被赫德爵士（Sir Robert Hart）准许在海关工作，最终官至中文秘书，直接在北

---

　　① Alexander，Wylie，*Notes on Chinese Literature*：*with Introductory Remarks on the Progressive Advancement of the Art*；*and a List of Translations from the Chinese into Various European Languages*，Shanghai：American Presbyterian Mission Press，1867，pp. 201—202.

京在赫德爵士手下任职,后来又成为海关关长。"① 翟理斯鼓励邓罗学习中文,由此我们可以推测他或许也曾鼓励他用中文写作和发表文章,甚至在认识到邓罗的潜力和毅力以后有可能建议过他翻译《三国演义》全文。这与邓罗发表与该小说相关文章的时间相符,他最早的译文发表于 1888 年,最早的书评发表于 1890 年,都发生在与翟理斯见面之后。翟理斯对邓罗翻译活动的进度十分了解,他写道,"在学习中文的早期,邓罗就为《三国演义》所着迷,那时只有一些零星的节译。经过十八年的努力之后,在北京他完成了这部巨著的翻译手稿。该手稿在义和团运动中焚毁。……邓罗再次动笔翻译,现在两卷本全译本的第一卷已经由上海的别发洋行出版。"②从这些记载我们可以推断邓罗的翻译活动确实受到同时代汉学家的鼓励。

3. 翻译策略

译者对作品的解读自然会直接影响他对翻译策略的选择。在讨论《三国演义》的题材时,邓罗写道,"在我看来《三国》与其说是小说或传奇,倒不如说是一部长篇历史戏剧,作者集中精力为不同的角色写就不同的台词,使他们的言行统一起来。当然如果这就是作者的意图,他已经成功了。人物对话就像舞台对白,战斗就像舞台剧,几乎能够嗅到演员们化妆的脂粉气。人物对话多于行动,对他们情感的描述像是对演员的指示,整部书充满强烈的对比和戏剧性的场景。直接引语的大量使用更加强了作品的戏剧性。"③邓罗认为戏剧性是《三国演义》的主要特征,在翻译中他便尽量使用能够保持译文戏剧特征的手段。在翻译人物对白时,邓罗的译

---

① Giles, Herbert Allen. "Two Romances." *The Chinese Student*; *a Review of the Central Union of Chinese Students in Great Britain & Ireland*, 1925(1): 4—5.

② Ibid. p. 5.

③ C. H. Brewitt-Taylor, "The San—Kou." *The China Review*, or *Notes and Queries on the Far East*, 1890, 19(3): 169—170.

文只给出对白,人物的名字统统省掉。曹操和刘备煮酒论英雄那一节的译文就是一例。

原文:

操笑曰:"在家做得好大事!"唬得玄德面如土色。操执玄德手,直至后园,曰:"玄德学圃不易!"玄德方才放心,答曰:"无事消遣耳。"……操曰:"使君知龙之变化否?"玄德曰:"未知其详。"操曰:"龙能大能小,能升能隐;大则兴云吐雾,小则隐介藏形;升则飞腾于宇宙之间,隐则潜伏于波涛之内。方今春深,龙乘时变化,犹人得志而纵横四海。龙之为物,可比世之英雄。玄德久历四方,必知当世英雄。请试指言之。"玄德曰:"备肉眼安识英雄?"操曰:"休得过谦。"玄德曰:"备叨恩庇,得仕于朝。天下英雄,实有未知。"操曰:"既不识其面,亦闻其名。"(第二十一回)

译文:

When he [Liu Pei] arrived Ts'ao met him and laughingly said, "That is a big business you have in hand at home."

This remark made Liu Pei turn the color of clay. But Ts'ao took him by the hand and led him straight to the private garden, saying, "The growth of vegetables that you are trying to learn is very difficult."

Yüan—tê breathed again. He said, "That is hardly a business, it is only a solace."

...

"Do you understand the evolutions of dragons?" asked Ts'ao of the guest.

"Not in detail."

"A dragon can assume any size, can rise in glory or hide from sight. Bulky, it generates clouds and evolves mist; attenuated, it can scarcely hide a mustard stalk or conceal a shadow.

Mounting, it can soar to the empyrean; subsiding, it lurks in the uttermost depths of the ocean. This is the midspring season and the dragon chooses this moment for his transformations, like a man realizing his desires and overrunning the world. The dragon among animals compares with the hero among men. You, O Yüan—tê, with your experience must know who are the heroes of the present day and I wish you would say who they are."

"How can a dullard like me know such things?"

"Do not be so modest."

"Thanks to your kindly protection I have a post at Court. But as to heroes I really do not know who they are."

"You may not have looked upon their faces, but you have heard their names."

(vol. 1, 219—220)

在翻译简短对话构成的篇章时,译者面临两大难题。首先是不断重复出现的人名。《三国演义》的第一篇英文书评中谈到,"大量的人名地名使读者迷惑",①阿仑特觉得这些中国名字很"刺耳",它们"在欧洲人听起来就像碎裂的铃铛发出的不和谐的叮当声。"②如何翻译这些名字呢?小说中有数以千计的名字,这对于译者不能不说是个挑战。通常使用的方法是省略和替代。在"译者札记"中邓罗写道,"《三国》中人名甚多,东方读者和听众似乎从未对此厌烦过。好在英文可以使用代词来替代这些拼法奇异的名字。由于大多数人物除了姓名还有字,除非是非常重要的人物,否

---

① Anon, "Notice of the *San Kwo Che*, or *History of the Three Kingdoms*, during a period of one hundred and forty-seven years, from A D 170 to 317." *The Chinese Repository*, 1838, 7(5), p. 249.

② Arendt, C., "Parallels in Greek and Chinese literature." *Journal of the Peking Oriental Society*, 1886, 1(2), p. 42.

则我在译文中只使用姓或者姓名,省掉字,以便减轻英文读者的记忆负担。"上文所引用的译文用的就是省略的方法,对话只涉及两个人物,即使省掉姓名也不会给读者造成理解障碍。翻译对白时译者面对的另一难题便是不断出现的"曰"字。邓罗在这里的处理方式是每句对白单独成段,保留了戏剧的特色。由于省掉了人名,这种方式更可以体现生动、快速变化的戏剧场景。

4. 出版商的操纵

在讨论译本生成的时候,人们通常仅仅把目光集中在译者身上,好像译本的一词一句统统都是译者创造的。这是一个根深蒂固的偏见,因为影响翻译活动的很多人都被忽略掉了。出版商就是这样一个角色,但他常常在人们的集体记忆中沦为一个印刷者。出版商虽然在大多数情况下和译者有着共同的利益,但在翻译生成的过程中他有着自己更独特的利益。如果说忠实于原著是译者需要主要考量的,那么从出版中获利就是出版商们需要考虑的了。这便不难理解为什么出版商要想尽办法讨好读者,比如设计一个引人注意的封面或者为书起一个出彩的名字,使它们看起来更符合读者的品味,在外表上更吸引受众。

就邓罗的译本而言,出版商起了很大的作用。拿邓罗的译本同罗慕士的译本相比,我们会发现前者较为简单,没有长篇的译者的话,没有附录,甚至注释都很少出现。1925 年版本和 1929 年版本包含邓罗的序言,短短的一页半的篇幅中还包含之前笔者提到的对伟烈亚力的大段引用。1959 年版本换成了米勒(Roy Andrew Miller)的导言,2002 年版本则换成了何谷理(Robert E. Hegel)的导言。如果就此认为邓罗对《三国演义》缺乏研究,从而没有写出长篇的更有价值的序言,可以说是冤枉了译者。我们应该记得早在 1890 年,《中国评论》上就刊登了长达 11 页的邓罗对该作品的评论文章。该文应该是在他决定全译该作品几年后写成。尽管写作时间较早,文章很有思想。但为什么该文没被收入译本,作为译序呢?我们只能在文章中寻找答案。笔者发现,文中有些观点和实际的翻译有出入。在他解释"演义"一词的意思时,邓罗写道,"'Paraphrase'一词在我看来比'romance'更适合翻译'演义',因为'romance'指的是围绕两三个重要人物展开的传奇。与英语中讲述亚瑟王和他的圆桌骑士的作品是一类……总体而言,我不会把《三国》称为传奇或者小说,我更愿意把它叫做历史,一部不是为舞台写作的历史剧。"[①]显然,按照邓罗的想法,"演义"应该翻译成 paraphrase 而不是 romance,或者作品的名称可以译为 *Three Kingdoms*:*A Historical Drama*,但为什么我们今天看到的英文题目是 *Romance of the Three Kingdoms* 呢?我们不难想到在英语读者看来后者比前者更有吸引力。唤起读者的想象,让他产生购买的欲望正是出版商们想要的效果。因此,即使邓罗给出的译文是前者,也会被出版商出于商业利益考虑更换成后者。

5. 邓罗时代译本的接受

作为《三国演义》的第一个全译本,邓罗的翻译受到广泛的赞许。翟理斯一向以挑剔别人的翻译著称,但他认为邓罗的译本"为他在当代汉学家中赢得了重要的地位,将被后人铭记"。[②]与邓罗同时代的很多读者在译评中褒奖这个译本。鲍恩认为"译者完成了一个非常出色的译本。这是真正的翻译,而不是扩展了的概述,用地道的英文传达原作者的话。尤为突出的是,英语行文保留了原著的语气、精神和行文方式,这是很难做到的,邓罗取得了同类译者很少能取得的成功。"[③]蒙格写道,"邓罗完成了一个壮举。我

---

① C. H. Brewitt—Taylor, "The San—Kou." *The China Review*, *or Notes and Queries on the Far East*, 1890, 19(3):169—170.

② Herbert Allen, Giles, "Two Romances." *The Chinese Student*; *a Review of the Central Union of Chinese Students in Great Britain & Ireland*, 1925(1):5.

③ A. J. Bowen, "Review:The *San Kuo*, or the *Romance of the Three Kingdoms*." *The China Journal of Science and Arts*, 1926, 5(1):18.

们很高兴他没有被这部巨著吓倒,而是把它彻底译了出来。译作很卓越。"①类似的评价还有很多,都反映了邓罗译本在他那个时代广为读者欢迎的事实。

6. 邓罗译本的影响。

邓罗的译本常被后来的英文教师选为中国学生学习英文的读物。他的译本几经重印,在面世之后的近七十年间一直是《三国演义》唯一的英文全译本。直到今天这个译本在英语世界仍然有着深远的影响,包括《大英百科全书》和《美国大百科全书》在内的工具书关于《三国演义》的条目几乎都会提到 Romance of the Three Kingdoms 这个译名。

结　语

本文通过对《三国演义》英译史的梳理,系统展示了翻译史研究的基本模式。通过对《三国演义》邓罗英译本的案例分析,对其中出现的多种翻译现象进行了解释,探索了该译本生成和接受的环境。着重分析了翻译过程中人的因素,包括译者、赞助人、出版商和读者。探讨的问题包括:邓罗翻译该小说的原因、目标读者群、翻译策略、出版商对译作形成的影响、邓罗同时代人对该译作的接受以及该译本的影响。

关键词

翻译史;中国古典文学;《三国演义》英译

---

① E. M., "Review of recent books: *San Kuo, or Romance of the Three Kingdoms.*" *Journal of the North China Branch of the Royal Asiatic Society*, 1926, 57: 207.

思考题

1. 翻译史研究可以包括哪些方面？
2. 翻译史研究的意义是什么？
3. 做翻译史研究时，如何筛选合适的译本编纂研究书目？
4. 假设你着手做某部著作的英译或汉译史研究，将如何进行？主要困难是什么？如何解决？

建议阅读书目

[1] Pym, Anthony. *Method in Translation History*. Manchester：St. Jerome, 1998.

[2] Lefevere, André. *Translation, Rewriting and the Manipulation of Literary Fame*. London；New York：Routledge, 1992.

[3] Delisle, Jean and Judith Woodsworth, eds. , *Translators through History*. Philadelphia：John Benjamins Publishing Company, 1995.

[4] Kittel, Harald and Armin Paul Frank, eds. , *Interculturality and the Historical Study of Literary Translations*. Berlin：E. Schmidt, 1991.

[5] 谢天振：《译介学导论》,北京：北京大学出版社，2007。

第十九讲　翻译与英诗译作接受

导读

翻译研究文化学派的代表人物安德烈·勒菲弗尔认为,翻译研究不能只局限在语言层面,还应该拓展到文化层面。因为任何一项文学翻译活动都不仅仅是简单的从原文到译文的语言文本转换,必须把翻译作为一个文化产品和文化事件来考察。译作的接受研究即是文化翻译研究的一项内容。翻译研究文化学派的另一位领军人物苏珊·巴斯奈特,提出了诗歌翻译的"种子移植"理论,要求研究者考察种子(译诗)与土壤(译入语文化语境)之间的关系。翻译研究如能将传统的、语言层面的研究与文化层面的研究有机结合,将会更加深刻地认识原著与译作之间的关系,推动翻译活动高质、高效地进行。

本讲以袁水拍对美国女诗人艾米莉·狄金森的译介——这一在外国文学翻译史上被忽略的史实为例,首先从题材选择、翻译风格等方面讨论袁水拍译介狄金森生平和诗歌的特色及成就,认为其译介应在狄金森译介史上享有重要地位。此外,文章还通过分析影响翻译行为的文化因素与狄金森诗歌的主题之间的关系以及译者风格,讨论了袁水拍的译介在翻译史上遭到忽视的原因。

一、诗歌翻译与种子移植

关于诗歌翻译,诗人雪莱在《诗之辩护》中有一段著名的论述:"译诗是徒劳无功的,要把一个诗人的创作从一种语言译作另一种语言,其为不智,无异于把一朵紫罗兰投入熔炉中,以为就可以发现它的色和香的构造原理。植物必须从它的种子上再度生长,否则它就不会开花——这是巴比伦通天塔遭受天罚的负累。"①大多数人都记住了这段话的前半部分"译诗是徒劳无功的",美国诗人罗伯特·弗罗斯特的名言"诗即译中所失"更是成为支持"诗不可译"大军的响亮口号。英国著名的翻译学家、比较文学专家苏珊·巴斯奈特却领悟到了雪莱这番话的真正用意,进而提出了"种子移植"的诗歌翻译理论。

其实,雪莱是以形象化的语言描绘了诗歌翻译必将经历的种种困难,在巴斯奈特看来,雪莱"所用的意象是指变化与新生而言,而非指丧失与衰败。他认为虽然一首诗不能从一种语言移译为另一种语言,但是它可以被移植。种子可以放置于新的土壤,长出一株新的植物。那么译者的任务就必须是选种,播种,为移植做好准备工作。"②

回顾文学翻译的历史,我们有趣地发现,"诗不可译"的悲观情绪仿佛永远只是缠绕着那些翻译理论家、批评家们,我们的译者则是在积极实践,付出种种艰苦卓绝的努力,极力摆脱这一谶语。优秀的诗歌,不论产自哪种语言和文化,它终究是属于全人类的精神财富,它总会等到属于自己的译者,他/她将带着它去旅行,来到一片异国的土壤,落地生根,开花结果,重获新生!然而种子要想"再度生长",必须落到一片适宜的土壤,肥沃的土壤能让其开花结果,贫瘠的土地则会让它窒息而死。研究译作在译入语国家的接受情况是诗歌翻译研究的一个重要内容。

<hr>

① 雪莱:《诗之辩护》,章安祺编《缪灵珠美学译文集》(第三卷),北京:中国人民大学出版社,1998年,第139页。
② Susan Bassnett:"Transplanting the Seed:Poetry and Translation",苏珊·巴斯内特,安德烈·勒菲弗尔:《文化建构:文学翻译论集》,上海:上海外语教育出版社,2001年,第58页。

艾米莉·狄金森(Emily Dickinson,1830—1886)是生活在美国 19 世纪的女诗人。1886 年 5 月 18 日,狄金森因肺病离世,妹妹拉维尼亚·狄金森在整理遗物时发现了姐姐精心保存的诗稿册。在历经多年多位编辑者的整理编辑,终于在 1955 年由托马斯·约翰逊(Thomas H. Johnson)编辑成相对标准的定本,由哈佛大学出版社出版,共收录 1775 首诗作与残篇。生前默默无闻的狄金森留给世人近 1800 首诗作,呈现出一种专属于狄金森的独特风格,吸引了 20 世纪各种文论流派研究者纷纷加以阐释与解读。她的世界性文学名声便这样逐渐累积起来,最终进入世界文学伟大诗人的行列。这样一位独特的女诗人是什么时候被译介到中国的?① 她的诗歌的种子是否一开始就寻获了一片适宜的土壤呢?

二、艾米莉·狄金森的诗歌翻译史

根据国内学者的最新研究成果,中国对艾米莉·狄金森的译介,肇始于 20 世纪 20 年代末。②但就目前所能找到的可靠资料显示,中国第一位译介艾米莉·狄金森的译者是袁水拍。1949 年 3 月出版的《现代美国诗歌:名家名作》③就收有袁水拍翻译的艾米

---

① 本文研究的狄金森诗歌翻译史仅限于中国大陆,不包括香港和台湾的译介情况。

② 专攻狄金森研究的康燕彬博士在《狄金森在中国的译介与本土化形象建构》一文中提出:最早译介狄金森的人也许是学者、外交家、新月派的代表人物之一叶公超。叶公超在 1929 年《新月》杂志 4 月期上发表文章推荐美国诗选,其中就有选入狄金森诗歌最多的、康拉德·艾肯编辑的《美国诗歌:1671—1928》。

③ 袁水拍译:《现代美国诗歌:名家名作》,上海:晨光出版公司,1949 年。原件藏国家图书馆,国家图书馆摄制,母片藏全国图书馆文献缩微中心。本部书共摄制 1 盘,16mm 银盐,缩率 1∶14。

莉·狄金森①诗歌 5 首。1978 年,第一部由中国学者编写的、官方出版的《美国文学简史》(上册)用三页篇幅介绍了"艾米莉·狄更生",节译了诗歌 3 首。1980 年初,江枫在《诗刊》上以"狄金森"为作者译名,发表了两首译诗——《暴风雨夜,暴风雨夜》和《灵魂选择自己的伴侣》。1980 年,老安、子清在学术期刊《山东外语教学》的第 2 期上发表文章《轻巧尖新 姿态百出——读艾米莉·狄更生的诗〈细长君子居草丛〉》,赏析狄金森的一首诗。同年,周建人在学术期刊《丽水师范专科学校学报》的第 3 期上发表文章《"Fail"并非"失败"及其他——〈美国文学简史〉(上册)中艾米莉·狄更生一节小议》,这是学者对出版不久的文学史作出正面评价。1981年,江枫在《诗刊》第 3 期上发表《狄金森诗抄》一文,译有诗歌 5首,还有一篇"译者后记"。1984 年 10 月,狄金森的第一个中译选本,江枫译的《狄金森诗选》由湖南人民出版社出版,选诗 216 首。江枫所作的译序即为一篇关于狄金森的严肃的学术研究论文,该诗集印数 10100 册。1986 年 12 月,狄金森的第二个中译选本,张芸译《狄金森诗抄》由四川文艺出版社出版,选诗 104 首,印数4850 册。1988 年 4 月,《狄金森诗选》由湖南人民出版社重印。以上是狄金森首次被译介到中国及 20 世纪 80 年代正式进入中国的诗歌翻译情况梳理。

　　20 世纪 80 年代以后,狄金森的诗选集平均每年都会出版一种,仅江枫的译本就先后出版了 8 种。② 其他的译本还有:关天相

---

　　① 原书中的译名为爱弥丽·狄更生。"Emily Dickinson"现在通行的译名为"艾米莉·狄金森",除引用原文,本文一律使用通行译名。其他人名的译名遵照原文译法。

　　② 《狄金森抒情诗选》(1992,湖南文艺出版社)、《狄金森抒情诗选》(英汉对照本,1996,湖南文艺出版社)、《狄金森名诗精选》(1997,太白文艺出版社)、《狄金森诗选》(2004,中央编译出版社)、《暴风雨夜,暴风雨夜》(2008,人民文学出版社)、《暴风雨夜,暴风雨夜》(英汉对照读物,2010,机械工业出版社)。

的《青春诗篇》(1992,花城出版社)、木宇的《最后的收获》(1996,花城出版社)、吴钧陶的《狄更生诗选》(1996,上海译文出版社)、孙亮的《水草与珍珠》(1999,中央编译出版社)、王晋华的《狄更生诗歌精选》(2000,北岳文艺出版社)、蒲隆的《我们无法猜出的谜》(2001,作家出版社)、马永波的《为美而死》(2005,哈尔滨出版社)、蒲隆的《狄金森诗选》(2010,上海译文出版社)、周建新的《艾米莉·狄金森诗选》(2011,华南理工大学出版社)。正是因为有江枫、蒲隆、周建新等一批译者、研究者的大力译介,艾米莉·狄金森逐渐在中国走上了经典化的道路,标志之一便是全日制普通高级中学语文教科书选入了由江枫先生翻译的艾米莉·狄金森诗歌《篱笆那边》。[①]

在梳理狄金森诗歌翻译史的过程中,我们发现首次译介狄金森的译者袁水拍没能出现在官方的文学翻译史上。《中国 20 世纪外国文学翻译史》在谈到 19 世纪美国文学的诗歌翻译时,这样介绍道:"19 世纪美国有 4 位著名诗人:朗费罗、爱伦·坡、惠特曼和狄金森。朗费罗和惠特曼的诗歌,五六十年代都有所译介,但不够充分;而狄金森、爱伦·坡的诗歌则完全没有译介。八九十年代翻译出版了朗费罗、惠特曼和狄金森这 3 位诗人的多种译本"。[②]国内翻译狄金森诗歌的名家江枫先生,在 2008 年出版的狄金森诗选《暴风雨夜,暴风雨夜》的序言中说道:"写第一个狄金森诗选译序时,中国的读者,甚至学者,几乎还不知道狄金森是谁"。袁水拍作为中国大陆译介艾米莉·狄金森的第一人,为什么会在译介史上遭到忽视?是译者翻译得不好?是译者的能力问题?还是超越译

---

① 中学语文室编:《全日制普通高级中学教科书(必修)语文第一册》,第一单元第4课《外国诗三首》,人民教育出版社,2003 年 6 月。

② 查明建、谢天振:《中国 20 世纪外国文学翻译史》,武汉:湖北教育出版社,2007年,第 981 页。

者能力的、翻译之外的问题？这桩狄金森译介史上的迷案无疑是研究译作接受的绝佳案例。

三、种子与土壤：译诗接受的个案研究

（一）袁水拍对艾米莉·狄金森的译介

袁水拍（1916—1982），笔名马凡陀，最为人熟知的身份是政治讽刺诗诗人马凡陀，代表作《马凡陀山歌》。"上海乃至全国的现代文学史上的现实主义诗歌的发展，被公认为以袁水拍的民歌体的政治讽刺诗殿后"。[①]袁水拍的另一个身份是翻译家，最重要的译介成果是对智利著名诗人聂鲁达的译介。[②]作为译者的袁水拍主要活跃在 20 世纪四五十年代，他还翻译过豪斯曼、彭斯、雪莱、美国现代诗人及土耳其的诗歌、拜伦的小说《契尔德·哈罗尔德的旅行》、爱伦堡的《巴黎的陷落》、冈察尔的《旗手》、英美短篇小说集《金发大姑娘》。

1. 袁水拍对狄金森生平的介绍

如果袁水拍确实是中国大陆译介狄金森的第一人，我们有必要仔细考察他是如何介绍这位对当时的中国读者完全陌生的美国女诗人，考察狄金森在最初是以什么样的形象出现在中国。译诗前的作者简介值得全文引出：

> 爱弥丽·狄更生（Emily Dickinson）一八三〇年十二月十日生于麻萨诸塞斯州阿姆赫斯特城。她的生活是平静的，二

---

① 王文英主编：《上海现代文学史》，上海：上海人民出版社，1999 年 6 月，第 438 页。

② 聂鲁达诗集《让伐木者醒来》（从英译本转译，新群书店，1950 年）、《聂鲁达诗文集》（人民文学出版社，1951 年）。参见查明建、谢天振：《中国 20 世纪外国文学翻译史》，第 735 页。

十六岁以后很少离开家，生于斯，死于斯（一八八六年五月十五日）。十七岁的时候，进了南赫特莱女子神学校，厌恶校中的清教徒的极端作风，想念家中，就反叛地拿了行李坐车回家。二十三岁的时候，随父亲到华盛顿去了几个星期，那时候她父亲任国会议员。她在家庭中孤独地生活着，喜欢音乐，可是当众人在客厅中听演奏时，她却不愿出席，性格变得怪僻异常。在她生前只印出过四首诗，她被视为诗人是死后的事。大量的诗作信件等保存在她的桌子柜子的抽屉里，诗有一千二百余首。一八九〇年她的遗作出版，人们发现她的诗作有勃莱克那样简洁明澈的特质。她的诗作陆续出版了好几个集子，还有一本书信集。人们为她的神秘的恋爱传说和生平也写了不少传记。她的感情是强烈的，有人说她的诗句凝练如未燃烧的流星。她自己对于诗的见解是"如果我读一本书，她使我全身冰冷，火也烧不热他，我知道这是诗。如果我肉体地感觉我的头顶被砍去了，我知道这是诗。"①

比照当代的狄金森研究成果，袁水拍的生平介绍中有一处不符史实——"十七岁的时候，进了南赫特莱女子神学校，厌恶校中的清教徒的极端作风，想念家中，就反叛地拿了行李坐车回家。"据 1848 年 5 月 16 日狄金森给好友的书信显示，她离校的直接原因是肺部出了毛病，需要回家养病。②狄金森并不是袁水拍所形容

---

① 　袁水拍译：《现代美国诗歌：名家名作》，上海：晨光出版公司，1949 年，第 41 页。

② 　狄金森在 1848 年 5 月 16 日给好友亚比亚·鲁特的信中写道，哥哥奥斯丁突然出现在曼荷莲女子神学院，要把咳嗽不止的她带回家，而且这是父亲的命令，不容反驳。她如何流泪请求都无济于事，"想到几天后、几个星期后这个学期就要结束，我颤抖不止，我的命运也许从此就打上了封印"。参见：*The Letters of Emily Dickinson*. Thomas H Johnson and Theodora Ward, eds., 3 vols, Cambridge：Belknap Press of Harvard University, 1958, p.65.

的那般把叛逆表现在行动上（"拿了行李就走"），她在学校是个守规矩、成绩优秀的好学生，她的叛逆是在精神层面。谈到狄金森的隐逸，袁水拍说她"性格变得怪僻异常"，认为她是"怪"的、"异常"的。作为一部介绍美国诗人的诗选集，在寥寥数言的诗人介绍中，袁水拍使用了"怪僻异常"这样一个程度深、语气重的词，再加上前述"拿了行李坐车回家"的细节事例，狄金森不难给中国读者留下"叛逆"、"古怪"的印象。

2. 袁水拍翻译的狄金森诗歌

袁水拍在《现代美国诗歌》中选译了狄金森诗歌5首：《我从来没有见过一片旷野》（J1052/Fr800）、《我为美而死》（J449/Fr448）、《山在不知不觉中成长》（J757/Fr768）、《一只鸟在路上走来》（J328/Fr359）、《成功》（J67/Fr112）。①

从诗歌题材分类上看，《山在不知不觉中成长》（J757/Fr768）和《一只鸟在路上走来》（J328/Fr359）是关于自然的诗，《我为美而死》（J449/Fr448）和《成功》（J67/Fr112）是关于人生的诗，《我从来没有见过一片旷野》（J1052/Fr800）是关于想象的诗。袁水拍没有选择很能体现狄金森风格的宗教诗和死亡诗。

对于狄金森诗歌特点的介绍，虽然袁水拍借他人之口说出——"人们发现她的诗作有勃莱克那样的简洁明澈的特质"，"有人说她的诗句凝练如未燃烧的流星"——实则准确概括了狄金森诗歌艺术的重要特点：简洁、凝练。20世纪40年代，狄金森在美国文学史上的经典地位还没有确立，她最令人惊艳的原创性特质还未被认可，所以拿她和其他诗人比较以说明她的特色只是权宜之计。袁水拍指出狄金森的诗"简洁明澈"、狄金森的感情"强烈"，

① 1953年，《现代美国诗歌》经袁水拍重新编校，删去和增加了部分内容后，改题《新的歌》重新出版，以原书名为副题。狄金森的诗歌删去了三首，只留下《我为美而死》和《一只鸟在路上走来》。

并援引她的对诗的理解①——"如果我读一本书,她使我全身冰冷,火也烧不热他,我知道这是诗。如果我肉体地感觉我的头顶被砍去了,我知道这是诗"——进一步使读者了解狄金森的独特:人的独特,诗观的独特。

总的来看,袁水拍的译诗有以下特点:

(1)在形式上,袁水拍没有保留狄金森诗歌长、短划线的特色,代之以齐整、符合汉语标点法规则的标点符号。这样的改动显然是囿于当时对狄金森诗歌的认识水平,没有意识到长、短划线是狄金森诗歌的重要组成部分。

(2)译文忠实可信、明白晓畅、重视韵律的和谐。如《我从来没有见过一片旷野》(J1052/Fr800):

I never saw a Moor—	我从来没有见过旷野,
I never saw the Sea—	我从来没有见过海洋;
Yet know I how the Heather looks	可是我知道石南草的形状,
And what a Billow be.	我也知道波浪怎样。
I never spoke with God	我从来没有和上帝说过话,
Nor visited in Heaven—	我也从来没有到过天堂;
Yet certain am I of the spot	可是我熟悉那地方,
As if the Checks were given—	仿佛我有一张地图一样。

译诗差不多是字字对译,忠实度很高。全诗除每一节的第一行外的尾字"洋"、"状"、"样"、"堂"、"方"、"样"是押韵的,音韵美的效果跃然纸上。译文流畅自然,不仅符合情感上的逻辑顺序,也符合朗诵时语流的递进,如"我从来没有……可是我知道……我也知道

---

① 这番话出处是1870年8月16日当晚,希金森在给妻子的信中回忆与狄金森交谈的内容。后人认为这段话体现了狄金森的诗观,既形象生动又发人深省。几乎所有介绍艾米莉·狄金森的文字都会引用这段话。

……我从来没有……我也从来没有……"在译词的选取上准确地表达了原诗的用意。后来的译者多将"moor"译为"荒原",在此处,"旷野"与"海洋"对应,皆象征着目力未及之处的壮阔、宏大。下面给出江枫的译文,以作对比:

> 我从未见过荒原——
> 我从未见过海洋——
> 却知道石楠的形态
> 知道波浪的模样。
>
> 我从未和上帝交谈
> 从未访问过天堂——
> 却知道天堂的位置
> 仿佛有图在手上——

江枫的译本是以简洁、忠实著称,对比之下袁水拍的译文就显得不够简洁,主语"我"在每一行都予译出,主谓宾语的成分都予以补足,口语化程度较高。

口语化程度较高是袁水拍译诗的特点。如《我为美而死》(J449/Fr448)的第一诗节:

I died for Beauty—but was scarce	我为美而死,可是不到一会儿
Adjusted in the Tomb	我还没有在坟墓中睡好,
When One who died for Truth, was lain	来了一个为真理而死的人,
In an adjoining room—	就睡在我隔壁的墓穴中。

这样的表述风格就像平常人说话,倒不像是诗的叙述。而这首诗的最后两句:"直到青苔盖上我们的嘴唇,/将我们的姓氏覆

埋"译得很好,不仅准确表达了原意,还把一种凝重的感觉深沉地表达出来。作为对比,给出其他译文:江枫译"直到苍苔长上我们的嘴唇——/覆盖掉,我们的姓名——";张芸译"直到苔藓爬上唇际,/将我们的名字遮掩";吴钧陶译"直到青苔爬上了我们的嘴唇——/覆盖了——我们的名字——";蒲隆译"直到青苔蔓延到唇际——/并把我们的姓名——遮掩——"。综合比较,笔者认为袁水拍的译文更好。

《成功》(J67/Fr112)是狄金森的代表作,几乎所有的狄金森诗选集都会选译这首诗:

Success is counted sweetest
By those who ne'er succeed
To comprehend a nectar
Requires sorest need

Not one of all the purple Host
Who took the Flag today
Can tell the definition
So clear of Victory

As he defeated—dying—
On whose forbidden ear
The distant strains of triumph
Burst agonized and clear!

这首诗翻译的难点在于第二诗节,各位译者对"purple Host"、"took the Flag"的理解不同,译法不一。而第二诗节译得好不好,直接与第三诗节达到高潮的内容相关。译文如"执掌大旗

403

的衮衮诸公"（江枫）、"身披紫袍的人们……高擎胜利的旗帜"（张芸）、"穿红着紫的帝王将相……手擎着大旗"（吴钧陶）、"紫袍裹身的诸公……执掌着大旗"（蒲隆）。在此诗中"Host"是指"Army；warlike gathering"，军队之意；"purple"原意是"紫色的"，在此的引申义为"［Fig.］bloody；bruised；battle－worn；exhausted；stained with blood；brave；heroic；bold"，[①]意即经历浴血奋战的、终达胜利的。由此，第二诗节与第三诗节连在一起的大意为：经过浴血奋战终于得到胜利旗帜的人中，没有一个能说清成功的定义，而战败的人，在垂死之际听到了遥远处传来的欢庆胜利的歌声，在他失聪的双耳听来是多么清晰而痛苦！第二、三诗节加在一起其实是对第一诗节的情节化解释。在第一诗节，狄金森就高度凝练地表达了本诗的核心思想：成功的滋味只有那些渴望成功的人才觉得甘美。这首诗的不同中译本在逻辑和译词选择上，对第二诗节的翻译有些混乱模糊，让读者不能一下子把握原诗的意旨，也就无法领会第三诗节的精彩。反观袁生先的译文：

> 最甘美的成功，
> 只有从未成功的人最知道。
> 谁能够品味神酒，
> 只有当谁最需要。
>
> 今天拔除敌旗的大军，
> 军容雄壮，
> 可没有一个能够清楚
> 说明胜利的定义是怎样。

---

① Emily Dickinson Lexicon：Copyright a 2007－2011 Brigham Young University。网址：http://edl.byu.edu/index.php. 词条"host"、"purple"。

那战败的他,躺着将死,
他的耳朵已经没有份,
可是远处胜利的呼声传来,
清晰而苦痛。

　　总体来说,袁水拍的译文通顺流畅,符合逻辑。第二诗节中,略去"紫色的"字面义,把拿到胜利旗帜的意思用"拔除敌旗"代替,增译"军容雄壮"以强调胜利之义。如果不对照原文,单看译诗,读者是能把握住这首诗想表达的内容的。与一些含混不清的忠实翻译相比,袁水拍的改译基本上传达了原诗的精神,算是成功之作。
　　译文不仅标点齐整,在可能的条件下也追求句式的齐整:"我们从来没有见过旷野,我从来没有见过海洋"(《我从来没有见过一片旷野》),"没有谁帮助,不需要赞美","长久的注视,金黄的光芒"(《山在不知不觉中成长》)。
　　袁水拍在翻译中注重音韵美、明白晓畅、通俗易懂的效果与他自己诗歌创作的追求是紧密相关的。在袁水拍看来,判断是不是"好诗"的基本条件是,"第一,写给人民大众看或听;第二,为了人民大众而写"。"写给人民大众看或听,一首诗在文字上,在意义上,能够明白易懂,我想是必要的"。[①]袁水拍的代表作《马凡陀的山歌》就是"从民歌、民谣、儿歌中吸取了艺术经验,采用了五言、七言等多种群众喜闻乐见的诗歌形式,语言朴素通俗,而且可诵可唱,形成了独具一格、新鲜活泼的山歌"。[②]既然袁水拍已经借他人

---

　　① 袁水拍:《为人民的与人民所爱的诗》,韩丽梅编:《袁水拍研究资料》,北京:中国国际广播出版社,2003年,第130页。
　　② 唐弢、严家炎主编:《中国现代文学史》(三),北京:人民文学出版社,1980年,第464页。

之口将狄更生诗歌的特质概括为"简洁明澈",而且这与他的诗歌创作追求是一致的,所以在翻译过程中,袁水拍必然会用简洁、通俗的语言翻译。同时,这也解释了为什么《现代美国诗歌》中选译的美国民歌有 38 首之多。

　　袁水拍的介绍为中国读者勾勒了一幅艾米莉·狄金森的素描画。从这幅画中,中国读者至少可以获得以下信息:一、艾米莉·狄金森是美国 19 世纪的女诗人,性格古怪、叛逆,文学生涯异于常人,生前无名,死后获得关注;二、诗歌简洁凝练,诗观独特;三、诗歌色彩明丽,轻快活泼,富含哲理。虽然,袁水拍对狄金森的译介是初步的、不完整的,因为狄金森思想深刻的宗教、死亡诗都没有译介,然而却是开了一个好头。它指出了狄金森的特殊之处,在众多现实主义诗歌中显得与众不同,足以给中国读者留下印象并暗示了未来译介的价值,为日后的译介打下了良好基础。

　　(二) 袁水拍的译介遭到忽视的原因

　　我们已经以译本为中心,探讨了袁水拍译介狄金森的得失,这是从传统的语言层面来研究诗歌翻译。第二步,我们要跳出译本,因为将翻译局限在语言层面讨论,不足以反映翻译的复杂性。任何一项文学翻译活动都不仅仅是简单的从原文到译文的语言文本转换,当代翻译理论和比较文学研究的新视野不断提醒我们,必须把翻译作为一个文化产品和文化事件来考察。

　　1. 文化因素对翻译及出版行为的影响。

　　文化学派的翻译理论要求在进行翻译研究时,要把翻译作为一个文化产品和文化事件来考察,考察翻译活动背后的意识形态、赞助人、文化体系等问题。所以,我们有必要先来回顾《现代美国诗歌》的成书过程及出版命运。

　　1945 年秋,时任美驻华大使馆文化参赞的费正清(Dr. John. K. Fairbank)提议中美合作编译一套系统介绍现代美国文学作品的丛书,由中方负责组织人员翻译,美方承担部分译稿费,将来交由中国的出版社出版发行。1945年底,费正清调到上海任美国新闻总处处长,正式向中国文协提出合作建议。1946年,中华全国文艺协会上海分会和北平分会与美国国务院及美国新闻处合作,编译美国文学丛书的工作正式拉开序幕。参与这场翻译活动的译者都是"我国文坛上进步的知名人士和有经验的翻译家",当属文化界、翻译界响当当的人物。如来自上海的有郑振铎、夏衍、钱锺书、冯亦代、黄佐临、李健吾、王辛笛、徐迟等;来自北平的有马彦祥、焦菊隐、朱葆光等,还有美国方康纳司(Bradley Connors)、福斯脱(John Foster)和耿美丽(Marion R. Gunn)的协助。翻译工作历时三年,1948年底所有译者都交送了译稿。

　　1949年,上海晨光出版公司拟议出一套"晨光世界文学丛书",公司得知此时文协已编译好了一套美国文学丛书,约500万字,计18种。公司立即和文协负责人郑振铎、马彦祥接洽,获得同意后,由上海晨光出版公司来出版发行这套现成的美国文学编译丛书,同时编入"晨光世界文学丛书"作为第一批新书。《现代美国诗歌:名家名作》便是其中唯一一本辑有多位美国诗人作品的诗选集。

　　出版人赵家璧不无自豪地说"这样一套比较完整而有系统地介绍一个国家的文学代表作的成套丛书,洋洋大观,可说是我国外国文学翻译史上的一大盛举",①是"国内文化界一件值得纪念的大事"。上海文协负责人郑振铎在约谈赵家璧时,专门为丛书出版提了四个条件,其中一条是"编排、装帧、印刷和用纸都要保证高质量",还有一条是关于广告宣传,"出书前后,要在全国各大报刊登大幅广告"。既然如此,这套汇集了上海、北平两地翻译精英,在翻译质量上相当有保证的,且是第一套专门介绍美国文学的丛书一

---

　　①　赵家璧:《出版〈美国文学丛书〉的前前后后》,《编辑忆旧》,上海:生活·读书·新知三联书店,2008年,第306页。

经出版,必将在文化界、普通读者中间产生强烈反响,事实却事与愿违。1949 年 3 月,丛书问世后不久,"文化界一件值得纪念的大事"在政治界发生的"大事"面前一下子沦为一件"小事",被遮蔽、甚至封存了它所有的光芒。

1949 年 10 月新中国成立后,中美两国关系进入长期敌对状态。以"中美文化交流"为主要目的的美国文学丛书在这个时候便显得不合时宜,所以"这套在当时确实有些不合时宜的丛书,便默默无闻地被人们所遗忘了。"①迫于意识形态的直接影响,"晨光世界文学丛书"不幸成为中美关系的陪葬品,没有在当时获得应有的关注和重视。"然而,在我们今天研究美国文学在近现代中国的译介传播史的时候,却不应将她遗忘"。②因为这"遗忘",袁水拍对艾米莉·狄金森的译介也随之整个地埋没在历史的故纸堆中。

2. 狄金森诗歌主题不符合文化语境的要求。

一个奇怪的现象是,《中国 20 世纪外国文学翻译史》中有好几处都提到了袁水拍翻译的《现代美国诗歌》,提到其中选译的 T. S. 艾略特和休斯的作品,说明翻译史没有忘记这部美国诗歌选集。而且 1949 年后,袁水拍所译的这本《现代美国诗歌》也并非完全销声匿迹,而是在 1953 年经过重新译辑,以《新的歌:现代美国诗歌》为题改头换面,仍由上海晨光出版社出版。新版的这部美国诗选为适应变化了的政治环境,对原有译本做出调整,删去和增加了一部分诗人,③1949 年版中选诗最多的朗斯敦·休斯,在 1953 年版又增加了 5 首。

---

① 赵家璧:《出版〈美国文学丛书〉的前前后后》,2008 年,第 302 页。

② 赵家璧:《出版〈美国文学丛书〉的前前后后》,第 369 页。

③ 被删去的诗人有:康瑞·葛根、威廉·洛斯、勃乃特、T. S. 爱略特、劳勃特·弗洛斯特、何瑞斯·格莱哥里、瑞怡特·霍凡、爱弥·洛威尔、爱特那·圣文生、密莱、克纳斯·巴钦、爱德温·阿林顿·罗勃生、玛克·凡·杜伦,增加的诗人有:勃尔登·勃拉莱、劳勃特·布列敦、迈格尔·古尔德、亚赛、歇特赛尔、巴托洛茂·樊粹蒂。

新版的调整是必要的。中美关系进入敌对和隔阂状态后,中国对美国文学的翻译活动必须相应地做出重大调整,译介哪位作家,译介哪位作家的哪些作品,都必须在政治高压面前做出谨慎选择。袁水拍翻译朗斯敦·休斯为什么能被翻译史记住,并一提再提? 在同样的书中翻译艾米莉·狄金森就忽略不计呢? 恐怕其中更重要、更深层次的原因是译介对象与译介环境的不协调。

1937年抗日战争爆发后,中国的时代主题变为民族救亡。八年抗战后的1945年又紧接着爆发了内战。这一时期中国的社会政治环境、文化语境、时代主题都不可避免地影响了外国文学的翻译。"抗日战争爆发是20世纪上半期文学翻译选择上的一个分水岭"。[①]在40年代文化语境和文学观念的直接影响下,现实主义文学成为外国文学翻译的重点,进而成为1937年后中国文学翻译的重要特征。

而狄金森诗歌的主题很少涉及时政,"她对政治改革和社会运动完全不感兴趣。她的一生就是囚禁在享有特权的狭小空间,尽可能地在有限的生存空间里获取前所未有的自由想象的权利。"[②]从现代的视角来看,狄金森的诗歌大都是以"纯诗"为目的、独具个人色彩的诗歌,抒发的是关于大自然、人生、上帝的私人化的情感。而以狄金森为代表的这种"唯美的"、"为文学而文学"的、个人化倾向突出、脱离时代精神的外国文学作品是为主流意识形态难容的。主流意识形态需要的是朗斯敦·休斯这类"进步作家"的作品,即作家本人的思想和作品的内容带有革命性和进步性:作家本人积极投身于社会,接近人民群众;作品揭露社会现实黑暗和资本主义制度的缺陷。休斯所代表的美国黑人文学因为其反对种族歧视、

---

① 查明建、谢天振:《中国20世纪外国文学翻译史》,第315页。

② Alfred Habegger, *My Wars Are Laid Away in Books：The Life of Emily Dickinson*, New York：Random House, 2001, p. 211.

反对压迫的鲜明战斗性,成为中国文坛热衷译介的对象。袁水拍的《现代美国诗歌》在选诗篇目上便体现了四五十年代的译介倾向。选诗最多的诗人是朗斯敦·休斯和卡尔·桑特堡。这两位美国诗人在当时都是在中国特别受欢迎的"进步"诗人。休斯的黑人诗歌"被认为具有'战斗性',因而受到了特别的重视"。①袁水拍认为美国诗人中从来没有一个人能像桑特堡"那样歌颂平常人的,从来没有像他那样赞美人民的坚强的乐观主义、忍耐和力量的"。②而"狄金森在公共领域能发挥的力量实在太微弱,她无法在新的历史条件下帮助人们认识世界。"③狄金森的诗歌在时代主题面前显得十分不协调,负有社会责任感的译者当然转而热译那些贴近时代主题的外国文学作品,狄金森的诗歌自然也就滑向翻译文学作品中的边缘位置,逐渐被完全遗忘。

当时间来到 20 世纪 70 年代末,时过境迁,狄金森的诗歌似乎终于等到了一块合适的土壤,狄金森的诗歌在中国掀起了第一波译介热潮。狄金森之所以在 20 世纪 80 年代得到了与 40 年代如此不同的历史际遇,归根结底,还是接受的文化语境的问题。

《诗刊》编辑唐晓渡在著作《今天是每一天》中反思了 20 世纪 80 年代的中国诗坛,他认为"80 年代之于诗即便不是一个黄金时代,也是一个风云际会的复兴时代"。④十年浩劫后,文化亟待复兴,文学亟待复兴,作为最敏锐、最精悍的文学形式的诗歌亟待复兴。以色列学者伊塔马·埃文-佐哈(Itamar Even-Zohar)提出,当一种文学处于转折点上或处于危机中或处于文学真空状态时,翻译活动会在这种文化中盛行。狄金森的诗歌之所以能在 20 世

---

① 查明建、谢天振:《中国 20 世纪外国文学翻译史》,第 640 页。

② 袁水拍译:《现代美国诗歌:名家名作》,第 192 页。

③ Alfred. Habegger, *My Wars Are Laid Away in Books: The Life of Emily Dickinson*, p. 329.

④ 唐晓渡:《今天是每一天》,济南:山东文艺出版社,2007 年,第 77 页。

纪 80 年代得到大量译介,与中国诗歌自身发展的需要密切相关。当然,除了文学内部,文学外部的影响因素更为复杂、微妙,如中美关系正式建交这一政治事件,直接推动了中国重启美国文学的译介。政治意识形态对翻译活动的影响总是存在。

中国的诗歌开始革新,"以求适应这变革的时代、变革的生活对诗的要求,适应变革着的读者的审美触角对诗的要求。"①简言之,20 世纪 80 年代的社会文化语境对诗歌的要求,也是中国诗歌对自己的要求:"回到生命,回到语言,回到诗本身"。中国诗歌要达到这个变革、复兴的要求,借鉴外国翻译诗歌无疑是一条捷径,这也是中国在 20 世纪整个诗歌发展历程的特点:借鉴—吸收—创新。

艾米莉·狄金森的诗歌显然符合"回到生命,回到语言,回到诗本身"的要求。狄金森是一位很尊重"生命"的诗人,"在她的诗中,一切都是活的。花草和虫鸟固然各具多姿的生命,即一片阴影,一闪电光,一片沉寂,甚至于一个幻想,一个情调,一个感觉,都充满十分奇异的活力。"②死神,作为生命的对立面,在狄金森的笔下也是一位"彬彬有礼的绅士"(J712)。关于诗和诗人,狄金森作了很多思考:

To see the Summer Sky　　　　凝望夏空
Is Poetry, though never in a Book it lie—
即是诗,它未见书中——
True Poems flee—　　　　真正的诗飞逝——

---

① 邵燕祥:《变革中的中国新诗一瞥——1985 年 10 月 13 日在香港大屿山"作家交流营"的发言》,《诗刊》,1985 年第 12 期。

② 余光中:《狄瑾荪的生平和著作》,《美国诗选》,林以亮编选,香港:今日世界社,1963 年,第 87 页。

（董恒秀译）

这样的诗观只可能在中国 20 世纪 80 年代以后的文化语境里被接受。曾经，我们只认可现实主义文学，诗歌应该反映如火如荼的社会生活，它就在人民群众中，到处是可挖掘、可歌颂的"诗篇"，诗歌怎么可能只是"凝望夏空"的一个行为艺术的姿态？怎么可能是"飞逝"的？"狄金森热的兴起——从惠特曼的慷慨之音到狄金森的私人细语的转变，体现了文化氛围与审美标准的变迁：由集体转向个人、由公转向私、由大写的我转向小写的我。"[①]

终于，艾米莉·狄金森诗歌的种子在 20 世纪 80 年代的中国播撒了下来，慢慢在它远离美洲大陆的新土地上生根发芽。我们期待它能开出繁花，结成硕果。

3. 译者风格对翻译的影响。

最后，我们再试着从译者的身上找找原因。

诗歌翻译研究通常会对译者身份做出区分，有"学者型译者"和"诗人型译者"之分。英国古典主义翻译家德莱顿就强调"译诗的工作只能由诗人来做"。读者也偏向于"诗人译诗"，因为诗人基于自身的创作经验译出的诗歌诗味浓；"学者型译者"往往会陷入字斟句酌的勘误式翻译，也许译文对应原文的忠实度很高，但诗味淡薄。鉴于袁水拍的创作经历并结合他的翻译活动，他可以算作是"诗人型译者"。可是学者和读者能认可一位擅长写政治讽刺诗的诗人去翻译属于抒情诗范畴的狄金森诗歌吗？罗斯康芒对"诗人译诗"更为苛刻，要求"译抒情诗的人也必须擅长作抒情诗"。袁水拍也创作抒情诗，如诗集《沸腾的岁月》。但文学史上对袁水拍的抒情诗创作并不认可，认为其"成就和影响远远不如《马凡陀的

---

① 康燕彬：《狄金森在中国的译介与本土化形象建构》，《中国比较文学》，2010 年第 4 期，第 53 页。

山歌》"。① 《中国 20 世纪外国文学翻译史》中分专节介绍各位翻译家,无论是在"英美文学翻译家"系列或是"拉美文学翻译家"系列中都找不到专门介绍袁水拍的文字。② 可能的情况是,袁水拍的诗歌翻译领域的成绩不如政治讽刺诗创作成就那般引人注目,所以人们对他的翻译活动的关注自然会少一些。

结 语

不能否认的是,狄金森在中国的译介历史因为有袁水拍而向前推进了 30 年。袁水拍在 20 世纪 40 年代对狄金森的译介,说明了当时中国文坛对美国文学的发展高度敏感,因为那时正是艾米莉·狄金森在美国国内声名鹊起之时。所以,我们有必要认真梳理翻译史,记住翻译史上有开创意义的翻译家,总结他们的得与失,以便更好地推进狄金森研究在中国的深入。

关键词

诗歌翻译;翻译史;接受史;文化操控

思考题

1. 翻译研究文化学派提倡的研究对象是什么?

2. 当译作进入译入语的文化语境时,它可能面对哪些方面的影响?

---

① 唐弢、严家炎主编:《中国现代文学史》(三),北京:人民文学出版社,1980 年,第 465 页。

② 《中国 20 世纪外国文学翻译史》中提到"袁水拍"的地方有:第 348、349、351、352、354、594、602、628、636、640、724、735、1332 页。

3. 根据翻译研究文化学派的研究思路,具体研究一位外国诗人的译作接受。

建议阅读书目

[1] 苏珊·巴斯内特、安德烈·勒菲弗尔:《文化构建:文学翻译论集》,上海:上海外语教育出版社,2001。

[2] 查明建、谢天振:《中国 20 世纪外国文学翻译史》,武汉:湖北教育出版社,2007。

[3] 刘守兰:《狄金森研究》,上海:上海外语教育出版社,2006。

[4] 康燕彬:《狄金森在中国的译介与本土化形象建构》,《中国比较文学》,2010 年第 4 期。

第二十讲 翻译与宗教文化

导 读

　　各民族历史中的启蒙时期,无不以翻译为开端。综观翻译历史,凡是翻译活动盛行的时期,无不是两种文化或操两种语言的民族之间存在或被认为存在重大差异或不平等的时期。翻译的存在使得世界文明的进步成为可能。在人类文明进程中,宗教文本的翻译对于其所在文化的形成和塑造都曾经起过并将继续发挥独特的作用,并在很大程度上决定着该文化的发展轨迹,"缪勒(F. Max Muller)认为,凡有人类的地方都有宗教的痕迹。"①从历史的发展轨迹来看,几乎所有重大翻译活动都肇始于宗教典籍的翻译,中西方概莫如此。中国以千年佛教经典的翻译为典型,从梵文和巴利语翻译为汉语。西方以《圣经》的翻译为代表,从希伯来语到希腊文、拉丁语及后来多种欧洲、亚洲语言的传译,在传布福音的同时也向译入语输入了新颖的语言表达形式和独特的思维方式。由于欧洲文化和美国文化几乎毫无例外地受到犹太教和基督教的影响,许多欧美翻译工作者倾向于把宗教文本的翻译笼统地理解为对《圣经》的诠释和传译。尽管这种诠释视角算不上全面,但着实透射出西方文化的一种传统思维理念。

---

　　① 傅敬民:《〈圣经〉汉译的文化资本解读》,上海:复旦大学出版社,2009年,第1页。

一、引言

　　《旧约》中所记载的"巴别塔"故事，更让人把语言的多种形态、对语言多重阐释的可能性及翻译活动的肇始与基督教的上帝关联起来，因为众多语言的形成和存在使得翻译作为一种事业的出现具有可能性、必然性和必要性。可以说，基督教的"巴别塔"传说体现了宗教与语言之间的那种直接的、有形的、内在的关联。巧合的是，基督教在全世界的传播恰恰是借助了翻译这一手段，从而实现了它为世界各地的人们传播福音的理想。《旧约》从希伯来语译为希腊语、拉丁语，后来又被译成其他语言的整个发展历程，正是体现了翻译在犹太教（乃至后来的基督教）教义传布过程中所起的不可或缺的作用。设想一下，如果没有翻译的存在，基督福音不可能传播到如此宽广的地域，拥有如此之多的信众。据说，从翻译的版本和发行的数量看，《圣经》在西方翻译史上被称为译成最多语言、拥有最多读者的作品，基督教思想传播与翻译活动之间的这种内在互动关系由此可见一斑。

　　由此，从语言、翻译的视角对《圣经》文本的传布进行交互式的综合考察，就为从本质上理解人类信仰和人类作为提供了最为根本的切入点。换言之，"巴别塔"成为人们理解和诠释世俗世界和内在精神生活的一种生动隐喻，又是人类与这一有形物质世界发生联系的必要手段。《圣经》翻译更多关注的是如何在更为广阔的地平域和更广阔的（跨）文化天地中实现异质语言的相互对接和转换——以意义为标尺、以交流为目的的语符转换。换言之，语言的述行性通过翻译这一媒介使得《圣经》为更为广泛的人群所接触，从而实现基督教信仰在更多语言间传播的宗教理想。

二、《圣经》之翻译历程

　　《圣经》(*The Bible*)的《旧约》(*The Old Testament*)成书于公元前 5—前 2 世纪,是用希伯来文写成的,《新约》(*The New Testament*)成书于公元 4 世纪,是用希腊文写成的。《圣经》翻译最早可追溯到公元前 5 世纪的亚兰文口译形式。这种翻译本来是以口译为主,后来逐渐出现文字版本,称为"塔尔根"(Targum,在亚兰文里就是"翻译"之意)。据记载,西方最重要的大规模早期翻译活动是公元前 3 世纪到公元前 2 世纪之间《旧约》由希伯来文译为希腊文。70 名犹太学者在亚历山大城翻译了《旧约》的《摩西五经》(*The Pentateuch*),俗称《七十子希腊译本》(*Septuagint*),由此揭开了西方有规模翻译《圣经》的篇章,其余部分在随后的两个世纪里陆续译出。"西方第一部重要的译作是从希伯来语译成希腊语的《旧约·圣经》,即《七十子文本》,也称《七十子希腊文本》(Septuagint)。译本用语陈旧,充满'古味'和'怪味'。"[①]这一译本后来成为把《圣经》译为包括拉丁语(Latin)、科普特语(Coptic)、亚美尼亚语(Armenian)和格鲁吉亚语(Georgian)在内的其他语言的源文本。这次翻译活动不但提供了可资借鉴的翻译原则和操作性强的具体技巧,还为后来的《圣经》翻译奠定了理论基础。

　　西方最早具有一定规模的翻译活动始于古罗马,当时大量希腊文学作品被译成拉丁语。公元 3 世纪中叶,希腊语是西方教会的官方语言。到了公元 4 世纪,拉丁语成了教会交流的主要语言。古罗马帝国后期,《圣经》翻译迅速发展,其间《圣经》从希伯来文和希腊文译成拉丁文,译文解释权由罗马教皇掌握。两千多年来,

---

　　①　夏廷德:《翻译补偿研究》,武汉:湖北教育出版社,2006 年,第 11 页。引文参见谭载喜,《西方翻译简史》,北京:商务印书馆,2000 年,第 17 页。

《圣经》先后被翻译成多种语言,其中较为著名的译本有:公元前 3 世纪至公元前 2 世纪,《七十子希腊译本》;公元 405 年,古罗马哲罗姆(St. Jerome)的《通俗拉丁文本圣经》(*Vulgate*);1382 年,英国威克利夫(John Wycliffe)的英语《威克利夫圣经》(*the Wycliffe Bible*);1522 年,马丁·路德用民族语译出德语《新约圣经》(*September Bible*);1525 年,英国的廷德尔(William Tyndale)从新教徒的立场出发从希腊语译出《廷德尔圣经》(*the Tyndale Bible*);荷兰的伊拉斯谟(Erasmus)刊行的希腊原文与拉丁语译文对照的《新约圣经》。1611 年,英国国王钦命的《钦定本圣经》(*King James Authorized Version*),公元 1811 年《修订版圣经》(*Revised Version*),1901 年《美国标准版圣经》(*American Standard Version*),是英语《圣经》的著名代表。20 世纪五六十年代以来,基督教各派根据原文用现代英语重译《圣经》,如 1952 年《修订版标准圣经》(*Revised Standard Version*),1950—1960 年《新世界译本圣经》(*New World Translation*),1960—1971 年《新美国标准版圣经》(*New American Standard*),1961 年《新英语圣经》(*New English Bible*),1966 年《福音圣经》(*Good News Bible*),1972 年《注释本圣经》(*Paraphrases Bible*),1973 年《新国际版圣经》(*New International Bible*),1979 年《新钦定本圣经》(*New King James Version*),对于《圣经》版本在现代社会的普及和基督教信仰的传布均起了推波助澜的作用。

　　《圣经》的翻译历经上千年,其间不同时代、不同语言、不同翻译理念的译本相互影响,表现出多元化、多样性的翻译趋势,尤其在 16、17 世纪,《圣经》翻译达到巅峰。直至近代,还有很多从事《圣经》翻译的人,实际上都是没有接受过专门训练的宣教士。在新约时期,无论是犹太教教徒还是基督信徒,《七十子希腊译本》是他们共享的《圣经》,也是保罗、路加和大多数新约圣经作者使用的《圣经》,影响广泛,为分散在世界各地的犹太人提供了摩西的书卷。该译本的翻译在古代社会里可算是史无前例,它的出现为基督教的《圣经》翻译奠立了基础、树立了楷模。较为知名的是哲罗姆在大约公元383－405年间依据《七十子希腊译本》,使用通俗拉丁文译出《通俗拉丁文本圣经》,这是一千年来西方教会最广泛使用的译本,"哲罗姆以希腊语的'七十子译本'为基础,翻译修订拉丁语《圣经》,成为典范,以至于他以后的几代统治者禁止任何人用任何语言翻译《圣经》,并且拉丁语成了宗教的'官方语言'。"①可以看出,这一译本也阻止了其他语言《圣经》译本的翻译和出现。

早期最伟大的英译本应该算是大约1382年的《威克利夫圣经》译本。在宗教改革运动之前的教会传统里,拉丁文依然是教会语言,并且演变成了具有神性的圣言。要把《圣经》翻译成其他语言,教会都会视之为亵渎和悖逆的行为。天主教教会还对《圣经》的翻译和出版进行限制。约翰·威克利夫(1328－1384)认为对教会最有效的改革是让平信徒理解《圣经》,他以《通俗拉丁文本圣经》为底本,译出了英文版《圣经》,因而被革去了牛顿学院神学系的教职。威克利夫对教会的热爱、对上帝话语的执着以及他那颗对上帝火热的心,使他被誉为"宗教改革之晨星"(Morning Star of the Reformation)。

在威克利夫之前,实际上已有人将《圣经》部分地译成了英语,其中《诗篇》和"福音书"被译得最为频繁。当时西撒克森马姆斯伯里的修道院长爱尔德海姆(640－709)翻译了《诗篇》,主教埃伯格特(卒于766年)翻译了"福音书",享有"英格兰历史之父"美誉的比德(674－735)著有《英格兰教会史》,他的最后一部伟大作品则是《约翰福音》的译本。撒克森国王阿尔弗莱德(849－899)也翻译了《诗篇》与部分的"福音书"。而且,"公元1200年左右,奥古斯丁

---

① （英）肯·康诺利:《圣经是怎样写成的》,杨道译,北京:世界知识出版社,2004年,第47页。

派的一个修士奥姆将部分的'福音书'作了韵律的意译。在他之后，肖罕姆的威廉，一位住在肯特郡的教士，于 1320 年翻译了《诗篇》。第三个翻译者是理查德·罗勒，一位来自约克郡的独居修道士，也在 1340 年翻译了《诗篇》，并增加了逐节的评注。但是提供第一本完整的以英语写成的《圣经》的人，则是威克里夫和他的追随者。"①由此可见不同历史时期人们对《圣经》翻译的兴趣、热情以及所作的种种尝试，同时也彰显出《威克利夫圣经》译本对于英语读者的重要性。

　　人文主义运动的杰出人物伊拉斯谟最伟大的成就是 1516 年出版的希腊语《新约》，这是第一次使原文的《新约》广泛为人所使用。其意义在于，"伊拉斯谟的版本成为许多欧洲国家本国语言《新约》译本的基础：茨温利和加尔文使用了它，给了他们的人民一本《圣经》。路德为德国，廷德尔为英国，都做了同样的事。1527 年的第四版与 1536 年的第五版，被用于钦定本。伊拉斯谟从未想燃烧起如此的熊熊大火，但在当时他本应该知道自己不仅仅是玩火柴。正如他自己所承认的他'生了蛋，路德孵了蛋'。"② 16 世纪德国的路德（Martin Luther）根据伊拉斯谟的第二版《新约》（1519），从原文圣经着手，独力翻译了《新约圣经》，并于 1522 年 9 月出版，一般称为《九月圣经》（德语：September Bible），这是使用德国民族语译出的"第一部民众的《圣经》"。之后，在翻译《旧约》部分时，他汇集了多位学者，以翻译小组方式翻译希伯来语《旧约》，前后花了十年时间。随着《圣经》翻译和出版的展开，《圣经》逐渐被译成了多种欧洲主要语言，比如在斯特拉斯堡印制的德文圣经（1466）、在威尼斯出版的意大利文圣经（1471）、还有荷兰文圣

---

　　① （英）肯·康诺利：《圣经是怎样写成的》，杨道译，北京：世界知识出版社，2004 年，第 77 页。

　　② 同上，第 90 页。

经(1477)、法文圣经(1487)和葡萄牙文圣经(1496)。其价值在于更多的普通信徒能够以自己的方式直接接触到《圣经》,而摈除了教会作为中介诠释上帝之语的话语权。

第一本直接译自原文的英文版《新约圣经》是1525年的《廷德尔圣经》,它对1611年的《钦定本圣经》产生了明显的影响,"无论从哪个方面说,威廉·廷德尔都是'英语《圣经》之父'。诚然,威克里夫《圣经》先于廷德尔《圣经》143年,但是它从来没有印刷出来。此外,由于它不是译自原文,而是译自拉丁通行本,因此里面错误颇多。伊拉斯谟的《新约圣经》比'廷德尔《圣经》'早九年,但它是希腊语和拉丁语,只是学术界里用得着。根据'伊拉斯谟的《新约》'序言,他希望'犁地的人将扶着犁唱经文诗歌'。可是他没有做到这一点,除非那犁地的人受的是希腊语教育。正是廷德尔,提供了劳动者所用语言的《圣经》。"[1]这部英文圣经的重要意义在于它为普通百姓提供了一本用自己的语言写成的《圣经》,而把《圣经》翻译成普通人的语言是廷德尔为之奋斗的使命,他为此献出了生命。

1557年,威廉·惠廷汉翻译的《新约》英译本在日内瓦出现,其实这是廷德尔《新约》的修订本,"它的目的是要使用日常的盎格鲁—撒克逊语言,而不是使用从拉丁语衍生出来的文学词语。……惠廷汉的《新约》有两个独特之处:第一,在英语《圣经》中第一次划分小节。……第二,使用不同的字体来表明有些词在原文中是不存在的,是翻译中加进去的。这个做法被1611年的钦定本所沿用。惠廷汉的解析与注释非常广博,以至于这个版本一直被称为'第一个评论性的英语《圣经》版本'。"[2]翻译的许多有价值的理

---

① （英)肯·康诺利:《圣经是怎样写成的》,杨道译,北京:世界知识出版社,2004年,第139—140页。

② 同上,第154页。

念和具体操作方法在这一《圣经》译本中可见一斑,对后来的《圣经》乃至世俗著述的翻译都具有相当的参考价值。

1611 年《钦定本圣经》的历史功绩在于促进了现代英语的发展,它"吸收了 16 世纪各英文译本的优点,用词质朴、庄严、富于形象,韵律也饶有声咏之美,发挥了民族语言的特点,独具一格,对英国散文、语言和文化的发展都发生了不可估量的影响。"①在国王詹姆一世的授权下,安德鲁斯(Lancelot Andrewes,1555－1626)负责制定了详细科学的翻译原则,"主要运用英语本族语和英语简单句型来翻译希伯来语(《旧约》)和希腊语(《新约》)《圣经》。"②由于《圣经》翻译通常带有明确的目的性,即翻译的最终结果是要产生实际效应的,换言之,翻译是要有所作为的。这一思路的直接后果就是,翻译的述行性特征在《圣经》译本中得到最为切实的体现,"圣经作者对语言的本体论性质及其卓越功能早就别有一番体验,在他们的观念中,宇宙万物皆由上帝用语言创造,上帝在历史中的计划亦透过语言向世人彰显。福音书作者认定'太初有道','道'就是上帝的圣言,亦即上帝本身;'道'以肉身降世进入历史,则是圣子耶稣基督。这种见解致使《圣经》作者敬畏语言,慎待语言,小心翼翼地运作语言,以求借助于行之有效的文学策略,把恒久不变的真理呈现出来。"③《圣经》翻译的意义就在于把这些真理贯穿到人们的生活之中,从而对人类生活具有切实的指导价值,这种价值通过翻译这一媒介在不同民族生活中得到实现。

1870 年,在钦定本出版 275 年之后,由于语言的发展变化,加上人们对《圣经》原文知识的扩展,人们"认为有足够的理由要重新

---

① 赵秀明、赵张进:《英美散文研究与翻译》,长春:吉林大学出版社,2010 年,第 47 页。
② 同上,第 48 页。
③ 陈会亮主编:《圣经与中外文学名著》,北京:宗教文化出版社,2009 年,"总序",第 1 页。

修订'钦定本《圣经》'。"①"英语修订版"由此产生了。"首先,古老的词语和晦涩难懂的词语被取代了。……其次,修订者们始终致力于译文的一致性。"②修订版《新约》于 1881 年出版,上市销量很大。1901 年,美国标准修订版(American Standard Revised Vision)出版。

　　主要英文版《圣经》,参见下表。

英语《圣经》年代表③

年代	《圣经》版本	备注
1384 年	威克里夫译本	手抄本《圣经》(译自拉丁语《圣经》)
1396 年	珀维修订版	手抄本《圣经》
1525 年	廷德尔《新约》	印刷本《圣经》
1530 年	廷德尔《旧约》	印刷本《圣经》
1534 年	廷德尔《新约》(修订版)	印刷本《圣经》
1535 年	科弗达尔《圣经》	印刷本《圣经》(译自拉丁语《圣经》、路德《圣经》、茨温利《圣经》)
1537 年	马太《圣经》	印刷本《圣经》(以廷德尔《圣经》为基础)
1539 年	塔弗纳修订版	印刷本《圣经》(以马太《圣经》为基础)
1539 年	大《圣经》	印刷本《圣经》(以马太《圣经》为基础)
1557 年	惠廷汉《新约》	印刷本《圣经》
1560 年	日内瓦《圣经》	印刷本《圣经》
1568 年	主教《圣经》	印刷本《圣经》
1582 年	兰斯《新约》	印刷本《圣经》(以拉丁语《圣经》为基础)
1610 年	杜埃《圣经》	印刷本《圣经》(《旧约》部分以拉丁语《圣经》为基础)
1611 年	钦定本	印刷本《圣经》
1881 年	《新约》修订版	印刷本《圣经》
1885 年	《旧约》修订版	印刷本《圣经》
1901 年	美国修订版	印刷本《圣经》(以前面的"修订版"为基础)

---

　　① (英)肯·康诺利:《圣经是怎样写成的》,杨道译,北京:世界知识出版社,2004 年,第 174 页。
　　② 同上,第 175 页。
　　③ 同上,第 157 页。

据统计,从 1380 年左右的威克利夫《圣经》中古英语手抄本到 1525 年的廷德尔《圣经》,其间有 26 种《圣经》译本;从 1525 年到 1611 年钦定本的出现,其间共有 212 种《圣经》译本或部分《圣经》译本。① 在不同历史时代,不同国度,人们翻译、出版《圣经》的尝试和努力一直没有消退。在此期间,《圣经》文本的传播渠道也通过不同翻译版本扩张开来。

基督教在中国的传播主要出现在以下几个历史时期:635 年,即唐朝唐太宗贞观九年,基督教叙利亚教会教士阿罗本(A－lo－pen)传入中国的景教(Nestorian);元朝时期,1293 年,教宗派方济各会会士意大利人孟德高维诺(John of Monte Corvino)传入的也里可温教(Arkhun);1582 年,即明朝万历十年,天主教耶稣会派来利玛窦(Matteo Ricci)在华传播的天主教(Roman Catholicism);1685 年前后,清朝康熙年间传入的东正教(the Orthodox Church);1807 年,新教派遣马礼逊(Robert Morrison)来华传播的新教(Protestantism),他受伦敦传道会(London Missionary Society,成立于 1795 年)的派遣来华,进行《圣经》的中文翻译工作(《神天圣书》,1823)。最早期的中文圣经翻译工作可追溯至 8 世纪,学者认为至少有二十多部书卷(很可能包括《新约全书》)早在 8 世纪期间已译成中文,"景教文典中的《序听迷诗所经》和《一神论》,被认为是对圣经的最早译介。"② 严格意义上的《圣经》翻译活动开始于唐朝时期,明清时期得到很大发展。唐初的景教经典翻译是我国最早的基督教文学遗产。

从翻译主体看,最初主要是来华传教士进行翻译,此后西方汉

① 参见(英)肯·康诺利:《圣经是怎样写成的》,杨道译,北京:世界知识出版社,2004 年,第 178 页。

② 杨慧林:《圣经"和合本"的诠释学意义》。见梁工、卢龙光编选:《圣经与文学阐释》,北京:人民文学出版社,2003 年,第 37 页。

学家和中国学者合作翻译,后来中国翻译家独自翻译,自然表现出不同的译风。从语言风格看,《圣经》有文言文、官话和现代汉语不同的语体,这恰好表现出《圣经》在不同历史时期的翻译过程和语言差异。从内容的移植看,《圣经》有全译、摘译、节译等不同译本,这也反映出译者的不同翻译目的和意图。从唐朝景教在公元635年进入汉语世界开始,重视《圣经》的翻译一直是基督教在华传播的一大特点。英国浸信传道会宣教士马殊曼(J. Marshman,1768－1837)在印度塞拉姆珀(Serampore)完成的《圣经》译本是第一部面世的中文《圣经》译本。他所译的《新旧约全书》于1822年面世,以五卷本印行。1919年2月出版的《新旧约全书》是我国最早使用白话文翻译的著作中最为准确、审慎的中译本。

三、翻译在《圣经》传播过程中的述行性特征

新教改革(Protestant Reformation)时期,《圣经》被译成多种欧洲语言。由于西方基督教分裂为罗马天主教和新教,二者在翻译版本的使用方面也表现出明显的差异,最为明显的是某些关键词语和段落在表述方面的不同。尽管分裂与翻译之间存在内在的互动关系,处于相互渗透和影响的态势,但翻译版本的不同本质主要是由于教会分裂的结果,由于宣教的不同目的和侧重点,使得翻译的遣词造句各有侧重。譬如说,早期的英文《钦定本圣经》用到了 hoar－frost(He giveth snow like wool; he scattereth the hoar-frost like ashes (Psalms 147:16)),许多后来的《圣经》译本不再使用该词。又如圣经学会(The Bible Societies)于1982年初的《现代英语版圣经》(*Holy Bible*, *Today's English Version*)使用 He spreads snow like a blanket and scatters frost like dust. 译者在前言中写道,《现代英语版圣经》这一新译本采用以英语作为交际手段者广泛接受的词语与形式,力图清楚准确地表明原文的意义。

本译本不遵循历史上英文《圣经》版本使用的传统词汇与风格。相反,它力图以标准的、日常的、自然的英语展现《圣经》的内容和信息。①简言之,翻译的功用效应在《圣经》翻译中得到最大程度的展现。这一点充分表明,《圣经》翻译在很大程度上是服务于宣教这一目的的手段,也就是说,翻译的述行性特征在《圣经》翻译中得到了充分的体现。

　　具有悖论意义的是,作为基督教经典的《圣经》是耶稣基督的"圣言",然而却不是用耶稣的母语写成的,"据比利时学者钟鸣旦(Nicholas Standaert)的研究,整部《圣经》当中的耶稣母语只有屈指可数的4处,'我们所拥有的耶稣之言,都只是译文'。为了便于人们理解,这4处耶稣的母语还无一例外地要用希腊文加以'译'或者'释'。"②也就是说,人们读到的大部分《圣经》都是译本,即用"人言"来诠释上帝的旨意和诫命。换言之,翻译在沟通"圣言"与"人言"的过程中起到了桥梁作用。《圣经》翻译的意旨应该通过译本得到充分展现。也就是说,《圣经》文本的流传和福音的传播实质就是从翻译活动开始的,也是通过翻译手段实现的。任何翻译都是为一定的目的服务的,译者对翻译具有明显的主观目的性。翻译作为一种特殊的语言形式,在《圣经》翻译中不仅要实现表述的目的,更要产生行为的结果,也就是通过"述"和"行"实现其最终的交际目的。

---

　　① The Bible in Today's Version is a new translation which seeks to state clearly and accurately the meaning of the original texts in words and forms that are widely accepted by people who use English as a means of communication. This translation does not follow the traditional vocabulary and style found in the historic English Bible versions. Instead it attempts to present the Biblical content and message in standard, everyday, natural English.

　　② 杨慧林:《圣经"和合本"的诠释学意义》,见梁工、卢龙光编选:《圣经与文学阐释》,北京:人民文学出版社,2003年,第35页。

　　语言在《圣经》文本中始终占据重要地位,并且《创世记》一开始就彰显出语言蕴涵的巨大力量,即语言具有神圣性和威力,"神说:'要有光。'就有了光。"上帝说"要有……",世界上就有了人类及世间万物。概言之,世界的形成完成于上帝的语言之中,即"圣言"建构了这一有形的物质世界,语言问题成为基督教文化研究中无法回避的一个维度,同时也构成了《圣经》翻译的重要内容,"在西方,翻译的研究就是起源于《圣经》翻译,而《圣经》翻译的许多问题也构成了神学以及哲学的研究兴趣之所在。而从《圣经》汉译的历史轨迹中也可以看出,它也已经超越了翻译实践本身所关涉的语言问题。翻译以语言为中介但又显然超越了语言本身。"①神学和哲学研究关注的问题至少要通过语言和翻译这些媒介进行思考并最终得以解说或诠释的,语言与翻译的这种关系因而进入了研究者的视阈。

　　导致语言变化的一个重要因素就是翻译活动。在翻译活跃的时期,势必会向译入语中输入译出语的某些特定词语或表达方式,从而丰富译入语的语言,使得语言内部产生一定的变化。翻译是使用语言的二度创作,是一种特殊的语言形式。翻译可以促进语言的更新和发展。一般而言,翻译活跃往往是社会发展的盛世时期。语言的开放性特点决定翻译内容的多重诠释视角,同时也限定译出语的表现范围,"一旦我们意识到'适合于我们这些有限存在物的有限和无限的媒介'都'在于语言',那么涉及'启示的奥秘'之'圣言',也终究要用'人言'来表达,终究要受制于语言的'限制'和'弹性'。"②有限性为差异性的存在开了一道口子,首先使人类

---

　　①　傅敬民:《〈圣经〉汉译的文化资本解读》,上海:复旦大学出版社,2009年,第13页。

　　②　杨慧林:《圣经"和合本"的诠释学意义》,见梁工、卢龙光编选:《圣经与文学阐释》,北京:人民文学出版社,2003年,第33页。

的精神沟通产生一定的偏离,从而不断扩大精神与世界接触的横断面,也可能为切入一个新的精神领域提供条件。另一方面,它也带动语言形式的偏离,使语言在新的世界和精神层面延伸开来。语言在阐释的过程中被迫不断挖掘自身的潜力,不断展现自身的柔韧性,丰富自己的表现手段。

《旧约》的巴别塔传说实际上凸显两个方面的内容,一是语言具有通天的力量,二是翻译出现的必然性。《圣经》记载,上帝看到讲同一种语言的人同心协力要制造一座通天塔,恐怕人的力量会越来越大,于是就打乱了天下人的语言,使不同区域、不同民族的人们拥有不同的语言,他们不能自由交流,建造通天塔的理想自然付之东流,上帝也就可以放心大胆地统辖人类了。由此可见语言于人于神的重要性,"巴别塔的神话是人类对自己的独特造物语言的最初反思,其中包含的是关于语言的同与异的原始认识,暗示了对语言矛盾统一的不断探究。同则兴,异则衰,又只能求同存异,这是至今的语言真理。"①伴随语言的重要性,翻译的出现因而成为一种必然。

乔治·斯坦纳(George Steiner)的《巴别塔之后》(*After Babel: Aspects of Language and Translation*)考察的正是语言与翻译的关系问题。顾名思义,《巴别塔之后》并非是一部纯粹的翻译理论专著。事实上,书中至少有一半内容是对于语言和文化的思考。然而通读全书,则不难发现,作者就自然语言在诗学、文学批评、文化史等诸多方面所作的考究,最终都将服务于对于翻译行为的阐释。但在法国解构主义思想家德里达(Jacques Derrida)看来,巴别塔的坍塌和单一语言的解体暗示着二者的重构是不可能实现的,"德里达的'巴别塔的声音'不是人的声音,而是'上帝的声

---

① 黄振定:《翻译学的语言哲学基础》,上海:上海交通大学出版社,2007年,第1页。

音'——解构主义的'上帝'：他中断巴别塔的建造，其实是中断他自己，是'系统性的破坏'、'撒播'，是在对人们说：'你们不可以强加自己的意义或言语；而我，上帝，责令你们服从语言的多样性，你们绝对摆脱不了这种多样性。'"①对语言神话的颠覆，实质上从根本上消除了意义存在的可能性，也是对上帝存在的瓦解，这是对语言所做的哲学层面的阐释。由此，语言的有限性，同时也限定了理解、诠释乃至表述所能抵达的最大范围。

本雅明（Walter Benjamin）的《译者的任务》（*The Task of the Translator*）一文其实从神学的层面考察了译者的角色。这篇文章原是 1923 年本雅明为他所译的波德莱尔（Charles Baudelaire）的《巴黎塑像》撰写的序。由于本雅明的思想根植于犹太教神学传统，他对翻译的认识在本源上更为接近神学思想。本雅明通过翻译这一媒介恢复"纯语言"的理想，与斯坦纳对语言救赎（redemption of language）的期盼，在本质上存在某种契合。德国犹太神学家罗森茨韦格（Franz Rosenzweig）的观点也有异曲同工之妙，他认为每一次翻译都是弥赛亚的拯救行动，使救赎逐步来到人们跟前。奈达（Eugene Nida）从他本人的《圣经》翻译经验出发，提出翻译的"对等"概念，即动态对等和功能对等的翻译原则，被奉为"现代《圣经》翻译之父"。

四、基于《圣经》翻译之上的译论

早期，《圣经》作为基督教的圣典主要是供那些特别受启蒙的神职人员阅读，对《圣经》的诠释权或话语权也正是掌控在这些人

---

① 黄振定：《翻译学的语言哲学基础》，上海：上海交通大学出版社，2007 年，第 171 页。其中引文转引自 Edwin Gentzler, *Contemporary Translation Theories*, London：Routledge, 1993, p. 164.

的手中。因此这些圣典就不期然地被赋予神秘色彩,他们并不期望普通信徒直接接触《圣经》或理解之。甚至可以说,贯穿基督教发展的核心问题之一就是《圣经》的翻译问题,这同时也是《圣经》的诠释问题。犹太神秘主义哲学家菲洛·犹达欧斯(Philo Judaeus)认为,"《圣经》翻译是神圣的,译者仅凭精通两种语言是不够的,还必须蒙神的感召才行。只有那些远离凡尘杂念、心灵圣洁的神学家和虔诚的教徒才有资格翻译《圣经》。"①"罗马神学家、哲学家奥古斯丁(Augustine)虽然在语言和翻译方面很有真知灼见,但在《圣经》翻译问题上也极力推崇'蒙神感召'的观点。这种《圣经》翻译理论在当时影响很大。不少《圣经》译者把它作为厘定《圣经》翻译的准绳。"②这些观点实际上折射出当时的人们对《圣经》作为神圣读本的翻译原则。西方学者明确指出,"'可翻译性'(translatability)正是基督教《圣经》最独特之处。"③这一论述其实突出了对翻译活动的三种认识:一是翻译对于基督教作为一种宗教存在与传播的意义;二是翻译所具备的"巴别塔"角色作用;三是《圣经》翻译的可译性维度问题。翻译史上一直争论不休的可译性问题在《圣经》翻译中同样也是个颇有争议的话题,其中一个关键点在于上帝的语言是否具有可译性,世俗语言是否具有承载神圣语言的能力,译者应具备何种资格和能力才可以对之进行传译。

古罗马时期,重要的译论有西塞罗(Cicero)与贺拉斯(Horace)倡导的保留原作风格、反对字当句对的翻译原则,以及昆体良(Marcus Fabius Quintilianus)提出的译作应"与原作竞争"之说。

---

① 夏廷德:《翻译补偿研究》,武汉:湖北教育出版社,2006年,第15页。
② 同上,第16页。
③ 傅敬民:《〈圣经〉汉译的文化资本解读》,上海:复旦大学出版社,2009年,第12页。其中关于西方学者的论述,参见杨慧林、史晓丽:《汉语神学的处境化及其问题领域》,载罗明嘉、黄保罗主编:《基督宗教与中国文化》,北京:中国社会科学出版社,2004年,第219页。

这些学说是西方翻译思想的肇始,对后来尤其是当代西方译论都产生了重大影响。随着《圣经》翻译发展起来的译论,最早的是哲罗姆发表的"文学用意译,圣经用直译"以及"不逐字对译"的观点,"他在译本前言和给批评者的复信中,……坦率写道,他是'以意义对意义,而不是以词对词'地进行翻译。他还强调《圣经》翻译要采用哲学方法。"[①]与之同时的奥古斯丁(Augustinus)最早提出翻译的风格取决于译本读者的类别,认为翻译的基本单位是词,并从译词与原词词义的对等来衡量翻译的对等,发展了亚里斯多德的符号学说。奥古斯丁最早从语言符号的角度来分析翻译。他认为译文的符号结构必须反映原文的符号结构,必须把独立的语言符号作为翻译的基本单位。

16 世纪初,伊拉斯谟提出应从原本译《圣经》,译者应学习原本所用的语言,主张《圣经》的翻译要靠译者的语言知识。他的拉丁文版《新约圣经》输入了一种新的翻译态度,即《圣经》译文应逐字译而译文学作品则应模仿原作风格,因为基督教经典须依赖耶稣的原语。这一翻译理念实质上凸显了宗教文本翻译与文学翻译在具体操作方面的差异。1684 年,罗斯康门(Wenworth Dilbn, Earl of Rosecommon)用诗体写了一本研究翻译的论著《论译出的诗》(*Essay on Translated Verse*),指出译诗者首先必须是有天赋的诗人,译诗必须选择与自己情趣相投的文本,译者与原诗作者之间必须建立一种"友谊"。18 世纪,英国的乔治·坎贝尔(George Cambell)首次出版专门论翻译问题的著作《四福音的翻译与评注》(*A Translation of the Four Gospels with Notes*,1789),系统梳理了《圣经》的翻译,"认为《圣经》的翻译应为文学和宗教两种不同的目的服务,并指出如何从词汇和语法方面取得对等翻译的应用理论,其理论的广度和深度都超过前人,许多思想已成为 20 世纪

---

① 夏廷德:《翻译补偿研究》,武汉:湖北教育出版社,2006 年,第 16 页。

语境理论、灵活对等理论和风格比较等理论的先导。"①并且首次
提出翻译的三大原则,这是坎贝尔对于西方译论所作的重大贡献。
可以看出,坎贝尔的翻译原则是在"福音书"的翻译与评注的基础
之上提出的,与《圣经》翻译实践本身就存在着诸多的对应性和相
关性。18 世纪末,英国学者泰特勒(Alexander Tytler)出版《论翻
译的原则》(*Essay on the Principles of Translation*,1790)。19
世纪,德国的荷尔德林认为,人类的每一种具体语言都是同一基本
语言即所谓"纯语言"的体现,翻译就是寻找这一基本语言的核心
成分,即意思或意义。

20 世纪中叶,美国学者尤金·奈达提出"动态对等"理论及以
读者反应作为译作好坏的评判标准,他的翻译原则实质上也是出
自他的《圣经》翻译实践活动。德国翻译理论家威尔斯认为奈达发
表于 1947 年的《论圣经翻译的原则和程序》是现代翻译学的开
始。② 对于读者反应的关注可以理解为文化研究或文学批评中读
者接受理论在翻译界的外延,也是基督教传播过程中对受众关注
的最佳注脚,因为无论采用怎样的翻译原则,《圣经》翻译的最终目
的是要把上帝的意旨和福音传播到普天之下的大众,易理解性和
易接受性是《圣经》译者首要关注的方面。换言之,《圣经》翻译最
终还是要实现读者对译本的接受,也就是实现译文的交际功能,即
翻译的述行性特征得以展现。奈达的《圣经翻译》(*Bible Transla-
tion: An Analysis of Principles and Procedures with Special
Reference to Aboriginal Languages*,1947) 仍堪称这一领域的代
表著述。

---

① 赵秀明、赵张进:《英美散文研究与翻译》,长春:吉林大学出版社,2010 年,第
126 页。

② Wolfram Wilss, *The Science of Translation: Problems and Methods*, Shang-
hai: Shanghai Foreign Language Education Press, 2001, p.52.

英国及海外圣经公会主导的大多数《圣经》翻译工作,以采用传统的直译翻译为原则,一般称为"形式对等"(formal equivalence)。这种翻译原则强调译入语的字句和词序,必须尽量与原文的对应字句和词序相符,务求达到一对一的用法。联合《圣经》公会与罗马天主教机构共同草拟了在《圣经》翻译上合作的指引,双方于1968年和1987年分别正式制定"《圣经》翻译共同合作的指导原则"(Guiding Principles for Interconfessional Cooperation in Translating the Bible)和"《圣经》翻译共同合作指引"(Guidelines for Interconfessional Cooperation in Translating the Bible)。两份指引均清楚说明共同译本所采用的原文版本,以及在涉及次经出版时须注意之处,譬如必须为教会(东正教教会和天主教教会)提供有关次经书卷的正典身份和价值的数据。

毋庸质疑,宗教类文本翻译的动机多种多样,"在21世纪,从政治和社会方面来看,都不可能忽略其他文化中的神圣文本。……后殖民主义批评一直被用作理解把宗教文本移植到殖民文化的复杂性的工具。……任何文化的接触'介入'或交流都需要翻译,在每种文化都视为神圣或圣洁的领域尤为如此。"[①]16世纪的英国对于翻译神圣文本曾有过激烈的争论。实际上,这关涉到了两个最为本质的问题,即上帝的语言能否翻译(可译性问题)以及人类如何传译这一神圣语言(翻译的手段问题),因为"神圣文本一般具有多面性,可以解读为文学、历史、诗歌、家谱、哲学以及启示。"[②]《圣经》的诠释视角大体分为三个方面:律法的、历史的、文学的。这就对阐释文本本身和翻译方法方面提出了具体切实的要求。因为它具有多重阐释的潜在可能性以及传播的广泛性,宗教

---

① Lynne Long, ed., *Translation and Religion: Holy Untranslatable*? NY, USA: Multilingual Matters Ltd., 2005, p. 1, p. 8.

② Ibid., p. 13.

文本的误译所产生的影响在很大程度上要远远大于其他类文本。即便是哲罗姆这样一位被认为是把《圣经》译为拉丁语的最伟大的翻译家，而且几百年来，罗马教会一直使用他的译本（即 *Vulgate*），但他的译本在开始时也曾引起过诸多争议。

结　语

　　由此可见，翻译在一定程度上书写着历史并改变着历史的书写，历史的进程在一定程度上受到翻译活动的影响或左右。翻译\语言之间的互动关系在相当程度上促进了社会的进步和文化的丰富。《圣经》翻译的历史不仅展现了它作为基督教经典被历代人解读和诠释的历程，也在更高层面上述说了人们精神追求的历史发展过程。正如美国著名学者保罗·恩格尔（Paul Engle）所言，"随着这个世界像一个熟透的橘子一样慢慢缩小起来，所有文化的所有民族距离更近了（无论是颇不情愿还是心存疑团），我们有生岁月中可能说到的一个关键句子可能就是：要么翻译，要么死亡。(Translate or Die)将来有一天，这个世界上每个人的生命可能要倚赖一个词语的及时准确的翻译。"[①]阿弗雷德·波拉德在论述《圣经》翻译的意义时说，"翻译如同打开窗户，让阳光照射进来；翻译如同砸碎硬壳，让我们享用果仁；翻译如同拉开帷幕，让我们能窥见最神圣的殿堂；翻译如同揭开井盖，让我们能汲取甘泉。"[②]上帝驱散人类、变乱其语言的一刹那间，实际上已把翻译这项工作强加于人类，但同时又禁止人类翻译。这样一个悖论明确了翻译活动之必要，却也意味着翻译在绝对意义上是不可能的。因此，对于

---

　　① Paul Engle and Hauahng Nieh Engle, Foreword to *Writing from the World*: *II*, Iowa City: International Books and the University of Iowa Press, 1985, p. 2.

　　② 廖七一等：《当代英国翻译理论》，武汉：湖北教育出版社，2001，第 1 页。

434

翻译的更多思考会推动整个语言学术研究领域的拓展,对于宗教翻译的更多关注会洞开多维度、多视角诠释的潜在性和可能性。《圣经》翻译亦不例外。

关键词

《圣经》翻译;述行性特征;巴别塔

思考题

1.《圣经》翻译遵循的基本原则是什么?

2.如何在《圣经》翻译过程中实现《圣经》译本的述行性特征?

3.宗教文本的翻译与世俗文学翻译存在怎样的本质差异? 如何在翻译过程中加以区分?

建议阅读书目

[1] Lynne Long, ed. , *Translation and Religion*: *Holy Untranslatable*? NY, USA: Multilingual Matters Ltd. , 2005.

[2] 傅敬民:《〈圣经〉汉译的文化资本解读》,上海:复旦大学出版社,2009。

[3] 梁工:《西方圣经批评引论》,北京:商务印书馆,2006。

[4](英)肯·康诺利,杨道译:《圣经是怎样写成的》,北京:世界知识出版社,2004。

[5] 杨慧林:《诗学与神学》(《基督教文化学刊》第 18 辑),北京:宗教文化出版社,2007。

第二十一讲　翻译与译文审订

导读

　　翻译能力的切实提高,必然会带动译文审订能力的相应提高。译文审订能力是翻译总体能力的一种体现,可具体表现为:1.能对原译的文字优劣作出既快且准的总体判断;2.能从原译中找出支持审订者判断的实际依据;3.借助于相关的检索工具(包括网络资源),结合逻辑推断,知道如何使译文趋近(至少一种)适切的语句表达方式;4.能根据行文风格或语域的要求,使译文达到与原文近似的总体效果。

　　提高译文审订能力的途径包括:1.揣摩外籍英文专家对原译的修改;2.接触优秀的专业笔译工作者,感受其对笔译工作的专业态度、综合素养乃至精神气质;3.经常和其他笔译爱好者交流、分享实战经验、述说困惑;4.了解常用的网络检索渠道,扬其所长,避其所短,并掌握各式答案的互证方法。

一、引言

　　译文审订绝非无本之木或无源之水,而是取决于审订者的文字能力、翻译的灵巧度及总体的文化素养。很难想象,一个连几十部英文原著、一份英文日报也没读过的翻译爱好者,却能胜任审订自己或他人译文的任务。同样,逻辑推断力的高低也直接影响审订质量。此外,英文写作不过关,就无法胜任翻译,更无法胜任译文审订。其他方面,例如文言文知识、跨文化意识、对中英文各类文本的熟知与否及双语转换技巧,乃至对现当代各种专门知识的涉猎程度,都会促进或制约译文审订能力的提高。

审订汉译英和英译汉的稿件时,侧重点往往各有不同。英译汉的审订,更注重对篇章的整体理解,并且看原译是否将正确的整体理解贯穿到译文的每个细节。而汉译英的审订,主要是为原译的文字质量把关。

以下,我们通过对两篇译文的点评,来看看译文审订操作中经常遇到的问题,并通过修改译文来学习如何克服这些问题。附带作一说明:因为英译汉的原译总体质量差强人意,故略去完整的修改译文。而汉译英的原译,因为作了大幅度改动,所以点评、修改译文一并给出。

二、英译汉实例及审稿点评

原文:Art in the Mirror of Philosophical Reflection
By Liubava Moreva

Among the innovative trends and movements characteristic of today's cultures is a notable degree of non-differentiation between the significant and the insignificant, the authentic and the inauthentic. The so-called 'low' and 'high' genres of artistic expression are increasingly placed on an equal footing. A common assessment is that culture and life are simulacra: humans have been pushed out of the life sphere and into a zone of signs so saturated with information that the reality of an event becomes indistinguishable from its virtual representation. There is no turning back to the ideals of the past. This has already been tried and has failed. Value systems have passed through a rapid succession of paradigm shifts. The human response to the sense of 'terminality' that this situation elicits has been to develop certain fatalistic strategies. But are the histories and cultures of the world paved, as Max Weber would have it, with damaged values? Are they not instead an endless first movement of a new process? As every form of transcendence and hierarchy is put into question, the abstract idea of humanity gives way to a tangible humanity with a concrete role to play in history as a whole.

Just as the way we perceive the present inevitably colours our reading of the past, it also shapes our vision of the future. The current reading of history leans heavily on a chronological narrative of past events. The history of events and lives feeds into the history of ideas, values and common opinions, transforming mentalities, ways of thinking, perceptions and understandings. The historian's main concern, be it in political history, the history of symbols and imagination, or the more recent history of power, is increasingly to reveal, identify and explain change. We cannot be sure of the extent to which history's classifications can actually approximate reality, but we can intuit that this approximation is helped when we relinquish the old idea of unidirectional linear progress in history.

However, as hierarchical value systems dissolve into an instrumental logic of pragmatism and utilitarianism, the fates of both philosophy and art are placed in the balance. Like philosophy, art requires endless effort to retain the ability not to conform and not to succumb to the forces of circumstance. Both need constant firmness and resolve in order to continually tap into the transcending forces of creation that give rise to aspirations toward spiritual growth and moral improvement. To be sure, the more instrumentalized the social concept of reason, the less transcendent its footing in human life. But the restlessness, the doubt and the discontent that define human existence continue to spur on the quest for meaning which is at the root of every spiritual striving and endeavour.

To define a culture-creating text, one must find the intrinsic nucleus in the network of relationships struck between the creator of the text (author) and the understanding (reading, co-creation) of the text by the reader. By means of this process, the work of art is fully integrated into the context of culture. Mikhail Bakhtin wrote that culture should not be understood as a spatial entity having inner territory (Bakhtin 1979, 312). For if we stay within the limits of these borders, we may end up with a thorough 'catalogue of everything that is culture', a set of human creativity tools described down to its most basic components. Bakhtin also said that 'The very existence of a human being [...] is the deepest communication'. By the same token, philosophy and art are forms of communication as well as of life creation. In the act of artistic creation, the lonely human voice is saved by the world's fundamental simplicity and openness. Art attempts to overcome the boundaries of personal loneliness and demonstrate the individual's connections to the world.

The world of art is the meeting point of at least two freedoms: the inner creative freedom of the artist and the freedom of the world of life. It is where the artist in quest of universal harmony unexpectedly encounters the 'melody' of being in the present. To hear this melody as a prelude to something even more important while conveying one's personal sense of belonging to this world are the tasks of the artist. Whatever historical and social changes might occur, the artist will always be called upon to express his or her impressions of life and to embody them in art.

Because it aspires to ethical and aesthetic perfection, artistic reality presupposes a space in which freedom is the pivotal universal principle, and where the uniqueness of the viewer, reader or listener can be enabled: a space of ever-receding horizons, semantic polyphony and counterpoint, but also a place where the artist's unbridled imagination and skill meets the world's ontological readiness to show its inner nature on the phenomenological level of aesthetic contemplation; a place where each individual can become a co-creator, understanding him or herself through another person, and recognizing that other person during this process of transformation.

Yet, culture's potential space is limited by the secular layers of life which are automatized and harnessed to pragmatic ends. These absorb the abilities of human beings to become individually involved in vitally unlimited, ethical and insightful relationships. A human being is clearly subjected by the common norms ingrained in his or her mind by television, radio, mass media; and the person's own individual vision is thus narrowed in scope. Against this background, spiritual life emerges as a kind of tragic feeling, a sense that life, while limited, might yet be boundless; that although life has no meaning, there is still some kind of truth awaiting us all. The sense of tragedy is an impetus for intense self-scrutiny.

In the rational-ideological world, with its atomized individuals and totalitarian trans-personal powers, art attempts to express the painful decline of individuality and culture. 'The more awful the world, the more abstract the art' (Kandinsky), and the latter is swallowed by the former as a sort of light tranquilizer. In this context, it is art, rather than science or any other pragmatic systems, that can 'give meaning to life', not just in the sense of overcoming the human condition of alienation, but also as a way of re-reconciling a person with his or her fate – death including and especially in the sense of 'indifference' and 'acedia'.

The development of personal self-consciousness finds both artistic and intellectual forms of expression; the latter, as a kind of philosophic reflection, presupposes that the individualities that engage in dialogue have an awareness of themselves and of the world around them. Philosophical thought reaches out for that which exceeds the bounds of the finite and limited; it reaches for what is conceptually inexhaustible and unrestricted. Hence, the 'eternal' nature of the questions it poses and the 'non-sufficiency' of its answers. It forever confronts human beings with the question formulated by Kant: 'What should I be to be a human being?' Whatever its mode, philosophical thought is ultimately concrete. It is a personal quest for clarification of one's individual sense of being in the world. There may be different accents to Kant's famous questions 'What can I know?', 'What should I know?' and 'What can I hope for?' But the underlying philosophical intent is to understand 'what a human being is and can achieve'. This human being is considered from the viewpoint of the world's ontological unity as a whole, and will inevitably remain a part of the act of philosophizing. It is the total unity of an individual's spiritual world that allows thought to seek out the endlessness of the universe. The word 'sofia' itself presupposes the sphere of notional plenitude, of truth and creativity, as opposed to the world of clichés and automatism. Thus, philosophy should not be alienated from the spiritual structures of the personality.

译文：透过哲学反思的镜子看艺术
作者：柳巴娃·莫列瓦

有意义与无意义、本真与非本真之间明显的淡漠化现象列数当今文化特有的创作趋势和创作动向。所谓"高雅"与"低俗"的艺术表达形式越来越被置于同等地位。普遍看法是，文化与生活已完全拟像化：（1）人类被挤出生活空间而进入了符号区域，在这个区域中，信息的饱和状态使事件的现实性与它的虚拟现实性完全不可区分。全然无路再回到过去的理想状态。（2）有人曾尝试过，但均以失败告终。人的价值体系历经一系列迅速的范式转换，对于这种情况引起的"终止性"意识，人们采取某些"宿命论政策"来予以回应。但是，诚如马克斯·韦伯（Max Weber）所说，纵观世界历史和文化,莫不是都充斥支离破碎的价值观?这些破碎的价值观又形成了一个新的进程,无穷无尽,不是吗(3)?正如任何形式的超越和等级制度(4)都受到质疑,抽象的人性概念也让位于真实可感的人性,在人类整个历史中践行其具体的使命。

我们对当下的解读方式会不可避免地影响我们对过去的诠释,同理,它也会影响我们对未来的展望。对历史的当下(5)解读严重依赖对历史的历时叙事。事件和生活的历史消融(6)在理念、价值观及共识的历史中,并转换人的心智、思维模式、感知力和理解力。无论是政治历史、符号和想象的历史、抑或近年来的权利(7)历史,史学家越来越关注如何揭示、鉴别并解释变化。至于历史的分类会在多大程度上接近现实,尚无定论,但是凭直觉可知道,倘若我们摒弃历史单向直线发展的旧有观念,则可使这种接近程度更高。

然而,当分级的价值体系消解为实用主义和功利主义的重要逻辑时,哲学和艺术的命运便被均衡化(8)了。如哲学一样,艺术也须持续努力,以维持其力度,不趋同或屈服于境遇的压力。两者也都需要持久的坚韧与毅力,以源源不断地发掘创造的超越力量,因着创造才萌生了心灵成长和道德提升的诉求。诚然,原因的社会概念越趋于工具化,其触点越出离人类生活(9)。但是,人类存在所特有的那份悸动、质疑以及不平仍激励着人们去追寻意义——这是每个人心灵奋斗的根本。

定义一个文化创建的文本,必须确定文本作者和读者对文本的理解(阅读或同创造)之间关系网络的内在核心。这样,作品才被完全融入到文化语境中。米哈伊尔·巴赫金(Mikhail Bakhtin)写道:文化不应该被理解为一个有着内在领域的空间实体(巴赫金,1979,312)。他的理由是:如果我们待在这些边界线之内,可能最终得到的是"属于文化的一切事务的列表(10)",人类的一套创造工具被简单描述为其最基本的组件。他还说,"人的生存本身即是最深层次的交流"。同样地,哲学和艺术亦是交流和生命创造的形式。从根本上说,世界是简单开放的。艺术试图跨越个体孤独的这些障碍,去体现个体与外在世界的联系。

至少有两种自由在艺术世界汇集:艺术家的内在创作自由以及世俗世界的生命自由。正是在此,追寻普世和谐的艺术家意外偶遇现世人(11)的"旋律"。艺术家的职责便在于听出高于这"旋律"之上更重要的东西,同时传达个体对世界的归属感(12)。不管历史和社会怎样变化,艺术家群体总会被号召(13)表达他/她对生活的印象,并将此用艺术形式表现出来。

艺术现实追求伦理和美学上的圆满,因此总会预设一个空间,自由在其中是主导一切的普世原则,因而观众、读者或听众都具有一定的独特性;在这个空间内,地平线渐渐消失,可听到复调音乐及重复(14)的旋律;而与此同时,本体论者意欲展示其在美学思考的现象学层面体现出来的内在本质,正好与艺术家们无疆的想象和技法在此交锋;在此空间,每个个体都可能成为一个共同创作者,通过另外一个人来理解他/她本身,并在这个转换的过程中认识那个人。然而,文化的潜在空间却被生活的机械化和实用性所牵绊。这些都限制了个体参与具有远见卓识的各种自由的伦理关系。一个个体定然受限于他/她头脑中电视、广播及其他大众传媒方式传播的根深蒂固的常规,个人的视野也会因此狭隘。如此说来,精神生活便成了一种悲怆的体验,一种认识:生命虽受限制,可能仍广无际涯;虽无意义,也还有真理待发掘。正是这种悲剧感推动着人们做深刻的自我审视。

在理性的意识形态社会,个体被分裂(15),极权势力超越个人,艺术因此试图表现个性和文化的悲剧性没落。"世界越是可怕,艺术变得越抽象",瓦西里·康定斯基如是说,而后者作为一付温和的镇定剂被前者所吞咽(16)。如此说来,是艺术而不是科学或其他的实用理性形式"赋予生命以意义",不仅在克服人类的异化层面如此,同时在使人顺从他/她的命运,即死亡的意义上,尤其是在"冷漠"(indifference)和"精神漠然"(acedia)(17)的意义上也是如此。

个体自我意识的发展有艺术和哲学两种表达方式,而后者作为一种哲学思考,总会预设对话中的个人能意识到他们自己以及周围的世界。哲学思考迫切寻求超越有限的范围,触及那些在概念上无穷尽并不受限制的东西。因此,哲学所提出的问题从其本质上来说是"永恒"的,其结果也永远是"不足"的。哲学会一直以康德提出的这个问题向人类发问:"我如何才能成为人?"哲学思考不管采取什么方式,其内容都是绝对具体的。对个人存在于世的个体感受进行分类是个体请求(18)。对康德的那些众所周知的问题可能有不同的声音,比如,"我能知道什么?""我应该做什么?"以及"我可以期望什么?"但是其隐含的哲学思考是:"人是什么,人能做什么?"此人类(19)是从世界的本体论统一的角度考虑的,将会不可避免地成为哲学思考的一部分。正是个体的精神世界的完全统一才使得追寻宇宙的无穷成为可能。与陈腔滥调和无意识行动的世界相反,"sofia"一词本身便假设了一个概念丰满、真理和创作(20)的范围。因此,哲学不应该被疏离于个性化的精神结构。

审稿点评:

(1)仅仅查出 simulacra 的语义是远远不够的。还需要查证 simulacra 是否是 simulacrum 的复数形式。确认是复数形式后,应进一步追究为什么原文没在 culture and life 之前加 both。事实上,这里本就不该加 both,因为如同 A and B are twin towns with each other 通常可简化为 A and B are twin towns,本篇中的 culture and life are simulacra 如果扩展开来,应该是 A and B are simulacra of each other,即"互为拟像"。其潜台词是:本来就是虚拟的(文化),接着虚拟;本来是本真的(生活),到头来也是虚拟。

之所以这样理解原文,是因为原文的主旨就是批判终极本真价值的缺失。

(2)不是过去的"理想状态",因为按原文的意思,过去的状态也未必理想。这里的 ideals of the past,是说过去毕竟还有某种理想的标杆,而那种理想是指向终极价值的。可见,应译为"过去的种种理想"。

(3)原文 an endless first movement of a new process 的大意是"新过程的无穷开端",而且这个"开端"和上文 paved... with damaged values 是两种互为对立的价值取向。paved... with damaged values 无意义、无超越、无终极指向;而 an endless first movement of a new process 则恰好相反。两句话相加,其大意是:是往东走的 A,还是往西走的 B?

(4)hierarchy 通常指"等级制度"似乎偏向于贬义,但在这里,这个词是和 transcendence 放在一起,而 transcendence 正是原文作者所珍视的价值。可见,此处应对 hierarchy 作变通理解,大意是"塔层攀升"。

(5)前面刚刚用过"当下的解读方式",这里再用"当下(解读)"就不合适。因为原文分别用了 present 和 current,而且所指并不相同,前者泛指任何一个"当下"时刻,后者则特指"目前,时下"。

(6)feeds into 译成"消融",意思不到位。原文的意思是:编年式历史观优于只显示历史观,因为前者是以旁斜溢出为特色,有血有肉,真实可感,不像直线式历史观那么干巴、过于简单化。所以,要译出"前者给后者增添养分或使后者出彩"的潜在意思。

(7)power 是"权力",right(s) 才是"权利"。

(8)in the balance 不是"被均衡化"(听起来像好事),而是平衡脆弱,随时有被打破之危。

(9)"原因的社会概念越趋于工具化,其触点越出离人类生活"。对照一下原文 the more instrumentalized the social concept of reason, the less transcendent its footing in human life,可以看出,抽象名词 reason 不是"原因",而是"理性"。作者显然把理性视为一种"社会"概念,而下文"但是,人类存在所特有的那份悸动、质疑以及不平仍激励着人们去追寻意义——这是每个人心灵奋斗的根本"强调的是个体(即"每个人")对理性的某种拂逆(否则不会用"悸动"(顾名思义,"悸动"意味着不安分,或者说未被理性压抑的天性)一词。可见,全句的大意是:社会化的理性观念越工具化,它在人类生活中的超越程度越低。

(10)原文 a catalogue of everything that is culture 是用挖苦的语气表达对文化领地实体化的不屑。作者的意思是:领地实体化就意味着探索和创造的受限,好比把所有号称文化的东西统统收进一份便览(比如"购物便览"),多一样也没有。换言之,文化探索和创造应无拘无束,固态化最要不得。要把这种语气译出来。

(11)the 'melody' of being in the present 的大意是:处于当下的存在的"旋律"。原文作者意欲表达的是:这偶遇的"旋律"是"当下"和"终极未来"之间的连接物(或者说序曲、引子,请留意原文中的 prelude 一词)。

(12)英语中的 while 不宜一概译成"同时(也)做什么什么"。之前的"听出高于这'旋律'之上更重要的东西"才是压倒一切的信息,while 后的内容只是次要信息(这里所谓的"世界",是对个体创造和超越的限制力量)。译成"同时(也)做什么什么",给人的感觉却是两者可以等量齐观。可改译为"在……的同时,听出……的东西"。

(13)这里的 called upon 具有神性色彩,仿佛在说"听出……的东西"是艺术家的天命,比"被号召"更好的措辞是"受到召唤"或"受到呼召"。

(15)atomized 不只是"(个体)被分裂",还有"在强大的组织化力量面前的无力且无奈"的意思。在找不到更好的措辞前,宁可直译成"原子化(个体)"。

(16)在这个特定场合,用"吞咽"来对应 swallow 不妥,作者的原意是:可以拿艺术当镇定药来用,所以"吞服"更贴切。

(17)'indifference' and 'acedia' 既然并列,而且两词之间用的是连词 and,那么,"'冷漠'和'精神漠然'"似乎意思差别很小,不妥。可改为"'冷漠'和'迟懒'"。

(18)personal quest 是"个人探求或探索"。

(19)在这个语境当中,this human being 一是强调个体,而非类别。二是强调 being,即动态的存在过程,因为按文章的原意,艺术和哲学的本质都在于创造,在于人的自我超越力;不断地探索,不断地创造,不断地超越。所以,"此人类"的译法没有译出原文的深层含义。可考虑改为"这个(不断自我造就)的人"。

(20)原文 notional plenitude, of truth and creativity 中的形容词 notional 统摄之后的三个名词。但译文"概念丰满、真理和创作"似乎未能体现这一点。可改为"概念的丰盈、真实和创意"。

二、汉译英实例及审稿点评

原文:湿地是城市之魂
作者:姚静芳

"湿地",英文名为"wetland",顾名思义就是潮湿的土地。专业的说法,是指"潮湿或浅积水地带发育成水生生物群和水成土壤的地理综合体。"对于我们普通老百姓来说,所谓湿地就是水加上土,再加上一些青翠碧绿、摇曳生姿的植物和一些或展翅翱翔或深潜水底、扑腾闹猛的飞鸟、鱼类等动物。

水和土,是维持大自然生生不息、循环往复的最基本元素,两者缺一不可。水处天地间,柔顺盈动,滋润万物,而土则是动植物生长栖息的最基本领地,所谓"皮之不存,毛将焉附",没有了土,万物无从孕育。湿地将水和土完美结合在一起,为动植物提供生养繁衍不可替代的生态空间,是名副其实的"地球之肾。"

湿地也是一座城市赖以生存发展的动力之源。没有湿地,也许城市可勉强支撑苟延,但注定死气沉沉,缺乏生机活力,缺少灵魂内涵。无锡是一座因水而生、缘土而兴的江南名城,最大特点就是水网密布,江湖河港汊无处不在。江南濛濛烟雨,孕育了无锡的秀美山川和俊秀人文。历史上,这里沟渠纵横,土壤肥沃,是远近闻名的"鱼米之乡",是人杰地灵的"太湖明珠"。在很多老无锡的记忆深处,小桥流水人家,杏花烟雨江南的景致依稀犹在。

改革开放以来,无锡经济社会发展迅猛,无数高楼大厦拔地而起,道路交通日新月异,百姓的生活水平蒸蒸日上。但同时,有一些宝贵的东西,比如土地,比如河流,比如湿地系统,正在悄悄消失。幸而,"亡羊补牢,犹未晚也",经历太湖供水危机的无锡人民,在短暂的迷途之后意识到了保护自然生态系统的重要性,认识到了湿地对于城市的巨大作用,开始着手保护、修复无锡的湿地。据统计,近年来无锡已实施湿地保护与恢复项目16个,其中长广溪湿地、鸿山湿地等成为生态修复的成功典范。

闲暇时,我喜欢驱车到长广溪湿地走走看看。一路过去,波光粼粼,芦苇蒲草等野生植物繁茂丛生,时有飞鸟盘旋低回,掠翅而去。春夏间,水草丰茂,路边沟渠里,清水潺潺,小鱼悠闲游弋,河蚌、螺丝等贝壳类动物则蛰伏水底,吞吐吸纳着绵软的躯体,岸边桃红柳绿,生机盎然。湿地就如盛装的少女,仪态万方,倾倒众生。秋冬时刻,长广溪依旧很美,远山近水,亭台楼阁点缀其中,幽静、深远、淡雅,像一幅浓淡相宜的泼墨山水画。在长广溪,能深刻感受到大自然生机万变,人与自然和谐相处、共融共生的美妙意境。

湿地是城市之魂。无锡与湿地相依相偎,互生共荣,交相辉映成一幅具有独特风韵、充满灵动气息的江南动感画卷。

原译：Wetland is the soul of the city
Yao Jingfang

The wetland means humid land by word (1). In a professional saying, it means geographic comprehensive developed by humid zone accumulated with water. And to our common people, wetland is water and earth, a kind of green and lively plant or a kind of flying or diving animal like birds and fish.

Based on the two most important and integral elements, water and earth, nature keeps active and repeating (2). Water exists on the world and bred everything while earth is the most basic area where animals and plants (3) rely on and grow up. There's an old saying like 'without fur, where will the feather rely on and grow?' Everything will not be alive without earth. Wetland combines the water and earth perfectly which offer an irreplaceable survival place for all the animals and plants. It's a so-called kidney of the earth.

Wetland is also a resource of a city rely on surviving and developing. Without it, a city maybe can (4) struggle surviving but will lack of (5) connotation and soul. Wuxi is a famous southern city which is borned (6) with water and earth with close water nets and lakes, rivers all around. Smoky rain in southern part of Yangtzi River cultivates fantastic hills and prominent people there. In the history, Wuxi is such a fertile city which is famous for (7) the hometown of rice and fish and is called the pearl (8) of Tai Lake (9). In the memory of many old

Wuxi citizens, the rainy and beautiful scene still remains: little bridges, small river and warm houses.

Since the revolution (10) and opening of China, the economy society of Wuxi develops quickly. A lot of tall buildings and large mansions are built, transportation is developed and the life of people there are improved as well. However meanwhile, some precious things like earth, rivers and wetland systems is disappearing quietly. It's lucky that it's never too late to compensate, Wuxi citizens have recognized the importance of protecting natural ecology system after the Tai lake water supply crisis. Also recognizing the importance of wetland to the city, Wuxi has began protection and repair. It's said that recently Wuxi has executed 16 projects, among which Chang Guangxi wetland and Hong Shan wetland have become the successful models.

In the (11) spare time, I like driving to hang around the Chang Guangxi Wetland. Along (12) the way is the sparkling lake, lush profusion of wild plants such as reed rushes, birds circling around and flew (13) away. During spring and summer the wetland is full of lush plants and small fishes are swimming in the clear water in the ditched (14) by the roadside while other kinds of shellfishes like mussel and screws are dormant underwater, breathing the soft body (15). Red flowers and green trees ranked at the lake side. The wetland is a costumed beautiful and graceful girl who attracts everyone else(16). In autumn and winter time, the scenery is still beautiful, with hills and lake, dotted with pavilions, like a quiet, profound and elegant landscape painting. Here you can experience the changes of the nature (17), the harmony between people and the nature, the mutual living and development between (18) both two sides.

Wetland is the soul of the city and Wuxi is the city which relies on wetland mutually (19) and has big influence on each other, totally consisting (20) a lively and flexible painting with characteristics of southern China.

审稿点评：

（1）by word 是生造的英文搭配，应避免。"顾名思义"的英文对应语是 by definition。即使译者有心以身试"法"（语法的"法"），也应查阅工具书，或用网络检索工具求证。

（2）keeps active and repeating：虽然可以说 keeps repeating，或许也勉强可以说 keep active（规范的用法是 stays active，其中 stays 是半系动词），但 keeps repeating 中的 keeps 是充分动词，不是半系动词。换言之，不能既把 keeps 当充分动词用，同时又把它当半系动词用。做汉英翻译时，很忌讳这类"夹生饭"，即半对不错，但以英语为母语的人不会这样表达。

（3）汉语说"动植物"，英语顺序刚好反过来，说 plants and animals，因为他们认为，世上先有植物（简单、低等生命），后又动物（复杂、高级生命）。依此类推，"工农业"的英文说法是 agriculture and industry，"金融贸易"是 trade and finance。

（4）maybe can (struggle)：can (struggle) 就足够简洁、清楚。即使为了强调"也许"的意思，也应该说成 can perhaps（注意 perhaps 的出现位置）。

（5）lack of：只有当 lack 是个名词时，才会跟出 of。lack 当动词时，是及物动词，后直接跟宾语。翻译无小事。提高译文的文字质量，不妨就从减少和消除语法硬伤做起。

（6）borned：当译者打出这个词时，电脑会在这个词的下方标以红线，提醒译者这个词拼错了。或者，查阅任何一部用法词典，都可确认这个笔误。

（7）搭配用法固然要记，这也是汉英译者的基本功，但只记搭配仍不够，还需要把周边情况（即上下文）看清楚。比如，这里的famous for 就没用对地方，因为 famous for 后面只能跟出"出名"的原因，而 the hometown 并不是原因，只是一个地方。或许有读者会问 the hometown 后面还有 of rice and fish，"鱼"和"米"不正是名动天下的原因吗？问题在于，这个短语的中心名词毕竟是hometown，不是 rice and fish。翻译任何一个句子，都切忌想当然。这里的介词 for 应该改成 as。

（8）在汉语文化中，pearl 是一种珍贵之物，但在英语文化中却不是。翻译不只是一种语言间的转换，也是一种跨文化沟通。在英美人心目中，gem 才是堪与"珍珠"比美的东西。

（9）Tai Lake 不符合英语表达习惯。要么是 Lake Tai，要么是 the Taihu Lake。

（10）revolution（and opening up）：这一笔误显然是粗心所致。类似的笔误还有 reformation（"改过自新"或"改造罪犯"）。

（11）In the spare time：这里的 the 应换成 my。即使是这类微末小节，也必须严谨对待。

（12）Along 前应该空一格。即使是很出色的译文，形式规范不到位，也会令读者产生隐隐的不适。

（13）也许因为这个句子太长，译者写到 flew away 时，已经忘了该用动词的什么形式。

（14）in the ditched（by）：把名词 ditch 的复数形式写成ditched，已经很不应该。更糟的是，后面碰巧跟出介词 by，尽管不是被动语态里常见的那个 by。

(15)breathing the...body：事实上，breathe 要么是不及物动词，要么后跟 air 一类宾语。没有哪种动物会"呼吸自己的身体"。

(16)attract everyone else：这里的 else 是个冗余词。所谓的"吸引人"，吸引的自然是别人。

(17)nature 作"大自然"解时，前面永远不加冠词。即使在 nature 前加了 great，也还是不用冠词。

(18)mutual living and development between：不能因为后面有 both sides（双方），前面就用 between。这个介词用得合不合适，取决于前面的名词是否指涉一种交往关系（例如 conflict, unity, cooperation 等）。只要回译成汉语，就不难看出，"双方之间的互相生活和发展"意思不通。

(19)Wetland is the soul of the city and Wuxi is the city which：这里的文字处理不明快，读起来像绕口令。此外，which 指的是一个城市（单数，单方），后面怎么可能跟出 mutually（复数，双方）？

(20)首先，consisting 后面要跟 of；其次，consisting of 之前应该是整体，之后是构成那个整体的各个局部。

译文修订版：Wetland Is the Soul of the City
By Yao Jingfang

By definition, "wetland" is a humid piece of land. In professional parlance, it means a geographical entity whereby aquatic species thrive and water-logged soil is formed, due to accumulated humidity or shallow water in a given area. For ordinary people, wetland is water and earth, plus vividly green plants and playful creatures like birds and fish.

Based on the two most important and indispensable elements, water and earth, nature stays active and cyclical. Water exists on the Earth's surface, nurturing everything within its sphere. Soil, on the other hand, provides a basic source of nutrition for plants and animals to multiply. An old adage puts it right: "with the skin gone, what can the hair adhere to?" Everything will cease to live without earth. Wetland combines water and earth into an ecological whole, offering an irreplaceable space for all life forms to survive and multiply in. It's the "kidney of the earth" in the true sense of the phrase.

Wetland is also what keeps a city alive and prosperous. Without wetland, even if a city can drag on, it would lack an implicit meaning or a soul. Wuxi is a famous southeastern city gifted with fertile soil born of a whole network of rivers and lakes. Mist-laden rain south of the Yangtze River fosters great minds as well as enchanting hills and water. For centuries, Wuxi has remained best-known as a "home of rice and fish" and a gem embedded on Lake Tai. In the memory of many old Wuxi citizens, the beautifully misty scenery still lingers: dainty bridges over brooks and small but cozy houses.

Since the country's opening and reform, Wuxi has made remarkable headway in its economy and citizenry's welfare. Tall, large buildings have sprung up in large numbers, public transportation have been greatly updated, and quailty food and clothing have become more affordable to ordinary people. Yet at the same time, precious things like soil, rivers and lakes are quietly disappearing. Luckily, it's never too late to make things up.

Wuxi citizens, in recognition of the importance of protecting the local ecological system after the Lake Tai water supply crisis, have started taking prompt action. According to recent reports, Wuxi has launched 16 projects, among which Chang Guangxi and Hongshan have become two best examples to be followed in wetland restoration.

In my spare time, I love driving to the Changguangxi wetland and lingering there for a while. The whole way along, I see the sparkling lake water, lush wild plants such as reed rushes, and birds hovering around before flying away. In spring and summer, the wetland is full of lush plants and small fish roaming free in yet unpolluted roadside ditches while other kinds of shellfish like mussels and screws lie dormant at the bottom of the water, their soft bodies heaving slightly due to a slow, small intake and output of air. Red flowers and green trees line up the lakeside. The wetland is a graceful, charming maiden in her Sunday best, captivating all. In autumn and winter, the scenery is just as fine, with hills and lakes dotted with pavilions, like a profoundly quiet, exquisite landscape painting. Here, you can actually experience the rotation of seasons, a blissful coexistence between humans and nature and a deepest regard for life.

Wetland is the fountain of life in a city. Wuxi, nestled in Mother Nature's bosom, draws inspiration, comfort and endless strength from her gifts of lush green hills and life-sustaining water.

结语

译文审订能力的提高,总体原则是"以书为师,以人为师,以审订者自身的从业经验教训为师"。这里的"书",既包括名家译著,也包括各类优秀的原创性文字。这里的"人",既包括优秀审订者或译者的能力和水平,也包括他们的敬业精神和高尚追求。而反思自身的成功经验和失败教训,其意义更是不言自明。值得一提的是,译文审订工作实践性极强,和学习开车、游泳一样,最忌空谈。再好的宏观设想,也要落实于一词一句的推敲。在这里,浮躁的、急于求成的心态断无立锥之地。

关键词

译文审订能力;检索工具;逻辑推断;英文写作;知识的涉猎

思考题

1.译文审订能力的提高,只能通过对照原译和改译吗? 还有哪些其他途径?

2.网络资源是否仅在检索知识点的意义上"有用"? 试举出该类资源的其他用处。

3.好的译文审订者在当今社会中仍属稀缺,其原因何在?

建议阅读书目

陈生保:《英汉翻译津指》,北京:中国对外翻译出版公司,1998年。

王大伟:《高级翻译评析》,上海:上海交通大学出版社,2001年。

后 记

自著名翻译家许孟雄教授以来,中国人民大学外国语学院薪火相传,名著翻译佳作不断。然而,翻译学单独确立方向并制定培养方案时,唯翻译研究方法课程无人问津。究其缘由,实非一人之力所能为也。幸有英语教师中致力翻译者十余人,每人一讲,各展所长,从不同角度切入,述论研究心得,翻译研究方法课由是生也。学期结束,征询授课效果,师生皆欣然。教学相长,此之谓也。如是者再三,课程体系及讲义内容日臻成熟。念及国内高校翻译专业方法课的开设情况有不少与此类似者,乃有意成书,既可分享,亦借机求教于同行。

遂遍览国内翻译方法类著作,经反复调研与再三推敲,方确定本书定位与编写原则。本书定位为翻译方向的方法课教材、学术研究型教材。目的是为了帮助翻译专业的学生进行相关领域的深入学习。特点是打通翻译理论与实践。具体体现在:一是有理论阐述;二是有翻译实践,可借鉴,可操作。既能够进行理论层面的专题研究,又对翻译实践有直接帮助;三是每讲一个主题,对翻译的不同领域有启发作用,提倡不同的研究方法及翻译的跨学科研究与翻译的文化研究。各讲内容均在深入的研究基础上展开,要求有理论,有深度,有见解,有方法。理论部分自成体系,翻译示范切实可行。务求视野开阔,角度新颖,资料翔实,内容丰富。

编写原则既定,体例亦要规范合度。每讲内容均包括三个部分:一是导读,相当于内容摘要,简明扼要概述要点,提示本讲主题。二是正文,分四项内容:首先是学科精要,即本讲论及的学科领域精要介绍。其次为成果综述,即本领域在翻译方面的研究成果综述,条分缕析,梳理清楚。再次为方法总结,即研究路径与方法总结,阐发研究思路,解释研究方法。最后的结语部分总结问题,同时启发可能进一步展开的选题思路。三是附录部分,包括关键词、建议阅读书目和思考题。关键词三到五个,即用核心概念和术语提示本讲论及的重点要点;建议阅读书目五本,即本领域研究的代表性学术著作,标准是权威、易得;思考题三到五个,一类思考题是本章内容总结,有利于复习;另一类思考题是可以作为进一步研究的提示或论文选题。

编写大纲与体例确定之后,即决定延请学界名流相助。第一位邀请的是单德兴先生。我与德兴先生相识于一次学术会议,以后书信往来,互有新著相赠。先生之论译者的角色,既旁征博引,又丝丝入扣,读之畅然淋漓。列为开篇,再恰当不过。刘军平先生曾莅临人大外院讲坛。展卷研读先生论西方翻译理论流派之皇皇巨著,受益良多。所列西方翻译理论一讲,非先生莫属。

接着约请的是蔡新乐先生。我在河南大学读本科,作为新生入学时,与当时四年级的新乐被安排在同一个宿舍。当时印象至深者,是新乐读书多而繁,每每挑灯夜读,几至彻夜。新乐先生今日在译学上之斐然成就,当是水到渠成。其对翻译哲学之拷问阐发,悟其妙,入其髓,难能可贵。姜秋霞教授、杨平主编所撰翻译之实证研究,与翻译理论与翻译哲学相得益彰,必不可少。

廖七一先生是为我敬重的译学前辈,既倾力相助,亦耳提面命,教诲谆谆。李今教授对英著汉译研究经年,邀其主笔西方名著汉译一讲,其学理、视角、资料、运笔都是对外语专业翻译研究的有益补充。李铭敬先生从日语文学视角论翻译与中国典籍传播,亦当如是观。文化天下,本不以语种所限,而意义恰在于能够跨越不同的领域和语言。

特别感谢何其莘先生。无论此书最初之立意推动,还是历时三载的编写过程,始终得到他的大力帮助。及至书成,又作序推荐。为师为长,莫能过也。感谢中国人民大学外国语学院诸位同仁：郭军、李铭敬、田育英、朱源、郭庆民、庞建荣、杨敏、江晓丽、王建华、龙艳、郭昱、杨彩霞、王维东，授课时大家齐心协力，写作稿件认真负责，以及贾国栋、张凌、李慧明、李华、王一凯，都为本书做出了贡献。感谢郭军教授审读书稿，感谢曾轶峰、胡婷帮助校对。感谢中国人民大学外国语学院将此书编写列为"985"项目。感谢南开大学出版社张彤女士，她的学识见地，值得赞扬。合作过程，令人欣慰。

著述于寂寥中，运思于独处时，是学者本分。能邀众位学者汇集一书，实机缘所合，亦是书自身的缘分。我本愚钝，得大家如此信任，幸莫大焉。对每位作者的赐教，虽言不如相忘于江湖，然铭记感念，常驻于心。

刁克利

2011 年 12 月 29 日